Russian
in Exercises

С. А. Хавронина, А. И. Широченская

Русский язык
в упражнениях

Издание 5-е, стереотипное

Москва
«Русский язык»

S. A. Khavronina, A. I. Shirochenskaya

Russian
in Exercises

5th stereotype edition

Russky Yazyk Publishers
Moscow

ББК 81.2Р-96
Х69

Translated by Vladimir Korotky
Drawings by Valery Karasyov
Designed by Igor Smirnov

Х $\frac{4602020101-104}{015(01)-92}$ Без объявл.

ISBN 5-200-00474-8

PREFACE

Russian in Exercises is intended for beginners. It contains exercises designed to consolidate and activise basic Russian grammar and vocabulary. *Russian in Exercises* falls into two parts: 1. An Introductory Lexical and Grammatical Course, and 2. The Main Course.

1. An Introductory Lexical and Grammatical Course

The exercises given in this part are based on a limited vocabulary (approximately 350 words) and will enable the student to master the main types of the Russian simple sentence and also a number of points of Russian grammar, such as personal verb forms and tenses, and the plural of nouns. At the same time they will acquaint him with the main ways of expressing the agent, place and time of an action, possession, an attribute of an object, and affirmation and negation. The exercises will teach the student, how to ask various types of questions containing the question words *кто?* 'who?', *когда?* 'when?', *где?* 'where?', *чей?* 'whose?' and *какой?* 'what (kind of)?', and to understand and make simple statements. The Introductory Course lays the foundation for further study of the language.

2. The Main Course

The Main Course falls into three large sections: The Use of the Cases; The Verb; and Complex Sentences.

One of the principal peculiarities of Russian grammar is the category of case, the essence of which is the fact that every Russian noun, adjective, pronoun, ordinal numeral and participle has a whole system of forms expressing different meanings, e. g. Это *студент*. 'This is a student.' Нет *студента*. 'There is no student.' Пишу *студенту*. 'I am writing to a student.' Вижу *студента*. 'I see a student.' Знаком со *студентом*. 'I know a student.' Говорим о *студенте*. 'We are talking about a student.'

This often presents difficulty to non-Russian students of the language. It is impossible to speak Russian correctly without a thorough knowledge of the case forms and without learning to use these forms automatically in speech. This has determined the structure of the Main Course, the arrangement of its contents and the number of exercises in each section.

The authors introduce the cases and their meanings in the order generally followed in practical teaching of the language to non-Russians. First of all the student is introduced to grammatical features most essential for everyday communication. Thus, he should first be able to name objects (Это *учебник*. 'This is a textbook.'), then to name the place of an action (Я живу *в Лондоне*. 'I live in London.'), then to name an object acted upon (Я читаю *книгу*. 'I am reading a book.'), etc.

The case is a unity of form, meaning and function. Each case is therefore introduced and practised in a sentence (which is the smallest speech unit) and also in very short texts. The numerous exercises will help the student assimilate not only the case forms, but also the constructions in which they are used. Thus, having mastered the cases, the student will have mastered the structure of the Russian simple sentence as well.

The verb also presents difficulty to non-Russian students of the language. A peculiarity of the verb is the fact that it has two stems: the infinitive stem (рисова́-ть 'to draw') and the present tense stem (рису́-ю 'I am drawing'). Other categories of the Russian verb—aspect and transitiveness / intransitiveness—are also unusual for most foreigners. The group of prefixed and unprefixed verbs of motion also warrants close attention.

Since the verb fulfils the function of the predicate in a sentence, it forms its nucleus. Therefore the ability to use verbs properly is an indispensable condition for understanding and speaking Russian.

The exercises in the Complex Sentences section aim to help the student master the structure of complex sentences and the most frequent conjunctions and conjunctive words. In this section the student is introduced to complex sentences with clauses of reason, condition, purpose, etc. Special attention is given to clauses introduced by the conjunctive word *который* and the conjunction *чтобы*, since their misuse accounts for the greater part of mistakes made by foreing speakers of Russian.

The book should be studied in a cyclic pattern and not straight through from beginning to end. This should prevent the student from learning the accusative of direction in isolation from verbs of motion, or the instrumental in isolation from the short form of passive participles; it is useful to study the accusative of the object of action in conjunction with the section devoted to verbal aspects, etc.

Russian in Exercises is based on a limited number of the commonest Russian words, a feature which makes it possible to use it to supplement any comprehensive Russian course.

The authors would be grateful for any remarks and suggestions which would help improve this work in future editions. They should be forwarded to 103012, Москва, Старопанский пер., 1/5, издательство «Русский язык».

CONTENTS

PART ONE. AN INTRODUCTORY LEXICAL AND GRAMMATICAL COURSE

Nouns in the Singular. Questions: *Кто э́то? Что э́то?* 11
The Present Tense of the Verb. 14

    1st Conjugation 14
    2nd Conjugation 17

Question: *Как?*. 18
Question: *Когда́?* 20
Question: *Что де́лает?*. 22

Revision Exercises 25

The Gender of Nouns. 26
The Possessive Pronouns *мой, твой, наш, ваш* 27
The Past Tense of the Verb 28
The Future Tense of the Verb 31
Nouns in the Plural. 33
Questions: *Чей? Чья? Чьё? Чьи?* The Possessive Pronouns *мой, твой, наш, ваш* 36
The Possessive Pronouns *его́, её, их*. 38
The Genitive Expressing Possession 40
The Construction *У меня́ (у тебя́...) есть...* 41

    The Present Tense 41
    The Past Tense 43
    The Future Tense. 43

Questions: *Како́й? Кака́я? Како́е? Каки́е?* The Demonstrative Pronouns *э́тот, э́та, э́то, э́ти*. 44
Adjectives 46

    Adjectives with the Stem Terminating in a Hard Consonant. 46
    Adjectives with the Stem Terminating in a Soft Consonant 46
    Adjectives with the Stem Terminating in *к, г, х*. 47
    Adjectives with the Stem Terminating in *ж, ш, ч, щ*. 47

The Adjective and the Adverb. The Questions *Како́й?* and *Как?*. 50
The General Concept of Verb Aspects 51
The Verbs *хоте́ть, люби́ть, мочь* and the Short-Form Adjective *до́лжен* with an Infinitive 53
Verbs with the Particle *-ся*. The Verbs *учи́ть (что?)* and *учи́ться (где?)*. 55

PART TWO. THE MAIN COURSE

The Uses of the Cases

The Prepositional Case

    The Prepositional Denoting the Place of an Action. 57
    Nouns in the Prepositional Singular with the Prepositions *в* and *на* 57
    The Prepositional with the Preposition *о (об, обо)* Denoting the Object of Speech or Thought 64
    Personal Pronouns in the Prepositional. 66
    Adjectives in the Prepositional Singular 67
    Possessive Pronouns in the Prepositional. 69
    The Possessive Pronoun *свой* in the Prepositional. 70
    Nouns and Adjectives in the Prepositional Plural 72
    The Prepositional Denoting Time. 74

The Accusative Case

    The Accusative Denoting an Object Acted Upon 76
    Inanimate Nouns in the Accusative Singular. 76

Animate Nouns in the Accusative Singular 78
Personal Pronouns in the Accusative 80
Adjectives and Possessive Pronouns in the Accusative Singular 81
Nouns in the Accusative Plural 86
Adjectives and Possessive Pronouns in the Accusative Plural 88
The Accusative with Verbs of Motion 89
The Accusative with the Verbs класть — положить, ставить — поставить, вешать —
повесить 95
The Accusative Denoting Time 98

The Dative Case

The Dative Denoting the Recipient 100
Nouns in the Dative Singular 100
Personal Pronouns in the Dative 103
Adjectives and Possessive Pronouns in the Dative Singular 104
Nouns in the Dative Plural 106
Adjectives and Possessive Pronouns in the Dative Plural 108
The Dative with the Verb нравиться — понравиться 109
The Dative Denoting Age 110
The Dative in Impersonal Sentences 112
The Dative with the Preposition к 114
The Dative with the Preposition по 116

The Genitive Case

The Genitive in Negative Sentences with the Words нет, не было, не будет 118
Nouns in the Genitive Singular 118
Personal Pronouns in the Genitive 120
Adjectives and Possessive Pronouns in the Genitive Singular 121
The Genitive with the Numerals два (две), три, четыре 124
Nouns in the Genitive Plural 125
The Genitive with the Words много, мало, сколько, несколько, немного and Cardinal
Numerals 125
Adjectives and Possessive Pronouns in the Genitive Plural 131
The Genitive Denoting Possession 133
The Adnominal Genitive 135
The Genitive with the Comparative Degree 137
The Genitive Denoting Dates 138
The Genitive Denoting Time 138
The Genitive with the Prepositions из and с Denoting Direction 140
The Genitive with the Preposition у 143
The Genitive with the Prepositions недалеко от, около, напротив, от ... до 146

The Instrumental Case

Nouns in the Instrumental Singular 147
The Instrumental Denoting Joint Action 147
Personal Pronouns in the Instrumental 149
Adjectives and Possessive Pronouns in the Instrumental Singular 151
Nouns, Adjectives and Possessive Pronouns in the Instrumental Plural 152
The Instrumental in the Compound Predicate after the Verbs быть and стать 154
The Instrumental with the Verbs интересоваться and заниматься, and the Short-Form Adjective доволен 156
The Instrumental with the Prepositions над, под, перед, за and рядом Denoting Place. . 157
The Instrumental in Passive Constructions 158
The Instrumental Denoting the Instrument of Action 159
The Instrumental with Prepositions Used in Various Meanings 159

Revision Exercises 160

The Verb

Verbs of Motion

Unprefixed Verbs of Motion and the Verbs *пойти* and *поéхать* 163
    The Verb *идти*. The Present Tense 163
    The Verb *ходить*. The Past Tense 164
    The Verb *пойти*. The Future Tense 166
    The Verb *éхать*. The Present Tense 167
    The Verb *éздить*. The Past Tense 168
    The Verb *поéхать*. The Future Tense 170
    The Verbs *идти* — *ходить*. 172
    The Verbs *éхать* — *éздить* 175
    The Verbs *нести* — *носить, везти* — *возить* 177

Prefixed Verbs of Motion. 180
    The Prefix *по-* 180
    The Prefixes *при-* and *у-* 181
    The Prefixes *в- (во-)* and *вы-*. 185
    The Prefixes *под- (подо-)* and *от- (ото-)* 187
    The Prefix *до-* 188
    The Prefixes *про-, пере-, за-* 188

Revision Exercises 188

Verbs with the Particle *-ся*

    Verbs with Passive Meaning 191
    Verbs with Middle Reflexive Meaning. 193
    Verbs with the Meaning of Reciprocal Action 198
    Verbs with Proper Reflexive Meaning 199

Revision Exercises 201

Verb Aspects

    Principal Meanings of Perfective and Imperfective Verbs 202
    The Use of the Imperfective Aspect after the Verbs *начинать* — *начать, продолжать* —
    продолжить, кончать — *кончить*. 209
    The Use of Imperfective and Perfective Verbs in the Future Tense. 210
    The Use of the Aspect Pairs of Some Verbs 212
    The Use of the Verbs *видеть* — *увидеть, слышать* — *услышать, знать* — *узнать* . . . 214
    Perfective Verbs with the Prefixes *по-* and *за-* 215

Revision Exercises 216

Complex Sentences

    Complex Sentences Containing the Conjunctions and Conjunctive Words *кто, что, какой,*
    как, когда, где, куда, откуда, почему, зачем, сколько 218
    Complex Sentences Containing the Conjunctions *потому что* and *поэтому* 219
    Complex Sentences Containing the Conjunctions *если, если бы*. 220
    Complex Sentences Containing the Conjunction *чтобы* 222
    Complex Sentences Containing the Conjunction *хотя*. 223
    Complex Sentences Containing the Correlative Words *тот, то* 224
    Complex Sentences Containing the Conjunctive Word *который* 225

Direct and Indirect Speech

    1. Direct Speech in the Form of a Statement. 230
    2. Direct Speech in the Form of a Question with a Question Word 231
    3. Direct Speech in the Form of a Question without a Question Word 231
    4. Direct Speech in the Form of an Injunction with the Predicate in the Imperative Mood 232

Revision Exercises 233

Sentences Containing Participial and Verbal Adverb Constructions

The Participle.   234

Active Participles.   234
The Formation of Active Participles   236
   The Present Tense   236
   The Past Tense   237

Passive Participles   240
The Formation of Passive Participles   240

   The Past Tense   240
   The Present Tense   242

Short-Form Passive Participles   245
Long-Form and Short-Form Participles   246

The Verbal Adverb   248

Imperfective Verbal Adverbs   248
The Formation of Imperfective Verbal Adverbs   248
Perfective Verbal Adverbs.   249
The Formation of Perfective Verbal Adverbs   250

Key to the Exercises.   254

АЛФАВИТ

Аа *Аа*	Кк *Кк*	Хх *Хх*
Бб *Бб*	Лл *Лл*	Цц *Цц*
Вв *Ввв*	Мм *Мм*	Чч *Чч*
Гг *Гг*	Нн *Нн*	Шш *Шшш*
Дд *Дд*	Оо *Оо*	Щщ *Щщ*
Ее *Ёе*	Пп *Пп*	ъ *ъъ*
Ёё *Ёё*	Рр *Рр*	ы *ыы*
Жж *Жж*	Сс *Сс*	ь *ьь*
Зз *Зз*	Тт *Тт*	Ээ *Ээ*
Ии *Ии*	Уу *Уу*	Юю *Юю*
Йй *Йй*	Фф *Фф*	Яя *Яя*

Part One **AN INTRODUCTORY LEXICAL
AND GRAMMATICAL COURSE**

Nouns in the Singular
Questions: Кто это? Что это?

— Это дом?
— Да, это дом.

— Это студе́нт?
— Да, это студе́нт.

Exercise 1. Read the questions and answer them. Write down the questions and the answers.

1. Это стол?

Это стол?

2. Это стул?

Это стул?

3. Это шкаф?

Это шкаф?

4. Это ла́мпа?

Это ла́мпа?

5. Это кни́га?

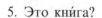

Это кни́га?

6. Это ру́чка?

Это ру́чка?

7. Это каранда́ш?

Это каранда́ш?

8. Это письмо́?

Это письмо́?

9. Это дом?

Это дом?

10. Это окно́?

Это окно́?

11. Это ма́льчик?

Это ма́льчик?

12. Это де́вочка?

Это де́вочка?

11

Exercise 2. Read the sentences and write them out.

1. Это у́лица. Это дом. Это магази́н, а э́то шко́ла. Это авто́бус, а э́то трам-ва́й.

Это у́лица. Это дом. Это магази́н, а э́то шко́ла. Это авто́бус, а э́то трамва́й.

2. Это стол. Это газе́та, а э́то кни́га. Это ру́чка, а э́то каранда́ш.

Это стол. Это газе́та, а э́то кни́га. Это ру́чка, а э́то каранда́ш.

3. Это ма́льчик, а э́то де́вочка. Это врач, а э́то преподава́тель. Это студе́нт, а э́то студе́нтка.

Это ма́льчик, а э́то де́вочка. Это врач, а э́то преподава́тель. Это студе́нт, а э́то студе́нтка.

— Это ру́чка?
— **Нет**, э́то **не** ру́чка. Это каранда́ш.

Exercise 3. Read the questions and answer them. Write down the questions and the answers.

1. Это кни́га?   2. Это журна́л?   3. Это де́вочка?   4. Это стол?

5. Это доска́?   6. Это преподава́тель?   7. Это шко́ла?   8. Это дверь?

Exercise 4. Read the questions and answer them. Write down the questions and the answers.

Model: — Это каранда́ш? (ру́чка)
— Нет, э́то не каранда́ш. Это ру́чка.

1. Это студе́нт? (студе́нтка) 2. Это тетра́дь? (кни́га) 3. Это газе́та? (журна́л) 4. Это стол? (стул) 5. Это окно́? (дверь) 6. Это ва́за? (ла́мпа) 7. Это шкаф? (стол) 8. Это преподава́тель? (студе́нт) 9. Это ма́льчик? (де́вочка)

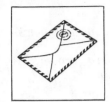

— **Что** э́то?
— Это **письмо́**.

— **Кто** э́то?
— Это **студе́нт**.

Exercise 5. Ask questions about the drawings and answer them. Write down the questions and the answers.

Model: — *Что* э́то?
— Это *газе́та*.

— *Кто* э́то?
— Это *врач*.

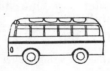

1. 2. 3. 4.

5. 6. 7. 8.

9. 10. 11. 12.

Exercise 6. Ask the question *Кто это?* or *Что это?* about the italicised words. Arrange the sentences in two columns.

Model:

Кто это?	Что это?
Это *врач.*	Это *телевизор.*

1. Это *стол.* Это *стул.* Это *студе́нтка.* Это *письмо́.* Это *преподава́тель.* Это *ру́чка.* Это *студе́нт.* Это *кни́га.* Это *каранда́ш.*
2. Это *словарь.* Это *упражне́ние.* Это *сло́во.* Это *шко́ла.* Это *сестра́.* Это *брат.* Это *университе́т.* Это *маши́на.* Это *де́вочка.* Это *ма́льчик.*

The Present Tense of the Verb

1st Conjugation

чита́ть

Я чита́ю.	Мы чита́ем.
Ты чита́ешь.	Вы чита́ете.
Он чита́ет.	Они́ чита́ют.
Она́ чита́ет.	

Exercise 7. Write out the sentences, using the required forms of the verb *чита́ть.*

Model: Я ... текст.
Я *чита́ю* текст.

1. Ты ... рома́н. 2. Мы ... текст. 3. Она́ ... журна́л. 4. Он ... письмо́. 5. Они́ ... упражне́ние. 6. Я ... расска́з. 7. Она́ ... предложе́ние. 8. Вы ... упражне́ние. 9. Они́ ... пра́вило.

Exercise 8. Read the sentences, using the required pronouns.

Model: ... чита́ем текст.
Мы чита́ем текст.

1. ... чита́ет рома́н. 2. ... чита́ю журна́л. 3. ... чита́ете текст. 4. ...чита́ешь письмо́. 5. ... чита́ют упражне́ние. 6. ... чита́ет предложе́ние. 7. ... чита́ем пра́вило. 8. ... чита́ют расска́з.

Exercise 9. Write out the sentences, using the required forms of the verb *повторя́ть.*

Model: Он ... уро́к.
Он *повторя́ет* уро́к.

1. Мы ... пра́вило. 2. Я ... текст. 3. Он ... сло́во. 4. Она́ ... глаго́л. 5. Вы ... предложе́ние. 6. Они́ ... уро́к.

Exercise 10. Conjugate the following verbs on the pattern of the verb *чита́ть*.

Рабо́тать, отдыха́ть, гуля́ть, знать.

Exercise 11. Conjugate the verbs *слу́шать, понима́ть, отвеча́ть* and *изуча́ть* in the following sentences. Write out the conjugation of the fourth sentence.

Model: Я *чита́ю* письмо́.   Мы *чита́ем* письмо́.
Ты *чита́ешь* письмо́.   Вы *чита́ете* письмо́.
Он *чита́ет* письмо́.   Они́ *чита́ют* письмо́.

1. Я слу́шаю ра́дио. 2. Я понима́ю вопро́с. 3. Я отвеча́ю уро́к. 4. Я изуча́ю ру́сский язы́к.

— Он **чита́ет**?
— **Да**, он **чита́ет**.
— **Нет**, он **не чита́ет**.

Exercise 12. Answer the questions. Write out the questions and the answers.

Model: — Па́вел рабо́тает? (отдыха́ть)
— Нет, он не рабо́тает. Он отдыха́ет.

1. Анна чита́ет? (обе́дать) 2. Она́ рабо́тает? (гуля́ть) 3. Бори́с обе́дает? (отдыха́ть) 4. Он гуля́ет? (рабо́тать) 5. Они́ отдыха́ют? (у́жинать)

— Он **зна́ет** ру́сский язы́к?
— **Да**, он **зна́ет** ру́сский язы́к.
— **Нет**, он **не зна́ет** ру́сский язы́к.

Exercise 13. Answer the questions in the affirmative or the negative.

1. Он слу́шает ра́дио? 2. Она́ чита́ет письмо́? 3. Они́ повторя́ют текст? 4. Она́ чита́ет журна́л? 5. Студе́нт зна́ет алфави́т? 6. Студе́нтка понима́ет те́кст? 7. Анна и Джон изуча́ют ру́сский язы́к?

Exercise 14. Answer the questions in the affirmative and the negative.

1. Вы понима́ете вопро́с? 2. Вы слу́шаете ра́дио? 3. Вы чита́ете журна́л? 4. Ты зна́ешь пра́вило? 5. Ты повторя́ешь текст? 6. Вы повторя́ете диало́г? 7. Ты понима́ешь предложе́ние?

Exercise 15. Answer the questions and write down the answers.

Model: — Вéра читáет письмó?
— Нет, Вéра слýшает рáдио.

1. Марúя слýшает рáдио?

2. Джон читáет журнáл?

3. Джон и Марúя читáют?

4. Онú слýшают рáдио?

Exercise 16. A. Read the dialogues.

1. — Это Борúс?
— Да, это Борúс.
— Он студéнт?
— Нет, он инженéр.
— Он читáет журнáл?
— Да, он читáет журнáл.

2. — Кто это?
— Это Вúктор.
— Кто он?
— Он студéнт.
— Он слýшает рáдио?
— Нет, он читáет письмó.

B. Complete the dialogues.

1. — Это Анна?
— ... .
— Онá студéнтка?
— ... .
— Онá читáет журнáл?
— ... .

2. — Кто это?
— ... .
— Кто онá?
— ... .
— Онá слýшает рáдио?
— ... .

16

C. Compose similar dialogues based on the drawings.

Это Серге́й.

Это Ни́на.

2nd Conjugation

говори́ть

Я говорю́.	Мы говори́м.
Ты говори́шь.	Вы говори́те.
Он говори́т.	Они́ говоря́т.
Она́ говори́т.	

Я говорю́ по-ру́сски.
Джон говори́т по-англи́йски.
Жан и Мари́ говоря́т по-францу́зски.

Exercise 17. Answer the questions in the affirmative or the negative. Write out questions 1, 2, 3 and 5, and the answers to them.

1. Ве́ра говори́т по-францу́зски? 2. Жан говори́т по-англи́йски? 3. Джим говори́т по-ру́сски? 4. Он говори́т по-англи́йски? 5. Вы говори́те по-ру́сски? 6. Ни́на и Бори́с говоря́т по-англи́йски? 7. Ты говори́шь по-францу́зски? 8. Они́ говоря́т по-ру́сски?

All Russian verbs can be divided into two groups: *1st conjugation* verbs and *2nd conjugation* verbs.

1st conjugation verbs take the endings **-ю, -у; -ешь; -ет; -ем; -ете** and **-ют, -ут**.
2nd conjugation verbs take the endings **-ю, -у; -ишь; -ит; -им; -ите** and **-ят, -ат**.
Compare the conjugation of the verbs:

1st Conjugation		2nd Conjugation	
знать		учи́ть	
я зна́**ю**	мы зна́**ем**	я учу́	мы у́чим
ты зна́**ешь**	вы зна́**ете**	ты у́чишь	вы у́чите
он (она́) зна́**ет**	они́ зна́**ют**	он (она́) у́чит	они́ у́чат
гуля́ть		смотре́ть	
я гуля́**ю**	мы гуля́**ем**	я смотрю́	мы смо́трим
ты гуля́**ешь**	вы гуля́**ете**	ты смо́тришь	вы смо́трите
он (она́) гуля́**ет**	они́ гуля́**ют**	он (она́) смо́трит	они́ смо́трят

17

Я чита́ю журна́л.
Студе́нт чита́ет журна́л.
Студе́нтка чита́ет журна́л.   **Кто чита́ет журна́л?**
Студе́нты[1] **чита́ют** журна́л.

Exercise 18. Read the questions and answer them.

Model: — Кто повторя́ет диало́г? (я)
— Я повторя́ю диало́г.[2]

1. Кто чита́ет текст? (Анна) 2. Кто хорошо́ чита́ет текст? (Анна и Джон) 3. Кто зна́ет диало́г? (я) 4. Кто хорошо́ зна́ет диало́г? (студе́нт и студе́нтка) 5. Кто хорошо́ говори́т по-ру́сски? (они́) 6. Кто сейча́с говори́т по-ру́сски? (мы) 7. Кто изуча́ет ру́сский язы́к? (мы)

Exercise 19. Ask questions about the italicised words and write them down.

Model: *Джон и Анна* говоря́т по-ру́сски.
Кто говори́т по-ру́сски?

1. *Па́вел* слу́шает ра́дио. 2. *Анна* чита́ет журна́л. 3. *Мы* говори́м по-ру́сски. 4. *Они́* говоря́т по-англи́йски. 5. *Поль и Мари́я* рабо́тают. 6. *Они́* изуча́ют ру́сский язы́к. 7. *Я* чита́ю письмо́.

Exercise 20. Answer the questions, as in the model. Write out questions 1, 2 and 5, and the answers to them.

Model: — Анна студе́нтка?
— Я не зна́ю, *кто она́.*

1. Бори́с инжене́р? 2. Ни́на врач? 3. Серге́й лабора́нт? 4. Та́ня студе́нтка? 5. И́горь и Ле́на студе́нты? 6. Никола́й и Па́вел преподава́тели?[3]

Question: Как?

— **Как** Джон чита́ет?
— Джон чита́ет **бы́стро**.

Exercise 21. Read the questions and answers. Write out the words which answer the question *Как?*

1. — *Как* студе́нтка отвеча́ет уро́к?
— Студе́нтка отвеча́ет уро́к *пра́вильно.*
2. — *Как* Ви́ктор чита́ет?
— Ви́ктор чита́ет *гро́мко.*

---

[1] *студе́нты,* the plural of the noun *студе́нт*
[2] If the words containing the answer to a question stand at the beginning of the sentence, they are emphasised by a stronger stress; cf.:

Кто чита́ет журна́л? ⟨ Журна́л чита́ет Бори́с.
Бори́с чита́ет журна́л.

[3] *преподава́тели,* the plural of the noun *преподава́тель*

3. — *Как* студе́нты слу́шают?
— Студе́нты слу́шают *внима́тельно*.
4. — *Как* Анна рабо́тает?
— Анна рабо́тает *хорошо́*.

Exercise 22. Answer the questions.

Model: — *Как* он рабо́тает, *хорошо́* и́ли *пло́хо*?
— Он рабо́тает *хорошо́*.

1. Как вы говори́те по-ру́сски, хорошо́ и́ли пло́хо? 2. Как Анна отвеча́ет уро́к, пра́вильно и́ли непра́вильно? 3. Как говори́т Мари́я, гро́мко и́ли ти́хо? 4. Как вы понима́ете текст, пло́хо и́ли хорошо́? 5. Как вы говори́те по-ру́сски, бы́стро и́ли ме́дленно? 6. Как они́ слу́шают уро́к, внима́тельно и́ли невнима́тельно? 7. Как чита́ет преподава́тель, ме́дленно и́ли бы́стро?

Exercise 23. Complete the sentences, using the antonyms of the adverbs used in them.

Model: Он чита́ет *бы́стро*, а я ... .
Он чита́ет *бы́стро*, а я чита́ю *ме́дленно*.

1. Студе́нт отвеча́ет *гро́мко*, а студе́нтка ... . 2. Сестра́ говори́т *бы́стро*, а брат ... . 3. Ни́на чита́ет *ти́хо*, а Па́вел ... . 4. Мари́я говори́т по-ру́сски *пло́хо*, а Анна ... . 5. Студе́нтка слу́шает уро́к *внима́тельно*, а студе́нт ... . 6. Я зна́ю уро́к *хорошо́*, а ты ... . 7. Вы расска́зываете текст *пра́вильно*, а они́ ... . 8. Он говори́т по-ру́сски *ме́дленно*, а она́ ... .

Exercise 24. Make up questions to which the following sentences are the answers.

Model: — ...?   — *Как* Анна чита́ет?
— Анна чита́ет *ти́хо*.   — Анна чита́ет *ти́хо*.

1. — ...?
— Студе́нты чита́ют *бы́стро и пра́вильно*.
2. — ...?
— Ви́ктор чита́ет *ме́дленно*.
3. — ...?
— Они́ говоря́т по-англи́йски *хорошо́*.
4. — ...?
— Па́вел говори́т по-англи́йски *пло́хо*.
5. — ...?
— Джон говори́т по-ру́сски *пра́вильно*.
6. — ...?
— Ни́на расска́зывает *интере́сно*.
7. — ...?
— Бори́с рабо́тает *хорошо́*.

Exercise 25. Answer the questions, using the words *хорошо́—пло́хо, бы́стро—ме́дленно, гро́мко—ти́хо, пра́вильно—непра́вильно, внима́тельно—невнима́тельно*. Write down the answers.

Model: — *Как* он слу́шает?
— Он слу́шает *внима́тельно*.

1. Как студе́нт чита́ет? 2. Как он зна́ет текст? 3. Как студе́нтка отвеча́ет уро́к? 4. Как она́ говори́т по-ру́сски? 5. Как преподава́тель чита́ет? 6. Как студе́нты слу́шают? 7. Как вы зна́ете уро́к? 8. Как вы говори́те по-ру́сски? 9. Как вы понима́ете по-ру́сски?

— **Вы зна́ете**, как Никола́й говори́т по-англи́йски?
— **Да, я зна́ю** (как он говори́т по-англи́йски). Он говори́т по-англи́йски хорошо́.
— **Нет, я не зна́ю**, как он говори́т по-англи́йски.

Exercise 26. Answer the questions.

1. Вы зна́ете, как он говори́т по-ру́сски? 2. Вы зна́ете, как Бори́с говори́т по-англи́йски? 3. Вы зна́ете, как студе́нты слу́шают уро́к? 4. Вы зна́ете, как они́ расска́зывают текст? 5. Вы зна́ете, как они́ говоря́т по-англи́йски?

Exercise 27. Read the text and retell it.

Это Анна. Она́ студе́нтка. Это Джон. Он студе́нт. Анна и Джон изуча́ют ру́сский язы́к. Сейча́с уро́к. Преподава́тель чита́ет текст. Он чита́ет текст гро́мко и ме́дленно. Анна и Джон слу́шают. Они́ слу́шают внима́тельно. Пото́м чита́ет Анна. Как она́ чита́ет? Она́ чита́ет ме́дленно, но пра́вильно. Преподава́тель слу́шает, как чита́ет студе́нтка. Пото́м он говори́т: «Вы чита́ете по-ру́сски хорошо́».

Exercise 28. Translate into Russian. Write down your translation.

A lesson is in progress now. This is the teacher. This is the boy student and the girl student. The teacher is reading, and the boy student and the girl student are listening. They are listening carefully. Jim and Mary understand the text well. Then Jim reads. He reads quickly and correctly. The teacher says, "Jim, you read well." Then they speak Russian.

Question: Когда́?

— **Когда́** вы слу́шаете ра́дио?
— Я слу́шаю ра́дио **ве́чером**.

Exercise 29. Read the text and write it out.

Это Па́вел. Он студе́нт. Утром Па́вел за́втракает. Пото́м он идёт в университе́т[1]. Там он занима́ется[2]. Днём он обе́дает, пото́м немно́го от-

---

[1] *он идёт в университе́т*, he goes to the University

[2] *занима́ться*, to study

я занима́юсь	мы занима́емся
ты занима́ешься	вы занима́етесь
он (она́) занима́ется	они́ занима́ются

дыха́ет. Ве́чером Па́вел у́жинает, гото́вит[1] дома́шнее зада́ние, чита́ет газе́ты[2] и журна́лы[3], слу́шает ра́дио, смо́трит телеви́зор.

Exercise 30. Answer the questions.

Model: — Па́вел чита́ет газе́ты *ве́чером*?
— Да, Па́вел чита́ет газе́ты *ве́чером*.

1. Па́вел за́втракает *у́тром*? 2. Он занима́ется *днём*? 3. Он обе́дает *днём*? 4. Он у́жинает *ве́чером*? 5. Па́вел слу́шает ра́дио *днём и́ли ве́чером*? 6. Он смо́трит телеви́зор *у́тром и́ли ве́чером*? 7. Он чита́ет газе́ты *у́тром и́ли ве́чером*? 8. Он гото́вит дома́шнее зада́ние *днём и́ли ве́чером*?

Exercise 31. Answer the questions. Write out questions 4, 5 and 6, and the answers to them.

Model: — *Когда́* вы за́втракаете, *у́тром и́ли днём*?
— Я за́втракаю *у́тром*.

1. Когда́ вы обе́даете, днём и́ли ве́чером?
2. Когда́ вы у́жинаете, ве́чером и́ли днём?
3. Когда́ вы слу́шаете ра́дио, у́тром и́ли ве́чером?
4. Когда́ ты рабо́таешь, днём и́ли у́тром?
5. Когда́ ты отдыха́ешь, днём и́ли ве́чером?
6. Когда́ ты чита́ешь газе́ты, у́тром и́ли ве́чером?
7. Когда́ ты занима́ешься, днём и́ли ве́чером?

Exercise 32. Answer the questions, using the words *у́тром, днём, ве́чером, ра́но у́тром, по́здно ве́чером*. Write out questions 7, 8, 9 and 10, and the answers to them.

Model: — *Когда́* вы слу́шаете ра́дио?
— Я слу́шаю ра́дио *у́тром*.

1. Когда́ Па́вел занима́ется? 2. Когда́ он обе́дает? 3. Когда́ он слу́шает ра́дио? 4. Когда́ он чита́ет газе́ты? 5. Когда́ он у́жинает? 6. Когда́ он гото́вит дома́шнее зада́ние? 7. Когда́ вы за́втракаете? 8. Когда́ вы занима́етесь? 9. Когда́ вы обе́даете? 10. Когда́ вы смо́трите телеви́зор?

Exercise 33. Make up questions to which the following sentences are the answers. Write down the questions.

Model: — ...?   — *Когда́* вы за́втракаете?
— Я за́втракаю *ра́но у́тром*.   — Я за́втракаю *ра́но у́тром*.

---

[1] *гото́вить*, to prepare
  я гото́влю   мы гото́вим
  ты гото́вишь   вы гото́вите
  он (она́) гото́вит   они́ гото́вят
[2] *газе́ты*, the plural of the noun *газе́та*
[3] *журна́лы*, the plural of the noun *журна́л*

21

1. — ...?
   — Я занима́юсь *у́тром*.
2. — ...?
   — Мы обе́даем *днём*.
3. — ...?
   — Па́вел слу́шает ра́дио *у́тром и ве́чером*.
4. — ...?
   — А́нна рабо́тает *днём*.
5. — ...?
   — Я чита́ю газе́ты *у́тром и ве́чером*.
6. — ...?
   — Мы у́жинаем *ве́чером*.
7. — ...?
   — Они́ гото́вят дома́шнее зада́ние *ве́чером*.

Exercise 34. Answer the questions, as in the model. Write down the answers to questions 2, 3 and 5.

Model: — А́нна занима́ется у́тром?
— Я не зна́ю, когда́ она́ занима́ется.

1. Бори́с рабо́тает днём? 2. Мари́я отдыха́ет ве́чером? 3. Па́вел занима́ется у́тром? 4. Он смо́трит телеви́зор ве́чером? 5. Серге́й и А́нна рабо́тают у́тром?

Exercise 35. Answer the questions, as in the model.

Model: — Вы зна́ете, когда́ он занима́ется?
— Он занима́ется ве́чером.
(— Я не зна́ю, когда́ он занима́ется.)

1. Вы зна́ете, когда́ Бори́с рабо́тает? 2. Вы зна́ете, когда́ он отдыха́ет? 3. Вы зна́ете, когда́ он обе́дает? 4. Вы зна́ете, когда́ Па́вел слу́шает ра́дио? 5. Вы зна́ете, когда́ он у́жинает? 6. Вы зна́ете, когда́ они́ обе́дают?

— **Когда́** вы за́втракаете?
— Обы́чно я за́втракаю **в 8 часо́в**.

Когда́?	в час в 2, 3, 4 часа́ в 5, 6... 10, 11... 20 часо́в

Exercise 36. Answer the questions.

1. Когда́ вы за́втракаете? 2. Когда́ вы обе́даете? 3. Когда́ вы у́жинаете? 4. Когда́ вы слу́шаете ра́дио? 5. Когда́ вы отдыха́ете?

Question: Что де́лает?

— Что де́лает студе́нт?
— Студе́нт чита́ет.
— Что он де́лает?
— Он чита́ет.

Exercise 37. Read the questions and answers, and write them out. Note the position of the subject in the questions when it is a noun and when it is a pronoun.

1. — Что де́лает *преподава́тель*?
   — Преподава́тель чита́ет.
2. — Что де́лают *студе́нты*?
   — Студе́нты слу́шают.
3. — Что *они́* де́лают днём?
   — Днём они́ занима́ются.
4. — Что де́лает *Андре́й*?
   — Андре́й отвеча́ет уро́к.
5. — Что *вы* де́лаете ве́чером?
   — Ве́чером мы отдыха́ем.
6. — Что *вы* де́лаете сейча́с?
   — Сейча́с я пишу́ [1] письмо́.
7. — Что *ты* де́лаешь сейча́с?
   — Сейча́с я чита́ю газе́ты.

Exercise 38. Answer the questions, using the words in brackets. Place the words denoting time at the beginning of the sentences.

Model: — Что вы де́лаете *сейча́с*? (отдыха́ть)
   — *Сейча́с* мы отдыха́ем.

1. Что вы де́лаете ве́чером? (у́жинать и отдыха́ть) 2. А что де́лает ве́чером Андре́й? (занима́ться) 3. Что он де́лает у́тром? (рабо́тать) 4. Что вы де́лаете у́тром? (за́втракать и слу́шать ра́дио) 5. Что вы де́лаете сейча́с? (писа́ть письмо́) 6. Что студе́нты де́лают сейча́с? (чита́ть текст и писа́ть упражне́ния) 7. Что они́ де́лают ве́чером? (гуля́ть, чита́ть и смотре́ть телеви́зор)

Exercise 39. Answer the questions. Write out questions 5, 6 and 7, and the answers to them.

I. 1. Что де́лает Андре́й у́тром?
   2. Что он де́лает днём?
   3. Что де́лают студе́нты сейча́с?
   4. Что они́ де́лают ве́чером?
   5. Что вы де́лаете сейча́с?
   6. Что вы де́лаете у́тром?
   7. Что вы де́лаете ве́чером?

II. 1. Что де́лает Андре́й *по́сле обе́да* [2]?
   2. Что вы де́лаете *по́сле уро́ка* [3]?
   3. Что де́лают студе́нты *по́сле у́жина* [4]?
   4. Что де́лает Андре́й *по́сле за́втрака* [5]?
   5. Что де́лает Ни́на *по́сле уро́ка*?

---

[1] *писа́ть*, to write

я пишу́	мы пи́шем
ты пи́шешь	вы пи́шете
он (она́) пи́шет	они́ пи́шут

[2] *по́сле обе́да*, after dinner
[3] *по́сле уро́ка*, after the lesson; *по́сле уро́ков*, after the lessons
[4] *по́сле у́жина*, after supper
[5] *по́сле за́втрака*, after breakfast

Exercise 40. Make up questions to which the following sentences are the answers.

Model: — ...?   — Что де́лает Па́вел у́тром?
           — У́тром Па́вел *рабо́тает.*   — У́тром Па́вел *рабо́тает.*

1. — ...?
   — У́тром Бори́с *чита́ет газе́ты.*
2. — ...?
   — Ве́чером мы *смо́трим телеви́зор.*
3. — ...?
   — Сейча́с Анна *отдыха́ет.*
4. — ...?
   — Сейча́с они́ *обе́дают.*
5. — ...?
   — Ве́чером я *чита́ю.*
6. — ...?
   — Днём я *рабо́таю.*
7. — ...?
   — Сейча́с мы *занима́емся.*
8. — ...?
   — Сейча́с Ни́на *пи́шет письмо́.*

Exercise 41. Read the sentences and write them out. Note the position of the words denoting time in sentences which answer the questions *что де́лает?* and *когда́?* Remember that the words containing the answer to a question are placed at the end of the sentence.

1. — *Когда́* Па́вел рабо́тает?
   — Па́вел рабо́тает *днём.*
   — *Что* он *де́лает* днём?
   — Днём он *рабо́тает.*
2. — *Когда́* он отдыха́ет?
   — Он отдыха́ет *ве́чером.*
   — *Что де́лает* Па́вел ве́чером?
   — Ве́чером он *отдыха́ет.*

3. — *Когда́* вы чита́ете?
   — Я чита́ю *ве́чером.*
   — *Что* вы *де́лаете* ве́чером?
   — Ве́чером я *чита́ю.*

Exercise 42. Answer the questions, as in the model.

Model: — Ве́чером Па́вел занима́ется?
           — Я не зна́ю, что он де́лает ве́чером.

1. Днём Андре́й рабо́тает? 2. Ве́чером Па́вел отдыха́ет? 3. У́тром Анна занима́ется? 4. Сейча́с студе́нты чита́ют текст? 5. Ве́чером они́ смо́трят телеви́зор?

Exercise 43. A. Read the dialogue.

— Это Бори́с.
— Кто он?
— Он студе́нт.
— Что он де́лает сейча́с?
— Сейча́с он отдыха́ет.
— А когда́ он занима́ется?
— Он занима́ется у́тром.
— А что он де́лает ве́чером?
— Ве́чером он гуля́ет.

B. Complete the dialogues, supplying responses.

1. — Кто э́то?
— ... .
— Кто он?
— ... .
— Что он де́лает сейча́с?
— ... .
— А когда́ он занима́ется?
— ... .
— А что он де́лает по́сле у́жина?
— ... .

2. — Это Ни́на.
— ...?
— Она́ студе́нтка. Она́ изуча́ет англи́йский язы́к.
— ...?
— Она́ говори́т по-англи́йски хорошо́.
— ...?
— Сейча́с она́ занима́ется.
— ...?
— По́сле обе́да она́ отдыха́ет.

C. And this is Ann.
Ask as many questions as possible about her.

Revision Exercises

Exercise 44. Use the required forms of the verbs given on the right.

1. Мы ... ра́но у́тром.	за́втракать
2. Я ... днём.	рабо́тать
3. Вы ... телеви́зор ве́чером?	смотре́ть
4. Вы ... газе́ты по́сле за́втрака?	чита́ть
5. Они́ ... ру́сский язы́к.	изуча́ть
6. Джон и Мэ́ри хорошо́ ... по-ру́сски.	говори́ть
7. Он хорошо́ ... ру́сский язы́к.	знать

Exercise 45. Use the required forms of the verbs *знать, чита́ть, слу́шать, де́лать, писа́ть, говори́ть, учи́ть*.

1. Ве́чером я ... газе́ты и журна́лы, ... ра́дио. А что вы ... ве́чером? 2. Анна хорошо́ ... по-ру́сски. Вы то́же хорошо́ ... по-ру́сски? 3. Преподава́тель ... текст. А что ... студе́нты? Они́ ..., как преподава́тель чита́ет текст. 4. Сейча́с Та́ня ... письмо́. А что ... Анна? Она́ ... уро́к. 5. Сего́дня Мари́я хорошо́ ... уро́к. Вы то́же хорошо́ ... уро́к?

Exercise 46. Answer the questions.

I. 1. Как вы говори́те по-ру́сски? 2. Как Анна чита́ет по-ру́сски? 3. Как она́ зна́ет сего́дня уро́к? 4. Как она́ пи́шет?

II. 1. Когда́ вы за́втракаете? 2. Когда́ Андре́й рабо́тает? 3. Когда́ он отдыха́ет? 4. Когда́ вы обе́даете? 5. Когда́ вы слу́шаете ра́дио? 6. Когда́ вы занима́етесь?

III. 1. Что де́лают студе́нты днём? 2. Что они́ де́лают ве́чером? 3. Что вы де́лаете сейча́с? 4. Что вы де́лаете ве́чером? 5. Вы говори́те по-ру́сски? 6. Анна хорошо́ зна́ет уро́к? 7. Она́ чита́ет по-ру́сски бы́стро? 8. Вы чита́ете газе́ты у́тром? 9. Вы рабо́таете днём?

Exercise 47. Ask questions about the italicised words and write them down.

1. Это *Анна*. Она́ *студе́нтка*. Она́ изуча́ет ру́сский язы́к. Анна говори́т по-ру́сски *хорошо́*.
2. Это *студе́нты*. Сейча́с они́ *обе́дают*.
3. Это *Бори́с*. Он *врач*. Утром он *рабо́тает*. Он отдыха́ет *ве́чером*. Сейча́с он *чита́ет газе́ты*.

Exercise 48. Answer the questions, as in the model.

Model: — Вы зна́ете, что он де́лает?
— Да, (я) зна́ю, (что он де́лает). Он пи́шет письмо́.
— Нет, я не зна́ю, что он де́лает.

1. Вы зна́ете, когда́ Па́вел рабо́тает? 2. Вы зна́ете, что он де́лает ве́чером? 3. Вы зна́ете, когда́ он отдыха́ет? 4. Вы зна́ете, что Анна де́лает сейча́с? 5. Вы зна́ете, когда́ она́ у́чит уро́ки[1]? 6. Вы зна́ете, как она́ говори́т по-ру́сски? 7. Вы зна́ете, когда́ они́ обе́дают? 8. Вы зна́ете, что они́ де́лают по́сле обе́да?

Exercise 49. Answer the questions, as in the model.

Model: — Ни́на *врач*?   — Она́ работает *у́тром*?
— Я не зна́ю, *кто* она́.   — Я не зна́ю, *когда́* она́ рабо́тает.

1. Ве́ра *студе́нтка*? 2. Она́ *хорошо́* говори́т по-ру́сски? 3. Па́вел рабо́тает *у́тром*? 4. Он *инжене́р*? 5. Сейча́с он *отдыха́ет*? 6. Ви́ктор и Ни́на занима́ются *днём*? 7. Они́ *студе́нты*?

Exercise 50. Write a brief story about yourself: who you are; what you are studying; what you do in the morning, in the afternoon, in the evening; when you work and relax; how well you speak Russian.

The Gender of Nouns

Russian nouns are divided into three groups: nouns of the *masculine, feminine* and *neuter* genders.
Masculine nouns are nouns ending in a consonant: студе́нт, стол, трамва́й.
Feminine nouns are nouns ending in the vowel **-a** or **-я**: кни́га, пе́сня, ле́кция.
Neuter nouns are nouns ending in the vowel **-o** or **-e**: письмо́, пла́тье, зда́ние.

Masculine	Ending	Feminine	Ending	Neuter	Ending
студе́нт стол трамва́й	a con- sonant	студе́нтка пе́сня ле́кция	**-a** **-я**	пальто́ мо́ре зда́ние	**-o** **-e**

---

[1] *уро́ки,* the plural of the noun *уро́к*

26

The Possessive Pronouns мой, твой, наш, ваш

Possessive pronouns agree with their head word (noun) in gender.

Masculine	**мой** брат, **мой** журна́л
Feminine	**моя́** сестра́, **моя́** кни́га
Neuter	**моё** пальто́, **моё** письмо́

Exercise 51. Use the required pronoun.

Model: Э́то ... ко́мната.
　　　　Э́то *моя́* ко́мната.

(a) *мой, моя́, моё*

1. Э́то ... стол. 2. Э́то ... ру́чка. 3. Э́то ... каранда́ш. 4. Э́то ... пальто́. 5. Э́то ... газе́та. 6. Э́то ... друг. 7. Э́то ... оте́ц.

(b) *наш, на́ша, на́ше*

1. Э́то ... шко́ла. 2. Э́то ... дом. 3. Э́то ... окно́. 4. Э́то ... библиоте́ка. 5. Э́то ... университе́т. 6. Э́то ... клуб. 7. Э́то ... студе́нтка.

Exercise 52. Answer the questions, using the required pronouns.

Model: — Э́то ... каранда́ш?　　　　— Э́то ... магнитофо́н?
　　　　— Э́то *твой* каранда́ш?　　　— Э́то *ваш* магнитофо́н?
　　　　— *Нет*, э́то *не мой* каранда́ш.　— Да, э́то *мой* магнитофо́н.

(a) *твой, твоя́, твоё*

1. Э́то ... журна́л? 2. Э́то ... ко́мната? 3. Э́то ... письмо́? 4. Э́то ... кни́га? 5. Э́то ... уче́бник? 6. Э́то ... брат? 7. Э́то ... сестра́?

(b) *ваш, ва́ша, ва́ше*

1. Э́то ... письмо́? 2. Э́то ... газе́та? 3. Э́то ... ру́чка? 4. Э́то ... журна́л? 5. Э́то ... ра́дио? 6. Э́то ... оте́ц? 7. Э́то ... сын?

MEMORISE!

Masculine	Feminine
мой преподава́тель	моя́ мать
мой слова́рь	моя́ дочь
мой портфе́ль	моя́ тетра́дь
мой день	моя́ крова́ть

Nouns ending in **-ь** are either masculine or feminine.

Exercise 53. Arrange the following words in three columns, as in the model.

Model:

Masculine	Feminine	Neuter
Это *мой* стол.	Это *моя* ко́мната.	Это *моё* письмо́.

Ла́мпа, каранда́ш, ра́дио, газе́та, уче́бник, день, стул, шкаф, ка́рта, портфе́ль, тетра́дь, пальто́, костю́м, па́пка, слова́рь, дом, общежи́тие, крова́ть, окно́, журна́л, карти́на, сло́во, упражне́ние, кни́га, ме́сто, маши́на, магнитофо́н, телеви́зор, брат, оте́ц, мать, друг, сестра́, това́рищ, дочь, преподава́тель.

Exercise 54. Use the pronouns *он, она́, оно́.*

Model: Это моё письмо́. ... лежи́т здесь.
Это моё письмо́. *Оно́* лежи́т здесь.

1. Это мой слова́рь. ... лежи́т здесь. 2. Это ва́ша кни́га. ... лежи́т там. 3. Это твоя́ тетра́дь. ... лежи́т спра́ва. 4. Это наш шкаф. ... стои́т сле́ва. 5. Это мой стол. ... стои́т спра́ва. 6. Это твоё кре́сло. ... стои́т там. 7. Это на́ша маши́на. ... стои́т здесь. 8. Это наш преподава́тель. ... рабо́тает здесь. 9. Это моя́ сестра́. ... изуча́ет ру́сский язы́к. 10. Это мой брат. ... слу́шает магнитофо́н. 11. Это моя́ мать. ... смо́трит телеви́зор.

The Past Tense of the Verb

говори́ть

Студе́нт говори́л.	Он говори́л.
Студе́нтка говори́ла.	Она́ говори́ла.
Студе́нты говори́ли.	Они́ говори́ли.
Ра́дио говори́ло.	Оно́ говори́ло.

Exercise 55. Answer the questions. Write down the answers to questions 3, 7, 8 and 9.

Model: — Вы *чита́ли* сего́дня газе́ты?
— *Да, я чита́л сего́дня газе́ты.*
— *Нет, я не чита́л сего́дня газе́ты.*

1. Студе́нт *чита́л* текст? 2. Студе́нтка *чита́ла* журна́л? 3. Вы *чита́ли* сего́дня газе́ты? 4. Студе́нты *писа́ли* сего́дня дикта́нт? 5. Ваш друг *писа́л* вчера́ письмо́? 6. Ты *слу́шала* сего́дня ра́дио? 7. Ты *рабо́тал* вчера́? 8. Вы *смотре́ли* вчера́ телеви́зор? 9. Вы *игра́ли* вчера́ в футбо́л?

Exercise 56. Make up questions to which the following sentences are the answers.

Model: — ... ?   — *Что* вы *де́лали* у́тром?
— Утром я *рабо́тал.*   — Утром я *рабо́тал.*

1. — ... ?
— Днём мы *занима́лись*.
2. — ... ?
— Ве́чером мы *гуля́ли*.
3. — ... ?
— Утром она́ *писа́ла письмо́*.
4. — ... ?
— По́сле обе́да она́ *чита́ла газе́ты*.
5. — ...?
— На уро́ке[1] они́ *слу́шали магнитофо́н*.
6. — ... ?
— Днём я *занима́лся*.
7. — ... ?
— По́сле у́жина они́ *смотре́ли телеви́зор*.

Past tense verbs are formed from the infinitive stem by means of the suffix **-л**.

чита́ть — чита́ + л — чита́л
говори́ть — говори́ + л — говори́л
смотре́ть — смотре́ + л — смотре́л

Past tense verbs have masculine, feminine, neuter and plural endings.

	Singular	Plural	
Masculine	(я, ты) он говори́л	мы	
Feminine	(я, ты) она́ говори́л**а**	вы	говори́л**и**
Neuter	оно́ (ра́дио) говори́л**о**	они́	

	Singular	Plural
Masculine	он занима́-л-ся	
Feminine	она́ занима́-л-а-сь	они́ занима́-л-и-сь
Neuter	оно́ занима́-л-о-сь	

---

[1] *на уро́ке*, at the lesson

Exercise 57. Form past tense verbs, as in the model.

Model: де́лать — он *де́лал*, она́ *де́лала*, они́ *де́лали*

1. рабо́тать, знать, слу́шать, ду́мать, спра́шивать, отвеча́ть, за́втракать, обе́дать, у́жинать, повторя́ть
2. говори́ть, учи́ть, гото́вить
3. писа́ть
4. смотре́ть
5. занима́ться

Exercise 58. Answer the questions, using the words and phrases *рабо́тать, гуля́ть, де́лать дома́шнее зада́ние, занима́ться, писа́ть письмо́, слу́шать магнитофо́н, смотре́ть телеви́зор, игра́ть в ша́хматы, игра́ть в футбо́л.*

1. Что де́лал ваш друг вчера́ ве́чером? 2. Что де́лали студе́нты сего́дня у́тром? 3. Что они́ де́лали по́сле обе́да? 4. Что вы де́лали вчера́ по́сле у́жина? 5. Что вы де́лали сего́дня у́тром? 6. Что вы де́лали сего́дня днём?

Exercise 59. Replace the present tense by the past.

Model: он *рабо́тает* — он *рабо́тал*

1. она́ отвеча́ет —
2. я за́втракаю —
3. они́ гуля́ют —
4. мы чита́ем —
5. она́ спра́шивает —
6. он обе́дает —
7. мы рабо́таем —
8. они́ слу́шают —
9. вы расска́зываете —
10. она́ у́жинает —

Exercise 60. Replace the present tense by the past. Remember that the past tense is formed from the infinitive stem.

Model: я *гото́влю* (гото́вить) — я *гото́вил*

1. он пи́шет —
2. она́ смо́трит —
3. он говори́т —
4. вы у́чите —
5. я сижу́ —

Exercise 61. Replace the present tense by the past.

Model: Я *изуча́ю* ру́сский язы́к.
Я *изуча́л* ру́сский язы́к.

1. Наш преподава́тель *объясня́ет* уро́к. 2. Он *говори́т* по-ру́сски. 3. Преподава́тель *спра́шивает*, а студе́нты *отвеча́ют*. 4. Студе́нты хорошо́ *зна́ют* текст. 5. Днём мы *рабо́таем*, а ве́чером *отдыха́ем*. 6. Я *гото́влю* дома́шнее зада́ние. 7. Она́ *слу́шает* ра́дио. 8. Он *чита́ет* журна́л. 9. По́сле у́жина я *смотрю́* телеви́зор, *слу́шаю* магнитофо́н.

Exercise 62. Write out the text, replacing the present tense by the past.

Что мы де́лаем на уро́ке? Мы чита́ем текст. Пото́м преподава́тель спра́шивает, а мы отвеча́ем. Майкл расска́зывает текст бы́стро и пра́вильно, он хорошо́ зна́ет слова́. Когда́ он отвеча́ет, мы слу́шаем внима́тельно. Пото́м преподава́тель объясня́ет уро́к. Мы понима́ем, что говори́т преподава́тель. Мы повторя́ем глаго́лы, пи́шем дикта́нт, говори́м по-ру́сски. Все студе́нты рабо́тают хорошо́.

Exercise 63. Write out the text, replacing the present tense by the past.

Что я де́лаю ве́чером? По́сле уро́ков я обе́даю, отдыха́ю, чита́ю газе́ты и журна́лы. Пото́м я занима́юсь, гото́влю дома́шнее зада́ние: учу́ слова́, повторя́ю глаго́лы, пишу́ те́ксты. Мой брат то́же гото́вит дома́шнее зада́ние. Пото́м мы у́жинаем, игра́ем в ша́хматы, смо́трим телеви́зор, слу́шаем ра́дио.

Exercise 64. Translate into Russian.

1. In the morning I had breakfast, read the newspapers and listened to the radio. 2. In the afternoon we worked and now we are relaxing. I am reading a magazine and Mary is writing a letter. 3. Yesterday evening we watched TV.

Студе́нт чита́л журна́л.	
Студе́нтка чита́ла журна́л.	Кто чита́л журна́л?
Студе́нты чита́ли журна́л.	

Exercise 65. Ask questions about the italicised words.

Model: Мы смотре́ли фильм.
   Кто смотре́л фильм?

1. *Я* слу́шал ра́дио. 2. *Оте́ц* чита́л газе́ты. 3. *Сестра́* писа́ла письмо́. 4. *Брат* слу́шал магнитофо́н. 5. *Мы* смотре́ли фильм. 6. *Они́* смотре́ли телеви́зор.

Exercise 66. Ask questions about the italicised words.

1. Утром *студе́нты* занима́лись. 2. *Они́* писа́ли дикта́нт. 3. *Преподава́тель* чита́л текст. 4. *Студе́нтка* хорошо́ зна́ла уро́к. 5. *Она́* отвеча́ла отли́чно. 6. *Преподава́тель* и студе́нты говори́ли по-ру́сски. 7. *Мы* изуча́ли ру́сский язы́к.

The Future Tense of the Verb

Я бу́ду			Мы бу́дем	
Ты бу́дешь	чита́ть		Вы бу́дете	чита́ть
Он бу́дет	журна́л.		Они́ бу́дут	журна́л.
Она́ бу́дет				

Exercise 67. Answer the questions.

Model: — Вы *бу́дете слу́шать* ра́дио?
   — Да, я *бу́ду слу́шать* ра́дио.
   (— Нет, я не *бу́ду слу́шать* ра́дио.)

1. Ты *бу́дешь за́втракать?* 2. Вы *бу́дете обе́дать?* 3. Вы *бу́дете отдыха́ть* по́сле обе́да? 4. Они́ *бу́дут у́жинать?* 5. Вы *бу́дете смотре́ть* телеви́зор? 6. Сего́дня мы *бу́дем писа́ть* дикта́нт? 7. Преподава́тель *бу́дет*

объясня́ть уро́к? 8. Мы *бу́дем чита́ть* текст? 9. Они́ *бу́дут изуча́ть* ру́сский язы́к?

Exercise 68. Answer the questions, using the words *за́втра, сего́дня, сейча́с, ве́чером, по́сле уро́-ков, по́сле обе́да, по́сле у́жина.* Write out the questions and the answers.

Model: — *Когда́* вы бу́дете смотре́ть телеви́зор?
       — Мы бу́дем смотре́ть телеви́зор *по́сле у́жина.*

1. Когда́ мы бу́дем обе́дать? 2. Когда́ она́ бу́дет гото́вить обе́д? 3. Когда́ вы бу́дете игра́ть в ша́хматы? 4. Когда́ ты бу́дешь чита́ть журна́л? 5. Когда́ они́ бу́дут занима́ться? 6. Когда́ вы бу́дете отдыха́ть?

Exercise 69. Use the verbs in the future tense.

Model: — Ты ... газе́ты? (чита́ть)
       — Ты *бу́дешь чита́ть* газе́ты?

1. Преподава́тель ... уро́к. (объясня́ть) 2. Студе́нты ... . (слу́шать) 3. За́в-тра мы ... дикта́нт. (писа́ть) 4. Ве́чером они́ ... телеви́зор. (смотре́ть) 5. Ты ... ру́сский язы́к? (изуча́ть) 6. Анна то́же ... ру́сский язы́к? (изуча́ть) 7. Вы ...? (занима́ться)

Exercise 70. Put the verbs in the future tense.

Model: Мы *обе́даем.*
      Мы *бу́дем обе́дать.*

1. Я за́втракаю. 2. Он отдыха́ет. 3. Мы рабо́таем. 4. Они́ слу́шают. 5. Ты чита́ешь. 6. Она́ гото́вит. 7. Мы говори́м. 8. Он у́чит. 9. Она́ смо́т-рит. 10. Вы пи́шете. 11. Они́ у́жинают. 12. Я занима́юсь.

Exercise 71. Replace the present tense by the future.

Model: Я *пишу́* письмо́.
      Я *бу́ду писа́ть* письмо́.

1. Преподава́тель *объясня́ет* уро́к. 2. Студе́нты *слу́шают.* 3. Студе́нт *расска́зывает* текст. 4. Мы *говори́м* по-ру́сски хорошо́. 5. Ве́чером мы *смо́т-рим* телеви́зор. 6. По́сле у́жина я *гото́влю* дома́шнее зада́ние. 7. Пото́м я *слу́шаю* ра́дио.

MEMORISE!

Days of the Week	Когда́?
понеде́льник	в понеде́льник
вто́рник	во вто́рник
среда́	в сре́ду
четве́рг	в четве́рг
пя́тница	в пя́тницу
суббо́та	в суббо́ту
воскресе́нье	в воскресе́нье

Exercise 72. Answer the questions, using the words and phrases *отдыхáть, слýшать рáдио, читáть журнáлы и газéты, смотрéть телевúзор, учúть урóк, писáть письмó, занимáться, игрáть в тéннис, игрáть в футбóл.*

1. Что бýдет дéлать Áнна в воскресéнье? 2. Что онá бýдет дéлать в суббóту? 3. Что бýдет дéлать Борúс в понедéльник? 4. Что он бýдет дéлать зáвтра вéчером? 5. Что вы бýдете дéлать в четвéрг? 6. Что вы бýдете дéлать сегóдня вéчером? 7. Что бýдут дéлать студéнты в срéду ýтром? 8. Что онú бýдут дéлать во втóрник вéчером? 9. Что онú бýдут дéлать в пя́тницу?

Exercise 73. Read the text, replacing the present tense by the future.

Пóсле обéда я отдыхáю, читáю газéты и журнáлы. Потóм я занимáюсь: я читáю текст, пишý упражнéния, учý словá, повторя́ю глагóлы. Вéчером я ýжинаю. Пóсле ýжина я смотрю́ телевúзор, игрáю в шáхматы úли слýшаю магнитофóн.

Exercise 74. Write out the text, replacing the present tense by the future.

На урóке мы проверя́ем домáшнее задáние. Студéнты читáют упражнéние и расскáзывают текст. Преподавáтель спрáшивает, а мы отвечáем. Потóм мы читáем и пúшем вопрóсы и отвéты, ýчим глагóлы. Преподавáтель объясня́ет урóк. Мы слýшаем внимáтельно.

Exercise 75. Change the sentences, as in the model, and write them down.

Model: Рáньше я не *говорúл* по-рýсски.
Сейчáс я немнóго *говорю́* по-рýсски.
Я *бýду* хорошó *говорúть* по-рýсски.

1. Рáньше я не читáл по-рýсски. 2. Сейчáс я немнóго понимáю по-рýсски. 3. Рáньше я не писáл по-рýсски.

Nouns in the Plural

Masculine			Feminine		
Singular	Plural	Ending	Singular	Plural	Ending
стол	столы́	-ы	газéта	газéты	-ы
студéнт	студéнты		сестрá	сёстры	
урóк	урóки	-и	кнúга	кнúги	-и
товáрищ	товáрищи		рýчка	рýчки	
портфéль	портфéли		пéсня	пéсни	
музéй	музéи		тетрáдь	тетрáди	

Exercise 76. Form the plural of the following nouns and write down the plurals in the table, as in the model.

Masculine		Feminine	
ending		ending	
-ы	-и	-ы	-и
фи́льмы	това́ри-щи	ко́мнаты	ма́рки

Класс, заво́д, уро́к, шко́ла, маши́на, кни́га, уче́бник, журна́л, вопро́с, газе́та, глаго́л, оши́бка, ру́чка, тетра́дь, де́вочка, ма́льчик, преподава́тель, студе́нт, студе́нтка, портфе́ль, фильм, магази́н, магнитофо́н, костю́м, фа́брика, парк, бу́ква.

Memorise the masculine nouns which take the ending **-a** in the plural:

дом — дома́   ве́чер — вечера́
лес — леса́   по́езд — поезда́
го́род — города́

Neuter		
Singular	Plural	Ending
письмо́	пи́сьма	-a
окно́	о́кна	
ме́сто	места́	
по́ле	поля́	-я
мо́ре	моря́	
зда́ние	зда́ния	
упражне́ние	упражне́ния	

Note that in the formation of the plural the position of the stress may change:

стол — столы́   письмо́ — пи́сьма
язы́к — языки́   ме́сто — места́
страна́ — стра́ны   де́ло — дела́

Exercise 77. Replace the plural by the singular. Memorise the plural forms.

1. столы́, мосты́, шкафы́, сады́
2. сёстры, стра́ны

3. языки́, ученики́, словари́, врачи́, карандаши́
4. дома́, леса́, города́, поезда́, вечера́
5. слова́, места́, пи́сьма, о́кна

Exercise 78. Replace the singular by the plural.

Аудито́рия, лаборато́рия, экску́рсия, ста́нция, упражне́ние, предложе́ние, общежи́тие, фотогра́фия.

Singular	Plural	Singular	Plural
	ending -и		ending -я
ле́кция	ле́кции	зда́ние	зда́ния

MEMORISE!

Singular	Plural
друг	друзья́
брат	бра́тья
сын	сыновья́
стул	сту́лья

Exercise 79. Replace the singular by the plural.

Шкаф, стол и стул; това́рищ и друг; сестра́, брат и сын; студе́нт, студе́нтка и преподава́тель; кни́га, тетра́дь и словарь; каранда́ш и ру́чка; сад и парк; журна́л и газе́та; конве́рт и письмо́; уро́к, ле́кция и экску́рсия; бу́ква, сло́во и предложе́ние; го́род и дере́вня; у́лица и дом; фа́брика и заво́д; магази́н и кио́ск; стадио́н и бассе́йн.

MEMORISE!

Singular	Plural	Singular	Plural
мать	ма́тери	челове́к	лю́ди
дочь	до́чери	ребёнок	де́ти

Exercise 80. Replace the singular by the plural.

Model: Э́то *тетра́дь.*
Э́то *тетра́ди.*

1. Э́то каранда́ш. 2. Э́то аудито́рия. 3. Э́то ла́мпа. 4. Э́то костю́м. 5. Э́то студе́нт. 6. Э́то портфе́ль. 7. Э́то дом. 8. Э́то магази́н. 9. Э́то ру́чка. 10. Э́то студе́нтка. 11. Э́то письмо́. 12. Э́то сло́во. 13. Э́то газе́та. 14. Э́то уче́бник. 15. Э́то стул. 16. Э́то слова́рь. 17. Э́то ребёнок. 18. Э́то челове́к.

Exercise 81. Replace the plural by the singular.

Model: Я пишу́ *пи́сьма.*
Я пишу́ *письмо́.*

1. Я купи́л [1] уче́бники, тетра́ди и карандаши́. 2. Он чита́л журна́лы. 3. Мы писа́ли дикта́нты и упражне́ния. 4. Там стоя́т столы́ и сту́лья. 5. Там лежа́т кни́ги, газе́ты и словари́. 6. Преподава́тели говоря́т по-ру́сски. 7. Студе́нты то́же говоря́т по-ру́сски.

Exercise 82. Replace the singular by the plural.

Model: (a) Студе́нт чита́ет *журна́л.*
Студе́нт чита́ет *журна́лы.*

1. Сестра́ пи́шет *письмо́.* 2. Я чита́ю *расска́з.* 3. Они́ смотре́ли *фильм.* 4. Студе́нтка повторя́ет *текст.* 5. Студе́нт пи́шет *упражне́ние.* 6. Мы пи́шем *дикта́нт.* 7. Я пишу́ *сло́во.* 8. Он купи́л *тетра́дь.*

Model: (b) Она́ пи́шет упражне́ние.
Они́ пи́шут упражне́ния.

1. Студе́нт чита́ет расска́з. 2. Преподава́тель проверя́ет тетра́ди. 3. Студе́нтка чита́ет журна́л. 4. Я пишу́ предложе́ние. 5. Он купи́л слова́рь.

Exercise 83. Translate into Russian. Write down your translation.

1. The teacher is reading, (and) the students are listening. 2. The teacher and the students are speaking Russian. 3. In the morning I read newspapers and magazines. Now I am reading a magazine. 4. I study Russian, I learn words, revise verbs, write exercises, (and) read texts. 5. These are the textbooks, exercise-books, the dictionary and the pencils.

Questions: Чей? Чья? Чьё? Чьи?
The Possessive Pronouns мой, твой, наш, ваш

Это я. (Это ты.)	Это	мой (твой) каранда́ш. моя́ (твоя́) ру́чка. моё (твоё) письмо́. мои́ (твои́) кни́ги.	**Чей** э́то каранда́ш? **Чья** э́то ру́чка? **Чьё** э́то письмо́? **Чьи** э́то кни́ги?
Это мы. (Это вы.)	Это	наш (ваш) каранда́ш. на́ша (ва́ша) ру́чка. на́ше (ва́ше) письмо́. на́ши (ва́ши) кни́ги.	

The possessive pronouns *мой, твой, наш* and *ваш* agree with their head word (noun) in gender and number.

---

[1] *купи́ть* (II), to buy; куплю́, ку́пишь, ку́пят

Exercise 84. A. Read the text.

— Чья э́то фотогра́-
фия?—Это моя́ фотогра́-
фия.—А кто э́то?—Это
на́ша семья́. Вот сидя́т
мои́ роди́тели, э́то мой
оте́ц, а э́то моя́ ма́ма. Ря́-
дом сиди́т на́ша ба́бушка,
а э́то наш де́душка. Это
я. Сле́ва стои́т мой брат,
а спра́ва—моя́ сестра́.

B. Describe one of your family photographs.

Exercise 85. Answer the questions, as in the model.

Model: — *Чей* э́то уче́бник? Твой?
— Нет, *не мой.* Это *твой* уче́бник.

1. Чей э́то слова́рь? Твой? 2. Чьё э́то письмо́? Твоё? 3. Чья э́то тетра́дь?
Твоя́? 4. Чьи э́то часы́? Твои́? 5. Чей э́то зонт? Ваш? 6. Чья э́то ша́пка? Ва́ша?
7. Чья э́то газе́та? Ва́ша? 8. Чьи э́то очки́? Ва́ши?

Exercise 86. Ask questions about the italicised words.

Model: Это *мой* журна́л.
Чей э́то журна́л?

I. 1. Это *мой* слова́рь. 2. Это *мой* каранда́ш. 3. Это *наш* дом. 4. Это *ваш*
преподава́тель. 5. Это *твой* брат. 6. Это *твой* това́рищ.

II. 1. Это *моя́* ко́мната. 2. Это *на́ша* у́лица. 3. Это *твоя́* фотогра́фия.
4. Это *ва́ша* дочь. 5. Это *твоя́* тетра́дь. 6. Это *ва́ша* газе́та. 7. Это *моя́* сестра́.
8. Это *на́ша* аудито́рия.

III. 1. Это *моё* письмо́. 2. Это *твоё* упражне́ние. 3. Это *на́ше* расписа́ние.
4. Это *ва́ше* окно́. 5. Это *моё* пальто́. 6. Это *ва́ше* ме́сто. 7. Это *на́ше* общежи́-
тие. 8. Это *твоё* пла́тье.

IV. 1. Это *мои́* часы́ [1]. 2. Это *твои́* очки́ [1]. 3. Это *мои́* лы́жи [1]. 4. Это *твои́*
сигаре́ты.

Exercise 87. Use the required pronouns. Answer the questions.

Model: — Где ... слова́рь?
— Где *мой* слова́рь?
— Вот *твой (ваш)* слова́рь.

1. Где ... аудито́рия? 2. Где ... уче́бник? 3. Где ... преподава́тель? 4. Где ...
пальто́? 5. Где ... ру́чка? 6. Где ... ме́сто?

---

[1] The nouns *часы́, лы́жи* and *очки́* are used only in the plural.

The Possessive Pronouns его, её, их

Это он. (Это студе́нт.) Это она́. (Это студе́нтка.) Это они́. (Это студе́нты.)	Это **его́** Это **её** Это **их**	а́дрес. семья́. общежи́тие. това́рищи.	**Чей** э́то а́дрес? **Чья** э́то семья́? **Чьё** э́то общежи́тие? **Чьи** э́то това́рищи?

The possessive pronouns *его́, её* and *их* agree with the noun denoting the possessor of the object in gender and number.

Exercise 88. Ask questions about the italicised words and write them down.

Model: Это *их* дом.
 Чей э́то дом?

1. Это *его́* маши́на. 2. Это *его́* магнитофо́н. 3. Это *её* ко́мната. 4. Это *её* фотоаппара́т. 5. Это *их* телефо́н. 6. Это *их* да́ча. 7. Это *его́* дочь. 8. Это *их* сын. 9. Это *её* брат.

Exercise 89. Use the required pronouns.

Model: — *Сестра́* живёт здесь. Это ... ко́мната.
 Это *её* ко́мната.

1. *Студе́нт* у́чит уро́ки. Это ... уче́бник. 2. *Я* чита́ю журна́л. Это ... журна́л. 3. *Вы* пи́шете письмо́. Это ... ру́чка. 4. *Ты* у́чишь слова́. Это ... слова́рь. 5. *Оте́ц* до́ма. Это ... пальто́. 6. *Мы* занима́емся здесь. Это ... аудито́рия. 7. *Он* сиди́т здесь. Это ... ме́сто. 8. *Студе́нты* пи́шут упражне́ние. Это ... дома́шнее зада́ние.

Exercise 90. Whose things are these?

Это Ни́на.
Это её ве́щи. Это её су́м-
ка...

Это Андрей.
Это его вещи. Это его мяч...

Это Андрей и Нина.
Это их вещи. Это их часы...

Exercise 91. Answer the questions in the negative, using the pronouns *мой, твой, наш, ваш, его, её, их.*

Model: — Это *ваш* портфель?
— Нет, это *не мой* портфель. Это *его* портфель.

1. Это *ваша* ручка? 2. Это *его* словарь? 3. Это *твой* учебник? 4. Это *ваши* очки? 5. Это *её* пальто? 6. Это *твоё* место? 7. Это *наша* аудитория? 8. Это *их* адрес? 9. Это *ваш* телефон?

Exercise 92. Ask questions about the things lying on the table.

Model: — Это ваши очки?
— Чьи это очки?
— Чьи очки лежат здесь?

39

Exercise 93. Translate into Russian.

1. This is my friend Anton. His brother studies Russian. 2. This is my room. These are my books. These are my protographs. 3. "Whose car is it?" "It is her car." 4. "Whose magazine is it?" "It is your magazine." 5. "Whose things are these?" "I don't know whose things they are." 6. "Where is my dictionary?" "Your dictionary is over here."

The Genitive Expressing Possession [1]

— **Чей** э́то журна́л?
— Э́то **его́** журна́л.
— Э́то журна́л **Бори́са**.

Exercise 94. Answer the questions in the affirmative.

I. 1. Э́то маши́на Оле́га? 2. Э́то магнитофо́н Ви́ктора? 3. Э́то велосипе́д Анто́на? 4. Э́то ве́щи Ива́на?

II. 1. Э́то кни́ги Анны? 2. Э́то фотоаппара́т Мари́ны? 3. Э́то пласти́нки Тама́ры? 4. Э́то плащ Ни́ны?

Exercise 95. Complete the sentences putting the words in brackets in the required form.

1. Э́то кни́ги Па́вла (Бори́с, Михаи́л, Ива́н, Влади́мир, Ви́ктор, Леони́д). 2. Э́то ве́щи Ни́ны (Анна, Мари́на, Светла́на, Тама́ра, Еле́на, Татья́на).

Exercise 96. Answer the questions, as in the model.

Model: — Э́то пласти́нки Бори́са? (Ви́ктор)
— Нет, э́то пласти́нки Ви́ктора.
(— Нет, не Бори́са, а Ви́ктора.)

1. Э́то ве́щи Ни́ны? (Ли́да) 2. Э́то ко́мната Ле́ны? (Ни́на) 3. Э́то журна́л Светла́ны? (Михаи́л) 4. Э́то пи́сьма Ве́ры? (Татья́на) 5. Э́то сигаре́ты Оле́га? (Па́вел)

Exercise 97. Ask questions and answer them. Write down the answers.

Model: — Чей э́то портфе́ль?
— Э́то портфе́ль Бори́са.

1. Э́то Бори́с.

---

[1] For more details, see p. 133.

40

2. Это Ни́на.

3. Это Оле́г.

4. Это Мари́на.

5. Это Анто́н.

The Construction У меня́ (у тебя́...) есть...

The Present Tense

Я	У меня́		
Ты	У тебя́		
Он	У него́		
Она́	У неё	есть	брат, сестра́, роди́тели;
Мы	У нас		дом, маши́на, телеви́зор...
Вы	У вас		
Они́	У них		

To denote possession in Russian, the construction *У меня́ (У тебя́...) есть...* is used.

Exercise 98. Answer the questions in the affirmative.

Model: — У него́ есть семья́?
        — Да, у него́ есть семья́.
        (— Да, есть.)

1. У него́ есть уче́бник? 2. У него́ есть магнитофо́н? 3. У него́ есть слова́рь? 4. У него́ есть сестра́? 5. У него́ есть роди́тели? 6. У неё есть слова́рь? 7. У неё

есть конве́рт? 8. У неё есть ма́рки? 9. У неё есть брат? 10. У них есть телеви́зор? 11. У них есть маши́на? 12. У них есть де́ти? 13. У них есть друзья́?

Exercise 99. Answer the questions in the affirmative.

Model: — *У вас есть* учёбник?
— Да, *у меня́ есть* учёбник.
(— Да, есть.)

1. У вас есть ру́чка? 2. У вас есть слова́рь? 3. У вас есть тетра́дь? 4. У вас есть телефо́н? 5. У вас есть магнитофо́н? 6. У вас есть брат? 7. У вас есть часы́? 8. У вас есть роди́тели? 9. У тебя́ есть газе́та? 10. У тебя́ есть плащ? 11. У тебя́ есть зонт? 12. У тебя́ есть де́ньги? 13. У тебя́ есть вре́мя? 14. У тебя́ есть сигаре́ты? 15. У тебя́ есть сестра́? 16. У тебя́ есть друзья́?

Exercise 100. Translate into Russian. Write down your translation.

1. Have you a dictionary? 2. Have you a newspaper? 3. Has he a car? 4. Has he a tape-recorder? 5. Has he (any) money? 6. Has she a family? 7. Have you (any) friends? 8. Have you (any) brothers?

Exercise 101. What have these people got?

1. Это Мари́на.

2. Это Серге́й.

3. Это Серге́й и Мари́на.

Exercise 102. Use the required pronouns.

Model: У *него́ есть* газе́та.   Это ... газе́та.
Это *его́* газе́та.

42

1. *У меня́ есть* мотоци́кл. Это ... мотоци́кл. 2. *У нас есть* кварти́ра. Это ... кварти́ра. 3. *У неё есть* маши́на. Это ... маши́на. 4. *У них есть* сад. Это ... сад. 5. *У них есть* кни́ги. Это ... кни́ги. 6. *У вас есть* календа́рь? Это ... календа́рь? 7. *У неё есть* друзья́? Это ... друзья́. 8. *У них есть* де́ти. Это ... де́ти. 9. *У тебя́ есть* сестра́? Это ... сестра́? 10. *У вас есть* брат? Это ... брат? 11. *У них есть* роди́тели? Это ... роди́тели?

The Past Tense

Вчера́ **у нас**	**был** уро́к.
	была́ ле́кция.
	бы́ло собра́ние.
	бы́ли экза́мены.

Exercise 103. Answer the questions.

Model: — Вчера́ *у вас бы́ли ле́кции?*
     — Да, вчера́ *у нас бы́ли ле́кции.*
(— Да, бы́ли.)

1. Сего́дня у них была́ ле́кция? 2. Вчера́ у них бы́ло собра́ние? 3. В сре́ду у тебя́ был экза́мен? 4. В воскресе́нье у них была́ экску́рсия? 5. В суббо́ту у вас был ве́чер? 6. Сего́дня у вас бы́ли уро́ки? 7. Зимо́й у вас бы́ли кани́кулы?

Exercise 104. Replace the present tense by the past.

Model: У меня́ *есть* слова́рь.
     У меня́ *был* слова́рь.

1. У меня́ есть магнитофо́н. 2. У меня́ есть велосипе́д. 3. У него́ есть маши́на. 4. У них есть дом. 5. У нас есть да́ча. 6. У неё есть семья́. 7. У меня́ есть друзья́. 8. У него́ есть соба́ка.

The Future Tense

За́втра **у нас бу́дет**	уро́к.
	ле́кция.
	собра́ние.
За́втра **у нас бу́дут** экза́мены.	

Exercise 105. Answer the questions in the affirmative.

1. За́втра у нас бу́дет ле́кция? 2. Сего́дня у нас бу́дет собра́ние? 3. В воскресе́нье у вас бу́дет экску́рсия? 4. За́втра у нас бу́дет ве́чер? 5. В суббо́ту у нас в клу́бе [1] бу́дут та́нцы? 6. За́втра у вас бу́дут уро́ки? 7. Ле́том у них бу́дут экза́мены? 8. Ле́том у вас бу́дут кани́кулы?

---

[1] *в клу́бе*, at the club

Questions: Какой? Какая? Какое? Какие?
The Demonstrative Pronouns этот, эта, это, эти

Этот студе́нт говори́т по-ру́сски.
Эта студе́нтка говори́т по-ру́сски.
Эти студе́нты говоря́т по-ру́сски.
Я зна́ю э́то сло́во.

Exercise 106. Answer the questions, as in the model.

Model: — Вы ви́дели *э́тот фильм?*
— Да, я ви́дел *э́тот фильм.*

1. Вы чита́ли *э́тот журна́л?* 2. Вы купи́ли *э́тот уче́бник?* 3. Вы писа́ли до́ма *э́то упражне́ние?* 4. Вы зна́ете *э́то сло́во?* 5. Вы чита́ли *э́ти газе́ты?* 6. *Э́тот студе́нт* зна́ет ру́сский язы́к? 7. *Э́та де́вушка* изуча́ет ру́сский язы́к? 8. *Э́та преподава́тельница* говори́т по-ру́сски? 9. *Э́ти преподава́тели* то́же говоря́т по-ру́сски?

Этот журна́л лежа́л там.	Како́й журна́л лежа́л там?
Эта кни́га лежа́ла там.	Кака́я кни́га лежа́ла там?
Это письмо́ лежа́ло там.	Како́е письмо́ лежа́ло там?
Эти ве́щи лежа́ли там.	Каки́е ве́щи лежа́ли там?

Exercise 107. Ask the price of these things, using the pronouns *э́тот, э́та, э́то, э́ти.*

Model: (a) Ско́лько сто́ит [1] э́тот костю́м?
(b) Ско́лько сто́ят э́ти ту́фли?

(a)

---

[1] *Ско́лько сто́ит (сто́ят) ... ?* How much is (are) ... ?

44

(b)

  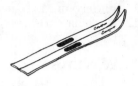

Exercise 108. Ask questions about the italicised words.

Model: — Анна купи́ла *э́ти газе́ты.*
  — *Каки́е газе́ты* купи́ла Анна?

1. *Э́тот студе́нт* хорошо́ игра́ет в те́ннис. 2. *Э́та де́вушка* хорошо́ танцу́ет. 3. Вчера́ *э́ти студе́нты* игра́ли в футбо́л. 4. Анна чита́ла *э́тот журна́л.* 5. До́ма мы писа́ли *э́ти упражне́ния.* 6. Мы учи́ли *э́ти глаго́лы.* 7. Я чита́ла *э́тот расска́з.*

Exercise 109. Read the questions and answers, and translate them.

1. — *Что э́то?* — Это журна́л.
  — *Како́й* журна́л вы чита́ли? — Я чита́л *э́тот* журна́л.
2. — *Что э́то?* — Это кни́га.
  — *Кака́я* кни́га лежа́ла там? — Там лежа́ла *э́та* кни́га.
3. — *Что э́то?* — Это письмо́.
  — *Како́е* письмо́ вы писа́ли вчера́? — Я писа́ла вчера́ *э́то* письмо́.
4. — *Что э́то?* — Это газе́ты.
  — *Каки́е* газе́ты вы купи́ли? — Я купи́ла *э́ти* газе́ты.
5. — *Кто э́то?* — Это студе́нт.
  — *Како́й* студе́нт хорошо́ говори́т по-ру́сски? — *Э́тот* студе́нт хорошо́ говори́т по-ру́сски.
6. — *Кто э́то?* — Это студе́нтка.
  — *Кака́я* студе́нтка хорошо́ говори́т по-ру́сски? — *Э́та* студе́нтка хорошо́ говори́т по-ру́сски.
7. — *Кто э́то?* — Это студе́нты.
  — *Каки́е* студе́нты живу́т[1] здесь? — Здесь живу́т *э́ти* студе́нты.

Exercise 110. Write out the sentences, supplying the pronouns *э́тот, э́та, э́то, э́ти.*

1. — Кто ...? — ... студе́нтка. ... студе́нтка изуча́ет ру́сский язы́к. — Где живёт ... студе́нтка? 2. — Что ...? — ... мой портфе́ль. Я купи́л ... портфе́ль неда́вно. 3. — Кто ...? — ... на́ши студе́нты. ... студе́нты хорошо́ говоря́т по-ру́сски. 4. — Что ...? — ... мой магнитофо́н. Я купи́л ... магнитофо́н давно́. 5. — Кто ...? — ... преподава́тель. ... преподава́тель рабо́тает здесь неда́вно.

Exercise 111. Supply the pronouns *э́тот, э́та, э́то, э́ти.*

Model: Я чита́ла ... рома́н.
  Я чита́ла *э́тот* рома́н.

1. Вы ви́дели ... фильм? 2. Я чита́л ... журна́л. 3. Вы хорошо́ зна́ете ... текст? 4. ... студе́нт говори́т по-ру́сски. 5. ... де́вушка изуча́ет ру́сский язы́к. 6. Они́ купи́ли ... кни́ги. 7. Мы уже́ повторя́ли ... глаго́лы. 8. Мы писа́ли ...

---

[1] *жить* (I), to live; живу́, живёшь, живу́т

упражне́ние. 9. Я до́лго писа́л ... письмо́. 10. Я зна́ю ... слова́. 11. У них есть ... уче́бники. 12. У меня́ есть ... пласти́нка.

Adjectives

Adjectives with the Stem Terminating in a Hard Consonant (the Endings -ый (-ой), -ая, -ое, -ые)

Это но́вый дом.	Это молодо́й врач.
Это но́вая кни́га.	Это молода́я арти́стка.
Это но́вое пла́тье.	Это молодо́е де́рево.
Это но́вые кни́ги.	Это молоды́е лю́ди.

Adjectives agree with nouns and take masculine, feminine, neuter or plural endings.

Exercise 112. Make up phrases consisting of these nouns and adjectives, and write them down.
1. но́вый — дом, у́лица, зда́ние, магази́ны
2. ста́рый — плащ, ша́пка, пальто́, ве́щи
3. бе́лый — костю́м, су́мка, пла́тье, брю́ки
4. чёрный — каранда́ш, ру́чка, кре́сло, портфе́ли

Exercise 113. Make up questions, as in the model, and write them down.

Model: се́рый костю́м
   (a) — Где мой се́рый костю́м?
   (b) — Ско́лько сто́ит э́тот се́рый костю́м?

бе́лый, чёрный, кра́сный, зелёный, жёлтый, голубо́й, кори́чневый	плащ, пальто́, пла́тье, шарф, га́лстук, шля́па, су́мка, брю́ки, боти́нки, ту́фли

Adjectives with the Stem Terminating in a Soft Consonant (the Endings -ий, -яя, -ее, -ие)

Это си́ний костю́м.
Это си́няя руба́шка.
Это си́нее пальто́.
Это си́ние костю́мы.

Exercise 114. Make up phrases consisting of these words.
1. после́дний — авто́бус, страни́ца, письмо́, слова́
2. вчера́шний — разгово́р, ле́кция, собра́ние, газе́ты
3. сосе́дний — класс, ко́мната, зда́ние, дома́
4. ле́тний — день, пого́да, пла́тье, кани́кулы
5. зи́мний — спорт, ша́пка, пальто́, ме́сяцы

Exercise 115. Supply suitable adjectives and pronouns.

Model: Это ... зада́ние.
Это *на́ше дома́шнее* зада́ние.

1. Это ... тетра́дь. 2. Это ... уро́к. 3. Это ... письмо́. 4. Это ... экза́мен. 5. Это ... упражне́ния. 6. Это ... пла́тья. 7. Это ... костю́м. 8. Это ... пальто́. 9. Это ... телефо́н. 10. Это ... а́дрес.

мой, твой, наш, ваш, его́, её, их
после́дний, дома́шний, ле́тний, зи́мний, си́ний

Adjectives with the Stem Terminating in к, г, х (the Endings -ий (-ой), -ая, -ое, -ие)

Это ру́сский та́нец.
Это ру́сская му́зыка.
Это ру́сское сло́во.
Это ру́сские пе́сни.

Remember that masculine adjectives with the stem terminating in **к, г, х** take the ending **-ой** when stressed and **-ий** when unstressed: сухо́й, ти́хий.

Exercise 116. Make up phrases consisting of these words.
1. ти́хий — звук, пе́сня, та́нго, голоса́
2. плохо́й — день, пого́да, здоро́вье, но́вости

Exercise 117. Supply nouns to the following adjectives.

Model: высо́кий ... — высо́кий *челове́к*
высо́кая ... — высо́кая *де́вушка*
высо́кое ... — высо́кое *зда́ние*
высо́кие ... — высо́кие *дома́*

1. ма́ленький ...
   ма́ленькая ...
   ма́ленькое ...
   ма́ленькие ...

2. моско́вский ...
   моско́вская ...
   моско́вское ...
   моско́вские ...

3. ру́сский ...
   ру́сская ...
   ру́сское ...
   ру́сские ...

Adjectives with the Stem Terminating in ж, ш, ч, щ (the Endings -ий, (-ой), -ая, -ее, -ое, -ие)

Это большо́й хоро́ший дом.
Это больша́я хоро́шая кварти́ра.
Это большо́е хоро́шее зда́ние.
Это больши́е хоро́шие дома́.

Remember that masculine and neuter adjectives with the stem terminating in **ж, ш, ч, щ** take the endings **-ой, -ое** when stressed and **-ий, -ее** when unstressed.

47

Exercise 118. Make up phrases consisting of these words.

1. ста́рший — брат, сестра́, де́ти
2. све́жий — хлеб, ры́ба, фру́кты
3. горя́чий — суп, вода́, молоко́, котле́ты
4. чужо́й — журна́л, ша́пка, пальто́, ве́щи
5. бу́дущий — год, неде́ля, ле́то, кани́кулы

Exercise 119. Answer the questions in the affirmative.

1. У вас есть а́нгло-ру́сский слова́рь? 2. У вас есть ста́рший брат? 3. У вас есть мла́дшая сестра́? 4. У вас есть сего́дняшняя газе́та? 5. У вас есть кра́сный каранда́ш? 6. Вы де́лали дома́шнее зада́ние? 7. Вы зна́ете на́ше но́вое расписа́ние? 8. Вы слы́шали после́дние но́вости? 9. Вы ви́дели моско́вское метро́? 10. Вы зна́ете мой дома́шний а́дрес?

Exercise 120. Change the following phrases to the plural.

Model: но́вый преподава́тель — *но́вые* преподава́тели

Большо́й дом, но́вый магази́н, интере́сный фильм, ру́сская пе́сня, незнако́мое сло́во, широ́кая у́лица, хоро́ший друг, италья́нская газе́та, коро́ткий расска́з, ста́рый го́род, после́днее письмо́, высо́кое зда́ние, ста́ршая сестра́, све́тлый костю́м, сове́тский писа́тель, газе́тный кио́ск, иностра́нный язы́к, ле́тний ме́сяц.

Exercise 121. Replace the singular by the plural.

1. У меня́ есть *но́вый уче́бник.* 2. У него́ есть *интере́сная кни́га.* 3. У меня́ есть *после́дняя францу́зская газе́та.* 4. У вас есть *чи́стая тетра́дь?* 5. У вас есть *ру́сско-италья́нский слова́рь?* 6. Я чита́л *э́тот но́вый журна́л.* 7. Сего́дня мы писа́ли *тру́дное упражне́ние.* 8. Вы смотре́ли *но́вый сове́тский фильм?* 9. Вы понима́ете *после́днее предложе́ние?*

Exercise 122. Make up phrases antonymous to those below.

Model: холо́дная пого́да — *тёплая* пого́да.

1. горя́чий чай —
2. хоро́ший фильм —
3. интере́сная кни́га —
4. дли́нное пальто́ —
5. ста́рая вещь —
6. ста́рый челове́к —
7. тёмная ко́мната —
8. холо́дная вода́ —
9. ма́ленький го́род —
10. тру́дное упражне́ние —
11. лёгкий портфе́ль —
12. ста́ршая сестра́ —

Exercise 123. Make up sentences antonymous to those below and write them down.

Model: Это *больша́я* ко́мната.
Это *ма́ленькая* ко́мната.

1. Это *большо́й* го́род. 2. Это *широ́кая* у́лица. 3. Это *ста́рое* зда́ние. 4. Это *све́тлая* ко́мната. 5. Это *коро́ткое* сло́во. 6. Это *лёгкий* текст. 7. Это *тру́дное* упражне́ние. 8. Это *хоро́ший* отве́т. 9. Это *ста́рое* расписа́ние. 10. Это *плоха́я* ру́чка. 11. Это мой *ста́рший* брат. 12. Это его́ *мла́дшая* сестра́.

Како́й э́то журна́л?
Кака́я э́то кни́га?
Како́е э́то письмо́?
Каки́е э́то газе́ты?

Exercise 124. Answer the questions, using the words given on the right.

1. Кака́я э́то кни́га? Како́й э́то журна́л? Како́е э́то письмо́?	интере́сный
2. Како́й э́то дом? Како́е э́то зда́ние? Кака́я э́то ко́мната?	большо́й
3. Кака́я э́то пе́сня? Како́й э́то фильм?	но́вый
4. Како́й э́то костю́м? Како́е э́то пальто́?	ле́тний
5. Како́й ма́льчик игра́ет в па́рке? Кака́я де́вочка игра́ет в па́рке? Каки́е де́ти игра́ют в па́рке?	ма́ленький
6. Како́й журнали́ст был в клу́бе? Кака́я журнали́стка была́ в клу́бе? Каки́е журнали́сты бы́ли в клу́бе?	сове́тский

Exercise 125. Answer the questions, using suitable adjectives.

Model: — *Како́й* э́то костю́м?   — *Кака́я* э́то газе́та?
     — Э́то *све́тлый* костю́м.   — Э́то *сего́дняшняя* газе́та.

I. 1. Како́й э́то го́род?
  2. Како́й э́то дом?
  3. Како́й э́то фильм?
  4. Како́й э́то журна́л?
  5. Како́й э́то магази́н?
  6. Како́й э́то челове́к?

II. 1. Кака́я э́то газе́та?
  2. Кака́я э́то у́лица?
  3. Кака́я э́то страна́?
  4. Кака́я э́то пло́щадь?
  5. Кака́я э́то ко́мната?
  6. Кака́я э́то студе́нтка?

III. 1. Како́е э́то письмо́?
  2. Како́е э́то упражне́ние?
  3. Како́е э́то предложе́ние?
  4. Како́е э́то зада́ние?
  5. Како́е э́то общежи́тие?
  6. Како́е э́то пальто́?

IV. 1. Каки́е э́то тетра́ди?
  2. Каки́е э́то кни́ги?
  3. Каки́е э́то те́ксты?
  4. Каки́е э́то слова́?
  5. Каки́е э́то студе́нты?
  6. Каки́е э́то друзья́?

Exercise 126. Answer the questions, using the words given in brackets.

1. Каки́е словари́ вы купи́ли? (а́нгло-ру́сский и ру́сско-англи́йский) 2. Каки́е кни́ги вы собира́ете [1]? (ру́сский) 3. Каки́е расска́зы вы чита́ете? (коро́ткий) 4. Каки́е газе́ты вы чита́ете? (сего́дняшний) 5. Каки́е фи́льмы вы смотре́ли? (сове́тский) 6. Каки́е ма́рки вы собира́ете? (иностра́нный)

---

[1] *собира́ть* (I) (as *чита́ть*), to collect

Exercise 127. Answer the questions, using suitable adjectives.

1. Како́й журна́л вы чита́ете? 2. Каки́е слова́ вы смотре́ли в словаре́? 3. Како́й фильм вы смотре́ли в воскресе́нье? 4. Каки́е пе́сни вы лю́бите [1]? 5. Каки́е газе́ты вы чита́ете?

Exercise 128. Ask questions about the italicised words.

Model: Я купи́л *а́нгло-ру́сский* слова́рь.
Како́й слова́рь вы купи́ли?

1. Мы изуча́ем *ру́сский* язы́к.
2. Я смотрю́ *но́вое* расписа́ние.
3. Я чита́ю *сего́дняшние* газе́ты.
4. Мы смотре́ли *но́вый сове́тский* фильм.
5. Я люблю́ *ру́сские наро́дные* пе́сни.
6. Я не по́нял *после́днее* предложе́ние.

Exercise 129. Make up questions, as in the model.

Model: Ви́ктор купи́л *магнитофо́н.*
Вы зна́ете, *како́й магнитофо́н* купи́л Ви́ктор?

1. Бори́с чита́ет *журна́л.* 2. Он лю́бит *пе́сни.* 3. Мой друг собира́ет *ма́рки.* 4. А́нна купи́ла *пальто́.* 5. Они́ смотре́ли *фильм.*

Exercise 130. Read the text, write it out and retell it.

Москва́ — большо́й и краси́вый го́род. Там есть широ́кие но́вые проспе́кты, совреме́нные высо́кие зда́ния, краси́вые пло́щади, ста́рые ти́хие у́лицы. Вот Кра́сная пло́щадь. А вот Моско́вский Кремль.

Это Большо́й теа́тр. Я люблю́ ру́сский бале́т. Я смотре́л здесь бале́т «Спарта́к». А э́то Моско́вский университе́т. Я изуча́ю здесь ру́сский язы́к.

Москва́ — зелёный го́род. В Москве́ есть больши́е па́рки.

Я люблю́ моско́вское метро́. Оно́ о́чень краси́вое, чи́стое, све́тлое.

Exercise 131. Translate into Russian.

I have an elder sister, Maria. She is a student. Maria studies Russian. She already speaks and writes Russian well. Maria reads Soviet newspapers and magazines. She likes Russian folk songs.

The Adjective and the Adverb.
The Questions Како́й? and Как?

Он чита́л **хоро́ший** расска́з.	Он чита́ет **хорошо́**.
Како́й расска́з он чита́л?	**Как** он чита́ет?

An adjective qualifies a noun and agrees with that noun. It answers the question *како́й? кака́я? како́е* or *каки́е?*

---

[1] *люби́ть* (II) (as *купи́ть*), to like; люблю́, лю́бишь, лю́бят.

An adverb is an invariable word. It modifies a verb and answers the question *как?*

Exercise 132. Use an adjective or an adverb. Ask questions about them.

Model:	Он ... студе́нт. Он чита́ет	хоро́ший хорошо́

Он *хоро́ший* студе́нт. *Како́й* он студе́нт?
Он чита́ет *хорошо́*. *Как* он чита́ет?

1. Эта студе́нтка пи́шет ... . Ты купи́л ... костю́м.	краси́вый, краси́во плохо́й, пло́хо
2. Мы ещё ... говори́м по-ру́сски. Он всегда́ отвеча́ет ... . Он ... студе́нт.	
3. Анна говори́т ... . У неё ... го́лос.	ти́хий, ти́хо
4. Мы зна́ем ру́сский язы́к ... . Я смотре́л ... фильм.	хоро́ший, хорошо́
5. Я чита́ю ... рома́н. Этот а́втор пи́шет	интере́сный, интере́сно

Exercise 133. Use the adjective or the adverb.

1. Вы зна́ете ... язы́к? Вы говори́те ...? 2. Ваш друг хорошо́ говори́т ... . Он давно́ изуча́ет ... язы́к? 3. Вы чита́ете ... кни́ги? Вы хорошо́ понима́ете ...? 4. Я ещё пло́хо говорю́ ..., потому́ что я изуча́л ... язы́к то́лько оди́н год.	ру́сский по-ру́сски
5. Бори́с изуча́ет ... язы́к, он уже́ хорошо́ говори́т и понима́ет ... . Он чита́ет ... кни́ги. Мы ча́сто разгова́риваем ... . Он говори́т, что ... язы́к краси́вый, но тру́дный.	англи́йский по-англи́йски
6. Когда́ я жил до́ма, я мно́го говори́л ... . Я чита́л ... журна́лы и газе́ты. У нас в до́ме все хорошо́ говоря́т ... . Мои́ бра́тья и сёстры лю́бят чита́ть ... кни́ги. Мы собира́ем ... кни́ги.	францу́зский по-францу́зски

The General Concept of Verb Aspects [1]

Ма́льчик до́лго **гото́вил** дома́шнее зада́ние.
Ма́льчик хорошо́ **пригото́вил** дома́шнее зада́ние

Exercise 134. Read the sentences and compare them.

1. Анна *писа́ла* письмо́.

1. Анна *написа́ла* письмо́.

---

[1] For more details on verb aspects, see p. 202.

2. Борѝс *читáл* журнáл.

2. Борѝс *прочитáл* журнáл.

3. Нѝна *готóвила* обéд.

3. Нѝна *приготóвила* обéд.

4. Мáльчик *решáл* задáчу.

4. Мáльчик *решѝл* задáчу.

Note that in the preceding sentences the verbs *писáть, читáть, готóвить, решáть* denote action as a process.

The verbs *написáть, прочитáть, приготóвить, решѝть* denote actions which have had a result.

Exercise 135. Read the questions and answers. Write out the aspect pairs of verbs.

1. — Что вы дéлали ýтром?
   — Ýтром я *писáл* сочинéние.
   — Вы дóлго *писáли?*
   — Я *писáл* сочинéние три часá.
   — Вы *написáли* сочинéние?
   — *Написáл.* Вот онó.
2. — Что вы дéлали вéчером?
   — Вéчером я *дéлал* домáшнее задáние.
   — Вы прáвильно *сдéлали* домáшнее задáние?
   — Я дýмаю, что прáвильно.
3. — Что дéлали студéнты?
   — Онѝ *учѝли* рýсские пéсни.
   — Онѝ *выучили* пéсни?
   — Да, *выучили.* Тепéрь онѝ знáют éти пéсни.
4. — Что вы дéлали на урóке?
   — Мы *повторя́ли* глагóлы.
   — Вы *повторѝли* все глагóлы?
   — Да, мы *повторѝли* все глагóлы. Зáвтра у нас бýдет контрóльная рабóта.

Exercise 136. Answer the questions, as in the model.

Model: — Почему́ вы *не пи́шете* упражне́ние?
— Я уже́ *написа́л.*

1. Почему́ вы не чита́ете текст? 2. Почему́ вы не у́чите глаго́лы? 3. Почему́ вы не повторя́ете слова́? 4. Почему́ вы не де́лаете дома́шнее зада́ние?

The Verbs хоте́ть, люби́ть, мочь
and the Short-Form Adjective до́лжен with an Infinitive

	хоте́ть		
Я хочу́		Мы хоти́м	
Ты хо́чешь	знать ру́сский	Вы хоти́те	знать ру́сский
Он хо́чет	язы́к.	Они́ хотя́т	язы́к.
Она́ хо́чет			

Exercise 137. Conjugate the verb *хоте́ть* in the following sentences.

1. Я хочу́ хорошо́ говори́ть по-ру́сски. 2. Я хочу́ знать ру́сские пе́сни. 3. Я хочу́ изуча́ть иностра́нные языки́.

Exercise 138. Answer the questions in the affirmative or the negative. Write out questions 1, 2, 5, 6 and 7, and the answers to them.

Model: — Вы *хоти́те* есть?
— *Да, я хочу́* есть.
(— *Нет, я не хочу́* есть.)

1. Вы хоти́те обе́дать? 2. Вы хоти́те у́жинать? 3. Вы хоти́те слу́шать ра́дио? 4. Вы хоти́те игра́ть в ша́хматы? 5. Вы хоти́те игра́ть в футбо́л? 6. Вы хоти́те смотре́ть телеви́зор? 7. Вы хоти́те танцева́ть? 8. Вы хоти́те слу́шать магнитофо́н? 9. Вы хоти́те знать ру́сские наро́дные пе́сни?

Exercise 139. Ask questions, as in the model.

Model: обе́дать
— Ты *хо́чешь* обе́дать?
(— Вы *хоти́те* обе́дать?)

Танцева́ть, кури́ть, спать, у́жинать, смотре́ть телеви́зор.

Exercise 140. Change the sentences to the past tense and write them down.

Model: Я *хочу́ игра́ть* в ша́хматы.
Я *хоте́л игра́ть* в ша́хматы.

1. Они́ хотя́т игра́ть в футбо́л. 2. Она́ хо́чет игра́ть в те́ннис. 3. Мы хоти́м игра́ть в волейбо́л. 4. Вы хоти́те занима́ться? 5. Ты хо́чешь смотре́ть телеви́зор? 6. Я хочу́ изуча́ть испа́нский язы́к.

	любить		
Я люблю́		Мы лю́бим	
Ты лю́бишь	чита́ть.	Вы лю́бите	чита́ть.
Он лю́бит		Они́ лю́бят	
Она́ лю́бит			

Exercise 141. Answer the questions.

1. Ты лю́бишь писа́ть пи́сьма? 2. Ты лю́бишь получа́ть пи́сьма? 3. Ты лю́бишь игра́ть в ша́хматы? 4. Вы лю́бите чита́ть? 5. Вы лю́бите танцева́ть? 6. Вы лю́бите игра́ть в футбо́л? 7. Вы лю́бите слу́шать ра́дио?

Exercise 142. Use the verb *люби́ть* in the required form.

1. Мы ... смотре́ть телеви́зор. 2. Они́ не ... занима́ться ве́чером. 3. Он не ... писа́ть пи́сьма. 4. Я ... чита́ть газе́ты. 5. Вы ... танцева́ть? 6. Ты ... игра́ть в футбо́л? 7. Она́ ... петь. 8. Вы ... получа́ть пи́сьма? 9. Я ... игра́ть в ша́хматы.

Exercise 143. Complete the sentences, using the verb *люби́ть*.

1. Моя́ сестра́ ... . 2. Я ... . 3. Мой ста́рший брат ... . 4. Вы ... ? 5. Наш преподава́тель ... . 6. Мы ... . 7. Его́ друг ... . 8. Эти студе́нты ... . 9. Мой сосе́д ... . 10. Ты ... ?

	мочь		
Я могу́		Мы мо́жем	
Ты мо́жешь	реши́ть эти зада́чи.	Вы мо́жете	реши́ть эти зада́чи.
Он мо́жет		Они́ мо́гут	
Она́ мо́жет			

Exercise 144. Use the verb *мочь* in the required form.

1. Сего́дня я не ... отвеча́ть уро́к. 2. Он не ... писа́ть быстре́е. 3. Мы не ... рабо́тать сего́дня ве́чером. 4. Они́ не ... быть за́втра на уро́ке. 5. Я ... объясни́ть э́то сло́во. 6. Она́ ... сде́лать э́то упражне́ние. 7. Вы ... повтори́ть вопро́с? 8. Вы ... показа́ть э́тот журна́л? 9. Ты ... реши́ть э́ти зада́чи?

	до́лжен		
Я до́лжен (должна́)		Мы должны́	
Ты до́лжен (должна́)	писа́ть пи́сьма.	Вы должны́	писа́ть пи́сьма.
Он до́лжен		Они́ должны́	
Она́ должна́			

Exercise 145. Use the word *до́лжен* in the required form.

1. Вы ... расска́зывать э́тот текст. 2. Она́ ... отвеча́ть уро́к. 3. Они́ ... писа́ть дикта́нт. 4. Вы ... повтори́ть э́ти глаго́лы. 5. Я ... де́лать дома́шнее зада́ние. 6. Он ... знать э́ти стихи́. 7. Эта студе́нтка ... мно́го рабо́тать.

Exercise 146. Use the word *до́лжен* in the required form.

1. Ве́чером я ... писа́ть пи́сьма. 2. Мы ... чита́ть э́тот расска́з. 3. Все студе́нты ... купи́ть э́тот слова́рь. 4. Мы ... занима́ться ка́ждый день. 5. Мы ... чита́ть ру́сские газе́ты. 6. Вы ... посмотре́ть э́тот фильм.

Exercise 147. Complete the sentences, using the word *до́лжен* and the words and phrases given below.

1. Сего́дня ве́чером я ... . 2. Ка́ждый день мы ... . 3. Студе́нты ... . 4. Сего́дня моя́ сестра́ ... . 5. Ваш това́рищ ... . 6. По́сле уро́ка мы ... .

(рабо́тать, чита́ть, писа́ть пи́сьма, отдыха́ть, занима́ться, хорошо́ знать ру́сский язы́к, говори́ть по-ру́сски)

Verbs with the Particle -ся
The Verbs учи́ть (что?) and учи́ться (где?)

Я учу́ но́вые слова́.	Я учу́сь [1] в университе́те [2].
Что вы у́чите?	Где вы у́читесь?

Учи́ть is a transitive verb: it requires a noun answering the question *что?*
Учи́ться is an intransitive verb, like all verbs with the particle **-ся**. It cannot be followed by a noun answering the question *что?*

Exercise 148. Answer the questions. Write down the answers to questions 1, 2, 4 and 5.

1. Вы у́читесь и́ли рабо́таете? 2. Вы давно́ у́читесь в университе́те? 3. Что вы де́лали ра́ньше — учи́лись и́ли рабо́тали? 4. Когда́ вы у́чите уро́ки? 5. Вы лю́бите учи́ть стихи́? 6. Вы у́чите ру́сские пе́сни? 7. Что вы у́чите сейча́с? 8. Ваш брат у́чится и́ли рабо́тает? 9. Он у́чится в шко́ле [3] и́ли в университе́те?

Exercise 149. Use the verb *учи́ть* or *учи́ться*.

1. — Где вы ...? — Я ... в университе́те. — А где ... ваш брат? — Мой брат то́же ... в университе́те. 2. — Где вы ... ра́ньше? — Ра́ньше я ... в шко́ле. 3. — Где ... ва́ша ста́ршая сестра́? — Моя́ ста́ршая сестра́ не ..., она́ уже́ рабо́тает. 4. — Ва́ша мла́дшая сестра́ ...? — Да, она́ ... в шко́ле. 5. — Что вы сейча́с де́лаете? — Я ... но́вые слова́. — Вы ка́ждый день ... ру́сские слова́? — Да, я ... слова́ ка́ждый день.

---

[1] *учи́ться*, to study
я учу́сь	мы у́чимся
ты у́чишься	вы у́читесь
он (она́) у́чится	они́ у́чатся

[2] *в университе́те*, at the University
[3] *учи́ться в шко́ле*, to go to school

Exercise 150. Use the verb *учить* or *учиться*.

1.— Вы ... и́ли рабо́таете? — Я ... в университе́те. 2.— Как вы ...? — Я ... хорошо́, потому́ что я мно́го занима́юсь: ка́ждый день я ... но́вые слова́, де́лаю упражне́ния, мно́го чита́ю по-ру́сски, слу́шаю переда́чи на ру́сском языке́. 3.— Где ... ваш това́рищ? — Мой това́рищ ... в университе́те. 4.— Что вы ... вчера́? — Вчера́ мы ... диало́г. — Вы до́лго ... э́тот диало́г? — Нет, диало́г был нетру́дный, и я ... его́ недо́лго. 5.— Как ... ваш мла́дший брат? — Он ... непло́хо. — Когда́ он ... уро́ки? — По́сле обе́да он гуля́ет, а пото́м начина́ет ... уро́ки. — Что он ... сейча́с? — Сейча́с он ... стихи́.

Part Two   **THE MAIN COURSE**

THE USES OF THE CASES

THE PREPOSITIONAL CASE

The Prepositional Denoting the Place of an Action Nouns in the Prepositional Singular with the Prepositions в and на

Анна рабо́тает **в шко́ле**.

Exercise 1. A. Read the text and write it out.

Моя́ подру́га Ни́на живёт *в Москве́*. Она́ у́чится *в университе́те*. Её роди́тели живу́т *в дере́вне*. Они́ рабо́тают *в колхо́зе*. Сестра́ Ни́ны живёт *в Ленингра́де*. Она́ рабо́тает *в библиоте́ке*.

B. Answer the questions.

1. Ни́на живёт в Москве́ и́ли в Ленингра́де? 2. Она́ у́чится в шко́ле и́ли в университе́те? 3. Её роди́тели живу́т в го́роде и́ли в дере́вне? 4. Сестра́ Ни́ны рабо́тает в библиоте́ке и́ли в шко́ле?

	Nominative	Prepositional	Ending
Masculine	го́род портфе́ль музе́й	в го́роде в портфе́ле в музе́е	**-е**
Feminine	шко́ла дере́вня	в шко́ле в дере́вне	**-е**
Neuter	письмо́ по́ле	в письме́ в по́ле	**-е**

Exercise 2. Answer the questions in the affirmative or the negative.

Model: — Ва́ша сестра́ у́чится *в шко́ле*?
— Да, моя́ сестра́ у́чится *в шко́ле*.
(— Нет, моя́ сестра́ у́чится *в университе́те*.)

1. Ва́ша семья́ живёт *в го́роде*? 2. Ваш оте́ц рабо́тает *в ба́нке*? 3. Вы у́читесь *в университе́те*? 4. Ваш брат у́чится *в шко́ле*? 5. Вы покупа́ете кни́ги *в магази́не*? 6. Вы берёте[1] кни́ги *в библиоте́ке*? 7. Вы покупа́ете газе́ты *в кио́ске*?

---

[1] *брать* (I), to borrow, to take; беру́, берёшь, беру́т

57

Ла́мпа стои́т **на столе́**.

Exercise 3. Answer the questions.

Model: — Кни́га лежи́т *на столе́?*
— Да, кни́га лежи́т *на столе́.*

1. Ла́мпа стои́т *на столе́?*

2. Слова́рь стои́т *на по́лке?*

3. Ма́льчик сиди́т *на дива́не?*

4. Преподава́тель пи́шет *на доске́?*

5. Карти́на виси́т *на стене́?*

6. Ва́за стои́т *на столе́?*

7. Портфе́ль лежи́т *на сту́ле?*

Exercise 4. Complete the sentences, using the words given in brackets and the preposition *в* or *на*.

Model: Де́ти гуля́ют ... (парк).
Де́ти гуля́ют в *па́рке.*

1. Ла́мпа стои́т ... (стол). 2. Мы сиди́м ... (ко́мната). 3. Студе́нт пи́шет ... (доска́). 4. Мы покупа́ем журна́лы ... (кио́ск). 5. Карти́на виси́т ... (стена́). 6. Кни́га лежи́т ... (по́лка). 7. Мы живём ... (Москва́). 8. Цветы́ стоя́т ... (окно́). 9. Письмо́ лежи́т ... (па́пка).

— **Где** сидя́т студе́нты?
— Студе́нты сидя́т **в кла́ссе**.

— **Где** лежи́т портфе́ль?
— Портфе́ль лежи́т **на столе́**.

Exercise 5. Answer the questions, using the words given in brackets. Write down the answers to questions 2, 4 and 5.

I.1. Где лежа́т ва́ши тетра́ди? (портфе́ль) 2. Где вы берёте кни́ги? (библиоте́ка) 3. Где у́чатся студе́нты? (университе́т) 4. Где вы живёте? (го́род) 5. Где вы отдыха́ете ле́том? (дере́вня)

II.1. Где стоя́т кни́ги? (по́лка) 2. Где стои́т ва́за? (стол) 3. Где виси́т ка́рта? (стена́) 4. Где лежи́т ваш портфе́ль? (стул) 5. Где стоя́т цветы́? (окно́)

Exercise 6. Where are the following objects?[1]

Exercise 7. Answer the questions in the affirmative.

1. Ваш оте́ц рабо́тает на заво́де? 2. Ваш брат рабо́тает на фа́брике? 3. Ва́ша сестра́ рабо́тает на по́чте? 4. Ле́том ва́ша семья́ отдыха́ет на мо́ре? 5. Ваш брат живёт на се́вере? 6. В суббо́ту вы бы́ли на стадио́не?

MEMORISE!

The preposition **в**	The preposition **на**
в институ́те	**на** ку́рсе
в университе́те	**на** факульте́те
в шко́ле	**на** уро́ке
в кла́ссе	**на** заня́тии

[1] Remember the use of the verbs *стоя́ть*, *лежа́ть* and *висе́ть*.

The preposition **в**	The preposition **на**
в гру́ппе	**на** семина́ре
	на экза́мене
	на ле́кции
в магази́не	**на** фа́брике
	на заво́де
	на по́чте
	на вокза́ле
в клу́бе	**на** ве́чере
	на собра́нии
	на ми́тинге
в музе́е	**на** экску́рсии
	на вы́ставке
в теа́тре	**на** бале́те
в го́роде	**на** у́лице
в дере́вне	**на** пло́щади
	на стадио́не
	на ю́ге
	на се́вере
	на за́паде
	на восто́ке
в стране́	**на** ро́дине

Exercise 8. Where do these people work?

1. Андре́й ...

2. Ни́на ...

3. Серге́й Никола́евич ...

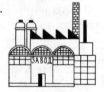

4. Бори́с ...

5. Анна Петро́вна ...

6. Еле́на Миха́йловна ...

Exercise 9. Answer the questions, using the words given in brackets and the prepositions *в* and *на*.

1. Где рабо́тает ваш оте́ц? (заво́д) 2. Где рабо́тает ваш брат? (фа́брика) 3. Где у́чится ва́ша мла́дшая сестра́? (шко́ла) 4. Где стои́т авто́бус? (у́лица) 5. Где гуля́ют де́ти? (парк) 6. Где сейча́с сидя́т ученики́? (класс) 7. Где они́ игра́ют в футбо́л? (стадио́н) 8. Где вы покупа́ете ма́рки? (по́чта) 9. Где вы покупа́ете кни́ги? (магази́н) 10. Где вы бы́ли ле́том? (ро́дина)

Exercise 10. Answer the questions in the negative, using the words given in brackets.

Model: — Он рабо́тает на фа́брике? (шко́ла)
— *Нет*, он рабо́тает *не на фа́брике, а в шко́ле.*

1. Серге́й рабо́тает на заво́де? (теа́тр) 2. Его́ сестра́ рабо́тает в поликли́нике? (библиоте́ка) 3. Их оте́ц рабо́тает в ба́нке? (шко́ла) 4. Вчера́ вы бы́ли в бассе́йне? (стадио́н) 5. Андре́й был на рабо́те? (клуб)

MEMORISE!

шкаф — в шкафу́	сад — в саду́
у́гол — в углу́	лес — в лесу́
пол — на полу́	бе́рег — на берегу́
	мост — на мосту́

Exercise 11. Answer the questions and write down the answers.

1. Де́ти игра́ют в саду́ и́ли на у́лице? 2. Они́ гуля́ют в лесу́ и́ли в па́рке? 3. Руба́шки лежа́т в чемода́не и́ли в шкафу́? 4. Маши́на стои́т на мосту́ и́ли на берегу́?

Exercise 12. Answer the questions.

1. Где игра́ют шко́льники? (сад и́ли парк) 2. Где лежа́т ве́щи? (шкаф и́ли чемода́н) 3. Где лежа́т кни́ги? (по́лка и́ли шкаф) 4. Где вы бы́ли в воскресе́нье? (лес)

	Nominative	Ending	Prepositional	Ending
Masculine	санато́рий	-ий	в санато́рии	
Feminine	аудито́рия лéкция	-ия	в аудито́рии на ле́кции	-ии
Neuter	общежи́тие	-ие	в общежи́тии	

Exercise 13. Answer the questions, using the words given in brackets. Write down the answers.

1. Где живу́т студе́нты? (общежи́тие) 2. Где они́ слу́шают ле́кции? (аудито́рия) 3. Где они́ бы́ли у́тром? (ле́кция) 4. Где они́ бы́ли днём? (собра́ние) 5. Где они́ бы́ли в суббо́ту? (экску́рсия) 6. Где живёт ваш друг? (Да́ния) 7. Где живёт ва́ша семья́? (А́нглия) 8. Где вы бы́ли ле́том? (Ита́лия)

Exercise 14. Make up sentences, as in the model, and write them down.

Model: Париж — Франция.
Париж нахо́дится *во Фра́нции.*

1. Мадри́д — Испа́ния.   2. Неа́поль — Ита́лия.   3. Туло́н — Фра́нция.
4. Жене́ва — Швейца́рия.   5. Ве́на — Австрия.   6. Лиссабо́н — Португа́лия.
7. То́кио — Япо́ния. 8. Стамбу́л — Ту́рция. 9. Мадра́с — Индия.

Exercise 15. Answer the questions, as in the model. Write down the answers to questions 4, 5, 6 and 7.

Model: — Семья́ Андре́я живёт в По́льше? (Чехослова́кия)
— *Нет,* семья́ Андре́я живёт *не в По́льше, а в Чехослова́кии.*

1. Семья́ Мари́и живёт в Болга́рии? (Югосла́вия) 2. Сестра́ Анны у́чится во Фра́нции? (Англия) 3. Ле́том Бори́с был в Ита́лии? (Испа́ния) 4. Бухаре́ст нахо́дится в Ве́нгрии? (Румы́ния) 5. Дама́ск нахо́дится в Лива́не? (Си́рия) 6. Осло нахо́дится в Шве́ции? (Норве́гия) 7. Гаа́га нахо́дится в Бе́льгии? (Голла́ндия)

MEMORISE!

	Nominative	Prepositional
Feminine	тетра́дь пло́щадь	в тетра́ди на пло́щади

Exercise 16. Answer the questions.

1. Где сидя́т студе́нты? (аудито́рия) 2. Где вися́т фотогра́фии? (стена́) 3. Где стоя́т цветы́? (окно́) 4. Где лежа́т кни́ги и тетра́ди? (стол) 5. Где стоя́т словари́? (шкаф) 6. Где пи́шет преподава́тель? (доска́) 7. Где пи́шет студе́нт? (тетра́дь) 8. Где студе́нты смо́трят незнако́мые слова́? (слова́рь)

Exercise 17. Make up sentences, as in the model.

Model: — Вчера́ мы бы́ли *в ци́рке.*— ... (теа́тр)
— А мы бы́ли *в теа́тре.*

1. — В суббо́ту мы бы́ли в клу́бе.— ... (вы́ставка)
2. — В воскресе́нье мы бы́ли на бале́те.— ... (конце́рт)
3. — Вчера́ я был в бассе́йне.— ... (стадио́н)
4. — Ле́том мы бы́ли в Ве́нгрии.— ... (Болга́рия)

Exercise 18. A. Read the questions and answer them. Write down the answers (they should form a story on the subject "Student Ivanov").

1. Где живёт Андре́й Ивано́в? (Москва́, общежи́тие) 2. Где он у́чится? (институ́т) 3. Где он слу́шает ле́кции? (аудито́рия № 3) 4. Где он обы́чно занима́ется? (библиоте́ка) 5. Где он быва́ет ве́чером? (клуб и́ли бассе́йн) 6. Где он хо́чет рабо́тать по́сле институ́та[1]? (лаборато́рия, заво́д) 7. Где он жил ра́ньше? (Белору́ссия) 8. Где живёт его́ семья́? (го́род Брест). 9. Где живёт его́ ста́рший брат? (Минск) 10. Где он рабо́тает? (заво́д)

---

[1] *по́сле институ́та,* after he graduates from the college

62

B. Read your story and retell it.

C. Compose a similar story about a student friend of yours.

Exercise 19. Answer the questions.

1. Ва́ши друзья́ бы́ли вчера́ *в клу́бе на ве́чере*? 2. Она́ была́ вчера́ *в теа́тре на бале́те*? 3. Вы бу́дете за́втра *в университе́те на ми́тинге*? 4. Анто́н был вчера́ *в клу́бе на конце́рте*? 5. Вы бы́ли вчера́ *в музе́е на экску́рсии*? 6. Анто́н и Анна бы́ли у́тром *в институ́те на ле́кции*? 7. Студе́нты сейча́с *в за́ле на собра́нии*? Анна сейча́с *в кла́ссе на уро́ке*?

Exercise 20. Make up sentences, using these words, and write them down.

В музе́е на экску́рсии, в теа́тре на бале́те, в университе́те на собра́нии, в за́ле на ми́тинге, в аудито́рии на ле́кции, в кла́ссе на уро́ке, в клу́бе на ве́чере.

Exercise 21. Make up questions to which these sentences are the answers.

Model: — ...? — *Где* вы живёте?
— Я живу́ *в Москве́.* — Я живу́ *в Москве́.*

1. — ...?
— Я учу́сь *в университе́те.*
2. — ...?
— Я живу́ *в общежи́тии.*
3. — ...?
— Моя́ семья́ живёт *в дере́вне.*
4. — ...?
— Оте́ц Ви́ктора рабо́тает *в го́роде на заво́де.*
5. — ...?
— Сестра́ Анны рабо́тает *в шко́ле.*
6. — ...?
— Я бу́ду рабо́тать *в институ́те, в лаборато́рии.*

Exercise 22. Answer the questions in the affirmative and the negative.

Model: — Вы зна́ете, где он живёт?
— Да, (я) зна́ю, (где он живёт). Он живёт в Ки́еве.
— Нет, я не зна́ю, где он живёт.

1. Вы зна́ете, где я живу́? 2. Вы зна́ете, где я рабо́таю? 3. Вы зна́ете, где у́чится Мари́я? 4. Вы зна́ете, где живу́т её роди́тели? 5. Вы зна́ете, где они́ рабо́тают?

Exercise 23. Read the text, write it out and retell it.

В кла́ссе

Я студе́нт. Я живу́ в Москве́ и учу́сь в университе́те. Я изуча́ю ру́сский язы́к. У меня́ есть хоро́ший друг. Его́ зову́т Рамо́н[1]. Ра́ньше он жил в Ме́ксике, а тепе́рь он живёт в Москве́. Рамо́н то́же студе́нт. Он живёт в общежи́тии.

---

[1] *Его́ зову́т Рамо́н.* His name is Ramon.

Сейча́с уро́к. Мы сиди́м в аудито́рии. На столе́ лежа́т на́ши кни́ги, тетра́-
ди, ру́чки. Преподава́тель пи́шет на доске́, а мы пи́шем в тетра́ди. Пото́м
преподава́тель чита́ет но́вый текст. Я слу́шаю внима́тельно, но понима́ю не
все слова́ в те́ксте. Я смотрю́ незнако́мые слова́ в словаре́.

По́сле уро́ка я обе́даю в столо́вой [1]. По́сле обе́да я отдыха́ю, а пото́м го-
то́влю дома́шнее зада́ние. Иногда́ я занима́юсь в библиоте́ке, а иногда́ до́ма.
Пото́м мы у́жинаем. По́сле у́жина мы смо́трим телеви́зор, игра́ем в ша́х-
маты и́ли слу́шаем магнитофо́н. Иногда́ ве́чером мы гуля́ем в па́рке.

Exercise 24. Translate into Russian.

1. My elder brother, Sergei, lives in Leningrad. He studies at the University.
He worked at a factory before. After university, he will work at a museum.
2. In the summer British tourists were in Moscow. They visited a school,
a theatre, a museum and a factory.
3. Today I was at the shop and at the post office. I bought books at the shop,
and envelopes and stamps at the post office.

Exercise 25. Read the text, write it out and retell it.

Сего́дня воскресе́нье. Мы не занима́емся, отдыха́ем. Утром я писа́л
пи́сьма, пото́м пошёл гуля́ть [2]. Я хоте́л посмотре́ть у́лицы и пло́щади
Москвы́.

Я сижу́ в авто́бусе и смотрю́ в окно́. Сего́дня хоро́шая пого́да. Не́бо чи́с-
тое и голубо́е. Впереди́ широ́кая у́лица. Это Ле́нинский проспе́кт. Спра́ва
стоя́т высо́кие краси́вые дома́. Сле́ва большо́й парк. Сейча́с сентя́брь, и де-
ре́вья в па́рке жёлтые. Наш авто́бус идёт бы́стро. Вот гла́вная у́лица
Москвы́—у́лица Го́рького.

Я хочу́ посмотре́ть Большо́й теа́тр, но не зна́ю, где он нахо́дится. На
у́лице стои́т милиционе́р. Я спра́шиваю его́:

— Скажи́те, пожа́луйста, где Большо́й теа́тр?

— Большо́й теа́тр недалеко́. На́до идти́ [3] пря́мо, а пото́м нале́во. Вы не
москви́ч?—спра́шивает милиционе́р.

— Нет, я не москви́ч. Я иностра́нец,—отвеча́ю я.—Я учу́сь в Моско́в-
ском университе́те.

Милиционе́р ещё раз говори́т, где нахо́дится Большо́й теа́тр.

— Спаси́бо,—говорю́ я. —До свида́ния.

The Prepositional with the Preposition о (об, обо)
Denoting the Object of Speech or Thought

— **О чём** они́ говоря́т?
— Они́ говоря́т **об экза́мене.**

---

[1] *в столо́вой,* at the dining-hall
[2] *пошёл гуля́ть,* went out for a walk
[3] *на́до идти́,* you should go

64

— **О ком** расска́зывал [1] преподава́тель?
— Преподава́тель расска́зывал **о космона́вте Гага́рине.**

Before words beginning with a vowel, the preposition **об** is used: *об* Анне, *об* уро́ке, *об* экза́мене, *об* э́том челове́ке.

MEMORISE!

Nominative	Prepositional
мать	о ма́тери
дочь	о до́чери

Exercise 26. Answer the questions, using the words given in brackets.

1. О чём вы расска́зываете сейча́с? (фильм) 2. О чём ча́сто ду́мает Бори́с? (ро́дина) 3. О чём пи́шет ваш друг? (Москва́) 4. О чём спра́шивает Анна? (телегра́мма) 5. О ком писа́ла мать в письме́? (сестра́) 6. О ком вы говори́те? (писа́тель) 7. О ком он расска́зывает? (друг) 8. О ком он ду́мает? (брат) 9. О ком ду́мает Анна? (мать)

Exercise 27. Complete the sentences, using the words given in brackets.

1. В письме́ брат пи́шет ... (семья́). 2. На уро́ке мы говори́ли ... (теа́тр). 3. Он лю́бит говори́ть ... (литерату́ра). 4. Я чита́л расска́з ... (Москва́). 5. Сейча́с студе́нты ду́мают ... (экза́мен). 6. Вчера́ мы до́лго говори́ли ... (футбо́л). 7. Мать пи́шет ... (дом). 8. Я люблю́ чита́ть ... (ко́смос).

Exercise 28. Say in Russian what (or who) these students are thinking about.

1. Андре́й...  2. Бори́с...

3. Анто́н...  4. Ни́на...  5. Ли́да...

---

[1] *расска́зывать* (I) (as *чита́ть*), to tell

Exercise 29. Answer the questions in the affirmative or the negative.

Model: — Вы слы́шали, *о чём* он расска́зывал?
— Да, (я) слы́шал, (*о чём* он расска́зывал). Он расска́зывал о спекта́кле.
— Нет, я не слы́шал, *о чём* он расска́зывал.

1. Вы слы́шали, о чём мы сейча́с говори́ли? 2. Вы зна́ете, о чём чита́ли на уро́ке? 3. Вы зна́ете, о чём расска́зывает э́тот фильм? 4. Вы по́няли, о чём говори́л профе́ссор на ле́кции? 5. Вы зна́ете, о ком мы говори́м? 6. Вы не зна́ете, о ком расска́зывает э́та статья́?

Exercise 30. Make up questions to which these sentences are the answers and write them down.

1. — ... ?
— Анна спра́шивала в письме́ *о ма́тери.*
2. — ... ?
— Сейча́с я ду́маю *об экза́мене.*
3. — ... ?
— Ма́льчик расска́зывал *о соба́ке.*
4. — ... ?
— Наш преподава́тель расска́зывал *о Пу́шкине.*
5. — ... ?
— Сего́дня мы чита́ли *о Ленингра́де.*
6. — ... ?
— Э́тот писа́тель пи́шет *о дере́вне*

Personal Pronouns in the Prepositional

Exercise 31. A. Read the sentences and translate them.

1. Мои́ роди́тели живу́т в дере́вне, а *я* в го́роде. Я зна́ю, что они́ всегда́ ду́мают *обо мне.* 2. Почему́ *ты* не́ был вчера́ на уро́ке? Преподава́тель спра́шивал *о тебе́.* 3. Это ваш това́рищ? *Он* у́чится и́ли рабо́тает? Расскажи́те *о нём.* 4. Моя́ *сестра́* живёт на се́вере. Я ча́сто ду́маю *о ней.* 5. Вчера́ *мы* не́ были на уро́ке. Преподава́тель спра́шивал *о нас?* 6. *Вы* бу́дете за́втра в клу́бе? Мой друг спра́шивал *о вас.* 7. Мои́ *бра́тья* у́чатся в Берли́не. До́ма мы ча́сто говори́м *о них.*

B. Make a table of personal pronouns like the one given below.

Nominative	Prepositional
я ты	обо мне о тебе́

Exercise 32. Complete the sentences, using personal pronouns.

1. Моя́ сестра́ живёт в Росто́ве. Я ча́сто ду́маю ... . 2. Ваш друг у́чится

в Ки́еве. Вы вспомина́ете [1] ... ? 3. Ско́ро экза́мены. На уро́ке мы говори́ли ... . 4. Вчера́ вы не́ были на ве́чере. Ваш друг спра́шивал ... . 5. Вчера́ мы смотре́ли интере́сный фильм. Ве́чером мы говори́ли ... . 6. Ты давно́ не́ был в поликли́нике. Врач спра́шивал ... . 7. Я зна́ю, что мои́ роди́тели всегда́ ду́мают ... .

Exercise 33. Answer the questions, using the pronouns given in brackets.

1. О ком вы говори́те сейча́с? (он и она́) 2. О ком писа́л оте́ц в письме́? (они́) 3. О ком он спра́шивал? (мы) 4. О ком они́ говори́ли? (ты и я) 5. О ком он ду́мает всё вре́мя? (она́) 6. О ком он спра́шивает? (я и вы)

Adjectives in the Prepositional Singular

— **В како́м до́ме** вы живёте?
— Мы живём **в большо́м хоро́шем до́ме.**

— **В како́й кварти́ре** вы живёте?
— Мы живём **в большо́й хоро́шей кварти́ре.**

Exercise 34. Read the questions, answer them, and write down the answers to questions 1, 2, 3 and 4. Underline the adjectives.

1. В како́м го́роде живёт ва́ша семья́, в большо́м и́ли в ма́леньком? 2. В како́м до́ме вы живёте, в но́вом и́ли в ста́ром? 3. На како́м этаже́ ва́ша ко́мната, на четвёртом и́ли на пя́том? 4. На како́м факульте́те вы у́читесь, на физи́ческом и́ли на хими́ческом? (истори́ческом, филологи́ческом, экономи́ческом) 5. На како́м этаже́ живёт ваш друг, на второ́м и́ли на тре́тьем? 6. О како́м фи́льме вы говори́ли на уро́ке, о францу́зском и́ли об англи́йском? 7. О како́м бра́те он ча́сто расска́зывает, о ста́ршем и́ли о мла́дшем? 8. В како́м до́ме нахо́дится кни́жный магази́н, в э́том и́ли в сосе́днем?

Exercise 35. Answer the questions, using the words given in brackets.

1. В како́м го́роде вы живёте? (большо́й ю́жный го́род) 2. В како́м до́ме живёт ва́ша семья́? (ста́рый краси́вый дом) 3. На како́м этаже́ ва́ша ко́мната? (второ́й эта́ж) 4. На како́м заво́де рабо́тает ваш ста́рший брат? (но́вый хими́ческий заво́д) 5. В како́м клу́бе вы быва́ете? (студе́нческий клуб) 6. В како́м магази́не вы покупа́ете кни́ги? (сосе́дний кни́жный магази́н) 7. В како́м кинотеа́тре вы смо́трите фи́льмы? (ближа́йший кинотеа́тр)

Exercise 36. Answer the questions.

I. 1. В како́й тетра́ди ты пи́шешь слова́, в но́вой и́ли в ста́рой? 2. На како́й страни́це мы чита́ем, на шесто́й и́ли на седьмо́й? 3. В како́й па́пке лежа́т твои́ тетра́ди, в чёрной и́ли в зелёной? 4. В како́й аудито́рии бу́дет ле́кция, в пе́рвой и́ли во второ́й?

---

[1] *вспомина́ть* (I) (as *чита́ть*), to remember, to recall

5*

II. 1. На какóй лéкции ты нé был, на пéрвой и́ли на послéдней? 2. В какóй газéте писáли о спектáкле, в сегóдняшней и́ли во вчерáшней? 3. На какóй у́лице нахóдится кни́жный магази́н, на э́той и́ли на сосéдней? 4. О какóй сестрé ты сейчáс говори́шь, о стáршей и́ли о млáдшей?

Exercise 37. Answer the questions, using the words given in brackets.

1. На какóй у́лице нахóдится вáше общежи́тие? (ти́хая зелёная у́лица) 2. В какóй кóмнате вы живёте? (большáя свéтлая кóмната) 3. В какóй столóвой вы обы́чно обéдаете? (нáша студéнческая столóвая) 4. В какóй библиотéке вы берёте кни́ги? (нáша университéтская библиотéка) 5. В какóй шкóле у́чится сестрá Ви́ктора? (музыкáльная шкóла) 6. В какóй тетрáди вы пи́шете упражнéние? (домáшняя тетрáдь)

Exercise 38. Answer the questions, using the words given in brackets.

1. В какóм дóме живёт Áнна? (сосéдний) 2. В какóм общежи́тии вы живёте? (студéнческое) 3. В какóй кóмнате вы живёте? (деся́тая) 4. В какóм институ́те у́чится ваш брат? (медици́нский) 5. В какóй шкóле у́чится вáша сестрá? (срéдняя) 6. На какóм факультéте вы у́читесь? (истори́ческий) 7. На какóм факультéте у́чится ваш друг? (физи́ческий) 8. В какóй библиотéке вы берёте кни́ги? (университéтская)

Exercise 39. A. Read the questions and answer them. Write down the answers (they should form a story on the subject "My Friend").

1. Где живёт ваш друг? (наш гóрод, сосéдняя у́лица) 2. Где он у́чится? (университéт, хими́ческий факультéт) 3. Где он обы́чно занимáется? (университéтская библиотéка) 4. О чём он мечтáет? (интерéсная рабóта) 5. Где он хóчет рабóтать пóсле университéта? (институ́т, хими́ческая лаборатóрия) 6. О чём он расскáзывал вчерá вéчером? (однá небольшáя статья́) 7. Где былá э́та статья́? (журнáл «Хи́мия», послéдний нóмер)

B. Read your story and retell it.

Exercise 40. Answer the questions, using the words given on the right.

1. На какóм этажé нахóдится вáша аудитóрия?	пя́тый
2. На какóм этажé нахóдится библиотéка?	трéтий
3. На какóм этажé нахóдится столóвая?	пéрвый
4. В какóй аудитóрии бу́дет лéкция?	двенáдцатый
5. В какóй аудитóрии вы занимáлись у́тром?	тридцáтая
6. На какóм ку́рсе вы у́читесь?	вторóй
7. На какóм ку́рсе у́чится ваш друг?	четвёртый
8. На какóй страни́це нахóдится двенáдцатое упражнéние?	седьмáя
9. На какóй страни́це нахóдится расскáз о Москвé?	деся́тая

Exercise 41. Answer the questions in the affirmative.

Model: — Вы знáете, *на какóм этажé* нахóдится кинозáл?
— Да, знáю. Кинозáл нахóдится *на вторóм этажé.*

1. Вы зна́ете, в како́й аудито́рии бу́дет ле́кция? 2. Вы зна́ете, на како́м этаже́ нахо́дится эта́ аудито́рия? 3. Вы зна́ете, в како́м шкафу́ стоя́т словари́? 4. Вы зна́ете, в како́м кио́ске мо́жно купи́ть иностра́нные газе́ты? 5. Вы зна́ете, в како́м магази́не мо́жно купи́ть уче́бники?

Exercise 42. Answer the questions, as in the model.

Model: — Бори́с живёт на второ́м этаже́?
— Я не зна́ю, *на како́м этаже́* он живёт.

1. Макси́м купи́л слова́рь в сосе́днем магази́не? 2. А́нна у́чится в меди-ци́нском институ́те? 3. Ви́ктор рабо́тает на автомоби́льном заво́де? 4. В суб-бо́ту они́ бы́ли в Истори́ческом музе́е? 5. Мари́на рабо́тает в де́тской больни́це?

Exercise 43. Complete the sentences, as in the model.

Model: Ра́ньше я учи́лся в шко́ле, а тепе́рь я учу́сь ... .
Ра́ньше я учи́лся в шко́ле, а тепе́рь я учу́сь *в медици́нском институ́те.*

I. 1. Ра́ньше он жил в А́встрии, а тепе́рь он живёт ... . 2. Ра́ньше она́ учи́-лась в сре́дней шко́ле, а тепе́рь она́ у́чится ... . 3. Ра́ньше его́ брат рабо́тал в больни́це, а тепе́рь он рабо́тает ... . 4. Ра́ньше на́ша семья́ жила́ в ма́лень-кой дере́вне, а тепе́рь мы живём ... .
II. 1. Мой оте́ц рабо́тает на хими́ческом заво́де, а я ... . 2. Моя́ сестра́ от-дыха́ла ле́том в родно́й дере́вне, а я ... . 3. Они́ живу́т на ю́ге, а мы ... . 4. Я гото́влю уро́ки в на́шей библиоте́ке, а мой друг ... . 5. Я обе́даю до́ма, а они́ всегда́ ... . 6. Ве́чером мы бы́ли в на́шем студе́нческом клу́бе, а наш това́рищ ... . 7. Ста́рший брат у́чится на физи́ческом факульте́те, а мла́дший брат ... .

Exercise 44. Make up questions to which these sentences are the answers and write them down.
1. ... ?
— Мы живём *в но́вом* общежи́тии.
2. — ... ?
— Я учу́сь *на хими́ческом* факульте́те.
3. — ... ?
— Са́ша у́чится *на тре́тьем* ку́рсе.
4. — ... ?
— Оле́г рабо́тает *в хими́ческой* лаборато́рии.
5. — ... ?
— Его́ оте́ц рабо́тает *в сре́дней* шко́ле.

Possessive Pronouns in the Prepositional

— Вы бы́ли **в на́шем го́роде** ра́ньше?
— Да, мы бы́ли **в ва́шем го́роде**.

Exercise 45. Answer the questions in the affirmative.

1. *В твоéй кóмнате* есть телефóн? 2. *В вáшем гóроде* есть теáтр? 3. Этот студéнт ýчится *в вáшей грýппе?* 4. Ты был *в нáшем клýбе?* 5. Что стоúт *в твоéй кóмнате?* 6. Кто писáл *в моéй тетрáди?*

Masculine and Neuter		Feminine	
Nominative	Prepositional	Nominative	Prepositional
мой, моё	в моём	моя́	в моéй
твой, твоё	в твоём	твоя́	в твоéй
наш, нáше	в нáшем	нáша	в нáшей
ваш, вáше	в вáшем	вáша	в вáшей

Exercise 46. Answer the questions.

1. Это егó кабинéт. Вы бы́ли в егó кабинéте?
2. Егó кóмната нахóдится на вторóм этажé. Вы бы́ли в егó кóмнате?
3. Это её дом. Вы бы́ли в её дóме?
4. Это их общежúтие. Вы бы́ли в их общежúтии?

Nominative	Prepositional
егó	в егó
её	в её
их	в их

Exercise 47. Use the required possessive pronouns.

Model: Это нáше общежúтие. ... живýт студéнты.

        В нáшем общежúтии живýт студéнты.

1. Это мой портфéль. ... лежáт кнúги. 2. Это наш класс. ... вися́т кáрты. 3. Это её кóмната. ... большóе окнó. 4. Это их клуб. ... вчерá был интерéсный вéчер. 5. Это егó тетрáдь. ... лежúт письмó.

The Possessive Pronoun свой in the Prepositional

Exercise 48. Read the sentences and translate them. Note the use of the pronoun *свой.*

1. Это мой брат Антóн.
   Я говорю́ об Антóне. | Я говорю́ *о своём* брáте.
2. Это твой брат Волóдя.
   Ты говорúшь о Волóде. | Ты говорúшь *о своём* брáте.
3. Это её брат Сáша.
   Онá говорúт о Сáше. | Онá говорúт *о своём* брáте.

4. Это его брат Ви́ктор. Он говори́т о Ви́кторе.	Он говори́т *о своём* бра́те.
5. Это наш брат Юра. Мы говори́м о Юре.	Мы говори́м *о своём* бра́те.
6. Это ваш брат Бори́с. Вы говори́те о Бори́се.	Вы говори́те *о своём* бра́те.
7. Это их брат То́ля. Они́ говоря́т о То́ле.	Они́ говоря́т *о своём* бра́те.

Exercise 49. Read the sentences and write them out. Compare the meanings and uses of the pronouns *мой, твой, его́, её, их* and of the pronoun *свой.*

1. Это *мой* брат Юра.	*Я* расска́зываю *о своём* бра́те Юре. *Ты* спра́шиваешь *о моём* бра́те Юре.
2. Это *твой* брат Воло́дя.	*Ты* расска́зываешь *о своём* бра́те Воло́де. *Я* слу́шаю *о твоём* бра́те Воло́де.
3. Это *её* брат Бори́с.	*Она́* расска́зывает *о своём* бра́те Бори́се. *Я* слу́шаю *о её* бра́те Бори́се.
4. Это *их* брат Серге́й.	*Они́* расска́зывают *о своём* бра́те Серге́е. *Я* спра́шиваю *об их* бра́те Серге́е.

Exercise 50. Complete the sentences in writing.

Model: Это *на́ша* аудито́рия. Мы всегда́ занима́емся *в свое́й* аудито́рии.

1. Это *его́* сестра́. Он расска́зывает ... . 2. Это *их* дом. Они́ говоря́т ... . 3. Это *его́* рабо́та. Он расска́зывает ... . 4. Это *ваш* друг? Расскажи́те ... . 5. Это *его́* кабине́т. Он рабо́тает ... . 6. Это *моя́* тетра́дь. Я пишу́ ... . 7. Это *его́* брат. Он лю́бит расска́зывать ... .

Exercise 51. Use the pronouns *мой, твой, наш, ваш, его́, её, их* and *свой* and the required prepositions.

1. Это его ко́мната. Мы сиди́м ... ко́мнате. 2. Это ва́ша сестра́. Вы расска́зываете ... сестре́. 3. Её семья́ живёт в дере́вне. Она́ расска́зывает ... семье́. 4. Это на́ша аудито́рия. Мы слу́шаем ле́кции ... аудито́рии. 5. Па́вел—мой друг. Я ча́сто пишу́ домо́й ... дру́ге. Моя́ мать спра́шивает ... дру́ге. 6. Это ва́ша сестра́? Расскажи́те ... сестре́. 7. Это его брат? Расскажи́те ... бра́те.

Exercise 52. Answer the questions, using the words given in brackets and the pronoun *свой.*

1. О ком вы говори́те? (мой лу́чший друг) 2. О чём он расска́зывает? (его́ но́вая рабо́та) 3. О ком они́ говоря́т? (их но́вый това́рищ) 4. О чём она́ спра́шивает? (её бу́дущая рабо́та) 5. О ком вы говори́те? (наш ста́рый профе́ссор) 6. О чём она́ расска́зывает? (её родно́й го́род)

Exercise 53. Answer the questions, using the pronouns *его́, её* and *свой.* Write down the answers.

1. Это Анна. Это её тетра́дь. В чьей тетра́ди пи́шет Анна? В чьей тетра́ди есть оши́бки? 2. Это Па́вел. Это его́ ко́мната. В чьей ко́мнате сиди́т Па́вел? В чьей ко́мнате сиди́м мы? 3. Это Бори́с. Это его́ сестра́. О чьей сестре́ говори́т Бори́с? О чьей сестре́ говори́м мы? 4. Это Ни́на. Это её семья́. О чьей семье́ расска́зывает Ни́на? О чьей семье́ говори́м мы?

В на́шем го́роде есть теа́тр.
У нас в го́роде есть теа́тр.

Exercise 54. Read the sentences and write them out. Compare the synonymous constructions.

1. *В мое́й кварти́ре* есть телефо́н. *У меня́ в кварти́ре* есть телефо́н.
2. *В её ко́мнате* стоя́т цветы́. *У неё в ко́мнате* стоя́т цветы́.
3. *В его́ до́ме* есть лифт. *У него́ в до́ме* есть лифт.
4. *В на́шем го́роде* есть истори́ческий музе́й. *У нас в го́роде* есть истори́ческий музе́й.
5. *В на́шем университе́те* есть библиоте́ка. *У нас в университе́те* есть библиоте́ка.
6. *В их общежи́тии* есть столо́вая. *У них в общежи́тии* есть столо́вая.

Exercise 55. Answer the questions, replacing the possessive pronouns by the construction *у меня́, у нас, у них*.

Model: — *В твое́й ко́мнате* есть кни́жный шкаф?
— Да, *у меня́ в ко́мнате* есть кни́жный шкаф.

1. *В ва́шей кварти́ре* есть телефо́н? 2. *В ва́шем до́ме* есть лифт? 3. *В ва́шем го́роде* есть музе́й? 4. *В на́шем университе́те* есть медици́нский факульте́т? 5. *В их шко́ле* есть спорти́вный зал? 6. *В ва́шем клу́бе* есть хор? 7. *В на́шей библиоте́ке* есть чита́льный зал?

Exercise 56. Read the sentences. Replace the possessive pronouns by the construction *у меня́, у тебя́, у него́, у неё, у нас, у вас, у них*.

Model: *В на́шем клу́бе* есть хор.
У нас в клу́бе есть хор.

1. *В мое́й ко́мнате* вися́т карти́ны. 2. *В его́ контро́льной рабо́те* была́ одна́ оши́бка. 3. *В их ко́мнате* стои́т телеви́зор. 4. *На твоём столе́* лежи́т мой слова́рь. 5. Мой брат у́чится *на на́шем факульте́те*. 6. *В на́шем клу́бе* сего́дня бу́дет ве́чер. 7. *В ва́шем кио́ске* есть францу́зские газе́ты? 8. *В её ко́мнате* на стене́ вися́т фотогра́фии.

Nouns and Adjectives in the Prepositional Plural

— Где лежа́т све́жие газе́ты?
— Газе́ты лежа́т **на стола́х.**
— **О чём** говоря́т студе́нты?
— Студе́нты говоря́т **об экза́менах.**

Exercise 57. Read the sentences and write them out. Underline the words which answer the question *где?*

1. Это университе́т. Студе́нты сидя́т в аудито́риях и слу́шают ле́кции. Они́ пи́шут в тетра́дях. На стола́х лежа́т кни́ги и словари́. Студе́нты смо́трят в словаря́х незнако́мые слова́.
2. Ле́том тури́сты бы́ли в Москве́. Они́ бы́ли на заво́дах и фа́бриках, в му-

зе́ях и на вы́ставках. Они́ смотре́ли спекта́кли в теа́трах Москвы́. Не́сколько раз они́ бы́ли на конце́ртах.

Exercise 58. Replace the singular by the plural.

Model: Кни́ги лежа́т *на столе́.*
Кни́ги лежа́т *на стола́х.*

I. 1. Рабо́чие рабо́тают *на фа́брике и на заво́де.* 2. Мы покупа́ем кни́ги *в магази́не и в кио́ске.* 3. Тури́сты бы́ли *в музе́е и в теа́тре.* 4. *В письме́* мой оте́ц спра́шивает о мое́й жи́зни. 5. Мы чита́ли об э́том *в газе́те.*
II. 1. Студе́нты живу́т *в общежи́тии.* 2. Ле́том они́ отдыха́ли *в санато́рии.* 3. Мы бы́ли *на экску́рсии в музе́е.* 4. Мы смотре́ли незнако́мые слова́ *в словаре́.*

Exercise 59. Replace the singular by the plural.

1. В письме́ мать писа́ла *о бра́те и сестре́.* 2. Я ча́сто вспомина́ю *о дру́ге.* 3. Мы смотре́ли фильм *о худо́жнике.* 4. Э́та кни́га расска́зывает *о геро́е.* 5. На уро́ке мы спо́рили *о фи́льме.* 6. Мы говори́ли *о кни́ге.*

— **В каки́х магази́нах** вы покупа́ете кни́ги?
— Мы покупа́ем кни́ги **в кни́жных магази́нах.**
— **О каки́х фи́льмах** вы говори́те?
— Мы говори́м **о после́дних сове́тских фи́льмах.**

Exercise 60. Complete the sentences in writing, using the words given in brackets.

1. Э́ти рабо́чие рабо́тают ... (ра́зные заво́ды и фа́брики). 2. Они́ живу́т ... (больши́е но́вые дома́). 3. Их де́ти у́чатся ... (но́вые шко́лы). 4. Они́ занима́ются ... (больши́е све́тлые кла́ссы). 5. Де́ти смо́трят кинофи́льмы ... (де́тские кинотеа́тры). 6. Ле́том они́ отдыха́ют ... (пионе́рские лагеря́).

Exercise 61. Answer the questions, using the words given on the right.

1. Где у́чатся студе́нты?	ра́зные институ́ты и университе́ты
2. Где они́ слу́шают ле́кции?	больши́е аудито́рии
3. Где они́ занима́ются спо́ртом?	стадио́ны и спорти́вные за́лы
4. Где живу́т студе́нты?	больши́е но́вые общежи́тия
5. Где они́ отдыха́ют ве́чером?	студе́нческие клу́бы
6. Где они́ рабо́тают ле́том на пра́ктике?	ра́зные заво́ды и фа́брики
7. Где студе́нты покупа́ют кни́ги?	кни́жные магази́ны
8. Где они́ покупа́ют газе́ты и журна́лы?	газе́тные кио́ски

Exercise 62. Replace the singular of the italicised words by the plural.

1. Мои́ друзья́ у́чатся *в моско́вском институ́те.* 2. Они́ живу́т *в но́вом общежи́тии.* 3. Ле́том они́ отдыха́ли *в ю́жном санато́рии.* 4. Студе́нты занима́ются *в физи́ческой лаборато́рии.* 5. Тури́сты бы́ли *в моско́вском теа́тре.* 6. В газе́тах писа́ли *о после́днем сове́тском фи́льме.* 7. Все де́ти мечта́ют *о косми́ческом полёте.*

Exercise 63. Complete the sentences.

1. Скажи́те, пожа́луйста, на како́м этаже́ ...? 2. Скажи́те, пожа́луйста, в како́й ко́мнате ...? 3. Вы не зна́ете, в како́м теа́тре ...? 4. Я хочу́ знать, на како́й у́лице ... . 5. Я не зна́ю, в како́м общежи́тии ... . 6. Скажи́те, пожа́луйста, в како́й газе́те ...? 7. Скажи́те, пожа́луйста, на како́й страни́це ...? 8. Интере́сно, о како́м спекта́кле ...? 9. Я хочу́ знать, в каки́х магази́нах ... . 10. Я не зна́ю, в каки́х кинотеа́трах ... .

The Prepositional Denoting Time

— **Когда́ (в како́м ме́сяце)** вы бы́ли в Ки́еве?
— Я был в Ки́еве **в ию́ле**, а Ни́на — **в сентябре́**.

Exercise 64. Make a table like the one given below. Remember that all the names of the months are masculine.

Nominative	Prepositional
Что?	Когда́?
янва́рь	в январе́

Февра́ль, март, апре́ль, май, ию́нь, ию́ль, а́вгуст, сентя́брь, октя́брь, ноя́брь, дека́брь.

Exercise 65. Answer the questions, using the names of the months. Write down the answers to questions 1, 2, 3, 4 and 5.

1. Когда́ начина́ется уче́бный год в университе́те? (сентя́брь) 2. Когда́ конча́ется уче́бный год? (ию́нь) 3. Когда́ у вас бу́дут экза́мены? (янва́рь) 4. Когда́ у вас бу́дут зи́мние кани́кулы? (янва́рь и февра́ль) 5. Когда́ у вас бу́дут ле́тние кани́кулы? (ию́ль и а́вгуст) 6. Когда́ вы бы́ли в пе́рвый раз в Большо́м теа́тре? (ноя́брь) 7. Когда́ вы ви́дели э́тот бале́т? (дека́брь)

Exercise 66. Make up questions to which the following sentences are the answers.

Model: — ...?   — *Когда́ (в како́м ме́сяце)* вы роди́лись?
                                    — Я роди́лся *в ма́рте*.   — Я роди́лся *в ма́рте*.

1. — ...?
— Я роди́лся *в апре́ле*.
2. — ...?
— Я был в Москве́ *в ма́е и в ию́не*.
3. — ...?
— Экза́мены бу́дут *в январе́*.
4. — ...?
— Ле́тние кани́кулы бу́дут *в ию́ле и в а́вгусте*.

5. — ...?
— Уче́бный год в университе́те начина́ется *в сентябре́*.

— **Когда́ (в како́м году́)** вы на́чали изуча́ть ру́сский язы́к?
— Я на́чал изуча́ть ру́сский язы́к **в про́шлом году́**, а Мари́я — **в э́том году́**.

Exercise 67. Answer the questions, using the words given in brackets.

1. Когда́ Джон был в Сове́тском Сою́зе? (про́шлый год) 2. Когда́ он на́чал учи́ться в университе́те? (э́тот год) 3. Когда́ вы начнёте учи́ться в университе́те? (бу́дущий год) 4. Когда́ вы бы́ли в Москве́? (про́шлый год) 5. Когда́ ваш друг око́нчит университе́т? (бу́дущий год) 6. Когда́ вы на́чали изуча́ть ру́сский язы́к? (э́тот год)

— **В како́м году́** роди́лся Бори́с?
— Бори́с роди́лся **в ты́сяча девятьсо́т пятьдеся́т пя́том году́**.

Exercise 68. Answer the questions, using the words given in brackets.

1. В како́м году́ роди́лся Джон? (ты́сяча девятьсо́т шестьдеся́т пе́рвый год) 2. В како́м году́ роди́лся его́ оте́ц? (ты́сяча девятьсо́т тридца́тый год) 3. В како́м году́ родила́сь его́ мать? (ты́сяча девятьсо́т три́дцать пя́тый год) 4. Когда́ Джон око́нчил шко́лу? (ты́сяча девятьсо́т се́мьдесят восьмо́й год) 5. Когда́ его́ роди́тели бы́ли в Сове́тском Сою́зе? (ты́сяча девятьсо́т се́мьдесят тре́тий год и ты́сяча девятьсо́т се́мьдесят седьмо́й год) 6. Когда́ Джон на́чал изуча́ть ру́сский язы́к? (ты́сяча девятьсо́т се́мьдесят пя́тый год)

Exercise 69. Answer the questions.

1. Когда́ (в како́м году́) вы роди́лись?
2. В како́м году́ вы пошли́ в шко́лу?
3. В како́м году́ вы око́нчили шко́лу?
4. Когда́ вы поступи́ли в университе́т?
5. Когда́ вы на́чали изуча́ть ру́сский язы́к?

Exercise 70. A. Write out the text, supplying the words given in brackets. Retell the text.

У меня́ есть друг. Его́ зову́т Бори́с. Он роди́лся ... (ты́сяча девятьсо́т шестьдеся́т девя́тый год) ... (Ла́твия, небольшо́й го́род). Сейча́с его́ семья́ живёт ... (Ри́га). Его́ оте́ц рабо́тает ... (желе́зная доро́га), а ста́рший брат Па́вел рабо́тает ... (автомоби́льный заво́д). Снача́ла Бори́с учи́лся ... (сре́дняя шко́ла), пото́м он рабо́тал ... (заво́д), где. рабо́тает его́ брат. ... (про́шлый год) он на́чал учи́ться ... (Ленингра́дский медици́нский институ́т). Сейча́с он у́чится ... (второ́й курс). Бори́с мно́го рабо́тает. Ка́ждый день он занима́ется ... (лаборато́рия и́ли библиоте́ка). Он ча́сто быва́ет ... (конце́рты, теа́тры, музе́и, вы́ставки). Ле́том он рабо́тает ... (строи́тельный отря́д).

B. Compose a similar story about yourself.

THE ACCUSATIVE CASE

The Accusative Denoting an Object Acted Upon Inanimate Nouns in the Accusative Singular

Анна читáет	журнáл.
	письмó.
	газéту.

Exercise 1. Answer the questions in the affirmative. Write down the answers.

1. Вы читáли ýтром *газéту*? 2. Вы слýшали сегóдня *рáдио*? 3. Вы лю́бите *спорт*? 4. Вы лю́бите *мýзыку*? 5. Вы лю́бите *матемáтику*? 6. Вы хорошó знáете *фúзику*?

	Nominative Ч т о (э́ т о)?	Accusative (В и́ ж у) ч т о?	Ending
Masculine	журнáл словáрь	журнáл словáрь	as nominative
Neuter	окнó здáние	окнó здáние	as nominative
Feminine	странá земля́ аудитóрия	странý зéмлю аудитóрию	**-у** **-ю**

Exercise 2. Make up sentences, as in the model.

Model: (a) ýлица — Я вúжу *ýлицу*.
(b) журнáл — Я читáю *журнáл*.
(c) рáдио — Я слýшаю *рáдио*.

(a) теáтр, библиотéка, киóск, здáние, больнúца
(b) письмó, кнúга, газéта, расскáз, учéбник, статья́
(c) магнитофóн, пластúнка, мýзыка, пéсня, лéкция

Exercise 3. Do the exercise as shown in the model.

Model: Э́то машúна. Я вúжу ... .
Э́то машúна. Я вúжу *машúну*.

I. 1. Э́то ýлица. Я вúжу ... .
2. Э́то киóск. ... .
3. Э́то библиотéка. ... .
4. Э́то теáтр. ... .

II. 1. Э́то кнúга. Я читáю ... .
2. Э́то журнáл. ... .
3. Э́то газéта. ... .

III. 1. Это ла́мпа. Я купи́л ... .
2. Это карти́на. ... .
3. Это магнитофо́н. ... .
4. Это пласти́нка. ... .

— **Что** вы чита́ете?
— Я чита́ю **газе́ту**.

Exercise 4. Answer the questions.

1. Что чита́ет Ви́ктор, *журна́л и́ли газе́ту?*

2. Что купи́ла Анна, *чемода́н и́ли су́мку?*

3. Что купи́л Па́вел, *альбо́м и́ли кни́гу?*

4. Что они́ купи́ли, *ло́дку и́ли маши́ну?*

Exercise 5. Answer the questions, using the words given in brackets.

1. Что мы ви́дим на у́лице? (авто́бус, трамва́й, маши́на, ста́нция метро́) 2. Что вы чита́ете ве́чером? (кни́га, газе́та и́ли журна́л). 3. Что слу́шают студе́нты в клу́бе? (ле́кция, конце́рт, му́зыка) 4. Что мо́жно купи́ть в кио́ске? (кни́га, газе́та, тетра́дь, ру́чка, каранда́ш, бума́га) 5. Что мо́жно купи́ть в э́том магази́не? (хлеб, мя́со, сыр, колбаса́, са́хар, молоко́, ры́ба) 6. Что вы еди́те у́тром? (мя́со, ры́ба, колбаса́, сыр) 7. Что вы пьёте у́тром? (ко́фе, молоко́ и́ли чай)

Exercise 6. Complete the sentences in writing.
Model: Мы ви́дим ... . | дом, у́лица, авто́бус, маши́на
Мы ви́дим *дом, у́лицу, авто́бус, маши́ну.*

1. Я чита́ю	кни́га, газе́та, рома́н, расска́з, текст, журна́л
2. Я пишу́	письмо́, упражне́ние, запи́ска
3. Я получи́л	посы́лка, телегра́мма, откры́тка
4. Я люблю́	спорт, му́зыка, бале́т, о́пера, кино́
5. Мы изуча́ем	литерату́ра, исто́рия, филосо́фия, фи́зика, хи́мия, матема́тика, биоло́гия

Exercise 7. Make up sentences, using these words, and write them down.
Model: по́чта, посла́ть, телегра́мма
Я был на по́чте. (Там) я посла́л *телегра́мму.*

1. магази́н, купи́ть, пласти́нка и фотоальбо́м
2. библиоте́ка, взять, кни́га
3. теа́тр, смотре́ть, спекта́кль
4. аудито́рия, слу́шать, ле́кция
5. клуб, смотре́ть, фильм
6. ка́сса, получи́ть, стипе́ндия

Animate Nouns in the Accusative Singular

Я жду	студе́нта. преподава́теля. студе́нтку Мари́ю.

Exercise 8. Answer the questions.

1. Вы зна́ете его́ *бра́та?* 2. Вы зна́ете его́ *дру́га?* 3. Вы ждёте здесь *това́рища?* 4. Он ждёт здесь *Бори́са?* 5. Вы ви́дели сего́дня *преподава́теля?* 6. Вы хорошо́ понима́ете *профе́ссора?* 7. Вы хорошо́ зна́ете *Ви́ктора?* 8. Вы ви́дели вчера́ *Па́вла?* 9. Вы зна́ете его́ *сестру́?* 10. Вы ви́дели сего́дня *Ни́ну?*

		Nominative		Accusative		Ending
		Что?	Кто?	Что?	Кого́?	
Masculine	inani-mate	порт-фе́ль		порт-фе́ль		as nomi-native
	animate		брат учи́тель		бра́та учи́теля	-а -я
Feminine	inani-mate	страна́ пе́сня ле́кция		страну́ пе́сню ле́кцию		-у -ю -ию
	animate		сестра́		сестру́	-у

— **Что** вы ви́дите?
— Я ви́жу **авто́бус**.

— **Кого́** вы ви́дите?
— Я ви́жу **шофёра**.

Exercise 9. Answer the questions, using the words given in brackets.

1. Что слу́шают студе́нты? (ле́кция, ра́дио, конце́рт, му́зыка, пе́сня, маг-

нитофон) 2. Что у́чит ваш това́рищ? (уро́к, текст, пе́сня) 3. Что вы изуча́ли в шко́ле? (литерату́ра, исто́рия, матема́тика, фи́зика, хи́мия, геогра́фия, биоло́гия) 4. Что вы берёте на заня́тия? (уче́бник, ру́чка, каранда́ш, слова́рь, тетра́дь) 5. Что он купи́л в магази́не? (костю́м, га́лстук, руба́шка, пальто́, ша́пка, шарф) 6. Кого́ вы встреча́ете в университе́те? (това́рищ, друг, преподава́тель, А́нна и Ви́ктор) 7. Кого́ слу́шают студе́нты? (профе́ссор, преподава́тель, поэ́т писа́тель, арти́ст)

MEMORISE!

Nominative	Accusative
мать дочь	мать дочь

Exercise 10. Complete the sentences.

1. Я ви́жу там ... (маши́на и авто́бус). 2. Вчера́ я купи́л ... (шарф и ша́пка). 3. Я хорошо́ зна́ю ... (Бори́с и Ни́на). 4. Преподава́тель спра́шивает ... (студе́нт и студе́нтка). 5. Я давно́ не ви́дел ... (мать и оте́ц). 6. Мой брат лю́бит ... (му́зыка и спорт). 7. Я зна́ю его́ ... (сын и дочь). 8. Я жду ... (брат и сестра́).

Exercise 11. Make up questions to which the following sentences are the answers.

1. — ... ?
— Я купи́л в кио́ске *газе́ту и журна́л*.
2. — ... ?
— Утром я ви́дел *А́нну*.
3. — ... ?
— А́нна изуча́ет *фи́зику*.
4. — ... ?
— Она́ лю́бит *му́зыку и спорт*.
5. — ... ?
— Мы ждём *това́рища*.
6. — ... ?
— Сего́дня у́тром я встре́тил *Ни́ну*.

Exercise 12. Answer the questions, using the words given on the right.

1. Где у́чится ваш друг? О чём он расска́зывал? Что нахо́дится на э́той у́лице спра́ва?	университе́т
2. Что вы чита́ете? Где лежи́т письмо́? Что лежи́т на столе́? О чём вы говори́те?	кни́га
3. Кто сиди́т в аудито́рии? Кого́ спра́шивает профе́ссор? О ком вы говори́те?	студе́нт
4. Кого́ вы давно́ не ви́дели? О ком вы ча́сто вспомина́ете? Кто написа́л э́то письмо́?	мать и сестра́

Exercise 13. Complete the sentences, using the words given on the right.

1. Я пишу́ упражне́ния ... . В портфе́ле лежи́т ... . Я потеря́л ... .　　тетра́дь

2. На столе́ лежи́т ... . Посмотри́ э́то сло́во ... . Ви́ктор купи́л ... .　　слова́рь

3. В аудито́рии сидя́т студе́нты и ... . В теа́тре мы встре́тили ... . Анна расска́зывала ... .　　преподава́тель

Exercise 14. Translate into Russian. Write down your translation.

1. I was in a shop. I bought a textbook, a pen and an exercise-book. 2. My friend studies at the University. He studies Russian language and literature. 3. I was at the club on Thursday. I saw Victor and Ann there. Victor said he had bought a car. 4. We had a lecture today. The lecture was very interesting.

Personal Pronouns in the Accusative

— Кто э́тот челове́к?
— Я не зна́ю **его́**.

Singular		Plural	
Nominative	Accusative	Nominative	Accusative
Кто? Что?	Кого́? Что?	Кто? Что?	Кого́? Что?
я ты он она́	меня́ тебя́ его́ её	мы вы они́	нас вас их

Exercise 15. Answer the questions in the negative. Write down the answers.

Model: — Кто э́та де́вушка?
　　　　 — Я не зна́ю *её*. Я не встреча́л *её* ра́ньше.

1. Кто э́тот молодо́й челове́к? 2. Кто э́та же́нщина? 3. Кто э́тот ю́ноша? 4. Кто э́тот стари́к? 5. Кто э́ти лю́ди? 6. Кто э́ти молоды́е лю́ди?

Exercise 16. Use the required pronouns.

1. У меня́ есть друг. Я хочу́ пригласи́ть ... в го́сти. 2. — Где Ни́на? — Я ви́дел ... в буфе́те. 3. Мои́ роди́тели живу́т в Та́ллине. Я давно́ не ви́дел ... . 4. Что вы бу́дете де́лать в суббо́ту? Я хочу́ пригласи́ть ... на конце́рт. 5. — Где моя́ ру́чка? — Я ви́дел ... на столе́. 6. — Где мой ключи́? — Ты по-

ложи́л ... в карма́н. 7. — Где вы купи́ли э́ти цветы́? — Я купи́л ... на ры́нке.
8. — Когда́ ты получи́л э́то письмо́? — Я получи́л ... вчера́.

Exercise 17. Answer the questions, using the words given in brackets.
1. Кого́ вы встре́тили вчера́ на по́чте? (он и она́) 2. Кого́ вы ждёте здесь?
(ты и он) 3. Кого́ вы приглаша́ете в го́сти? (вы и она́) 4. Кого́ вы давно́ не
ви́дели? (вы и они́) 5. Кого́ он ждёт о́коло метро́? (мы) 6. Кого́ она́ зна́ет
в на́шем университе́те? (он и я)

Adjectives and Possessive Pronouns in the Accusative Singular

— **Како́й журна́л** вы чита́ете?
— Я чита́ю **но́вый журна́л**.

— **Каку́ю кни́гу** вы чита́ете?
— Я чита́ю **но́вую кни́гу**.

— **Како́го преподава́теля** вы ви́дели в за́ле?
— Я ви́дел в за́ле **но́вого преподава́теля**.

	Nominative	Accusative
	Что (э́то)?	(Ви́жу) что?
Masculine	но́вый дом	но́вый дом
Neuter	но́вое зда́ние	но́вое зда́ние
Feminine	но́вая шко́ла	но́вую шко́лу

	Nominative	Accusative
	Кто (э́то)?	(Ви́жу) кого́?
Masculine	но́вый студе́нт	но́вого студе́нта
Feminine	но́вая студе́нтка	но́вую студе́нтку

Exercise 18. Answer the questions.

1. Како́й дикта́нт вы писа́ли сего́дня, *тру́дный* и́ли *лёгкий?* 2. Како́е уп-
ражне́ние вы пи́шете, *пе́рвое* и́ли *второ́е?* 3. Каку́ю пе́сню он поёт, *совреме́н-
ную* и́ли *стари́нную?* 4. Каку́ю газе́ту он чита́ет, *сего́дняшнюю* и́ли *вчера́ш-
нюю?* 5. Како́е пальто́ он купи́л, *зи́мнее* и́ли *ле́тнее?* 6. Како́й костю́м он ку-
пи́л, *чёрный* и́ли *си́ний?* 7. Каку́ю сестру́ он ждёт, *ста́ршую* и́ли *мла́дшую?*
8. Каку́ю студе́нтку вы встре́тили, *знако́мую* и́ли *незнако́мую?* 9. Како́го
бра́та он давно́ не ви́дел, *ста́ршего* и́ли *мла́дшего?* 10. Како́го писа́теля при-
гласи́ли студе́нты в университе́т, *сове́тского* и́ли *по́льского?*

Exercise 19. Answer the questions, using the words given on the right.

1. Како́й фильм вы смотре́ли?	но́вый сове́тский
2. Каку́ю газе́ту вы чита́ете?	сего́дняшняя
3. Каку́ю му́зыку вы лю́бите?	совреме́нная
4. Како́го челове́ка вы встре́тили в коридо́ре?	незнако́мый молодо́й
5. Како́го бра́та вы давно́ не ви́дели?	ста́рший

Exercise 20. Make up sentences, as in the model.

Model: (a) интере́сная кни́га — Я чита́ю *интере́сную кни́гу.*
      (b) знако́мый челове́к — Я ви́жу *знако́мого челове́ка.*

(a) вчера́шняя газе́та, но́вый рома́н, коро́ткий расска́з, но́вая кни́га о Москве́,
интере́сная статья́
(b) но́вый студе́нт, незнако́мая де́вушка, мла́дший брат, молодо́й преподава́-
тель, ста́ршая сестра́

Exercise 21. Make up questions to which the following sentences are the answers and write them
down.

1. — ... ?
   — Я купи́л *чёрный* костю́м.
2. — ... ?
   — Она́ купи́ла *ле́тнее* пла́тье.
3. — ... ?
   — Он чита́ет *вече́рнюю* газе́ту.
4. — ... ?
   — В теа́тре они́ встре́тили *знако́мого* преподава́теля.
5. — ... ?
   — Студе́нты пригласи́ли *изве́стного сове́тского* журнали́ста.
6. — ... ?
   — Я встреча́л на вокза́ле *мла́дшую* сестру́.

Exercise 22. Answer the questions in the affirmative.

I. 1. Вы ви́дели *э́тот* фильм? 2. Вы чита́ли *э́тот* журна́л? 3. Вы чита́ли
э́то письмо́? 4. Вы зна́ете *э́то* сло́во? 5. Вы чита́ли *э́ту* кни́гу? 6. Вы слы́-
шали *э́ту* но́вость?

II. 1. Вы зна́ете *мой* а́дрес? 2. Вы чита́ли *моё* письмо́? 3. Вы бра́ли *мою́*
кни́гу? 4. Вы зна́ете *наш* го́род? 5. Вы ви́дели *на́ше* общежи́тие? 6. Вы ви́дели
на́шу библиоте́ку?

Exercise 23. Answer the questions in the affirmative.

I. 1. Вы зна́ете *э́ту* студе́нтку? 2. Вы давно́ зна́ете *э́ту* де́вушку? 3. Вы зна́ете *э́того* врача́? 4. Вы ви́дели ра́ньше *э́того* челове́ка? 5. Вы лю́бите *э́того* арти́ста?

II. 1. Вы по́мните *мою́* сестру́? 2. Вы зна́ете *моего́* бра́та? 3. Вы ви́дели сего́дня *на́шего* преподава́теля? 4. Вы зна́ете *на́шу* преподава́тельницу?

Exercise 24. Use the pronouns *мой, твой, наш, ваш* in the required form.

I. 1. — Ты зна́ешь ... сестру́? —Да, я зна́ю ... сестру́. 2. — Где ... кни́га? Ты ви́дел ... кни́гу? —Нет, я не ви́дел ... кни́гу. 3. — Вы зна́ете ... дру́га? —Да, я хорошо́ зна́ю ... дру́га. 4. Мо́жно взять ... ру́чку? 5. Мо́жно взять ... слова́рь?

II. 1. — Вы зна́ете ... отца́? —Да, я зна́ю ... отца́. 2. — Вы зна́ете ... но́вую студе́нтку? —Да, мы хорошо́ зна́ем ... но́вую студе́нтку. 3. Я зна́ю ... мла́дшего бра́та. 4. Мо́жно взять ... газе́ту? 5. Мо́жно посмотре́ть ... фотогра́фию? 6. Мо́жно взять ... тетра́дь?

Exercise 25. Use the pronoun *свой* in the required form.

1. Она́ лю́бит ... отца́ и ... мать. 2. Они́ ждут здесь ... дру́га. 3. Они́ встре́тили в теа́тре ... ста́рого знако́мого. 4. Она́ ждёт о́коло метро́ ... подру́гу. 5. Она́ нашла́ ... ру́чку. 6. Я забы́л до́ма ... тетра́дь. 7. Он потеря́л ... портфе́ль.

Exercise 26. Use the pronouns *мой, его́, её, их* and *свой* in the required form.

I. 1. У Па́вла есть сестра́. Он о́чень лю́бит ... сестру́. Сейча́с мы говори́м о ... сестре́. Вчера́ я ви́дел ... сестру́ на у́лице. 2. Это моя́ ру́чка. Сего́дня у́тром я потеря́л ... ру́чку. Мой друг нашёл ... ру́чку в аудито́рии. 3. Где моя́ кни́га? Кто взял ... кни́гу? Ты не зна́ешь, где ... кни́га? 4. Ты зна́ешь, где живу́т Анна и Серге́й? У тебя́ есть ... а́дрес? 5. Анна написа́ла расска́з. Ты чита́л ... расска́з? Она́ написа́ла ... но́вый расска́з в э́том году́.

Exercise 27. Answer the questions. Remember the uses of the pronoun *свой*.

Model: У них есть *брат.* О ком они́ говоря́т?
                        Кто написа́л э́то письмо́?

        У них есть *брат.* Они́ говоря́т *о своём бра́те.*
                     Это письмо́ написа́л *их брат.*

1. *У них* есть *сын.* Кого́ они́ лю́бят?
                  О ком они́ ча́сто говоря́т?
2. *У неё* есть *муж.* Кого́ она́ лю́бит?
                  О ком она́ говори́т?
3. *Ваш друг* живёт в Москве́. Кого́ вы давно́ не ви́дели?
                         О ком вы ча́сто расска́зываете?
                         Кто до́лжен ско́ро прие́хать?
4. Это *их сестра́.* Кого́ они́ встреча́ли вчера́?
                   Кто прие́хал вчера́?
                   О ком они́ говоря́т сейча́с?
5. Это *твоя́ тетра́дь.* Где ты пи́шешь упражне́ние?
                   Что ты положи́л в портфе́ль?

Exercise 28. Answer the questions, using possessive pronouns. Write down the answers.

1. Чей учéбник ты взял? 2. Чьё письмó он читáет? 3. Чью рýчку он взял? 4. Чью газéту вы взя́ли?

Exercise 29. Make up questions to which the following sentences are the answers and write them down.

1. — ...?
— Он взял *мой* словáрь.
2. — ...?
— Онá потеря́ла *свой* учéбник.
3. — ...?
— Я знáю *их* дочь.
4. — ...?
— Мы вúдели *егó* машúну.
5. — ...?
— Онú знáют *мой* телефóн.

Exercise 30. Answer the questions, using the words given in brackets.

1. Что вы читáете? (англи́йская газéта) 2. Что вы смотрéли вчерá? (францýзский фильм) 3. Что вы купúли? (немéцко-рýсский словáрь) 4. Что вы вúдите впередú? (нóвый кинотеáтр и стáнция метрó) 5. Что вы слýшали на концéрте? (старúнная рýсская мýзыка)

Exercise 31. Answer the questions, using the words given on the right.

1. Когó вы ждёте?	Вúктор и егó знакóмая дéвушка
2. Когó вы встречáете?	стáрший брат Борúс и егó женá
3. Когó вы знáете в нáшей семьé?	ваш стáрший брат Николáй и вáша млáдшая сестрá Нúна
4. Когó вы вúдите кáждый день?	наш преподавáтель и нáша преподавáтельница

Exercise 32. Answer the questions, using the words given in brackets.

1. Когó вы ждёте здесь? (мой стáрый друг) 2. Что вы читáли в э́том журнáле? (послéдняя статья́) 3. Когó вы вúдели на ýлице? (наш стáрый профéссор) 4. Когó вы лю́бите слýшать? (э́та извéстная артúстка) 5. Что мы бýдем писáть сегóдня? (контрóльная рабóта) 6. Когó вы должны́ ждать здесь? (мой стáрший брат) 7. Когó он ждал вчерá в поликлúнике? (наш глазнóй врач) 8. Что он расскáзывал вчерá? (интерéсная нóвость)

— Как **вас** зовýт?
— **Меня́** зовýт Анна.

Exercise 33. Answer the questions and write down the answers.

I. 1. Как вас зовýт? 2. Как её зовýт? 3. Как егó зовýт? 4. Как тебя́ зовýт? 5. Как их зовýт? 6. Вы знáете, как меня́ зовýт?

II. 1. Как зовýт вáшего стáршего брáта? 2. Как зовýт вáшу стáршую сестру́? 3. Как зову́т ва́шего отца́? 4. Как зову́т ва́шу мать? 5. Как зову́т ва́шего дру́га?

Exercise 34. Answer the questions, using the words given on the right.

1. Что лежи́т на столе́? Что вы чита́ете? Где вы ви́дели э́ту статью́?	вчера́шняя газе́та
2. Что вы чита́ли в э́той газе́те? О чём вы говори́ли вчера́?	одна́ интере́сная статья́
3. Кто живёт в э́том до́ме? Кого́ вы жда́ли о́коло метро́? О ком вы вспомина́ли сего́дня?	оди́н мой хоро́ший друг
4. Кто пел вчера́ в клу́бе? О ком вы говори́те сейча́с? Кого́ вы ви́дели вчера́?	э́тот изве́стный арти́ст

Exercise 35. Ask questions about the italicised words and write them down.

1. Он пи́шет *письмо́*. 2. Она́ чита́ет *журна́л*. 3. Я жду *своего́ това́рища*. 4. В теа́тре она́ встре́тила *свою́ преподава́тельницу*. 5. Он пригласи́л в кино́ *знако́мую* де́вушку. 6. Я зна́ю *ва́шего ста́ршего* бра́та. 7. Она́ потеря́ла *мою́* кни́гу. 8. Я зна́ю *его́* телефо́н. 9. Мы ви́дели *его́* в па́рке. 10. Я зна́ю *её* сы́на. 11. Мы встре́тили *её* в метро́.

Exercise 36. Complete the sentences in writing, using the words given on the right.

1. Где вы купи́ли ...? Я хочу́ прочита́ть одну́ статью́	э́тот журна́л
2. О́коло метро́ вы ви́дите ... . Мы живём	большо́й се́рый дом
3. У меня́ есть ... . Я ре́дко ви́жу ... . Я ду́маю	ста́рший брат
4. Вы зна́ете ...? Где рабо́тает ...? Почему́ вы спра́шиваете ...?	э́та де́вушка

Exercise 37. Translate into Russian.

1. We were at the theatre on Sunday. We heard the opera *Boris Godunov*. We came across our student, Victor, and his wife, Nina, at the theatre.

2. I know there is an interesting article in this journal. I want to read this article.

3. Where is my pen? I must have left it behind in the classroom. May I borrow your pen?

4. "Who are you waiting for?" "I am waiting for my elder brother, Igor. Do you know him?" "No, I don't know your brother".

Exercise 38. A. Read the text and answer the questions.

На́ша семья́

На́ша семья́ больша́я. У меня́ есть мать, оте́ц, сестра́ и два бра́та. Мой оте́ц ещё не ста́рый. Его́ зову́т Серге́й Ива́нович. Он инжене́р. Он рабо́тает на большо́м но́вом заво́де, где де́лают маши́ны. Моя́ мать — учи́тельница. Её зову́т А́нна Петро́вна. Она́ рабо́тает в шко́ле. Ма́ма преподаёт ру́сский язы́к и литерату́ру. Она́ о́чень лю́бит свою́ рабо́ту.

Мой ста́рший брат Юра уже́ око́нчил институ́т и тепе́рь рабо́тает в поликли́нике. Он врач. Моего́ мла́дшего бра́та зову́т Са́ша. Он ещё шко́льник. Са́ша у́чится в пя́том кла́ссе. Са́ша лю́бит спорт. Ле́том он ка́ждый день игра́ет в футбо́л, а зимо́й — в хокке́й. Мою́ сестру́ зову́т Ле́на. Она́ у́чится в Моско́вском университе́те на хими́ческом факульте́те. Ле́на лю́бит хи́мию, она́ хо́чет рабо́тать в хими́ческой лаборато́рии. Меня́ зову́т Вади́м. Я учу́сь в шко́ле, в деся́том кла́ссе. Ско́ро я око́нчу шко́лу и бу́ду поступа́ть в строи́тельный институ́т. Я хочу́ стро́ить дома́. Вот така́я у нас семья́.

1. Кто тако́й Вади́м?
2. У него́ есть роди́тели, бра́тья, сёстры?
3. Как зову́т его́ отца́, кто он и где рабо́тает?
4. Как зову́т его́ мать? Где она́ рабо́тает? Что она́ преподаёт?
5. Как зову́т его́ ста́ршего бра́та? Где он рабо́тает? Кто он? Где он учи́лся?
6. Что де́лает его́ мла́дший брат? Кто он? Как его́ зову́т?
7. У Вади́ма есть сестра́? Как её зову́т? Где она́ у́чится?
8. Что де́лает Вади́м? Что он бу́дет де́лать, когда́ око́нчит шко́лу?

B. Tell about your family. Write down your story.

Nouns in the Accusative Plural

Inanimate Nouns		
Мы покупа́ем	журна́лы. словари́. кни́ги. тетра́ди.	(as nominative)

Exercise 39. Answer the questions.

1. Вы покупа́ете *кни́ги* и́ли берёте их в библиоте́ке? 2. Где вы берёте *журна́лы*? 3. Вы лю́бите чита́ть *газе́ты*? 4. Вы лю́бите *стихи́*? 5. Вы лю́бите писа́ть *пи́сьма*? 6. Где вы покупа́ете *откры́тки, конве́рты* и *ма́рки*? 7. Где вы покупа́ете *ру́чки* и *карандаши́*? 8. Вы лю́бите писа́ть *упражне́ния*?

Exercise 40. Read the text and answer the questions.

В магази́не «Оде́жда» продаю́т костю́мы, брю́ки, пальто́, руба́шки, пла́тья. В магази́не «Радиотова́ры» продаю́т радиоприёмники, прои́грыватели, магнитофо́ны, телеви́зоры. В отде́ле «Посу́да» продаю́т таре́лки, ча́шки, стака́ны, ва́зы, ножи́, ло́жки, ви́лки.

1. Что продаю́т в магази́не «Оде́жда»?
2. Что продаю́т в магази́не «Радиотова́ры»?
3. Что продаю́т в отде́ле «Посу́да»?

— Кого́ вы встре́тили в клу́бе?
— Я встре́тил в клу́бе студе́нтов и преподава́телей.

86

Animate Nouns			
	Nominative	Accusative	Ending
Masculine	студе́нты геро́и врачи́ писа́тели	студе́нтов геро́ев враче́й писа́телей	**-ов** **-ев** **-ей**
Feminine	же́нщины студе́нтки де́вушки ма́тери	же́нщин студе́нток де́вушек матере́й	the vowels **-о, -е** are inserted **-ей**

Exercise 41. Read the text and answer the questions.

Ле́том студе́нты бы́ли на пра́ктике. Студе́нты-ме́дики рабо́тали в поли-кли́нике, студе́нты-инжене́ры — на заво́де, студе́нты-агроно́мы — в колхо́зе. Там они́ встре́тили инжене́ров, те́хников, враче́й, медсестёр, колхо́зников, трактори́стов, шофёров.

1. Кого́ встре́тили студе́нты в колхо́зе?
2. Кого́ встре́тили студе́нты на заво́де?
3. Кого́ встре́тили студе́нты в поликли́нике?

Exercise 42. Answer the questions.

1. Это Анна. Вы зна́ете её роди́телей? Вы зна́ете её бра́тьев и сестёр? Вы зна́ете её подру́г?
2. Это Ви́ктор. Вы зна́ете его́ това́рищей? Вы зна́ете его́ друзе́й? Вы зна́ете его́ бра́тьев?
3. Они́ студе́нты. Вы зна́ете их преподава́телей?

Exercise 43. Answer the questions, using the words given in brackets.

1. Кого́ мы встреча́ем в университе́те? (студе́нты, студе́нтки, профессора́, преподава́тели) 2. Кого́ мы слу́шаем на конце́рте? (арти́сты, арти́стки, писа́-тели, поэ́ты) 3. Кого́ мы приглаша́ем в го́сти? (друзья́, подру́ги, това́рищи, сосе́ди) 4. Что мы слу́шаем в клу́бе? (конце́рты, ле́кции, докла́ды) 5. Что мы покупа́ем в кио́ске? (газе́ты, журна́лы, откры́тки, ру́чки, карандаши́, кон-ве́рты)

Exercise 44. Complete the sentences, using the words given on the right.

1. Я ча́сто вспомина́ю	роди́тели, бра́тья, сёстры, подру́ги, друзья́, това́рищи
2. Наш университе́т гото́вит	инжене́ры, врачи́, гео́логи, фило́-логи, исто́рики, юри́сты, эко-но́мисты
3. Заво́д приглаша́ет на рабо́ту	инжене́ры, те́хники, лабора́нты

Adjectives and Possessive Pronouns in the Accusative Plural

— **Каки́е пе́сни** вы лю́бите?
— Я люблю́ **ру́сские наро́дные пе́сни**.

Exercise 45. Answer the questions, using the words given in brackets.

1. Каки́е кни́ги вы лю́бите чита́ть? (ра́зные) 2. Каки́е переда́чи вы слу́шаете? (спорти́вные) 3. Каки́е фи́льмы вы лю́бите? (по́льские и францу́зские) 4. Каки́е пи́сьма вы пи́шете? (коро́ткие) 5. Каки́е слова́ вы смо́трите в словаре́? (незнако́мые)

Exercise 46. Write out the sentences, replacing the singular by the plural.

1. Я чита́л *сего́дняшнюю газе́ту*. 2. Я купи́л *нового́днюю откры́тку*. 3. Мой друг принёс *но́вую пласти́нку*. 4. Он зна́ет *стари́нную ру́сскую пе́сню*. 5. Он купи́л *ну́жный уче́бник*. 6. Това́рищ принёс *но́вый журна́л*. 7. Студе́нты сда́ли *тру́дный экза́мен*.

— **Каки́х друзе́й** вы вспомина́ете?
— Я вспомина́ю **свои́х ста́рых друзе́й**.

Exercise 47. Answer the questions, using the words given in brackets.

1. Каки́х студе́нтов вы встре́тили на ле́кции? (на́ши но́вые) 2. Каки́х друзе́й вы пригласи́ли на ве́чер? (мои́ шко́льные) 3. Каки́х преподава́телей вы ви́дели в клу́бе? (на́ши молоды́е) 4. Каки́х де́вушек ждут э́ти студе́нты? (их знако́мые)

Exercise 48. Answer the questions, using the words given in brackets.

1. Кого́ вы ждёте? (мои́ ста́рые това́рищи) 2. Кого́ вы ча́сто ви́дите в клу́бе? (э́ти но́вые студе́нты) 3. Кого́ они́ пригласи́ли в теа́тр? (знако́мые студе́нтки) 4. Кого́ вы встре́тили в кино́? (на́ши но́вые друзья́) 5. Кого́ вы зна́ете в э́том университе́те? (молоды́е преподава́тели) 6. Кого́ Анто́н давно́ не ви́дел? (его́ ста́рые роди́тели) 7. Кого́ он ча́сто вспомина́ет? (его́ мла́дшие бра́тья и ста́ршие сёстры)

Exercise 49. Answer the questions in the affirmative.

Model: — Вы зна́ете, кого́ он пригласи́л в кино́?
— Да, (я) зна́ю, (кого́ он пригласи́л в кино́). Он пригласи́л в кино́ знако́мую студе́нтку.

1. Вы зна́ете, кого́ мы встре́тили в клу́бе? 2. Вы зна́ете, кого́ мы встре́тили в магази́не? 3. Вы зна́ете, что он купи́л? 4. Вы зна́ете, что он пи́шет сейча́с? 5. Вы зна́ете, каку́ю кни́гу он взял в библиоте́ке? 6. Вы слы́шали, каки́х писа́телей студе́нты пригласи́ли в свой клуб? 7. Вы зна́ете, каки́е кни́ги я люблю́ чита́ть? 8. Вы слы́шали, како́го профе́ссора пригласи́ли в наш университе́т?

Exercise 50. Ask questions about the italicised words.

1. Я прочита́л *все но́вые* журна́лы. 2. Мы пе́ли *наро́дные* пе́сни. 3. Он встре́тил в кино́ *свои́х ста́рых* това́рищей. 4. Студе́нты пригласи́ли в клуб *сове́тских* писа́телей. 5. На вы́ставке мы ви́дели *изве́стных худо́жников*. 6. Я давно́ не ви́дел *свои́х мла́дших* сестёр. 7. Мать давно́ не ви́дела *свои́х ста́рших* сынове́й.

Exercise 51. Complete the sentences, using the words given on the right.

1. На столе́ лежа́т … . Я купи́л в кио́ске … . Мы чита́ли о космона́втах … .	сего́дняшние газе́ты
2. У меня́ есть … . Кто забы́л в кла́ссе …? Мои́ кни́ги и тетра́ди лежа́т … .	большо́й чёрный портфе́ль
3. Вчера́ у нас была́ … . Мы говори́ли … . Студе́нты внима́тельно слу́шали … .	интере́сная ле́кция
4. Ско́лько сто́ит …? Я хочу́ купи́ть … . Мои́ ве́щи лежа́т … .	э́тот небольшо́й чемода́н
5. В сосе́дней ко́мнате живу́т … . Я ещё не ви́дел … . Что ты зна́ешь …?	на́ши но́вые студе́нты

The Accusative with Verbs of Motion [1]

— Вы **идёте в теа́тр**?
— Да, я **иду́ в теа́тр**.
— Ва́ши друзья́ **иду́т на вы́ставку**?
— Да, они́ **иду́т на вы́ставку**.

Exercise 52. Answer the questions.

1. Студе́нты иду́т в университе́т?

2. Рабо́чие иду́т на заво́д?

3. Же́нщина идёт в магази́н?

4. Де́ти иду́т в шко́лу?

---

[1] For more details on the verbs of motion, see p. 163.

 5. Де́вушка идёт в библиоте́ку?

 6. Друзья́ иду́т в клуб?

Exercise 53. Answer the questions.

1. Вы пойдёте сего́дня в кино́? 2. Вы пойдёте за́втра в музе́й? 3. Ты пойдёшь за́втра на ле́кцию? 4. Ты пойдёшь в библиоте́ку? 5. Вы пойдёте на экску́рсию? 6. Вы пойдёте на вы́ставку?

Exercise 54. Answer the questions.

1. Вы ходи́ли вчера́ на заня́тия? 2. Оте́ц ходи́л у́тром в поликли́нику? 3. Мать ходи́ла в апте́ку? 4. Они́ ходи́ли на конце́рт? 5. Ты ходи́л сего́дня в библиоте́ку? 6. Вы ходи́ли у́тром на ле́кцию?

Exercise 55. Answer the questions.

Model: — Анто́н идёт *в цирк*?
— Нет, он идёт *в теа́тр*.

 1. Студе́нты иду́т на ле́кцию?

 2. Спортсме́ны иду́т в спортза́л?

 3. Же́нщина идёт на ры́нок?

 4. Тури́сты иду́т в Кремль?

 5. Де́ти иду́т в зоопа́рк?

— Куда́ вы **идёте сейча́с?**
— Я иду́ **в библиоте́ку.**

— Куда́ вы **пойдёте за́втра ве́чером?**
— За́втра я пойду́ **в цирк.**

— Куда́ вы **ходи́ли вчера́?**
— Вчера́ мы ходи́ли **в кино́.**

Exercise 56. Answer the questions.

1. Куда́ вы ходи́ли в воскресе́нье, в кино́ и́ли в теа́тр? 2. Куда́ вы ходи́ли в суббо́ту, в клуб и́ли на стадио́н? 3. Куда́ ходи́ли шко́льники на экску́рсию, на заво́д и́ли на фа́брику? 4. Куда́ ходи́ла мать, на ры́нок и́ли в магази́н? 5. Куда́ ходи́л оте́ц, в поликли́нику и́ли в апте́ку? 6. Куда́ вы ходи́ли у́тром, в столо́вую и́ли в буфе́т?

Exercise 57. Answer the questions, using the words given on the right.

1. Куда́ ходи́ли студе́нты в воскре-се́нье?	кино́, теа́тр, клуб, музе́й, цирк, ве́чер, конце́рт
2. Куда́ они́ пойду́т в суббо́ту?	вы́ставка, библиоте́ка, поликли́ника, стадио́н
3. Куда́ иду́т студе́нты сейча́с?	зал, аудито́рия, буфе́т, столо́вая, библиоте́ка, лаборато́рия

— Куда́ вы **е́дете?**
— Я е́ду **в Ленингра́д.**

— Куда́ вы **пое́дете ле́том?**
— Ле́том я пое́ду **в Крым.**

— Куда́ вы **е́здили** в про́шлом году́?
— Я е́здил **в Англию.**

Exercise 58. Answer the questions.

1. Они́ е́дут в Большо́й теа́тр? 2. Вы е́дете на стадио́н? 3. Ты е́дешь в поликли́нику? 4. Ваш друг пое́дет ле́том на ро́дину? 5. Вы пое́дете зимо́й в Ленингра́д? 6. Вы е́здили вчера́ в музе́й? 7. Ва́ши друзья́ е́здили в сре́ду на вы́ставку? 8. Он е́здил вчера́ в цирк?

Exercise 59. Answer the questions, using the words given on the right.

1. Куда́ вы идёте сейча́с?	клуб
2. Куда́ идёт ваш друг?	лаборато́рия
3. Куда́ иду́т э́ти студе́нты?	библиоте́ка
4. Куда́ вы е́дете?	стадио́н
5. Куда́ е́дет ва́ша сестра́?	вы́ставка
6. Куда́ вы пое́дете ле́том?	дере́вня

7. Куда́ вы пойдёте в воскресе́нье?	кино́
8. Куда́ вы ходи́ли вчера́?	теа́тр
9. Куда́ вы е́здили в суббо́ту?	зоопа́рк
10. Куда́ вы ходи́ли у́тром?	ры́нок

Exercise 60. Make up questions to which the following sentences are the answers and write them down.

1. — ...?
— Сейча́с мы идём *на ле́кцию.*
2. — ...?
— По́сле обе́да я пойду́ *в библиоте́ку.*
3. — ...?
— Сего́дня ве́чером мы пойдём *на конце́рт.*
4. — ...?
— Вчера́ они́ ходи́ли *в кино́.*
5. — ...?
— В суббо́ту мы ходи́ли *в теа́тр.*
6. — ...?
— В про́шлом году́ мы е́здили *в Сове́тский Сою́з.*
7. — ...?
— Ле́том на́ша семья́ е́здила *в Болга́рию.*

Exercise 61. Answer the questions, using the words given in brackets.

1. Куда́ ты идёшь? (на́ша библиоте́ка) 2. Куда́ иду́т спортсме́ны? (но́вый стадио́н) 3. Куда́ идёт Ле́на? (на́ша райо́нная поликли́ника) 4. Куда́ она́ ходи́ла вчера́? (городска́я библиоте́ка) 5. Куда́ ва́ши друзья́ ходи́ли позавчера́? (студе́нческий клуб) 6. Куда́ они́ пойду́т послеза́втра? (Истори́ческий музе́й) 7. Куда́ вы пойдёте в воскресе́нье? (францу́зская фотовы́ставка)

Exercise 62. Answer the questions, using the words given in brackets. Write down the answers.

1. Куда́ ты е́дешь сейча́с? (городска́я библиоте́ка) 2. Куда́ он пое́дет учи́ться? (Моско́вский университе́т) 3. Куда́ ва́ши сёстры пое́дут ле́том? (родна́я дере́вня) 4. Куда́ шко́льники е́здили позавчера́? (Политехни́ческий музе́й) 5. Куда́ ваш брат пое́дет ле́том? (Болга́рия) 6. Куда́ вы хоти́те пое́хать ле́том? (родно́й го́род) 7. Куда́ ваш друг хо́чет пое́хать о́сенью? (Сове́тский Сою́з)

Мы ходи́ли в теа́тр на бале́т.

Exercise 63. Answer the questions, using the words given on the right. Write down the answers.

Model: — Куда́ вы идёте? | класс, уро́к
— Я иду́ *в класс на уро́к.*

1. Куда́ иду́т студе́нты?	большо́й зал, ле́кция
2. Куда́ идёт преподава́тель?	аудито́рия, заня́тие
3. Куда́ идёт врач?	больни́ца, рабо́та
4. Куда́ хотя́т пойти́ ва́ши друзья́?	клуб, конце́рт

5. Куда́ они́ хотя́т пойти́ в воскресе́нье? | теа́тр, но́вый балет
6. Куда́ вы хоти́те пое́хать ле́том? | ро́дина, дере́вня
7. Куда́ студе́нты пое́дут за́втра? | сосе́дний го́род, пра́ктика.

Exercise 64. Answer the questions.

Model: — Вы зна́ете, куда́ он е́здил вчера́?
       — Да, (я) зна́ю, (куда́ он е́здил вчера́).
       Вчера́ он е́здил в теа́тр.

1. Вы зна́ете, куда́ он ходи́л вчера́? 2. Вы зна́ете, куда́ они́ ходи́ли сего́дня у́тром? 3. Вы зна́ете, куда́ они́ пойду́т сего́дня ве́чером? 4. Вы зна́ете, куда́ они́ е́здили позавчера́? 5. Вы зна́ете, куда́ она́ е́здила ле́том? 6. Вы зна́ете, куда́ мы е́здили в про́шлом году́? 7. Вы зна́ете, куда́ они́ пое́дут в воскресе́нье?

— **Где** вы **бы́ли**? | — **Куда́** вы **ходи́ли**?
— Я был **в музе́е на вы́ставке**. | — Я ходи́л **в музе́й на вы́ставку**.

Exercise 65. Answer the questions, using the words given on the right.

1. Где бы́ли студе́нты в суббо́ту? | кино́, клуб, теа́тр, библиоте́ка, музе́й
   Куда́ они́ ходи́ли в суббо́ту? |
2. Где ва́ши друзья́ отдыха́ют ле́том? | юг, санато́рий, дере́вня, Приба́лтика
   Куда́ вы мо́жете пое́хать ле́том? |
3. Куда́ вы пое́дете в воскресе́нье? | стадио́н, бассе́йн, цирк, зоопа́рк, вы-
   Где вы бу́дете в воскресе́нье? | ставка

Exercise 66. Use the required forms of the words given in brackets.

1. Вчера́ мы ходи́ли ... (вы́ставка). Вы то́же бы́ли ... (вы́ставка)? 2. Инжене́р идёт ... (заво́д). Он рабо́тает ... (заво́д). 3. За́втра студе́нты пойду́т ... (ве́чер). ... (ве́чер) они́ бу́дут петь. 4. Вчера́ больно́й ходи́л ... (поликли́ника). Сего́дня он опя́ть был ... (поликли́ника). 5. Мы берём кни́ги ... (библиоте́ка). По́сле обе́да я пойду́ ... (библиоте́ка). 6. Обы́чно мы обе́даем ... (столо́вая). В час мы пойдём ... (столо́вая). 7. Анна ходи́ла ... (по́чта). ... (по́чта) она́ купи́ла конве́рты. 8. У́тром моя́ сестра́ ходи́ла ... (магази́н). ... (магази́н) она́ купи́ла молоко́, ма́сло, сыр. 9. В про́шлом году́ мы бы́ли ... (пра́кти-ка). Ле́том мы сно́ва пое́дем ... (пра́ктика).

Exercise 67. Answer the questions, using the words given on the right.

1. Где вы бы́ли вчера́? | наш но́вый клуб, интере́сный ве́чер
   Куда́ вы ходи́ли вчера́? |
2. Куда́ вы пойдёте в суббо́ту? | Большо́й теа́тр, но́вый бале́т
   Где вы бу́дете в суббо́ту? |
3. Где он рабо́тает? | э́тот хими́ческий заво́д
   Куда́ он идёт сейча́с? |
4. Где у́чится ва́ша мла́дшая сестра́? | Моско́вский университе́т, физи́че-
   Куда́ она́ е́дет сейча́с? | ский факульте́т

5. Куда́ вы пойдёте по́сле уро́ка?   кни́жный магази́н
    Где вы покупа́ете кни́ги?
6. Куда́ вы ходи́ли вчера́?   Истори́ческий музе́й
    Где вы бы́ли вчера́?

Exercise 68. Answer the questions, using the words given on the right.

1. Где профе́ссор чита́ет ле́кции?   больша́я аудито́рия
    Куда́ идёт профе́ссор?
2. Куда́ вы ходи́ли вчера́?   медици́нский институ́т
    Где вы бы́ли вчера́?
3. Где вы обы́чно обе́даете?   на́ша но́вая столо́вая
    Куда́ вы идёте?
4. Куда́ ва́ша семья́ е́здила ле́том?   оди́н небольшо́й ю́жный го́род
    Где вы жи́ли ле́том?
5. Куда́ они́ ходи́ли вчера́?   ле́кция, Моско́вский университе́т
    Где они́ бы́ли вчера́?
6. Куда́ вы пое́дете учи́ться?   Ленингра́дский университе́т
    Где вы бу́дете учи́ться?

Exercise 69. Replace the verb *быть* by the verb *ходи́ть* or *е́здить*. Change the case of the noun.

Model: Вчера́ я *был в теа́тре.*   Ле́том мы *бы́ли в Ита́лии.*
         Вчера́ я *ходи́л в теа́тр.*   Ле́том мы *е́здили в Ита́лию.*

1. Утром я был в университе́те. 2. Днём мы бы́ли на стадио́не. 3. Вчера́
мы бы́ли в планета́рии. 4. Сего́дня Анна была́ в поликли́нике. 5. В ию́не мы
бы́ли в дере́вне. 6. В про́шлом году́ мы бы́ли в Сове́тском Сою́зе.

Exercise 70. Answer the questions, replacing the verbs of motion by the verb *быть*. Change the case of the noun.

Model: — Вы *ходи́ли* сего́дня *в библиоте́ку?*
        — Да, я *был* сего́дня *в библиоте́ке.*

1. Вы ходи́ли сего́дня на ле́кцию? 2. Вы ходи́ли вчера́ на конце́рт? 3. Они́
ходи́ли на экску́рсию в Кремль? 4. Ле́том вы е́здили на ро́дину? 5. Они́ е́зди-
ли в Ленингра́д? 6. Они́ е́здили в Оде́ссу?

Exercise 71. Answer the questions, replacing the verb *быть* by verbs of motion. Write down the answers.

Model: — *Где* вы *бы́ли* вчера́?
        — Вчера́ мы *ходи́ли в теа́тр.*

1. Где вы бы́ли в суббо́ту? 2. Где вы бы́ли сего́дня? 3. Где они́ бы́ли вче-
ра́ ве́чером? 4. Где вы бы́ли ле́том? 5. Где ва́ши друзья́ бы́ли ле́том? 6. Где
ты был в воскресе́нье?

Exercise 72. Make up questions to which the following sentences are the answers and write them
down.

1. — ...?
   — Вчера́ мы бы́ли *на экску́рсии.*
2. — ...?
   — Утром я ходи́л *в бассе́йн.*

3. — ...?
— В ма́е студе́нты е́здили *на пра́ктику*.
4. — ...?
— Ра́ньше он учи́лся *во Фра́нции*.
5. — ...?
— В про́шлом году́ мои́ друзья́ бы́ли *в Москве́*.
6. — ...?
— В про́шлом году́ я е́здил *в Москву́*.

The Accusative with the Verbs класть — положи́ть, ста́вить — поста́вить, ве́шать — пове́сить

Я **положи́л** газе́ту **в портфе́ль**.
Я **поста́вил** ла́мпу **на стол**.
Я **пове́сил** костю́м **в шкаф**.

Exercise 73. A. Read the text and answer the questions.

Сего́дня суббо́та. Анна убира́ет свою́ ко́мнату. Пре́жде всего́ [1] она́ положи́ла ка́ждую вещь на своё ме́сто. Тетра́ди, ру́чки, карандаши́ она́ положи́ла на пи́сьменный стол. Пи́сьма, конве́рты, бума́гу она́ положи́ла в пи́сьменный стол, в я́щик. Пальто́, пла́тья, костю́мы Анна пове́сила в шкаф, кни́ги она́ поста́вила в кни́жный шкаф, часы́ — на по́лку, телефо́н — на телефо́нный сто́лик [2], насто́льную ла́мпу — на стол.

1. Куда́ Анна положи́ла ру́чки, тетра́ди, карандаши́?
2. Куда́ она́ положи́ла пи́сьма, конве́рты и бума́гу?
3. Куда́ она́ пове́сила пальто́, пла́тья и костю́мы?
4. Куда́ она́ поста́вила часы́ и насто́льную ла́мпу?
5. Куда́ она́ поста́вила кни́ги?
6. Куда́ Анна положи́ла ка́ждую вещь?

B. How did you tidy up your room?

Exercise 74. Where has Andrei put various things? [3]

Это ко́мната Андре́я.

---

[1] *пре́жде всего́*, first of all
[2] *телефо́нный сто́лик*, telephone table
[3] Remember the use of the verb *поста́вить*.

Exercise 75. Answer the questions, using the words given on the right.

Model: — *Куда́ ты положи́л журна́л?*
    — Я положи́л журна́л *на стол.*

I. 1. Куда́ вы положи́ли мою́ кни́гу?   стол, портфе́ль, су́мка, шкаф,
  2. Куда́ он положи́л свою́ па́пку?   чемода́н, по́лка, карма́н
  3. Куда́ ты положи́л мой шарф?
  4. Куда́ ты положи́ла биле́ты?
  5. Куда́ мы положи́ли фотоаппара́т?
  6. Куда́ мы положи́ли докуме́нты?
  7. Куда́ мы положи́ли де́ньги?

II. 1. Куда́ она́ поста́вила цветы́?   стол, шкаф, по́лка, окно́, ва́за
  2. Куда́ вы поста́вили ла́мпу?
  3. Куда́ ты поста́вил слова́рь?
  4. Куда́ ты поста́вил часы́?
  5. Куда́ мы поста́вим ва́зу?

III. 1. Куда́ вы пове́сили карти́ну?   э́та стена́, ве́шалка
  2. Куда́ вы пове́сили фотогра́фию?
  3. Куда́ вы пове́сили мой плащ?
  4. Куда́ она́ пове́сила расписа́ние?
  5. Куда́ мы пове́сим календа́рь?

Exercise 76. Complete the sentences, using the words given on the right.

Model: Он поста́вил ... . | ла́мпа, стол
    Он поста́вил *ла́мпу на стол.*

1. Я положи́л ... .   кни́га, стол; письмо́, конве́рт; де́ньги, карма́н; порт-
              фе́ль, стул
2. Я поста́вил ... .   ва́за, окно́; кни́га, по́лка; кре́сло, у́гол; стака́н, стол
3. Я пове́сил ... .   пальто́, шкаф; табли́ца, доска́; карти́на, стена́
4. Мы кладём ... .   тетра́ди, портфе́ль; кни́ги, стол; ве́щи, чемода́н
5. Мы ста́вим ... .   ла́мпа, стол; кни́ги, по́лка; цветы́, ва́за
6. Мы ве́шаем ... .   костю́м, шкаф; карти́ны, сте́ны

Exercise 77. Answer the questions, as in the model. Write down the answers.

Model: — *Куда́ поста́вить молоко́? (холоди́льник)*
    — Поста́вь [1] молоко́ *в холоди́льник.*

1. Куда́ поста́вить цветы́? (э́та ва́за) 2. Куда́ положи́ть письмо́? (пи́сьмен-
ный стол) 3. Куда́ положи́ть твой па́спорт? (моя́ су́мка) 4. Куда́ пове́сить
календа́рь? (э́та стена́) 5. Куда́ положи́ть пласти́нку? (по́лка) 6. Куда́ по-
ста́вить часы́? (стол)

Exercise 78. Answer the questions, using the words given on the right.

1. Где лежа́т кни́ги?   кни́жная по́лка
   Куда́ он положи́л кни́ги?
2. Куда́ ты положи́л письмо́?   пра́вый карма́н
   Где лежи́т письмо́?

---
[1] The imperative of *поста́вить* is *поста́вь;* of *пове́сить, пове́сь;* and of *положи́ть, положи́.*

3. Где стоит лампа?
   Куда она поставила лампу?   её письменный стол
4. Где стоят цветы?
   Куда вы поставили цветы?   большая синяя ваза
5. Куда вы вешаете пальто и костюмы? этот большой шкаф
   Где висят ваши пальто и костюмы?

Exercise 79. Make up questions to which the following sentences are the answers.

1.— ...?
— Цветы стоят *на окне*.
2. — ...?
— Я поставил цветы *в большую вазу*.
3. ... ?
— Игорь положил газеты *в ящик*.
4. ...?
— Газеты лежат *на столе*.
5. — ...?
— Анна повесила фотографию *на стену*.
6. — ...?
— Её фотография висит *на стене*.

Exercise 80. Ask where these things should be put. Answer the questions.

Model: — Куда повесить платье?
        — Платье нужно повесить в шкаф.
        (— Повесь платье в шкаф).

Exercise 81. Complete the sentences, using the words given on the right.

Model: Он пригласил .... | я, кино
        Он пригласил *меня в кино*.

1. Я приглашаю .... | ты, выставка
2. Мы приглашаем .... | вы, экскурсия, соседний город
3. Вчера они пригласили .... | их друзья, кафе
4. Студенты пригласили ... . | преподаватель, студенческий вечер
5. Он пригласил .... | знакомая девушка, театр
6. Я хочу пригласить .... | вы, концерт, наш клуб

The Accusative Denoting Time

— **Когда́** вы пойдёте в теа́тр?
— Мы пойдём в теа́тр **в (э́ту) суббо́ту**.

Exercise 82. Answer the questions, using the words given in brackets.

1. Когда́ вы бы́ли в теа́тре? (вто́рник) 2. Когда́ мы пойдём на конце́рт? (суббо́та) 3. Когда́ они́ ходи́ли на экску́рсию? (среда́) 4. Когда́ вы отдыха́ете? (суббо́та и воскресе́нье) 5. Когда́ вы пойдёте в бассе́йн? (понеде́льник) 6. Когда́ он заболе́л? (четве́рг) 7. Когда́ он ходи́л в поликли́нику? (пя́тница)

Exercise 83. Answer the questions, using the words given in brackets.

1. Когда́ бу́дет ваш день рожде́ния? (э́тот четве́рг) 2. Когда́ он хо́чет прие́хать сюда́? (сле́дующая пя́тница) 3. Когда́ он был здесь? (про́шлая среда́) 4. Когда́ вы получи́ли э́то письмо́? (э́тот вто́рник) 5. Когда́ он пое́дет в дере́вню? (бу́дущее воскресе́нье) 6. Когда́ вы пойдёте на экску́рсию? (бу́дущий понеде́льник) 7. Когда́ вы после́дний раз ходи́ли в кино́? (про́шлый четве́рг) 8. Когда́ вы пойдёте в теа́тр? (сле́дующий вто́рник)

— **Когда́** вы пойдёте обе́дать?
— Я пойду́ обе́дать **че́рез час**.

Exercise 84. Answer the questions, using the words given in brackets. Write down the answers.

Model: — *Когда́* ты бу́дешь до́ма? (час)
— Я бу́ду до́ма *че́рез час*.

1. Когда́ ты дашь мне слова́рь? (мину́та) 2. Когда́ ты пойдёшь домо́й? (час) 3. Когда́ вы пое́дете в Ки́ев? (неде́ля) 4. Когда́ они́ пое́дут на ро́дину? (полго́да) 5. Когда́ бу́дут экза́мены? (ме́сяц) 6. Когда́ он око́нчит университе́т? (год)

Exercise 85. Complete the sentences, using the words *час, день, мину́та, неде́ля, ме́сяц, год, полго́да* with the preposition *че́рез*.

1. Он придёт ... . 2. Мы полу́чим стипе́ндию ... . 3. Я позвоню́ ... . 4. Мы пое́дем в дере́вню ... . 5. Я пойду́ в университе́т ... . 6. Она́ бу́дет до́ма ... .

— **Когда́** вы бы́ли на стадио́не?
— Мы бы́ли на стадио́не **неде́лю наза́д**.

Exercise 86. Answer the questions, using the words given in brackets. Write down the answers.

Model: — *Когда́* вы прие́хали в Москву́? (полго́да)
— Я прие́хал в Москву́ *полго́да наза́д*.

1. Когда́ ты купи́л э́ту кни́гу? (неде́ля) 2. Когда́ ты пришёл сюда́? (мину́та) 3. Когда́ ты за́втракал? (час) 4. Когда́ вы на́чали изуча́ть ру́сский язы́к? (полго́да) 5. Когда́ вы прие́хали в Сове́тский Сою́з? (год) 6. Когда́ они́ бы́ли в Ленингра́де? (ме́сяц)

— **Как до́лго (ско́лько вре́мени)** он занима́лся в воскре-
се́нье?
— Он занима́лся **весь день**.

Exercise 87. Make up questions to which the following sentences are the answers.

Model: Я писа́л пи́сьма *весь ве́чер.*
Ско́лько вре́мени ты писа́л пи́сьма? (Как до́лго ты писа́л пи́сьма?)

I. 1. Я ждал вас *весь ве́чер.* 2. Он был в библиоте́ке *весь день.* 3. Мы отды-
ха́ли на ю́ге *всё ле́то.* 4. Он боле́л *всю неде́лю.* 5. Мы рабо́тали *весь день.*
II. 1. Мы разгова́ривали *це́лый ве́чер.* 2. Я ждал вас *це́лый час.* 3. Они́
жи́ли в Москве́ *це́лый год.* 4. Студе́нты бы́ли на пра́ктике *це́лый ме́сяц.* 5. Он
занима́лся *це́лый день.*

Exercise 88. Make up questions to which the following sentences are the answers.

Model: Я занима́юсь в университе́те *ка́ждый день.*
Как ча́сто вы занима́етесь в университе́те?

1. Ле́том я ходи́л на стадио́н *ка́ждый вто́рник и четве́рг.* 2. Мы смо́трим
фи́льмы *ка́ждую неде́лю.* 3. Он де́лает гимна́стику *ка́ждое у́тро.* 4. Мы бы-
ва́ем в клу́бе *ка́ждую суббо́ту.* 5. Она́ получа́ет пи́сьма *ка́ждую неде́лю.*
6. Ра́ньше мы е́здили в дере́вню *ка́ждое ле́то.* 7. Студе́нты получа́ют сти-
пе́ндию *ка́ждый ме́сяц.*

Exercise 89. Answer the questions, using the words *ка́ждый день, ка́ждый вто́рник, ка́ждую
неде́лю, ка́ждый ме́сяц,* etc.

Model: — Вы ча́сто обе́даете в на́шей столо́вой?
— Я обе́даю в на́шей столо́вой *ка́ждый день.*

1. Вы ча́сто получа́ете пи́сьма? 2. Ле́том вы ча́сто ходи́ли в бассе́йн?
3. Зимо́й он ча́сто ходи́л в библиоте́ку? 4. Вы ча́сто е́здили на экску́рсии
в про́шлом году́? 5. Вы ча́сто быва́ете в клу́бе? 6. Вы ча́сто е́здите на ро́-
дину?

Exercise 90. Complete the sentences, using the words *весь день, всю неде́лю, ка́ждый ме́сяц,
че́рез неде́лю, час наза́д,* etc.

1. Мы жда́ли вас ... . 2. Они́ прие́хали ... . 3. Мы гуля́ли в лесу́ ... . 4. Я по-
луча́ю пи́сьма ... . 5. Мой друзья́ быва́ют в клу́бе ... . 6. Я слу́шаю ра́дио ... .
7. Я бу́ду по́мнить э́ти слова́ ... . 8. Я ви́жу его́ в университе́те ... . 9. ... он ле-
жа́л в больни́це. 10. Мы бу́дем сдава́ть экза́мены ... . 11. Они́ пое́дут отды-
ха́ть ... . 12. Она́ прие́хала сюда́ ... .

— **За ско́лько вре́мени** ты сде́лал дома́шнее зада́ние?
— Я сде́лал дома́шнее зада́ние **за час**.

Exercise 91. Answer the questions, using the words *мину́та, час, день, неде́ля, ме́сяц* and *год*
with the preposition *за.*

1. За ско́лько вре́мени ты написа́л упражне́ния? 2. За ско́лько вре́мени ты

выучил стихотворе́ние? 3. За ско́лько вре́мени ты прочита́л статью́? 4. За ско́лько вре́мени ты прочита́ешь э́ту кни́гу? 5. За ско́лько вре́мени ты вы́учил ру́сский язы́к? 6. За ско́лько вре́мени он перевёл э́ту статью́? 7. За ско́лько вре́мени он сде́лал э́ту рабо́ту?

— **На ско́лько вре́мени** вы прие́хали в Москву́?
— Мы прие́хали в Москву́ **на оди́н год.**

Exercise 92. Do the exercise as shown in the model. Explain the meaning of these sentences.

Model: Он взял слова́рь *на час.*
Он бу́дет смотре́ть слова́рь *час.*
Они́ прие́хали в Москву *на ме́сяц.*
Они́ бу́дут в Москве́ *ме́сяц.*

1. Я взял кни́гу *на неде́лю.* 2. Она́ взяла́ журна́л *на оди́н день.* 3. Они́ взя́ли магнитофо́н *на ве́чер.* 4. Они́ прие́хали в Сове́тский Сою́з *на полго́да.* 5. Тури́сты прие́хали в Ленингра́д *на неде́лю.* 6. Она́ пое́хала в санато́рий *на ме́сяц.*

THE DATIVE CASE

The Dative Denoting the Recipient
Nouns in the Dative Singular

Я до́лжен позвони́ть **Па́влу и Анне.**

Exercise 1. A. Read the text and write it out.

Ско́ро Но́вый год, и на́до поду́мать о пода́рках. Что подари́ть отцу́, ма́ме, бра́ту, сестре́? Вчера́ Вади́м был в магази́не и купи́л отцу́ шарф, ма́ме — су́мку, бра́ту — фотоальбо́м, сестре́ — пласти́нку.

	Nominative	Dative	Ending
Masculine	студе́нт писа́тель	студе́нту писа́телю	-у -ю
Neuter	окно́ мо́ре зда́ние	окну́ мо́рю зда́нию	-у -ю
Feminine	студе́нтка Га́ля Мари́я	студе́нтке Га́ле Мари́и	-е -и

B. Answer the questions.

1. Что Вади́м купи́л отцу́?
2. Что он купи́л ма́ме?
3. Что он хо́чет подари́ть бра́ту?
4. Что он пода́рит сестре́?

MEMORISE!

Nominative	Dative
мать дочь	ма́тери до́чери

Exercise 2. Make up phrases, as in the model.

Model: писа́ть — оте́ц, сестра́...
писа́ть *отцу́, сестре́...*

1. писа́ть — брат, друг, това́рищ, сестра́, подру́га, де́вушка
2. звони́ть — Вади́м, Бори́с, Ви́ктор, Никола́й, Серге́й, Анна, Ли́да, Ни́на, Мари́я
3. расска́зывать — сосе́д, преподава́тель, профе́ссор, писа́тель, журнали́ст, врач
4. объясня́ть — студе́нт, студе́нтка, учени́к, сын, дочь

——————————————

— **Кому́** вы звони́те?
— Я звоню́ **това́рищу.**

Exercise 3. Answer the questions, using the words given on the right.

Model: *Кому́* вы ча́сто пи́шете пи́сьма? | оте́ц и мать
Я ча́сто пишу́ пи́сьма *отцу́ и ма́тери.*

I. 1. Кому́ вы написа́ли письмо́?   брат
   2. Кому́ вы рассказа́ли после́дние но́вости?   друг
   3. Кому́ вы купи́ли газе́ту?   това́рищ
   4. Кому́ студе́нты отвеча́ют на экза́мене?   профе́ссор
   5. Кому́ студе́нты пока́зывают сочине́ния?   преподава́тель
   6. Кому́ вы рассказа́ли о свое́й боле́зни?   врач
II. 1. Кому́ преподава́тель объясни́л зада́чу?   студе́нтка
   2. Кому́ Анто́н посла́л свои́ но́вые фотогра́фии?   сестра́
   3. Кому́ он купи́л пода́рок?   мать
   4. Кому́ оте́ц подари́л часы́?   дочь

Exercise 4. Answer the questions and write down the answers.

1. Кому́ вы даёте свой магнитофо́н? 2. Кому́ вы пи́шете пи́сьма? 3. Кому́ вы покупа́ете кни́ги? 4. Кому́ вы звони́те? 5. Кому́ вы покупа́ете биле́ты в кино́ и в теа́тр? 6. Кому́ вы помога́ете? 7. Кому́ вы расска́зываете о свои́х дела́х?

Exercise 5. Answer the questions.

1. Кому́ вы обеща́ли ча́сто писа́ть пи́сьма? 2. Кому́ вы обеща́ли купи́ть биле́ты в теа́тр? 3. Кому́ вы помога́ете изуча́ть ру́сский язы́к? 4. Кому́ ва́ша сестра́ помога́ет гото́вить обе́д? 5. Кому́ вы помога́ете убира́ть кварти́ру? 6. Кому́ врач не разреша́ет кури́ть? 7. Кому́ врач сове́тует пое́хать в санато́рий? 8. Кому́ преподава́тель разреши́л войти́ в аудито́рию? 9. Кому́ вы сове́туете посмотре́ть но́вый фильм? 10. Кому́ вы сове́туете поступи́ть на медици́нский факульте́т?

Exercise 6. Answer the questions.

Model: — Вы зна́ете, *кому́* он купи́л слова́рь?
      — Он купи́л слова́рь *това́рищу.*

1. Вы зна́ете, кому́ он написа́л письмо́?
2. Вы зна́ете, кому́ он купи́л цветы́?
3. Вы зна́ете, кому́ она́ звони́т?
4. Вы зна́ете, кому́ я сде́лала фотогра́фии?
5. Вы зна́ете, кому́ она́ помога́ет?

Exercise 7. Complete the sentences, using the words given on the right.

Model: Преподава́тель объясни́л ... незна- | студе́нт
ко́мое сло́во.
Преподава́тель объясни́л *студе́нту* незнако́мое сло́во.

1. Я ча́сто пишу́ пи́сьма	брат
2. Сын посла́л ... телегра́мму.	мать
3. Переда́йте, пожа́луйста, э́ту тетра́дь	преподава́тель
4. Э́ту пласти́нку я хочу́ подари́ть	подру́га
5. Продаве́ц показа́л ... фотоаппара́ты.	покупа́тель
6. Почтальо́н принёс ... письмо́.	сосе́д
7. Вчера́ я звони́л	друг
8. Оте́ц обеща́л ... купи́ть ша́хматы.	сын
9. В письме́ брат сове́товал ... поступа́ть в университе́т.	сестра́
10. Врач не разреша́ет ... мно́го ходи́ть.	оте́ц
11. Больно́й обеща́л ... бо́льше не кури́ть.	врач

Exercise 8. Answer the questions, using the words given on the right. Write down the answers to questions 1 and 2 in parts I and II.

I. 1. Кто написа́л э́то письмо́?	оте́ц
2. Кому́ вы написа́ли письмо́?	
3. Кого́ вы давно́ не ви́дели?	
4. О ком вы ду́маете?	
II. 1. Кому́ Ни́на ча́сто пи́шет пи́сьма?	подру́га
2. О ком она́ ча́сто ду́мает?	
3. Кого́ она́ давно́ не ви́дела?	
4. Кто звони́л сего́дня Ни́не?	
III. 1. Кого́ вы пригласи́ли на студе́нческий ве́чер?	писа́тель Бори́с Ан-то́нов
2. Кому́ вы посла́ли приглаше́ние на ве́чер?	
3. Кто выступа́л на ве́чере?	
4. О ком вы говори́ли по́сле ве́чера?	

Exercise 9. Complete the sentences, using the words given on the right.

1. Вчера́ я написа́л письмо́ ... . Я ча́сто ду́маю ... . Я давно́ не ви́дел | сестра́
... . Эту кни́гу мне подари́ла ... .
2. Вчера у меня́ был ... . Я рассказа́л отцу́ и ма́тери ... . Я хочу́ при- | друг
гласи́ть ... на конце́рт. Сего́дня ве́чером я до́лжен позвони́ть ... .

Exercise 10. Make up questions about the following sentences and write them down.

Model: Сын подари́л отцу́ *часы́*.
Что подари́л сын отцу́?

Он подари́л су́мку *ма́тери*.
Кому́ он подари́л су́мку?

1. Роди́тели подари́ли сы́ну *фотоаппара́т*. 2. Мать купи́ла до́чери
пальто́. 3. Я купи́л э́ти пласти́нки *сестре́*. 4. Он посла́л фотогра́фии *дру́гу*.
5. Мы сдава́ли экза́мены *профе́ссору*. 6. Я о́тдал уче́бник *преподава́телю*.
7. Я о́тдал сосе́ду *магнитофо́н*.

Personal Pronouns in the Dative

— Вы звони́ли **Па́влу**?
— Да, я звони́л **ему́**.

Exercise 11. A. Read the text and write it out. Underline the pronouns.

Я расскажу́ вам, как я покупа́л пода́рки. Я не знал, что купи́ть отцу́, и ку-
пи́л ему́ шарф. А что купи́ть ма́ме? Я зна́ю, что она́ лю́бит су́мки, и купи́л ей
су́мку. У меня́ есть брат и сестра́. Что подари́ть им? Сестра́ помогла́ мне.
Одна́жды она́ написа́ла: «Я люблю́ ру́сские пе́сни». И я купи́л ей пласти́нку.
А бра́ту? Ему́ я купи́л фотоальбо́м. Интере́сно, что они́ подаря́т мне.

B. Make a table of pronouns, like the one given below.

Nominative	Dative
Кто?	Кому?
я ты	мне тебе́

Exercise 12. Replace the italicised words by personal pronouns.

1. Серге́й зна́ет, что сего́дня бу́дет собра́ние? Ты говори́л *Серге́ю* об
э́том? 2. Анна пойдёт на вы́ставку? Ты звони́л *Анне*? 3. Бори́с и Ни́на пойду́т
в теа́тр? Ты купи́л *Бори́су и Ни́не* биле́ты? 4. Роди́тели зна́ют, что ты ско́ро
прие́дешь? Ты написа́л *роди́телям* об э́том? 5. Друзья́ зна́ют, где ты живёшь?
Ты сообщи́л *друзья́м* свой но́вый а́дрес?

Exercise 13. Supply the required pronouns.

Model: — Это *мой сосе́д*. Я купи́л ... газе́ту.
— Я купи́л *ему́* газе́ту.

1. Это *мой друзья́*. Я расска́зываю ... о свое́й жи́зни. 2. Это *наш преподава́-тель*. Ка́ждый день мы пока́зываем ... свои́ тетра́ди. 3. Это *моя́ подру́га*. Я ча́сто расска́зываю ... о на́шем университе́те. 4. *Моя́ мать* живёт в Росто́ве. Я ча́сто пишу́ ... пи́сьма. 5. *Мы* изуча́ем фи́зику. Преподава́тель пока́зывает ... физи́ческие о́пыты. 6. *Вы* бы́ли в на́шем университе́те? Я могу́ показа́ть ... наш университе́т. 7. *Ты* не по́нял э́ту зада́чу? Я могу́ объясни́ть ... . 8. Неда́вно *у меня́* был день рожде́ния. Друзья́ подари́ли ... фотоаппара́т.

Exercise 14. Use the pronouns given in brackets in the required case.

1. Преподава́тель показа́л ... фильм о Москве́. (мы) 2. Я помога́ю ... изу-ча́ть францу́зский язы́к. (он) 3. Мой роди́тели ча́сто пи́шут ... пи́сьма. (я) 4. Вы не говори́ли ... о на́шем разгово́ре? (они́) 5. За́втра я позвоню́ ... (вы). 6. Я рассказа́л ... о своём родно́м го́роде. (она́) 7. Брат присла́л ... теле-гра́мму. (я)

Exercise 15. Answer the questions, replacing the nouns by personal pronouns.

Model: — Вы показа́ли *преподава́телю* свою́ рабо́ту?
— Да, я показа́л *ему́* свою́ рабо́ту.

1. Вы да́ли *това́рищу* свой слова́рь? 2. Вы звони́ли вчера́ *дру́гу*? 3. Сту-де́нты показа́ли *гостя́м* библиоте́ку? 4. Вы да́ли *това́рищам* биле́ты на ве́-чер? 5. Вы купи́ли *сестре́* пода́рок? 6. Анна посла́ла *ма́тери* письмо́? 7. Вы по-мога́ете *това́рищу* изуча́ть ру́сский язы́к?

Exercise 16. Supply the required pronouns.

1. Да́йте ..., пожа́луйста, два биле́та. 2. Покажи́те ... свою́ тетра́дь. 3. Ку-пи́те ..., пожа́луйста, конве́рт и ма́рку. 4. Скажи́те ..., где нахо́дится Большо́й теа́тр. 5. Переведи́те ... э́то письмо́ на ру́сский язы́к. 6. Позвони́те ... сего́дня ве́чером. 7. Объясни́те ..., пожа́луйста, как на́до де́лать дома́шнее зада́ние. 8. Переда́йте, пожа́луйста, ... кни́гу.

Exercise 17. Supply the required pronouns.

1. Хоти́те, я покажу́ ... Москву́? 2. Хо́чешь, я расскажу́ ... одну́ исто́рию? 3. Хоти́те, я объясню́ ... э́ту зада́чу? 4. Хо́чешь, я принесу́ ... э́ту кни́гу? 5. Раз-реши́те, я помогу́ ... . 6. Хоти́те, я переведу́ ... э́ти слова́? 7. Разреши́те, я объясню́ ... всё?

Adjectives and Possessive Pronouns in the Dative Singular

— **Како́му студе́нту** вы купи́ли биле́т в теа́тр?
— Я купи́л биле́т в теа́тр **одному́ знако́мому студе́нту**.

— **Како́й студе́нтке** вы купи́ли биле́т в теа́тр?
— Я купи́л биле́т в теа́тр **одно́й знако́мой студе́нтке**.

Exercise 18. Answer the questions, using the words given in brackets.

I. 1. Како́му преподава́телю вы рассказа́ли о Москве́? (но́вый) 2. Како́му худо́жнику ваш друг пока́зывал свои́ карти́ны? (изве́стный) 3. Како́му журна-ли́сту вы звони́ли вчера́? (знако́мый) 4. Како́му студе́нту вы помога́ете изу-ча́ть англи́йский язы́к? (сове́тский) 5. Како́му ма́льчику врач сде́лал опера́-цию? (больно́й) 6. Како́му бра́ту вы покупа́ете де́тские кни́ги? (мла́дший) 7. Како́му бра́ту вы покупа́ете пласти́нки? (ста́рший)

II. 1. Како́й студе́нтке вы помога́ете изуча́ть ру́сский язы́к? (но́вая) 2. Ка-ко́й де́вочке врач сде́лал опера́цию? (больна́я) 3. Како́й де́вушке вы подари́ли цветы́? (знако́мая) 4. Како́й сестре́ она́ подари́ла су́мку? (ста́ршая) 5. Како́й сестре́ она́ подари́ла карандаши́? (мла́дшая)

Exercise 19. Answer the questions.

1. Како́й студе́нтке вы помога́ете изуча́ть ру́сский язы́к? 2. Како́му това́-рищу вы да́ли биле́т на ве́чер? 3. Како́му профе́ссору вы сдава́ли экза́мен? 4. Како́й сестре́ вы ча́сто посыла́ете пи́сьма? 5. Како́му бра́ту вы посла́ли кни́ги? 6. Како́й де́вушке вы звони́те ка́ждую суббо́ту?

Exercise 20. Make up questions to which the following sentences are the answers.

Model: Профе́ссор помога́ет *молодо́му* учёному [1].
Како́му учёному помога́ет профе́ссор?

1. Я написа́л письмо́ *своему́ ста́рому* дру́гу. 2. Врач сде́лал опера́цию *больно́й* де́вочке. 3. Я хочу́ посла́ть э́ту фотогра́фию *ста́ршему* бра́ту. 4. Сер-ге́й посыла́ет кни́ги *свое́й мла́дшей* сестре́. 5. Он пока́зывал свои́ стихи́ *из-ве́стному* поэ́ту.

Exercise 21. Answer the questions, using the words given in brackets.

1. Кому́ мать купи́ла пла́тье? (её мла́дшая дочь) 2. Кому́ вы подари́ли су́мку? (моя́ ста́ршая сестра́). 3. Кому́ вы помога́ете изуча́ть ру́сский язы́к? (оди́н но́вый студе́нт) 4. Кому́ вы обеща́ли дать интере́сную кни́гу? (мой друг Па́вел) 5. Кому́ врач не разреша́ет кури́ть? (э́тот больно́й студе́нт) 6. Кому́ вы сове́туете посмотре́ть э́тот фильм? (мой това́рищ) 7. Кому́ вы сообщи́ли э́ту но́вость? (мой бли́зкий друг)

Exercise 22. Complete the sentences, using the words given on the right.

1. Преподава́тель дал кни́ги	э́тот студе́нт и э́та студе́нтка
2. Я показа́л фотогра́фии	наш преподава́тель
3. Ю́ра позвони́л	его́ това́рищ
4. Он ча́сто пи́шет пи́сьма	его́ семья́, его́ оте́ц, его́ брат и его́ сестра́
5. Неда́вно я посла́л посы́лку	моя́ мать
6. Мой това́рищ купи́л биле́ты в кино́	я и мой друг

Exercise 23. Answer the questions, using the words given on the right.

1. Кого́ вы спроси́ли об экску́рсии? Кому́ вы сказа́ли об экску́рсии?	наш преподава́тель

---

[1] *учёный*, noun

105

2. Кого́ вы пригласи́ли на ве́чер?
   Кому́ вы да́ли биле́т на ве́чер?

   мой ста́рый друг

3. Кого́ вы попроси́ли купи́ть биле́ты в теа́тр?
   Кому́ вы обеща́ли купи́ть биле́ты в теа́тр?

   знако́мый студе́нт

4. Кого́ вы поблагодари́ли за кни́гу?
   Кому́ вы сказа́ли «спаси́бо» за кни́гу?

   наш библиоте́карь

5. Кого́ вы спроси́ли, где нахо́дится университе́т?
   Кому́ вы объясни́ли, где нахо́дится университе́т?

   оди́н незнако́мый челове́к

6. Кого́ вы поздра́вили с Но́вым го́дом [1]?
   Кому́ вы посла́ли поздравле́ние?

   мой оте́ц, моя́ мать, моя́ сестра́ и мой брат

Nouns in the Dative Plural

— **Кому́** вы пи́шете пи́сьма?
— Я пишу́ **роди́телям, бра́тьям, сёстрам, друзья́м.**

	Nominative	Dative	Ending
Masculine	студе́нты писа́тели	студе́нт**ам** писа́тел**ям**	**-ам, -ям**
Feminine	сёстры ле́кции	сёстр**ам** ле́кци**ям**	
Neuter	о́кна, моря́, зда́ния	о́кн**ам**, моря́**м**, зда́ни**ям**	

Exercise 24. Answer the questions, using the words given in brackets.

1. Кому́ профе́ссор чита́ет ле́кцию? (студе́нты) 2. Кому́ вы сообщи́ли о собра́нии? (това́рищи) 3. Кому́ вы купи́ли пода́рки? (сёстры) 4. Кому́ вы звони́ли сего́дня? (друзья́) 5. Кому́ Бори́с посла́л свои́ фотогра́фии? (бра́тья) 6. Кому́ мать купи́ла лы́жи? (сыновья́) 7. Кому́ помога́ет Анна? (роди́тели)

Exercise 25. Supply the words given on the right.

1. Преподава́тель объясня́ет ... тру́дную зада́чу.
2. Экскурсово́д пока́зывает ... моско́вское метро́.
3. Я показа́л ... свои́ но́вые фотогра́фии.
4. Ка́ждую неде́лю я посыла́ю ... откры́тки.
5. Я ча́сто звоню́ ... .

студе́нты
тури́сты
друзья́
роди́тели
бра́тья

---

[1] *поздра́вить с Но́вым го́дом*, to wish somebody a Happy New Year

6. Анна ре́дко пи́шет ... .
7. Мать расска́зывает ... ска́зку.

подру́ги
де́ти

Exercise 26. Supply the required verbs.

1. Оте́ц ... сы́ну велосипе́д. 2. Кто ... студе́нтам, что за́втра бу́дет собра́ние? 3. Не разгова́ривайте, пожа́луйста. Вы ... нам слу́шать ле́кцию. 4. Профе́ссор ... студе́нтам ле́кцию. 5. Студе́нты ... преподава́телю свои́ сочине́ния. 6. Библиоте́карь ... студе́нтам кни́ги и журна́лы. 7. Дочь ... ма́тери гото́вить обе́д. 8. Вчера́ я ... роди́телям телегра́мму.

Verbs to be used: пока́зывать, посла́ть, меша́ть, помога́ть, дать, подари́ть, сообщи́ть, чита́ть.

Exercise 27. Complete the sentences in writing, using the words given on the right.

Model: Мать купи́ла (к о м у́? ч т о?) ... . | дочь, часы́
Мать купи́ла *до́чери часы́.*

1. Мари́я посла́ла ... .
2. Учи́тель объясни́л ... .
3. Почтальо́н принёс ... .
4. Я посла́л ... .
5. Профе́ссор чита́ет ... .
6. Мы подари́ли ... .
7. Молоды́е худо́жники показа́ли ... .

подру́ги, откры́тки
ученики́, их оши́бки
сосе́ди, газе́ты
това́рищ, телегра́мма
студе́нты, ле́кция
мать, насто́льная ла́мпа
шко́льники, свои́ но́вые карти́ны

Exercise 28. Complete the sentences in writing, using the words given on the right.

Model: Я написа́л (к о м у́? о к о м? о чём?) ... . | сестра́, мои́ друзья́
Я написа́л *сестре́ о свои́х друзья́х.*

1. Я расска́зывал ... .
2. На собра́нии дека́н рассказа́л ... .
3. Вы сказа́ли ...?
4. Почему́ вы не сказа́ли ...?
5. Я написа́л ... .
6. Анна написа́ла ... .
7. На уро́ке мы расска́зывали ... .

друзья́, наш университе́т
студе́нты, экза́мены
това́рищи, экску́рсия
врач, ва́ша боле́знь
оте́ц, моя́ жизнь
брат, её друзья́ и подру́ги
преподава́тель, кани́кулы

Exercise 29. Answer the questions.

1. Кто помога́ет вам изуча́ть ру́сский язы́к? 2. Кому́ вы помога́ете изуча́ть англи́йский язы́к? 3. Кому́ вы помогли́ перевести́ текст на англи́йский язы́к? 4. Кто помо́г вам написа́ть статью́ в газе́ту? 5. Кто меша́ет вам занима́ться до́ма? 6. Кто меша́л вам слу́шать ра́дио? 7. Кто обеща́л вам дать интере́сную кни́гу? 8. Кому́ вы обеща́ли сде́лать фотогра́фии? 9. Кто посове́товал вам прочита́ть э́тот рома́н? 10. Кому́ вы посове́товали посмотре́ть э́тот фильм? 11. Кому́ вы разреши́ли взять ваш слова́рь? 12. Кто разреши́л вам взять э́ту кни́гу?

This is how Russian first names, patronymics and surnames are written on envelopes.

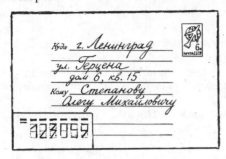 

Exercise 30. Complete the sentences in writing, using the following first names, patronymics and surnames.

Model: Ивано́ву Петру́ Андре́евичу.
Ивано́вой Анне Андре́евне.

1. Мы посла́ли телегра́ммы	Серге́ев Анато́лий Па́влович и Серге́ева Ли́дия Никола́евна
2. На́до написа́ть пи́сьма	Смирно́ва Анна Петро́вна и Соколо́в Бори́с Васи́льевич
3. Переда́йте, пожа́луйста, э́ти кни́ги	Си́монов Влади́мир Фёдорович и Ники́тина Алла Бори́совна

Adjectives and Possessive Pronouns in the Dative Plural

— **Каки́м студе́нтам** вы купи́ли биле́ты в теа́тр?
— Я купи́л биле́ты **на́шим знако́мым студе́нтам**.

Exercise 31. Answer the questions, using the words given on the right.

1. Каки́м студе́нтам объясня́ет преподава́тель уро́к?	но́вые
2. Каки́м тури́стам вы пока́зывали го́род?	иностра́нные
3. Каки́м бра́тьям вы ча́сто пи́шете?	ста́ршие
4. Каки́м сёстрам вы покупа́ете игру́шки?	мла́дшие
5. Каки́м друзья́м вы расска́зываете о свои́х дела́х?	бли́зкие

Exercise 32. Answer the questions, using the words given in brackets. Write down the answers.

1. Кому́ вы пи́шете пи́сьма? (мой роди́тели) 2. Кому́ мать чита́ет кни́ги? (её ма́ленькие де́ти) 3. Кому́ вы звони́те? (мой хоро́шие знако́мые) 4. Кому́ вы сде́лали фотогра́фии? (на́ши преподава́тели) 5. Кому́ вы помога́ете? (мой мла́дшие бра́тья)

Exercise 33. Make up questions to which the following sentences are the answers and write them down.

1. — ... ?
— Студе́нты показа́ли университе́т *иностра́нным гостя́м.*
2. ... ?
— Мать показа́ла сы́на *о́пытным врача́м.*
3. ... ?
— Я переда́л приве́т *свои́м шко́льным друзья́м.*
4. — ... ?
— Я помога́ю изуча́ть англи́йский язы́к *сове́тским студе́нтам.*

The Dative with the Verb нра́виться — понра́виться

Мне **нра́вится** (*sing.*) моско́вское метро́.
Мне **нра́вятся** (*pl.*) моско́вские у́лицы.

Exercise 34. Answer the questions.

1. Вам нра́вится э́тот фильм? 2. Вам нра́вится э́та кни́га? 3. Вам нра́-
вится э́то зда́ние? 4. Вам нра́вится э́та ста́нция метро́? 5. Вам нра́вятся э́ти
фи́льмы? 6. Вам нра́вятся э́ти кни́ги? 7. Вам нра́вятся э́ти зда́ния?

Exercise 35. Replace the singular by the plural.

Model: Мне *нра́вится э́та пе́сня.*
Мне *нра́вятся э́ти пе́сни.*

1. Мне нра́вится э́тот уче́бник. 2. Нам нра́вится но́вая ста́нция метро́.
3. Им нра́вится э́та пе́сня. 4. Тебе́ нра́вится э́та пласти́нка? 5. Вам нра́вится
э́тот сове́тский фильм? 6. Мне нра́вится наш но́вый студе́нт.

Неда́вно мы бы́ли в Ки́еве.
Нам о́чень **понра́вился** э́тот го́род.

Exercise 36. Answer the questions.

1. Вам понра́вился наш университе́т? 2. Им понра́вилось на́ше общежи́-
тие? 3. Тебе́ понра́вилась моя́ ко́мната? 4.Студе́нтам понра́вился фильм
о космона́втах? 5. Им понра́вилось моско́вское метро́? 6. Ле́не понра́вились
э́ти пласти́нки? 7. А́нне понра́вились на́ши друзья́? 8. Вам понра́вилась
Москва́? 9. Ей понра́вились стари́нные ру́сские пе́сни?

Exercise 37. Make up sentences, as in the model, using the verb *понра́виться.*

Model: Вчера́ мы смотре́ли но́вый фильм. ...
Вчера́ мы смотре́ли но́вый фильм. Нам *(не) понра́вился* э́тот
фильм.

1. Неда́вно в на́шем клу́бе был ве́чер. ... 2. В суббо́ту мы бы́ли на экску́р-
сии в шко́ле. ... 3. Я прочита́л ва́шу кни́гу. ... 4. Вчера́ мы слу́шали докла́д. ...
5. Друзья́ подари́ли мне пласти́нки. ... 6. В суббо́ту мы бы́ли на вы́ставке. ...
7. Вчера́ я слу́шал но́вую пе́сню. ...

Exercise 38. Supply the words given on the right.

1. ... понра́вилась Москва́.	я и мои́ друзья́
2. ... не нра́вится моя́ специа́льность.	мои́ роди́тели
3. ... понра́вилась после́дняя ле́кция.	все студе́нты
4. ... не понра́вилась э́та карти́на.	мой друг
5. ... понра́вилась на́ша кварти́ра?	ва́ша сестра́
6. ... понра́вился вчера́шний конце́рт?	вы

Exercise 39. Answer the questions, as in the model. Write down the answers.

Model: — *Вы лю́бите* итальянскую му́зыку?
— Да, *мне нра́вится* италья́нская му́зыка.
— Каки́е пе́сни вы *лю́бите?*
— *Мне нра́вятся* наро́дные пе́сни.

I. 1. Вы лю́бите ру́сские пе́сни? 2. Ваш това́рищ лю́бит бале́т? 3. Ваш друг лю́бит ру́сскую му́зыку? 4. Вы лю́бите свою́ рабо́ту? 5. Вы лю́бите истори́ческие рома́ны? 6. Вы лю́бите о́перу? 7. Вы лю́бите зи́мнюю пого́ду?

II. 1. Каку́ю му́зыку вы лю́бите? 2. Како́й бале́т вы лю́бите? 3. Каки́е фи́льмы вы лю́бите? 4. Каки́е кни́ги вы лю́бите? 5. Како́й цвет вы лю́бите?

The Dative Denoting Age

— Ско́лько **вам** лет? Ско́лько лет **ва́шему бра́ту?**
— **Мне** два́дцать оди́н год, а **моему́ бра́ту** два́дцать три го́да.

Exercise 40. Complete the sentences in writing, using the words *год, го́да* and *лет*.

1. Мне два́дцать ... . 2. Ему́ семна́дцать ... . 3. Ста́ршему бра́ту три́дцать три ... . 4. Мла́дшему бра́ту двена́дцать ... . 5. Мое́й ма́тери со́рок четы́ре ... . 6. Моему́ отцу́ пятьдеся́т оди́н ... . 7. Ми́ше девятна́дцать ... . 8. Её мла́дшей сестре́ шесть ... . 9. Э́той студе́нтке два́дцать три ... . 10. На́шему преподава́телю два́дцать де́вять ... .

Exercise 41. Complete the sentences.

1. Сейча́с мне 25 ... . Два го́да наза́д мне бы́ло 23 ... . Че́рез два го́да мне бу́дет 27 ... .
2. А́нне 22 ... . Че́рез пять лет ей бу́дет 27 ... . Пять лет наза́д ей бы́ло 17 ... .
3. Моему́ отцу́ 45 ... . Когда́ я роди́лся, ему́ бы́ло 24 ... .
4. Андре́ю 21 ... . Когда́ он око́нчит университе́т , ему́ бу́дет 26 ... .

Exercise 42. Answer the questions.

1. Ско́лько вам лет? 2. Ско́лько лет ва́шей ма́тери? 3. Ско́лько лет ва́шему отцу́? 4. Ско́лько лет ва́шей сестре́? 5. Ско́лько лет ва́шему ста́ршему бра́ту? 6. Ско́лько лет э́тому челове́ку? 7. Ско́лько лет э́той де́вочке?

Exercise 43. Ask questions about the following sentences. Write down the questions about sentences 6, 7, 8, 9 and 10.

Model: Олéгу *двáдцать два гóда.*
Скóлько лет Олéгу?

1. Этому мáльчику *двенáдцать лет.* 2. Егó брáту *семнáдцать лет.* 3. Áнне *двáдцать четы́ре гóда.* 4. Её сестрé *двáдцать одúн год.* 5. Этому студéнту *восемнáдцать лет.* 6. Мне *двáдцать три гóда.* 7. Моéй стáршей сестрé *двáдцать пять лет.* 8. Моéй мáтери *сóрок пять лет.* 9. Моемý отцý *пятьдесят два гóда.* 10. Моемý млáдшему брáту *тринáдцать лет.*

Exercise 44. Make up sentences. Write out the numbers in words.

Model: Нúна — 20 лет.
Нúне двáдцать лет.

Михаúл Ивáнович — 51 год.
Михаúлу Ивáновичу пятьдесят одúн год.

1. Максúм — 22 гóда. 2. Ирúна — 15 лет. 3. Сергéй Николáевич — 37 лет. 4. Нúна Петрóвна — 42 гóда. 5. Лéна — 9 лет. 6. Волóдя — 21 год. 7. Вéра Алексéевна — 34 гóда.

Exercise 45. Answer the questions. Write down the answers.

1. Скóлько вам бы́ло лет, когдá вы научúлись читáть? 2. Скóлько вам бы́ло лет, когдá вы поступúли в шкóлу? 3. Скóлько вам бы́ло лет, когдá вы окóнчили шкóлу? 4. Скóлько вам бы́ло лет, когдá вы нáчали изучáть рýсский язы́к? 5. Скóлько вам бýдет лет, когдá вы окóнчите университéт? 6. Скóлько лет бýдет вáшему дрýгу, когдá он окóнчит университéт?

Exercise 46. Use the required form of the words given on the right.

1. ... двáдцать лет.	мой друг
2. ... двáдцать четы́ре гóда.	этот студéнт
3. ... двáдцать шесть лет.	моя стáршая сестрá
4. ... пятьдесят одúн год.	наш профéссор
5. ... сóрок пять лет.	моя мать
6. ... пятьдесят лет.	мой отéц

Exercise 47. Use the required pronouns.

1. *Я* учýсь в университéте. ... девятнáдцать лет. 2. *Моя сестрá Нúна* тóже студéнтка. ... двáдцать одúн год. 3. *Моя мать* ещё молодáя. ... трúдцать дéвять лет. 4. У меня есть *дéдушка.* ... сéмьдесят четы́ре гóда. 5. Это *мой млáдший брат.* ... шестнáдцать лет. 6. Это *твоя* фотогрáфия? Скóлько лет бы́ло ... тогдá? 7. Это *вáша дочь?* Скóлько ... лет?

Exercise 48. A. Read the text, supplying the required pronouns.

На э́той фотогра́фии вы ви́дите на́шу семью́. В це́нтре сиди́т де́душка. ... (74 го́да). Сле́ва сиди́т мой оте́ц. ... (46 лет). Спра́ва сиди́т ма́ма. Она́ ещё молода́я. ... (39 лет). Это моя́ сестра́ Ни́на. ... (21 год). Ря́дом стои́т брат И́горь. ... (16 лет). А э́то я. Здесь ... (19 лет).

B. Tell about your family. Give the age of every member of your family. Write down your story.

The Dative in Impersonal Sentences

Мне ещё тру́дно говори́ть по-ру́сски.
Ему́ ну́жно написа́ть письмо́ дру́гу.

Exercise 49. Make up antonymous sentences and write them down.

Model: Мне *легко́* изуча́ть ру́сский язы́к.
Мне *тру́дно* изуча́ть ру́сский язы́к.

1. Ей *тру́дно* изуча́ть ру́сский язы́к. 2. Вам *тру́дно* де́лать э́ту рабо́ту. 3. Нам *легко́* бы́ло учи́ть ру́сские слова́. 4. Тебе́ *легко́* бу́дет реша́ть э́ти зада́чи. 5. Ему́ *интере́сно* бы́ло чита́ть э́тот расска́з. 6. Мне *прия́тно* говори́ть об э́том.

Exercise 50. Use the words given on the right in the required case.

Model: ... на́до купи́ть газе́ту. ⎪ я
Мне на́до купи́ть газе́ту.

I. 1. ... на́до повтори́ть э́тот текст. | вы
2. ... на́до пойти́ в поликли́нику. | она́
3. ... на́до написа́ть э́ти упражне́ния. | они́
4. ... нельзя́ ходи́ть на лы́жах. | он
5. ... ну́жно купи́ть э́тот уче́бник. | все студе́нты
6. ... нельзя́ кури́ть. | спортсме́ны
7. ... нельзя́ выходи́ть на у́лицу. | больно́й [1]
8. ... на́до занима́ться спо́ртом. | она́

---

[1] *больно́й,* noun

112

II. 1. Мо́жно ... взять ва́шу ру́чку? | я
2. Мо́жно ... спроси́ть вас?
3. Мо́жно ... взять ваш слова́рь?
4. Мо́жно ... вы́йти?
5. Мо́жно ... войти́?

Exercise 51. Answer the questions, using antonymous sentences for the answers.

Model: — Ему́ *мо́жно* мно́го рабо́тать?
— Ему́ *нельзя́* мно́го рабо́тать.

1. Вам мо́жно занима́ться спо́ртом? 2. Ей мо́жно ходи́ть на лы́жах? 3. Ва́шему отцу́ мо́жно кури́ть? 4. Ему́ мо́жно пить ко́фе? 5. Больно́му мо́жно встава́ть? 6. Ему́ мо́жно де́лать гимна́стику?

Exercise 52. Replace the word *до́лжен* by *на́до* and *ну́жно*.

Model: Я *до́лжен* прочита́ть э́ту кни́гу.
Мне *на́до (ну́жно)* прочита́ть э́ту кни́гу.

1. Я до́лжен пойти́ на по́чту. 2. Я до́лжен купи́ть ма́рки. 3. Они́ должны́ мно́го занима́ться. 4. Больно́й до́лжен идти́ в поликли́нику.5. Я до́лжен позвони́ть сестре́. 6. Мой брат до́лжен сдава́ть экза́мены. 7. Мои́ друзья́ должны́ выступа́ть на ве́чере. 8. Все студе́нты должны́ купи́ть э́тот слова́рь. 9. Я до́лжен написа́ть письмо́ дру́гу.

Exercise 53. Replace the verb *мочь* by the word *мо́жно*.

Model: *Вы мо́жете* не де́лать э́ту рабо́ту: вы её уже́ де́лали.
Вам мо́жно не де́лать э́ту рабо́ту: вы её уже́ де́лали.

1. Вы мо́жете идти́ отдыха́ть: вы уже́ ко́нчили рабо́ту. 2. Она́ мо́жет не покупа́ть слова́рь: у неё есть тако́й слова́рь. 3. Вы мо́жете не писа́ть э́то упражне́ние: вы уже́ писа́ли его́. 4. Врач сказа́л, что она́ мо́жет занима́ться спо́ртом: у неё хоро́шее здоро́вье. 5. Вы мо́жете не повторя́ть э́то пра́вило: вы его́ зна́ете. 6. Они́ мо́гут идти́ домо́й: уро́ки уже́ ко́нчились.

Сего́дня **мне на́до**
Вчера́ **мне на́до бы́ло** | **пойти́** в поликли́нику.
За́втра **мне на́до бу́дет** [1]

Exercise 54. Write out the sentences, replacing the present tense by the past.

Model: Мне *на́до* позвони́ть домо́й.
Мне *на́до бы́ло* позвони́ть домо́й.

1. Вам на́до прочита́ть одну́ статью́. 2. Ей на́до посла́ть домо́й телегра́мму. 3. Ему́ нельзя́ занима́ться спо́ртом. 4. Нам нетру́дно изуча́ть ру́сский язы́к. 5. Мне интере́сно чита́ть э́ту кни́гу. 6. Нам прия́тно ви́деть вас.

---

[1] In the past and future tenses the verb *быть (бы́ло, бу́дет)* is placed after the words *на́до, ну́жно, мо́жно,* etc.

Exercise 55. Replace the present tense by the future.

Model: Нам на́до сдава́ть экза́мены.
Нам на́до бу́дет сдава́ть экза́мены.

1. Вам ну́жно купи́ть слова́рь. 2. Тебе́ ну́жно позвони́ть домо́й. 3. Ему́ на́до принима́ть лека́рство. 4. Вам на́до пойти́ в библиоте́ку. 5. Мне ну́жно пойти́ на по́чту.

Exercise 56. Answer the questions.

Model. — Вам слы́шно, что говори́т преподава́тель?
— Да, нам слы́шно.

1. Вам хорошо́ слы́шно, что я говорю́? 2. Всем хорошо́ слы́шно? 3. Вам ви́дно, что я пишу́ на доске́? 4. Всем хорошо́ ви́дно? 5. Мо́жет быть, вам пло́хо ви́дно отсю́да? 6. Вам удо́бно сиде́ть здесь? 7. Вам удо́бно писа́ть? 8. Мо́жет быть, вам неудо́бно сиде́ть здесь? 9. Мо́жет быть, вам пло́хо слы́шно? 10. Вам всё поня́тно? 11. Мо́жет быть, вам непоня́тно, что я чита́ю?

The Dative with the Preposition к

Я иду́ к дру́гу.
Ле́том Бори́с е́здил к роди́телям.

Exercise 57. Answer the questions.

1.Вы идёте к врачу́? 2. Вы идёте к больно́му това́рищу? 3. Де́вушки пойду́т за́втра в го́сти к подру́ге? 4. Вы ходи́ли вчера́ к своему́ дру́гу? 5. Ле́том вы пое́дете к роди́телям? 6. В воскресе́нье вы е́здили к друзья́м?

Exercise 58. Complete the sentences, using the words given on the right.

1. Сего́дня мне ну́жно пойти́	глазно́й врач
2. Ле́том я пое́ду	оте́ц и мать
3. Шко́льники ходи́ли в го́сти	их ста́рая учи́тельница
4. В суббо́ту мы пойдём в больни́цу	больно́й това́рищ
5. В кани́кулы Па́вел пое́дет в дере́вню	его́ ста́рший брат
6. Анна пойдёт в го́сти	её лу́чшая подру́га

Exercise 59. Complete the sentences, using the words given on the right.

Model: Я иду́ ... . | кабине́т, дире́ктор
Я иду́ в кабине́т к дире́ктору.

1. Я иду́	поликли́ника, зубно́й врач
2. Вчера́ И́горь ходи́л	общежи́тие, его́ друзья́
3. Ле́том студе́нты е́здили	ро́дина, их роди́тели
4. По́сле уро́ков мы ходи́ли	лаборато́рия, наш профе́ссор
5. По́сле экза́мена она́ пое́дет	Ви́льнюс, её мать

6. Лётом он поéдет ... .
7. В суббóту я éздил ... .

дерéвня, егó сестрá
медици́нский институ́т, знакóмые студéнты

— **К комý (кудá)** вы ходи́ли вчерá?
— Вчерá мы ходи́ли **к стáрому дрýгу**.

Exercise 60. Answer the questions.

1. К комý вы идёте сейчáс? 2. К комý идёт э́та дéвушка? 3. К комý вы ходи́ли вчерá? 4. К комý вы пойдёте вéчером? 5. К комý вы поéдете в суббóту? 6. К комý вы поéдете лéтом?

Exercise 61. Supply the required pronouns.

Model: Здесь живёт *мой друг.* Я идý ... .
Здесь живёт мой друг. Я идý *к немý* [1].

1. Это нáша *студéнтка Мари́я.* ... приéхал её брат. 2. Я идý *к преподавáтелю.* Я обещáл прийти́ ... в 3 часá. 3. Моя́ *сестрá* лежи́т в больни́це. Вчерá я ходи́л ... . 4. *Друзья́* приглаш́и́ли меня́ в гóсти. Я поéду ... в суббóту вéчером. 5. *Мы* пригласи́ли нáшего преподавáтеля. Зáвтра он придёт ... . 6. *Врач* сказáл, что я дóлжен прийти́ ... в понедéльник. 7. *Вы* помóжете мне перевести́ статьёй? Тогдá я придý ... пóсле рабóты. 8. Вчерá *у меня́* бы́ли гóсти. Они́ приéхали ... в 6 часóв.

Exercise 62. Make up questions to which the following sentences are the answers.

Model: Я ходи́л в *поликли́нику.—Кудá* вы ходи́ли?
Я ходи́л *к врачý.—К комý* вы ходи́ли?

1. Мы éздили в *дерéвню.* Мы éздили *к роди́телям.*
2. Студéнт идёт *к профéссору.* Студéнты идýт *в лаборатóрию.*
3. Лéтом он поéдет в *Ки́ев.* Он поéдет *к свои́м друзья́м.*

Exercise 63. Insert the words given on the right.

1. Я подошёл ... и спроси́л, где стáнция метрó.

незнакóмый человéк

2. Дéвушка подошлá ... и спроси́ла, где нахóдится библиотéка.

мы

3. Мы подошли́ ... и купи́ли газéты и журнáлы.
4. Я подошёл ... и стал искáть в кармáне ключ.
5. Преподавáтель подошёл ... и нáчал писáть.
6. Я звони́л вам, но никтó не подошёл ... .
7. Вéчером тури́сты подошли́ ... .

киóск
дверь
доскá
телефóн
мáленькая дерéвня

---

[1] In the dative the pronouns *он, онá* and *они́* take the form *к ней, к немý* and *к ним* when preceded by a preposition.

Exercise 64. Insert the words given on the right. Use the preposition **к** wherever necessary.

1. Вчера́ оте́ц ходи́л ... . Оте́ц рассказа́л ... о свое́й боле́зни. — врач
2. Я хочу́ показа́ть свои́ рису́нки ... . За́втра я пое́ду ... . — изве́стный худо́жник
3. Па́вел подошёл ... и пригласи́л её в теа́тр. Он купи́л биле́ты в теа́тр себе́ и ... . — знако́мая де́вушка
4. Я написа́л ..., что ско́ро у нас бу́дут кани́кулы. Я ду́маю, что ле́том я пое́ду ... . — роди́тели
5. В воскресе́нье мы пое́дем ... . Мы уже́ звони́ли ... и сказа́ли им об э́том. — на́ши друзья́

The Dative with the Preposition по

Вчера́ мы **бы́ли на вы́ставке**.
Мы **ходи́ли по вы́ставке** це́лый час.

Exercise 65. Read the sentences and explain the difference between the meanings of the italicised words.

1. Студе́нты стоя́т *в коридо́ре*. Студе́нты иду́т *по коридо́ру*. 2. На́ша семья́ живёт *на э́той у́лице*. Оте́ц хо́дит на рабо́ту *по э́той у́лице*. 3. Вчера́ мы бы́ли *в музе́е*. Мы до́лго ходи́ли *по музе́ю*. 4. Вчера́ мы ходи́ли *в парк*. Мы гуля́ли *по па́рку*. 5. Мы бы́ли *на Кра́сной пло́щади*. Мы гуля́ли *по Кра́сной пло́щади*. 6. Университе́т нахо́дится *на центра́льной у́лице*. Э́тот авто́бус идёт *по центра́льной у́лице*.

Exercise 66. Complete the second sentence of each pair, using the italicised words of the first sentence.

1. *В Москву́* прие́хали мои́ роди́тели. Вчера́ мы гуля́ли ... . 2. Э́та *у́лица* о́чень краси́вая. Я люблю́ гуля́ть ... . 3. В воскресе́нье мы бы́ли *в музе́е*. Мы до́лго ходи́ли ... . 4. Кто стои́т *в коридо́ре*? Кто идёт ...? 5. Вчера́ мы бы́ли *в па́рке*. Весь ве́чер мы гуля́ли ... . 6. Мы бы́ли *в Моско́вском университе́те*. Мы ходи́ли ... и смотре́ли, как там живу́т и у́чатся студе́нты.

Exercise 67. Complete the sentences, using the words given in brackets.

Model: Я люблю́ гуля́ть ... (го́род).
Я люблю́ гуля́ть *по го́роду*.

1. Э́тот худо́жник мно́го е́здил ... (Сове́тский Сою́з). 2. — Скажи́те, пожа́луйста, где библиоте́ка? — Снача́ла иди́те пря́мо ... (коридо́р), пото́м поверни́те нале́во. 3. — Вы до́лго бы́ли на экску́рсии на заво́де? — Да, мы ходи́ли ... (заво́д) два часа́. 4. — Где ближа́йшая ста́нция метро́? — На́до идти́ пря́мо ... (э́та у́лица). 5. Когда́ я ду́маю, я обы́чно хожу́ ... (ко́мната).

Сейча́с у нас бу́дет **ле́кция по исто́рии**.

MEMORISE!

ле́кция	
заня́тие	по фи́зике
консульта́ция	по матема́тике
экза́мен	по исто́рии
контро́льная рабо́та	по ру́сскому языку́...
кни́га	
тетра́дь	

Exercise 68. Answer the questions.

1. Вы слу́шаете *ле́кции по исто́рии*? 2. Вам понра́вилась *ле́кция по литерату́ре*? 3. У вас была́ *контро́льная рабо́та по францу́зскому языку́*? 4. Когда́ у вас бу́дет *экза́мен по ру́сскому языку́*? 5. У вас есть *тетра́дь по матема́тике*? 6. Вы пойдёте *на консульта́цию по биоло́гии*? 7. У вас бу́дет за́втра *ле́кция по геогра́фии*?

— **Каки́е кни́ги** нам на́до купи́ть?
— Вам на́до купи́ть **кни́ги по геогра́фии**

Exercise 69. Answer the questions, using the words given on the right.

1. Како́й экза́мен вы бу́дете сдава́ть за́втра?
2. Каку́ю ле́кцию вы слу́шали вчера́?
3. Каки́е кни́ги вам на́до купи́ть?
4. Каку́ю тетра́дь вы и́щете?
5. Каки́е кни́ги вам на́до взять в библиоте́ке?
6. Каку́ю контро́льную рабо́ту вы писа́ли сего́дня?

исто́рия
хи́мия
англи́йский язы́к
фи́зика
матема́тика
ру́сский язы́к

MEMORISE!

посыла́ть присыла́ть	по по́чте	слу́шать передава́ть сообща́ть выступа́ть	по ра́дио
смотре́ть пока́зывать	по телеви́зору		
		звони́ть говори́ть	по телефо́ну

Exercise 70. Answer the questions.

1. Кому́ вы хоти́те позвони́ть по телефо́ну? 2. Вы мо́жете присла́ть мне э́ту кни́гу по по́чте? 3. О чём сообщи́ли вчера́ ве́чером по ра́дио? 4. Вы смотре́ли э́тот бале́т в теа́тре и́ли по телеви́зору? 5. Что сейча́с передаю́т по ра́дио? 6. Что пока́зывают по телеви́зору?

Exercise 71. Complete the sentences, using the words *по по́чте, по ра́дио, по телеви́зору, по телефо́ну*.

1. Мы смотре́ли э́тот фильм не в кинотеа́тре, а ... . 2. Мы слу́шали конце́рт ... . 3. На́до посла́ть э́ти журна́лы ... . 4. Вчера́ ... пока́зывали бале́т. 5. — Где А́нна? — Она́ в сосе́дней ко́мнате, говори́т ... .

The Genitive in Negative Sentences with the Words нет, не́ было, не бу́дет Nouns in the Genitive Singular

---

У меня́ **нет магнитофо́на**.
У нас **нет маши́ны**.

Exercise 1. Answer the questions in the negative and the affirmative.

Model: — У вас нет карандаша́?
— У меня́ нет карандаша́.
— У меня́ есть каранда́ш.

I. 1. У вас нет журна́ла? 2. У вас нет магнитофо́на? 3. У вас нет конве́рта? 4. У вас нет словаря́? 5. У вас нет уче́бника? 6. У них нет телеви́зора? 7. У тебя́ нет календаря́? 8. У неё нет бра́та? 9. У них нет сы́на?

II. 1. У вас нет кни́ги? 2. У вас нет ма́рки? 3. У вас нет тетра́ди? 4. У вас нет ру́чки?

В на́шем го́роде **нет теа́тра**.

Exercise 2. Answer the questions, as in the model.

Model: — На э́той у́лице нет кинотеа́тра?
— На э́той у́лице есть кинотеа́тр.

1. В ва́шем го́роде нет стадио́на?
2. В ва́шем до́ме нет ли́фта?
3. В ва́шей кварти́ре нет телефо́на?
4. В э́той дере́вне нет шко́лы?
5. На э́той у́лице нет апте́ки?
6. В на́шем университе́те нет библиоте́ки?
7. В э́том райо́не нет гости́ницы?

	Nominative	Genitive	Ending
Masculine	студе́нт журна́л преподава́- тель слова́рь	студе́нт**а** журна́л**а** преподава́- тел**я** словар**я́**	**-а** **-я**
Neuter	письмо́ мо́ре зда́ние	письм**а́** мо́р**я** зда́ни**я**	**-а** **-я**

	Nominative	Genitive	Ending
Feminine	сестра́ студе́нтка семья́ тетра́дь	сестры́ студе́нтки семьи́ тетра́ди	-ы -и

Exercise 3. Answer the questions, as in the model.

Model: — У вас *есть телефо́н?*
          — У меня́ *нет телефо́на.*

1. У вас есть слова́рь? 2. У вас есть фотоаппара́т? 3. У тебя́ есть про́игрыватель? 4. У них есть телеви́зор? 5. У неё есть уче́бник исто́рии? 6. У нас есть сего́дня собра́ние? 7. У них есть сего́дня экза́мен?

Exercise 4. Answer the questions in the negative. Write down your answers.

1. У вас есть ру́чка? 2. У вас есть па́пка? 3. У тебя́ есть тетра́дь? 4. У них есть маши́на? 5. У вас есть ло́дка? 6. У них есть да́ча? 7. У него́ есть сестра́? 8. У них есть дочь?

Exercise 5. Make up questions and answers, as in the model.

Model: — У вас *есть уче́бник?*
          — У меня́ *нет уче́бника.*

Уче́бник, каранда́ш, ру́чка, бума́га, конве́рт, ма́рка, маши́на.

Exercise 6. Answer the questions in the negative, replacing the proper names by pronouns.

Model: — У *Бори́са* есть маши́на?
          — Нет, *у него́ нет маши́ны.*

1. У Серге́я есть магнитофо́н? 2. У Вади́ма есть кинока́мера? 3. У Мари́ны есть телефо́н? 4. У Ли́ды есть фотоаппара́т? 5. У Анто́на есть семья́? 6. У О́льги есть сын? 7. У Ни́ны есть дочь?

У вас **был уро́к?** У вас **была́ ле́кция?** У вас **бы́ло собра́ние?**	У нас **не́ было** уро́ка. ле́кции. собра́ния.

Exercise 7. Make up phrases, as in the model.

Model: (a) *не́ было уро́ка*
          (b) *не́ было ле́кции*

(a) экза́мен, зачёт, конце́рт, переры́в, ве́чер, собра́ние, заня́тие
(b) экску́рсия, консульта́ция, встре́ча, репети́ция, бесе́да

Exercise 8. Answer the questions in the negative.

1. Сего́дня у вас была́ фоне́тика [1]? 2. Вчера́ у вас была́ литерату́ра? 3. В воскресе́нье у вас была́ экску́рсия? 4. Вчера́ в клу́бе была́ ле́кция? 5. В суббо́ту в клу́бе был конце́рт? 6. У вас был экза́мен? 7. У них бы́ло собра́ние?

У вас бу́дет уро́к?		уро́ка.
У вас бу́дет ле́кция?	У нас не бу́дет	ле́кции.
У вас бу́дет собра́ние?		собра́ния.

Exercise 9. Answer the questions in the negative.

1. За́втра у вас бу́дет уро́к ру́сского языка́? 2. За́втра у них бу́дет ле́кция по литерату́ре? 3. За́втра у нас бу́дет экза́мен по исто́рии? 4. В сре́ду у нас бу́дет собра́ние? 5. В суббо́ту у нас в клу́бе бу́дет конце́рт? 6. В воскресе́нье у нас бу́дет экску́рсия на заво́д? 7. В четве́рг у вас бу́дет консульта́ция по грамма́тике?

Exercise 10. Answer the questions, as in the model, using the words given below. Write down your answers.

Model: — Почему́ вы не пи́шете?
— Я не пишу́, потому́ что *у меня́ нет ру́чки.*

1. Почему́ он не пригото́вил дома́шнее зада́ние? 2. Почему́ вы не купи́ли э́ту вещь? 3. Почему́ он не́ был вчера́ в теа́тре? 4. Почему́ она́ не была́ на ве́чере? 5. Почему́ вы не прочита́ли э́ту статью́? 6. Почему́ вы не посмотре́ли слова́ в словаре́? 7. Почему́ вы не но́сите кни́ги и тетра́ди в портфе́ле? 8. Почему́ э́ти студе́нты сейча́с в столо́вой, а не на уро́ке?

Words to be used in the answers: уче́бник, биле́т, вре́мя (*gen.* вре́мени), слова́рь, портфе́ль, журна́л, де́ньги (*gen.* де́нег), уро́к.

Personal Pronouns in the Genitive

— Бори́с до́ма?
— **Бори́са нет** до́ма.

— Он на уро́ке?
— **Его́ нет** на уро́ке.

Меня́		до́ма.
Тебя́		на рабо́те.
Его́	**нет**	в клу́бе.
Её	**не́ было**	в университе́те.
Нас	**не бу́дет**	
Вас		
Их		

---

[1] *фоне́тика,* i.e. phonetics lesson

Exercise 11. Answer the questions in the negative. Write down your answers.

Model: — *Он* сейчас на уроке?
          — Нет, *его нет* на уроке.

1. *Он* сейчас дома? 2. *Он* в университете? 3. *Она* сейчас в классе? 4. *Она* в библиотеке? 5. *Они* сейчас в столовой? 6. *Они* в аудитории? 7. *Они* на стадионе?

Exercise 12. Answer the questions, as in the model.

Model: — Виктор сейчас в классе?
          — Нет, *Виктора* сейчас *нет* в классе.
         (— Нет, *его* сейчас *нет* в классе.)

1. Борис сейчас в общежитии? 2. Анна сейчас в университете? 3. Врач сейчас в кабинете? 4. Вера в библиотеке? 5. Борис сейчас на лекции? 6. Ваша сестра сейчас дома? 7. Отец на работе? 8. Мать дома?

Exercise 13. Answer the questions, replacing the italicised words by personal pronouns.

Model: — *Игорь* был сегодня на лекции?
          — Нет, *его* не было сегодня на лекции.

1. *Мария* была на лекции? 2. Вчера вечером *Анна* была дома? 3. Вчера *ваш друг* был дома? 4. Утром *вы* были на работе? 5. В субботу *ваши родители* были дома?

Exercise 14. Complete the sentences, as in the model.

Model: (a) Анна больна, ... (урок).
         Анна больна, поэтому *её нет* (не было, не будет) на уроке.

1. Вадим болен, ... (лекция).
2. Нина и Андрей уехали, ... (занятие).
3. Лида больна, ... (работа).
4. Борис и Лена в санатории, ... (Москва).

Model: (b) Я звонил вам, но ... (дома).
         Я звонил вам, но *вас не было* дома.

1. Мы звонили тебе, но ... (дома).
2. Я хотел пригласить вас на концерт, но ... (университет).
3. Ко мне приходили друзья, ... (дома).
4. Я звонил им, но ... (дома).

Adjectives and Possessive Pronouns in the Genitive Singular

— У вас есть этот учебник?
— У меня **нет этого учебника.**

— У вас есть эта книга?
— У меня **нет этой книги.**

Exercise 15. Answer the questions in the negative.

1. У вас есть *этот* журнáл? 2. У вас есть *этот* словáрь? 3. У вас есть *эта* газéта? 4. У него есть *эта* открытка? 5. У неё есть *эта* пластинка? 6. У неё есть *эта* фотогрáфия? 7. У вас в библиотéке есть *эта* книга? 8. У вас в коллéкции есть *эта* мáрка?

Exercise 16. Answer the questions in the affirmative and the negative, replacing the italicised phrases by personal pronouns.

Model: — У вáшей сестры есть сын?
— Да, *у неё* есть сын.
(— Нет, *у неё* нет сына).

1. *У вáшего товáрища* есть машина? 2. *У нáшего преподавáтеля* есть эта книга? 3. *У нáшей преподавáтельницы* есть этот учéбник? 4. *У твоегó дрýга* есть семья? 5. *У этого студéнта* есть друг? 6. *У этой студéнтки* есть подрýга? 7. *У вáшего брáта* есть дочь? 8. *У вáшей сестры* есть сын? 9. *У вáшей подрýги* есть брат?

———————————————
— **У когó** есть магнитофóн?
— **У моегó брáта** есть магнитофóн.
———————————————

Exercise 17. Answer the questions, using the words given on the right.

1. У когó есть нóвый учéбник?	этот студéнт и эта студéнтка
2. У когó есть рýсско-итальянский словáрь?	наш преподавáтель и нáша преподавáтельница
3. У когó есть вчерáшние газéты?	мой сосéд
4. У когó есть билéты в теáтр?	Андрéй и Анна
5. У когó есть машина?	мой друг Николáй
6. У когó есть велосипéд?	мой млáдший брат Игорь

Exercise 18. Answer the questions. Write down the answers.

1. У когó есть сегóдняшняя газéта? 2. У когó есть лишний билéт в теáтр? 3. У когó есть такóй учéбник? 4. У когó есть крáсный карандáш? 5. У когó есть чистая тетрáдь? 6. У когó есть новогóдняя открытка? 7. У когó есть дéньги? 8. У когó есть спички? 9. У когó есть сигарéты?

Exercise 19. Make up questions, as in the model.

Model: чистый конвéрт
У когó есть чистый конвéрт?

Англо-рýсский словáрь, нóвое расписáние, учéбник рýсского языкá, послéдняя лéкция по литератýре, свобóдное врéмя, лишние дéньги, новогóдняя открытка.

———————————————
— У вас есть нóвый учéбник?
— У меня **нет нóвого учéбника**.
———————————————

Exercise 20. Answer the questions, as in the model.

Model: — У вас нет чи́стого конве́рта?
— Нет, у меня́ нет чи́стого конве́рта.

I. 1. У вас нет ру́сско-испа́нского словаря́? 2. У вас нет после́днего журна́ла «Но́вый мир»? 3. У вас нет спорти́вного костю́ма? 4. У вас нет ли́шнего биле́та? 5. У вас в ко́мнате нет кни́жного шка́фа? 6. У вас нет мла́дшего бра́та? 7. У вас нет свобо́дного вре́мени сего́дня?

II. 1. У вас нет чи́стой тетра́ди? 2. У него́ нет сего́дняшней газе́ты? 3. У тебя́ нет э́той францу́зской ма́рки? 4. У тебя́ нет ли́шней ру́чки? 5. У тебя́ нет мла́дшей сестры́? 6. У вас нет тако́й фотогра́фии?

Exercise 21. Answer the questions in the negative. Write down the answers.

Model: — У вас есть вчера́шняя газе́та?
— У меня́ *нет вчера́шней газе́ты.*

1. У вас есть си́ний каранда́ш? 2. У неё есть а́нгло-ру́сский слова́рь? 3. У него́ есть большо́й чемода́н? 4. У вас есть спорти́вный костю́м? 5. У вас есть сего́дня свобо́дное вре́мя? 6. У нас есть сего́дня дома́шнее зада́ние? 7. У них есть цветно́й телеви́зор?

Exercise 22. Answer the questions in the negative.

1. У вас есть но́вый уче́бник? 2. У ва́шего преподава́теля есть ру́сско-англи́йский слова́рь? 3. У ва́шей преподава́тельницы есть э́та кни́га? 4. У Па́вла есть сего́дняшняя газе́та? 5. У вас есть сейча́с свобо́дное вре́мя? 6. У вас есть ли́шний биле́т в теа́тр? 7. У ва́шего дру́га есть ста́рший брат? 8. У э́той де́вушки есть мла́дшая сестра́?

Exercise 23. Complete the sentences, using the words given on the right.

1. В э́том го́роде нет … .	о́перный теа́тр, ботани́ческий сад, истори́ческий музе́й
2. На э́той у́лице нет … .	авто́бусная остано́вка, кни́жный магази́н
3. В э́том университе́те нет … .	студе́нческий клуб, медици́нский факульте́т
4. В э́той библиоте́ке нет … .	чита́льный зал
5. На э́том этаже́ нет … .	больша́я аудито́рия

Exercise 24. Answer the questions in the negative, using the words given on the right.

1. Кого́ нет на уро́ке?	Ни́на и Бори́с
2. Кого́ сего́дня не́ было на уро́ке фоне́тики?	Андре́й и А́нна
3. Кого́ нет на заня́тии?	больно́й студе́нт
4. Кого́ не́ было на экза́мене?	но́вая студе́нтка
5. Кого́ вчера́ не́ было в теа́тре?	мой друг
6. Кого́ не́ было на собра́нии?	оди́н преподава́тель

The Genitive with the Numerals
два (две), три, четы́ре

Masculine and Neuter		Feminine	
два три четы́ре	уче́бника, пи́сьма́	две три четы́ре	сестры́, кни́ги

Nouns used with the numerals *два, три, четы́ре* and with compound numerals whose last component is два, три or четы́ре (два́дцать два, три́дцать четы́ре, пятьдеся́т три, сто два, etc.) take the genitive singular.

Exercise 25. Make up phrases, as in the model.

Model: два студе́нта, два бра́та, два журна́ла...
две студе́нтки, две газе́ты, две тетра́ди...

1. два — брат, друг, студе́нт, челове́к, сын, журнали́ст, арти́ст, инжене́р, писа́тель, покупа́тель, зри́тель, преподава́тель
2. две — сестра́, студе́нтка, арти́стка, подру́га; кни́га, су́мка, па́пка, ру́чка; ча́шка, ло́жка, ви́лка, буты́лка, руба́шка, ша́пка
3. три — конве́рт, ма́рка, биле́т, слова́рь, кни́га, ру́чка, каранда́ш, вопро́с, газе́та, тетра́дь
4. четы́ре — ко́мната, дом, окно́, стул, карти́на, ла́мпа, шкаф, кре́сло, стол, по́лка, телеви́зор, ва́за, дива́н

Exercise 26. Answer the questions, as in the model.

Model: — У вас есть уче́бники фи́зики?
— Да, у меня́ есть *два уче́бника* фи́зики.

1. У вас есть журна́лы? 2. У него́ есть уче́бники матема́тики? 3. У вас есть словари́? 4. У вас есть конве́рты и ма́рки? 5. У вас есть вопро́сы? 6. У вас есть биле́ты на конце́рт? 7. У вас есть друзья́? 8. У неё есть подру́ги? 9. У вас есть бра́тья? 10. У него́ есть сёстры?

Exercise 27. Answer the questions, as in the model.

Model: — У вас в комнате одно́ окно́? (2)
— Нет, у меня́ в ко́мнате *два окна́*.

1. У вас в ко́мнате оди́н стол? (2) 2. У вас оди́н магнитофо́н? (2) 3. У вас оди́н биле́т в кино́? (4) 4. У нас сего́дня одна́ ле́кция? (2) 5. У неё оди́н брат? (3) 6. У него́ одна́ сестра́? (2) 7. У вас в го́роде оди́н кинотеа́тр? (3) 8. На э́той у́лице оди́н магази́н? (3) 9. В э́том го́роде одна́ гости́ница? (4)

Exercise 28. Complete the sentences, using the words given on the right. Write out sentences 1, 2, 3, 4 and 5.

1. В мое́й ко́мнате четы́ре ..., два ... и две ....

2. В э́том до́ме три ....

стул, стол, ла́мпа
эта́ж

3. Я изуча́ю ру́сский язы́к четы́ре ... .   ме́сяц
4. Я взял в библиоте́ке две ... и два ... .   кни́га, журна́л
5. У меня́ два ... и две ... .   брат, сестра́
6. Он купи́л два ... в кино́.   биле́т
7. Мы уже́ бы́ли в Москве́ два ... .   раз
8. Э́та кни́га сто́ит три ... .   рубль
9. На уро́ке мы прочита́ли два ... .   расска́з
10. Друг подари́л мне три ... .   пласти́нка
11. Я чита́л э́ту кни́гу четы́ре ... .   день
12. Экза́мены бу́дут че́рез три ... .   неде́ля
13. Сего́дня мой сосе́д получи́л два ... . письмо́
14. В на́шей гру́ппе три ... и четы́ре ... . студе́нтка, студе́нт
15. В э́той кни́ге сто две ... .   страни́ца
16. Костю́м сто́ит шестьдеся́т четы́ре ... . рубль

Nouns in the Genitive Plural
The Genitive with the Words
мно́го, ма́ло, ско́лько, не́сколько, немно́го
and Cardinal Numerals

— **Ско́лько факульте́тов** в ва́шем университе́те?
— В на́шем университе́те **во́семь факульте́тов**.

Nouns used with the cardinal numerals *пять, шесть*, etc. and with the words *ско́лько, не́сколько, мно́го, ма́ло, немно́го*, etc. take the genitive plural.

Masculine		
Nominative	Genitive	Ending
студе́нты геро́и бра́тья врачи́	мно́го студе́нтов геро́ев бра́тьев враче́й	-ов -ев -ьев -ей

Exercise 29. Answer the questions, as in the model.

Model: — *Ско́лько домо́в* на э́той у́лице? (15)
       — На э́той у́лице *пятна́дцать домо́в*.

1. Ско́лько студе́нтов в на́шей гру́ппе? (6) 2. Ско́лько преподава́телей на э́том факульте́те? (9) 3. Ско́лько бра́тьев у ва́шего дру́га? (5) 4. Ско́лько враче́й в э́той поликли́нике? (10) 5. Ско́лько столо́в в э́том кла́ссе? (5) 6. Ско́лько сту́льев в э́той ко́мнате? (8) 7. Ско́лько уче́бников вы взя́ли в библиоте́ке? (6) 8. Ско́лько конве́ртов вы купи́ли в кио́ске? (10)

Exercise 30. Put the words given below in the genitive. Group them in three columns, as in the following table.

I	II	III
-ов	-(ь)ев	-ей
инжене́ров	геро́ев ли́стьев	това́рищей

Авто́бусы, уче́бники, врачи́, бра́тья, друзья́, словари́, студе́нты, преподава́тели, журна́лы, за́лы, дома́, города́, листы́, трамва́и, сту́лья, музе́и, университе́ты, экза́мены, шкафы́, этажи́, рубли́, портфе́ли, дни, языки́, биле́ты, вопро́сы, карандаши́, ножи́, плащи́, календари́, прои́грыватели, костю́мы, ме́сяцы, килогра́ммы, профессора́, писа́тели, зву́ки, заво́ды, телеви́зоры, магнитофо́ны.

Exercise 31. Answer the questions, as in the model.

Model: — Вы зна́ете, *ско́лько студе́нтов* в ва́шей гру́ппе?
— Да, я зна́ю, *ско́лько студе́нтов* в на́шей гру́ппе. В на́шей гру́ппе *семь студе́нтов*.

1. Вы зна́ете, ско́лько студе́нтов у́чится в ва́шем университе́те? 2. Вы зна́ете, ско́лько преподава́телей рабо́тает на ва́шем факульте́те? 3. Вы зна́ете, ско́лько враче́й рабо́тает в э́той поликли́нике? 4. Вы зна́ете, ско́лько столо́в и сту́льев в на́шей аудито́рии? 5. Вы зна́ете, ско́лько кла́ссов на э́том этаже́? 6. Вы зна́ете, ско́лько этаже́й в э́том зда́нии? 7. Вы зна́ете, ско́лько музе́ев в э́том го́роде?

Neuter		
Nominative	Genitive	Ending
слова́ о́кна чи́сла зда́ния моря́	мно́го	слов о́кон чи́сел зда́ний море́й	— — — — -ей

In the genitive plural of a number of words there appears an unstable vowel **o** or **e**.

Exercise 32. Put the words given below in the genitive. Group them in three columns, as in the following table.

	I	II	III
zero ending	unstable vowel **o** or **e**	**-ий**	**-ей**
мест	пи́сем о́кон	зда́ний	море́й

Слова́, кре́сла, упражне́ния, зада́ния, предложе́ния, оконча́ния, общежи́-тия, поля́, блю́да, тела́, я́блоки, сёла, озёра, зеркала́, дела́, пра́вила, чи́сла, одея́ла, ли́ца.

Exercise 33. Answer the questions, as in the model.

Model: — В э́том предложе́нии *четы́ре сло́ва?* (5)
— Нет, в э́том предложе́нии *пять слов.*

1. Вы написа́ли четы́ре письма́? (5) 2. Вы написа́ли четы́ре упражне́ния? (5) 3. В за́ле четы́ре окна́? (6) 4. В ко́мнате четы́ре кре́сла? (6) 5. На блю́де четы́ре я́блока? (5).

Feminine		
Nominative	Genitive	Ending
кни́ги	книг	—
по́лки	по́лок	—
ру́чки **мно́го**	ру́чек	—
ста́нции	ста́нций	—
пло́щади	площаде́й	**-ей**

Exercise 34. Put the words given below in the genitive. Group them in three columns, as in the following table.

	I	II	III
zero ending	unstable vowel **o** or **e**	**-ий**	**-ей**
стран	по́лок ру́чек	аудито́рий	двере́й

Кни́ги, ла́мпы, ру́чки, ле́кции, ста́нции, консульта́ции, опера́ции, поликли́ники, у́лицы, пло́щади, гости́ницы, апте́ки, ча́шки, ви́лки, де́вушки, таре́лки, копе́йки, столи́цы, библиоте́ки, до́чери, ма́тери, газе́ты, тетра́ди, ка́рты, конфе́ты, страни́цы, неде́ли, зада́чи, фа́брики.

Exercise 35. Answer the questions.

1. Ско́лько книг на ру́сском языке́ вы прочита́ли? 2. Ско́лько страни́ц в э́той кни́ге? 3. Ско́лько ко́мнат в ва́шей кварти́ре? 4. Ско́лько аудито́рий на э́том этаже́? 5. Ско́лько де́вушек у́чится в ва́шей гру́ппе? 6. Ско́лько оши́бок вы сде́лали в дикта́нте? 7. Ско́лько зада́ч мы должны́ реши́ть?

Exercise 36. Answer the questions. Write down the answers.

1. Ско́лько университе́тов в ва́шем го́роде? 2. Ско́лько факульте́тов в ва́шем университе́те? 3. Ско́лько групп на ва́шем факульте́те? 4. Ско́лько де́вушек в ва́шей гру́ппе? 5. Ско́лько ле́кций вы слу́шаете ка́ждый день? 6. Ско́лько у вас бу́дет экза́менов? 7. Ско́лько преподава́телей рабо́тает в ва́шей гру́ппе?

Exercise 37. Answer the questions.

1. Ско́лько часо́в вы занима́етесь ка́ждый день? (6) 2. Ско́лько часо́в вы спи́те? (8) 3. Ско́лько дней вы бы́ли в Москве́? (12) 4. Ско́лько ме́сяцев ваш друг изуча́л ру́сский язы́к? (8) 5. Ско́лько дней боле́л ваш това́рищ? (9) 6. Ско́лько дней вы чита́ли э́ту кни́гу?(3) 7. Ско́лько мину́т вы говори́ли по телефо́ну? (15) 8. Ско́лько лет вы учи́лись в шко́ле? (10)

Exercise 38. Answer the questions.

1. Ско́лько вре́мени вы занима́етесь ка́ждый день? (6, час) 2. Ско́лько вре́мени вы гото́вите дома́шнее зада́ние? (3, час) 3. Ско́лько вре́мени вы чита́ли э́ту кни́гу? (5, день) 4. Ско́лько вре́мени вы отдыха́ли в дере́вне? (10, день) 5. Ско́лько вре́мени он был в Москве́? (3, неде́ля) 6. Ско́лько вре́мени боле́л ваш това́рищ? (2, неде́ля) 7. Ско́лько вре́мени вы изуча́ете ру́сский язы́к? (6, ме́сяц) 8. Ско́лько вре́мени вы бу́дете отдыха́ть ле́том? (2, ме́сяц) 9. Ско́лько вре́мени ва́ша семья́ живёт в э́том го́роде? (20, год) 10. Ско́лько вре́мени вы у́читесь в университе́те? (3, год)

Exercise 39. Make up phrases, as in the model.

Model: буты́лка — молоко́, кефи́р
буты́лка молока́, буты́лка кефи́ра

1. буты́лка — вода́, сок, вино́, пи́во, ма́сло
2. стака́н — чай, ко́фе, молоко́, кефи́р, лимона́д, сок, вода́
3. килогра́мм — хлеб, ма́сло, мя́со, са́хар, соль, ры́ба, сыр, конфе́ты, я́блоки
4. кусо́к — хлеб, са́хар, торт, мя́со, ма́сло, сыр, мел, мы́ло

Exercise 40. Answer the questions.

Model: — Ско́лько сто́ит э́та кни́га? (1, рубль; 30, копе́йка)
— Э́та кни́га сто́ит *оди́н рубль три́дцать копе́ек.*

1. Ско́лько сто́ит стака́н со́ка? (18, копе́йка) 2. Ско́лько сто́ит стака́н фрукто́вой воды́? (4, копе́йка) 3. Ско́лько сто́ит па́чка сигаре́т? (40, копе́йка) 4. Ско́лько сто́ит па́чка конве́ртов? (60, копе́йка) 5. Ско́лько сто́ит буты́лка молока́? (30, копе́йка) 6. Ско́лько сто́ит буты́лка пи́ва? (50, копе́йка) 7. Ско́лько сто́ит килогра́мм бе́лого хле́ба? (28, копе́йка) 8. Ско́лько сто́ит килогра́мм са́хара? (1, рубль; 4, копе́йка) 9. Ско́лько сто́ит коро́бка конфе́т? (4, рубль; 20, копе́йка)

Exercise 41. Ask the price of these things and answer the questions.

Model: — Ско́лько сто́ит ма́рка?
— Ма́рка сто́ит *пять копе́ек.*

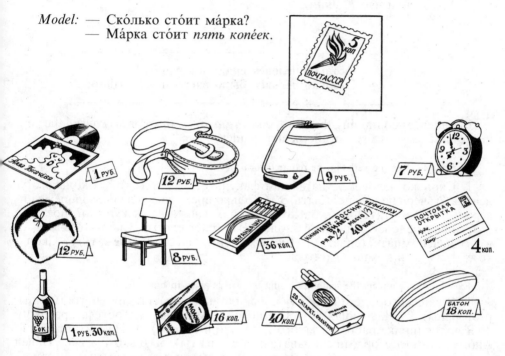

Exercise 42. Answer the questions.

Model: — Вы зна́ете, *ско́лько сто́ит* э́та ру́чка? (2, рубль)
— Да, (я) зна́ю, (*ско́лько сто́ит* э́та ру́чка.) Она́ сто́ит *два рубля́.*

1. Вы зна́ете, ско́лько сто́ит э́та кни́га? (2, рубль; 40, копе́йка) 2. Вы зна́ете, ско́лько сто́ит э́та тетра́дь? (12, копе́йка) 3. Вы зна́ете, ско́лько сто́ит э́тот слова́рь? (4, рубль) 4. Вы не зна́ете, ско́лько сто́ит э́тот костю́м? (76, рубль) 5. Вы не зна́ете, ско́лько сто́ит э́то пальто́? (90, рубль) 6. Вы зна́ете, ско́лько сто́ят э́ти лы́жи? (16, рубль) 7. Вы зна́ете, ско́лько сто́ят э́ти брю́ки? (19, рубль)

Exercise 43. Make up questions to which the following sentences are the answers and write them down.
1. — ...?
— У нас в гру́ппе *10 студе́нтов.*

2. — ...?
— Я изуча́ю ру́сский язы́к *5 ме́сяцев.*
3. — ...?
— Мы живём в э́том го́роде *10 лет.*
4. — ...?
— А́нна взяла́ в библиоте́ке *2 кни́ги.*
5. — ...?
— Я чита́л э́ту кни́гу *2 ра́за.*
6. — ...?
— Мы жда́ли вас *15 мину́т.*

— **Ско́лько челове́к сиди́т** в ко́мнате?
— **Ско́лько челове́к бы́ло** вчера́ на собра́нии?

In sentences containing the word *мно́го, ма́ло, ско́лько* or *не́сколько* the verb in the past tense is used in the neuter gender.

Exercise 44. Use the verbs in the required form.

1. Ско́лько челове́к ... на ва́шем факульте́те? (учи́ться) 2. Ско́лько студе́нтов ... вчера́ на ве́чере? (быть) 3. Ско́лько преподава́телей ... в на́шем университе́те? (рабо́тать) 4. Ско́лько челове́к ... за́втра на экску́рсию? (пое́хать) 5. Ско́лько челове́к ... в на́шей библиоте́ке? (рабо́тать) 6. Ско́лько челове́к ... в сосе́дней ко́мнате? (сиде́ть) 7. Ско́лько книг ... на столе́? (лежа́ть) 8. Ско́лько сту́льев ... в ко́мнате? (стоя́ть)

Exercise 45. Complete the sentences, using the words given in brackets.

1. В на́шем го́роде мно́го ... (у́лицы, пло́щади, теа́тры, музе́и, гости́ницы, рестора́ны). 2. На у́лицах го́рода мно́го ... (маши́ны, авто́бусы, трамва́и). 3. В поликли́нике рабо́тает мно́го ... (врачи́ и сёстры). 4. На ми́тинге бы́ло мно́го ... (профессора́, преподава́тели и студе́нты). 5. В э́том ме́сяце Па́вел получи́л не́сколько ... (пи́сьма, откры́тки, посы́лки и телегра́ммы). 6. Ми́ша взял в библиоте́ке не́сколько ... (уче́бники, кни́ги и журна́лы). 7. Я купи́л в кио́ске не́сколько ... (тетра́ди, блокно́ты, конве́рты и ма́рки).

Exercise 46. Complete the sentences, using the words given on the right.

1. У меня́ мно́го	бра́тья, сёстры, друзья́ и това́рищи
2. Друзья́ подари́ли мне не́сколько	кни́ги и пласти́нки
3. В э́том го́роде мно́го	па́рки, сады́ и бульва́ры
4. В на́шем университе́те мно́го	за́лы, аудито́рии, кабине́ты, лаборато́рии
5. На э́той у́лице ма́ло	дере́вья и цветы́
6. В э́том райо́не мно́го	заво́ды и фа́брики
7. Ка́ждое у́тро мы получа́ем мно́го	газе́ты, журна́лы, пи́сьма, откры́тки, телегра́ммы

Exercise 47. Complete the sentences, using the words given on the right.

1. В магази́не я купи́л немно́го ... .
2. В холоди́льнике есть немно́го ... .
3. В морско́й воде́ мно́го ... .
4. У нас в стране́ мно́го ... .
5. В э́том райо́не гео́логи нашли́ мно́го ... .

мя́со, ры́ба и хлеб
молоко́ и кефи́р
соль
желе́зо и у́голь
зо́лото и нефть

Exercise 48. Complete the sentences, using the words given in brackets.

1. В на́шей стране́ мно́го ... (города́). 2. В э́том райо́не мно́го ... (у́голь). 3. В э́том году́ я посмотре́л мно́го ... (фи́льмы). 4. На вы́ставке мне понра́вилось не́сколько ... (карти́ны). 5. Ско́лько ... (киломе́тры) тури́сты шли пешко́м? 6. В э́том году́ зимо́й бы́ло ма́ло ... (снег). 7. На уро́ке матема́тики мы реши́ли не́сколько ... (зада́чи). 8. Сейча́с у меня́ ма́ло ... (вре́мя). 9. Сего́дня я купи́л немно́го ... (мя́со, ма́сло, са́хар, хлеб и фру́кты).

Exercise 49. Read the text, using the required forms of the words given in brackets.

Моско́вское метро́

Ста́нции метро́ открыва́ются в 6 (час) утра́ и закрыва́ются в 1 (час) но́чи. Поезда́ подхо́дят че́рез 90 (секу́нда). От одно́й ста́нции до друго́й по́езд идёт 2—3 (мину́та). Ле́том в метро́ 20 (гра́дус) тепла́, а зимо́й — 16—18 (гра́дус) тепла́, поэ́тому ле́том в метро́ прохла́дно, а зимо́й — тепло́.

Сре́дняя ско́рость поездо́в — 60 (киломе́тр) в час, вы́сшая ско́рость — 90 (киломе́тр) в час. За день поезда́ метро́ перево́зят 6,5 (миллио́н) пассажи́ров.

Пе́рвую ли́нию метро́ в Москве́ постро́или в 1935 году́. На пе́рвой ли́нии бы́ло 10 (ста́нция). В 1988 году́ в Моско́вском метро́ бы́ло 130 (ста́нция).

Adjectives and Possessive Pronouns in the Genitive Plural

В э́том го́роде мно́го	но́вых домо́в. краси́вых зда́ний. широ́ких у́лиц.

Exercise 50. Answer the questions.

1. В ва́шей стране́ мно́го больши́х городо́в?
2. В ва́шем го́роде мно́го краси́вых у́лиц?
3. На э́той у́лице мно́го высо́ких зда́ний?
4. В на́шей библиоте́ке мно́го ру́сских книг?
5. Вы ви́дели мно́го сове́тских фи́льмов?
6. У вас мно́го знако́мых студе́нтов в университе́те?
7. У ва́шего дру́га мно́го иностра́нных ма́рок?

Exercise 51. Insert the words given in brackets. Answer the questions, using the words *много, ма́ло, не́сколько*.

1. Ско́лько ... (ру́сские кни́ги) в на́шей библиоте́ке? 2. Ско́лько ... (иностра́нные языки́) вы зна́ете? 3. Ско́лько ... (молоды́е преподава́тели) рабо́тает в на́шем университе́те? 4. Ско́лько ... (сре́дние шко́лы и де́тские сады́) в ва́шем го́роде? 5. Ско́лько ... (но́вые дома́) на э́той у́лице? 6. Ско́лько ... (ру́сские пе́сни) вы зна́ете?

Сего́дня в кио́ске **бы́ли** францу́зские газе́ты.
Сего́дня в кио́ске **не́ было францу́зских газе́т.**

За́втра в кио́ске **бу́дут** францу́зские газе́ты.
За́втра в кио́ске **не бу́дет францу́зских газе́т.**

Exercise 52. Answer the questions in the negative.

Model. — В кио́ске есть вчера́шние газе́ты?
— В кио́ске *нет вчера́шних газе́т.*

1. В э́том го́роде есть истори́ческие па́мятники?
2. На э́той пло́щади есть высо́кие зда́ния?
3. На э́той у́лице есть больши́е магази́ны?
4. В кио́ске есть сове́тские газе́ты?
5. В за́ле есть свобо́дные места́?
6. В э́том уче́бнике есть тру́дные упражне́ния?
7. В э́том те́ксте есть незнако́мые слова́?

Exercise 53. Complete the sentences, as in the model.

Model: У вас есть биле́ты в теа́тр, а у нас *нет биле́тов в теа́тр.*

1. У меня́ есть сове́тские ма́рки, а у моего́ бра́та... 2. У Па́вла есть това́рищи в университе́те, а у Ви́ктора... 3. У Ни́ны есть бли́зкие друзья́ в Москве́, а у Ли́ды... 4. У меня́ есть ста́ршие бра́тья, а у него́... 5. У вас бу́дут за́втра экза́мены, а у нас... 6. У них бы́ли вчера́ уро́ки, а у нас... 7. В кио́ске есть э́ти журна́лы, а в магази́не... 8. В магази́не бы́ли а́нгло-ру́сские словари́, а в кио́ске... 9. В суббо́ту у меня́ бу́дет свобо́дное вре́мя, а у них...

Exercise 54. Answer the questions.

1. У вас есть магнитофо́н? 2. У него́ есть телефо́н? 3. Сего́дня у вас была́ ле́кция по литерату́ре? 4. Сего́дня у вас был уро́к исто́рии? 5. У них был экза́мен по ру́сскому языку́? 6. В э́том зда́нии есть спорти́вный зал? 7. В библиоте́ке есть ру́сские и сове́тские кни́ги? 8. В кио́ске есть иностра́нные журна́лы? 9. У вас есть друзья́ в Москве́? 10. У вас есть знако́мые студе́нты в Моско́вском университе́те? 11. У него́ есть роди́тели? 12. У неё есть мла́дшие бра́тья и сёстры?

The Genitive Denoting Possession

— **Чей** э́то портфе́ль?
— Это портфе́ль **на́шего преподава́теля.**
— **Чья** кни́га лежи́т на столе́?
— На столе́ лежи́т кни́га **на́шей студе́нтки Анны.**

Exercise 55. Answer the questions, using the words given on the right.

Model: — *Чей* э́то каранда́ш?
— Это каранда́ш *Андре́я.*

1. Чья э́то ко́мната?	сестра́
2. Чьё э́то кре́сло?	оте́ц
3. Чей э́то портре́т?	мать
4. Чьи э́то кни́ги?	Анна
5. Чья маши́на стои́т о́коло до́ма?	Игорь
6. Чей брат рабо́тает в теа́тре?	Мари́я
7. Чья сестра́ у́чится в университе́те?	Бори́с
8. Чьи роди́тели живу́т в Пари́же?	Жан
9. Чей друг у́чится в Москве́?	Ни́на

Exercise 56. Complete the sentences, using the words given on the right.

1. Это ко́мната	мой ста́рший брат
2. Это велосипе́д	наш сосе́д
3. Это маши́на	наш но́вый врач
4. Это кабине́т	наш профе́ссор
5. Это газе́та	на́ша преподава́тельница
6. Это магнитофо́н	оди́н мой това́рищ
7. Это фотоаппара́т	моя́ мла́дшая сестра́

Exercise 57. Ask questions and answer them.

Model:  (мой брат Серге́й)

— Чей э́то велосипе́д?
— Это велосипе́д моего́ бра́та Серге́я.

1. (наш профе́ссор Никола́й Петро́вич)

2.  (мой оте́ц)

133

3. (мой сын Ди́ма)   4. (на́ша сосе́дка Ни́на Ива́новна)

5. (наш де́душка)   6. (моя́ сестра́ Мари́на)

7.  (наш врач Влади́мир Па́влович)

Exercise 58. Answer the questions, using the words given on the right.

Model: — Это твоя́ газе́та? | Бори́с

— Нет, э́то газе́та *Бори́са.*

1. Это твои́ лы́жи?	мой мла́дший брат
2. Это твой прои́грыватель?	мой това́рищ
3. Это твои́ пласти́нки?	одна́ знако́мая де́вушка
4. Это ваш плащ?	мой друг Серге́й
5. Это ва́ша ко́мната?	моя́ ста́ршая сестра́ Ли́да

Exercise 59. Answer the questions, as in the model. Write down the answers.

Model: — Это ва́ши кни́ги? | други́е студе́нты

— Нет (это не на́ши кни́ги), э́то кни́ги *други́х студе́нтов.*

1. Это ва́ша ко́мната?	мои́ роди́тели
2. Это ва́ша маши́на?	на́ши сосе́ди
3. Это ваш магнитофо́н?	мои́ друзья́
4. Это ва́ши кни́ги?	на́ши преподава́тели
5. Это ва́ши пласти́нки?	мои́ това́рищи
6. Это ва́ши ве́щи?	мои́ мла́дшие бра́тья

Exercise 60. Answer the questions, using the words given in brackets.

Model: — *Чья* газе́та лежи́т на столе́? (наш преподава́тель)
— На столе́ лежи́т газе́та *на́шего преподава́теля.*

1. Чей уче́бник лежи́т на столе́? (наш студе́нт Бори́с) 2. Чьи тетра́ди лежа́т на столе́? (на́ши студе́нты и на́ша преподава́тельница) 3. Чья маши́на

сто́ит на у́лице? (наш профе́ссор) 4. Чей велосипе́д сто́ит в коридо́ре? (на́ши сосе́ди) 5. Чью кни́гу вы нашли́ в аудито́рии? (одна́ на́ша студе́нтка) 6. Чей слова́рь вы взя́ли? (оди́н наш студе́нт)

Exercise 61. Answer the questions, using the words given in brackets. Write down the answers.

1. Чьи пе́сни вы слу́шали по ра́дио? (оди́н молодо́й сове́тский компози́тор) 2. Чей рома́н вы чита́ете? (изве́стный ру́сский писа́тель) 3. Чью статью́ вы переводи́ли? (изве́стный сове́тский фи́зик) 4. Чья вы́ставка откры́лась в До́ме худо́жника? (молоды́е грузи́нские худо́жники) 5. Чьи стихи́ вы переводи́ли? (совреме́нные испа́нские поэ́ты) 6. Чьи рису́нки вы ви́дели на вы́ставке? (сове́тские шко́льники)

Exercise 62. Make up questions to which the following sentences are the answers.

1. — ...?
— На столе́ лежа́т ве́щи *моего́ дру́га*.
2. — ...?
— У нас в гостя́х бы́ли роди́тели *Джо́на*.
3. — ...?
— Внизу́ сто́ит маши́на *на́шего ста́рого профе́ссора*.
4. — ...?
— У меня́ в ко́мнате виси́т фотогра́фия *мое́й ма́тери*.
5. — ...?
— Преподава́тель чита́ет рабо́ты *студе́нтов*.

The Adnominal Genitive

— Что э́то?
— Это **зда́ние на́шего университе́та**.
— Кто э́то?
— Это наш **преподава́тель исто́рии**.

Exercise 63. Make up phrases, as in the model.

Model: ре́ктор ... (университе́т, институ́т)
ре́ктор университе́та, институ́та

1. дире́ктор ... (заво́д, фа́брика, цирк, шко́ла, Большо́й теа́тр, кни́жный магази́н)
2. а́втор ... (рома́н, расска́з, уче́бник, кни́га, пе́сня, му́зыка)
3. преподава́тель ... (фи́зика, матема́тика, литерату́ра, исто́рия, геогра́фия, ру́сский язы́к, иностра́нный язы́к)

Exercise 64. Complete the sentences.

1. Мы слу́шали лекцию ... (наш профе́ссор).
докла́д ... (изве́стный кри́тик).
выступле́ние ... (наш хор).
объясне́ние ... (наш преподава́тель).
отве́ты ... (на́ши студе́нты).

2. Я читаю письмо ... (мой школьный друг).
           записку ... (мой университетский товарищ).
           сочинение ... (наш новый студент).
3. Мне нравятся песни ... (этот композитор).
                романы ... (этот русский писатель).
                стихи ... (один молодой поэт).
                картины ... (один неизвестный художник).
                фильмы ... (этот советский режиссёр).

Exercise 65. Complete the sentences, using the words given on the right.

1. Вы помните фамилию ...? | эта студентка, этот студент, этот писатель, эта артистка, этот человек
2. Вы помните название ...? | этот журнал, эта газета, эта книга, этот фильм, эта улица, эта площадь
3. Вы видели новое здание ...? | наш университет, этот музей, наша библиотека, наше общежитие

Exercise 66. Change the sentences, as in the model.

Model: Антон учится в Киевском политехническом институте. Он учится на механическом факультете. Он на пятом курсе. (студент)
Антон—студент пятого курса механического факультета Киевского политехнического института.

1. Джон учится в Московском университете. Он учится на физическом факультете. Он учится на четвёртом курсе. (студент)
2. Анна учится в педагогическом институте. Она учится на историческом факультете. Она на втором курсе. (студентка)
3. Нина учится в музыкальной школе. Она учится в седьмом классе. (ученица)
4. Валерий учится в математической школе. Он учится в восьмом классе. (ученик)

Exercise 67. Answer the questions.

1. Ваши друзья были на вечере русской песни? 2. Вы купили новый учебник русского языка? 3. Вам нравится музыка современных композиторов? 4. Вы видели новое здание Московского университета? 5. Вы знаете, где находится магазин советской книги? 6. Вы слушаете лекции по истории русской литературы? 7. Вы были на выставке русской живописи?

Exercise 68. Answer the questions, using the words given on the right.

Model: — *Какие студенты* были на экскур- | первый курс
сии?
— На экскурсии были *студенты первого курса.*

1. Какие рассказы вы читаете? | русские и советские писатели
2. На какой выставке вы были? | современные французские художники
3. На каком концерте вы были в субботу? | ленинградский симфонический оркестр

136

4. Каки́е студе́нты е́здили в про́шлом году́ | ста́ршие ку́рсы
в Москву́?
5. Каку́ю статью́ вы чита́ете? | наш профе́ссор исто́рии
6. Каки́е стихи́ вы чита́ете? | болга́рские поэ́ты

Exercise 69. Complete the sentences, using the words given on the right.

1. Кремль нахо́дится в це́нтре ... . | го́род
2. Ле́том мы отдыха́ли на берегу́ ... . | Чёрное мо́ре
3. Го́сти осмотре́ли лаборато́рии ... . | Моско́вский университе́т
4. Мне де́лал опера́цию гла́вный врач ... . | городска́я больни́ца
5. В на́шем го́роде выступа́ли арти́сты ... . | моско́вский цирк
6. Я люблю́ му́зыку ... . | э́тот компози́тор
7. Преподава́тель показа́л нам фотогра́фии ... . | его́ ста́рые студе́нты

Exercise 70. Make up sentences, as in the model.

Model: Софи́я — Болга́рия
Софи́я — столи́ца Болга́рии.

1. Пари́ж — Фра́нция.   2. Варша́ва — По́льша.   3. Осло — Норве́гия.
4. Пра́га — Чехослова́кия. 5. Отта́ва — Кана́да. 6. То́кио — Япо́ния. 7. Ве́на — А́встрия.   8. Ло́ндон — Англия.   9. Рим — Ита́лия.   10. Москва́ — Сове́тский Сою́з.

Exercise 71. Make up sentences, as in the model, and write them down.

Model: Ки́ев — Украи́на.
Ки́ев — столи́ца Украи́ны.

1. Минск — Белору́ссия. 2. Кишинёв — Молда́вия. 3. Ерева́н — Арме́ния.
4. Тбили́си — Гру́зия.   5. Баку́ — Азербайджа́н.   6. Ашхаба́д — Туркме́ния.
7. Фру́нзе — Кирги́зия.   8. Душанбе́ — Таджикиста́н.   9. Ташке́нт — Узбекиста́н. 10. Алма-Ата́ — Казахста́н. 11. Ри́га — Ла́твия. 12. Та́ллин — Эсто́ния. 13. Ви́льнюс — Литва́.

The Genitive with the Comparative Degree

Я ста́рше Ви́ктора.
Па́вел **вы́ше своего́ бра́та**.
Ва́ша ру́чка **лу́чше мое́й (ру́чки)**.

Exercise 72. Complete the sentences, as in the model.

Model: Проспе́кт ши́ре ... (у́лица).
Проспе́кт *ши́ре у́лицы.*

1. Мой оте́ц ста́рше ... (мать). 2. Мой брат вы́ше ... (оте́ц). 3. Ле́на моло́же ... (Бори́с). 4. Ва́ша семья́ бо́льше ... (на́ша семья́). 5. Наш дом бо́льше ... (ваш дом). 6. Зима́ в Москве́ холодне́е ... (зима́) в Ленингра́де. 7. Ва́ша рабо́та интере́снее ... (моя́ рабо́та). 8. Второ́е упражне́ние бы́ло трудне́е ... (пе́рвое упражне́ние). 9. Мэ́ри зна́ет ру́сский язы́к лу́чше ... (други́е студе́нты). 10. Бори́с бе́гает быстре́е ... (все на́ши спортсме́ны).

MEMORISE!

тру́дный — трудне́е
бы́стрый — быстре́е
ста́рший — ста́рше
молодо́й — моло́же
дорого́й — доро́же
хоро́ший — лу́чше
плохо́й — ху́же

Exercise 73. Change the sentences, as in the model, and write them down.

Model: Наш го́род бо́льше, чем сосе́дний го́род.
Наш го́род *бо́льше сосе́днего го́рода.*

1. Анна ста́рше, чем её брат. 2. Мой друг говори́т по-ру́сски лу́чше, чем я. 3. Я чита́ю по-ру́сски ме́дленнее, чем ты. 4. Это упражне́ние коро́че, чем пе́рвое упражне́ние. 5. Биле́ты в теа́тр доро́же, чем биле́ты в кино́. 6. На́ша у́лица краси́вее, чем сосе́дняя. 7. Сего́дняшняя ле́кция интере́снее, чем вчера́шняя.

The Genitive Denoting Dates

— **Како́е** сего́дня **число́?**
— Сего́дня **пе́рвое января́ ты́сяча девятьсо́т во́семьдесят девя́того го́да.**

Exercise 74. Read the dates and write them down in figures.

1. Два́дцать второ́е января́ ты́сяча девятьсо́т пятьдеся́т девя́того го́да. 2. Пятна́дцатое ма́я ты́сяча девятьсо́т се́мьдесят второ́го го́да. 3. Тре́тье сентября́ ты́сяча девятьсо́т шестьдеся́т седьмо́го го́да. 4. Девя́тое октября́ ты́сяча девятьсо́т со́рок восьмо́го го́да. 5. Три́дцать пе́рвое ию́ля ты́сяча девятьсо́т во́семьдесят восьмо́го го́да.

Exercise 75. Read the following dates.

1/I 1938; 30/VII 1961; 28/II 1941; 12/V 1921; 24/IX 1947; 19/VI 1914; 9/XII 1909; 13/IV 1971; 11/I 1979; 15/III 1988

The Genitive Denoting Time

— **Когда́** он роди́лся?
— Он роди́лся **двадца́того января́ ты́сяча девятьсо́т шестьдеся́т пя́того го́да.**
— **Когда́** это произошло́?
— Это произошло́ **второ́го ма́рта ты́сяча восьмисо́т се́мьдесят второ́го го́да.**

138

Exercise 76. Answer the questions, using the words given in brackets. Write down the answers.

1. Когда́ откры́ли пе́рвую ли́нию метро́ в Москве́? (15, май, 1935) 2. Когда́ зако́нчилась втора́я мирова́я война́? (2, сентя́брь, 1945) 3. Когда́ был пе́рвый полёт челове́ка в ко́смос? (12, апре́ль, 1961) 4. Когда́ произошла́ Вели́кая Октя́брьская социалисти́ческая револю́ция? (7, ноя́брь, 1917) 5. Когда́ роди́лся А. С. Пу́шкин? (6, ию́нь, 1799)

Exercise 77. A. Read the text.

Моя́ биогра́фия

Меня́ зову́т Вади́м Петро́в. Я роди́лся в Ленингра́де в а́вгусте 1969 го́да. В сентябре́ 1976 го́да, когда́ мне бы́ло семь лет, я поступи́л в шко́лу. В нача́ле 1982 го́да на́ша семья́ перее́хала в Москву́. В 1986 году́ я око́нчил шко́лу и поступи́л в инжене́рно-строи́тельный институ́т. Сейча́с я учу́сь на второ́м ку́рсе. Я око́нчу институ́т в 1991 году́.

B. Answer the questions.

1. Когда́ роди́лся Вади́м?
2. Когда́ он поступи́л в шко́лу?
3. Когда́ он око́нчил шко́лу?
4. Когда́ их семья́ перее́хала в Москву́?
5. Когда́ Вади́м око́нчит институ́т?

Exercise 78. A. Tell about yourself by answering these questions.

В како́м году́ вы роди́лись? Когда́ поступи́ли в шко́лу и когда́ око́нчили её? Когда́ на́чали рабо́тать? В како́м году́ поступи́ли в университе́т? Когда́ на́чали изуча́ть ру́сский язы́к?

B. Write down your story.

— **Когда́** мы мо́жем поговори́ть? — Мы мо́жем поговори́ть	**до рабо́ты.** **во вре́мя рабо́ты.** **по́сле рабо́ты.**

Exercise 79. Make up sentences antonymous to those below.

Model: Студе́нт пришёл *по́сле звонка́.*
Студе́нт пришёл *до звонка́.*

1. Я чита́ю газе́ты *до за́втрака.* 2. Мы смотре́ли телеви́зор *по́сле у́жина.* 3. Оте́ц чита́ет газе́ты *по́сле рабо́ты.* 4. Я не ви́дел его́ *по́сле экза́мена.* 5. Я до́лжен пить лека́рство *по́сле обе́да.* 6. Андре́й вошёл в аудито́рию *по́сле звонка́.*

— **Ско́лько вре́мени** он был в институ́те?   — Он был в институ́те **с утра́ до ве́чера.**   — Он был в институ́те **с оди́ннадцати часо́в утра́ до пяти́ часо́в ве́чера.**

Exercise 80. Complete the sentences.

Model: — Я рабо́таю с ... до .... (10, у́тро; 4, день)
      — Я рабо́таю *с 10 часо́в утра́ до 4 часо́в дня.*

1. Студе́нты занима́ются с ... до	9, у́тро; 3, день
2. Кни́жные магази́ны рабо́тают с ... до	10, у́тро; 7, ве́чер
3. Моско́вское метро́ рабо́тает с ... до	6, у́тро; 1, ночь
4. Чита́льный зал откры́т с ... до	9, у́тро; 9, ве́чер
5. Спекта́кли в теа́трах иду́т с ... до	7, ве́чер; 11, ве́чер

Exercise 81. Read the questions and answer them. Write down the answers (they should form a story on the subject "My Day").

1. Когда́ вы встаёте? 2. Что вы де́лаете до за́втрака? 3. Когда́ вы обы́чно за́втракаете? 4. Когда́ вы выхо́дите из до́ма? 5. Как вы е́дете до университе́та? 6. Когда́ вы прихо́дите в университе́т? 7. В каки́е часы́ вы занима́етесь в университе́те? 8. Когда́ у вас конча́ются ле́кции? 9. Что вы де́лаете по́сле ле́кций? 10. Куда́ вы идёте по́сле ле́кций? 11. Что вы де́лаете по́сле обе́да? 12. Где вы обы́чно занима́етесь? 13. Ско́лько вре́мени вы гото́вите дома́шнее зада́ние? 14. Что вы де́лаете по́сле у́жина? 15. Где вы быва́ете ве́чером? 16. Когда́ вы ложи́тесь спать?

Exercise 82. Answer the questions. Write down the answers (they should form a story on the subject "The Winter Holidays").

1. С како́го и до како́го числа́ у студе́нтов быва́ют зи́мние кани́кулы? 2. Что обы́чно де́лают студе́нты во вре́мя кани́кул? 3. Где вы прово́дите ва́ши кани́кулы? 4. Куда́ вы е́здили во вре́мя кани́кул? 5. Что вы де́лали в э́то вре́мя? 6. Что вы ви́дели во вре́мя кани́кул? 7. Кака́я пого́да была́ в э́то вре́мя? 8. Вы бы́ли в теа́трах во вре́мя кани́кул? 9. В како́м теа́тре вы бы́ли? 10. Что вы ви́дели в теа́тре? 11. Ско́лько раз вы бы́ли в кино́? 12. Каки́е фи́льмы вы посмотре́ли в э́то вре́мя? 13. Как вы отдохну́ли во вре́мя кани́кул?

The Genitive with the Prepositions
из and с Denoting Direction

Бори́с пришёл **из клу́ба**.
Бори́с пришёл **с конце́рта**.

Exercise 83. Complete the sentences.

1. Шко́льники иду́т из шко́лы, ... (класс, теа́тр, музе́й, парк, библиоте́ка, лаборато́рия, сад, клуб, кинотеа́тр).

2. На́ша библиоте́ка получа́ет кни́ги из Фра́нции, ... (Ита́лия, Шве́ция, Австрия, Япо́ния, Ве́нгрия, Сове́тский Сою́з, Кана́да, Алжи́р).

3. Э́ти студе́нты прие́хали из Пари́жа, ... (Ло́ндон, Рим, Варша́ва, Москва́, Белгра́д, Брюссе́ль, Пра́га).

Exercise 84. Complete the sentences.

1. Студе́нты иду́т с ле́кции, ... (экза́мен, консульта́ция, собра́ние, ми́тинг, экску́рсия, ве́чер, конце́рт, бале́т, спекта́кль, вы́ставка).
2. Э́ти лю́ди иду́т с заво́да, ... (фа́брика, вокза́л, ста́нция, стадио́н, по́чта).

Где?	Куда́?	Отку́да?
в магази́не	**в** магази́н	**из** магази́на
на рабо́те	**на** рабо́ту	**с** рабо́ты

Exercise 85. Do the exercise as shown in the model.

Model: Мы бы́ли *в теа́тре.*   Оте́ц был *на рабо́те.*
Мы пришли́ *из теа́тра.*   Оте́ц пришёл *с рабо́ты.*

1. Брат был в шко́ле. 2. Мать была́ в поликли́нике. 3. Шко́льники бы́ли в бассе́йне. 4. Студе́нты бы́ли в библиоте́ке. 5. Ви́ктор и А́нна бы́ли на конце́рте. 6. Де́ти бы́ли в па́рке. 7. Мы бы́ли на вы́ставке.

Exercise 86. Complete the sentences.

Model: Мы бы́ли *в теа́тре на бале́те.*
Мы пришли́ *из теа́тра с бале́та.*

1. Они́ бы́ли *в клу́бе на конце́рте.* Они́ уже́ пришли́ ... . 2. Мы бы́ли *в за́ле на собра́нии.* Мы ушли́ ... . 3. Ле́том студе́нты е́здили *в Белору́ссию на пра́ктику.* В а́вгусте они́ верну́лись ... . 4. Мы ходи́ли *в шко́лу на экску́рсию.* Мы то́лько что пришли́ ... . 5. Мой брат сейча́с *на рабо́те в больни́це.* Обы́чно он прихо́дит ... в 6 часо́в ве́чера. 6.— Вы до́лго бы́ли вчера́ *в клу́бе на ве́чере?*— Да, мы по́здно пришли́ ... .

— **Отку́да** вы прие́хали?
— Я прие́хал **из Ки́ева.**

Exercise 87. Answer the questions, using the words given on the right.

Model: — *Отку́да* прие́хал ваш това́рищ? | Ленингра́д
— Он прие́хал *из Ленингра́да.*

1. Отку́да прие́хали ва́ши друзья́?	Ри́га и Та́ллин
2. Отку́да пришли́ ва́ши роди́тели?	конце́рт
3. Отку́да иду́т шко́льники?	экску́рсия
4. Отку́да прие́хала ва́ша сестра́?	да́ча
5. Отку́да вы идёте?	университе́т
6. Отку́да они́ иду́т?	рабо́та

Exercise 88. Make up questions to which the following sentences are the answers and write them down.

1. — ...?
   — Мы идём *из театра.*
2. — ...?
   — Мы приехали *из Советского Союза.*
3. — ...?
   — Эта делегация приехала *из Мексики.*
4. — ...?
   — Вчера я получил письмо *с родины.*
5. — ...?
   — Мои родители приехали *из санатория.*

	Где?	Куда?	Откуда?
	Prepositional	Accusative	Genitive
Masculine	в городе на стадионе	в город на стадион	из города со стадиона
Neuter	в общежитии на собрании	в общежитие на собрание	из общежития с собрания
Feminine	в библиотеке на родине на площади	в библиотеку на родину на площадь	из библиотеки с родины с площади

Exercise 89. Answer the questions, as in the model.

Model: *Где* Павел *был* вчера?   клуб, вечер
Куда он *ходил?*
Откуда он *пришёл?*

Вчера Павел *был в клубе на вечере.*
Он ходил *в клуб на вечер.*
Он пришёл *из клуба с вечера.*

1. Куда Анна и Борис ездили вчера?   соседний город
   Где они были вчера?
   Откуда они приехали так поздно?
2. Куда вы идёте?   историческая библиотека
   Где вы были?
   Откуда вы идёте?
3. Куда ты ездил в прошлом году?   Советский Союз
   Где ты отдыхал летом?
   Откуда ты приехал?

4. Куда́ студе́нты ходи́ли у́тром?   медици́нский институ́т,
Где они́ бы́ли?   ле́кция
Отку́да они́ иду́т сейча́с?
5. Куда́ ходи́ла вчера́ ва́ша гру́ппа?   экску́рсия, шко́ла
Где вы бы́ли вчера́?
Отку́да вы прие́хали так по́здно?
6. Куда́ студе́нты е́здили в про́шлом году́?   большо́й хими́ческий заво́д,
Где они́ бы́ли?   пра́ктика
Отку́да они́ прие́хали в а́вгусте?
7. Куда́ ходи́л Ми́ша?   Большо́й теа́тр, бале́т
Где он был?
Отку́да он идёт?
8. Куда́ пое́дет ваш друг ле́том?   Шотла́ндия, ма́ленькая дере́вня
Где жил ра́ньше ваш друг?
Отку́да он получа́ет пи́сьма?

Exercise 90. Complete the sentences, as in the model.

Model: Письмо́ лежа́ло *в кни́ге.*
Я взял письмо́ *из кни́ги.*

1. Бума́га лежи́т *в мое́й па́пке.* Возьми́ бума́гу ... . 2. Фотогра́фии лежа́т *в конве́рте.* Возьми́ их ... . 3. Ма́рки лежа́ли *в тетра́ди.* Кто взял ма́рки ...? 4. Журна́л лежа́л *на столе́.* Кто взял журна́л ...? 5. Кни́га стоя́ла *на по́лке.* Кто взял кни́гу ...? 6. Магнитофо́н стои́т *в лаборато́рии.* Принеси́те его́ ... . 7. Табли́цы вися́т *на стене́.* Сними́те их ... . 8. Молоко́ стои́т *в холоди́льнике.* Возьми́ его́ ... . 9. Газе́ты лежа́т *в почто́вом я́щике.* Доста́нь их ... .

Exercise 91. Complete the sentences, using the words given on the right.

Model: Я положи́л де́ньги *в карма́н.*
Де́ньги лежа́т *в карма́не.*
Я вы́нул де́ньги *из карма́на.*

1. Я положи́л письмо́ ... . Письмо́ лежа́ло ... . Я вы́нул письмо́ ... .   конве́рт
2. Я положи́л ве́щи ... . Ве́щи лежа́ли ... . Я вы́нул ве́щи ... .   чемода́н
3. Я кладу́ тетра́ди и кни́ги ... . Тетра́ди и кни́ги лежа́т ... . Я вы́нул тетра́ди и кни́ги ... .   портфе́ль
4. Студе́нт пове́сил ка́рту ... . Ка́рта виси́т ... . Студе́нт снял ка́рту ... .   стена́
5. Мы ве́шаем оде́жду ... . Оде́жда виси́т ... . Мы берём оде́жду ... .   шкаф
6. Я поста́вил ла́мпу ... . Ла́мпа стои́т ... . Возьми́те ла́мпу ... .   стол

The Genitive with the Preposition y

— **У кого́** вы бы́ли вчера́?
— Вчера́ я был **у одного́ своего́ това́рища.**

Exercise 92. Answer the questions, using the words given on the right. Write down the answers.

Model: — У кого́ вы бы́ли вчера́? | зубно́й врач
— Вчера́ я был *у зубно́го врача́.*

1. У кого́ вы бы́ли в суббо́ту?	мой шко́льный това́рищ
2. У кого́ был ваш това́рищ?	наш профе́ссор
3. У кого́ была́ ва́ша сестра́ вчера́?	её подру́га
4. У кого́ вы бы́ли в воскресе́нье?	мой ста́рший брат
5. У кого́ вы взя́ли э́ту кни́гу?	наш преподава́тель
6. У кого́ вы взя́ли э́тот слова́рь?	знако́мый библиоте́карь

— **Где** вы бы́ли у́тром?
— У́тром я был **в поликли́нике у врача́**.

Exercise 93. Answer the questions, using the words given on the right.

Model: — *Где* вы бы́ли ле́том? | Ленингра́д, мои́ друзья́
— Ле́том я был в *Ленингра́де у свои́х друзе́й.*

1. Где вы бы́ли днём?	поликли́ника, глазно́й врач
2. Где вы отдыха́ли ле́том?	дере́вня, роди́тели
3. Где вы бы́ли вчера́?	институ́т, мой брат
4. Где ты был сего́дня?	лаборато́рия, мой нау́чный руководи́тель
5. Где ты был в воскресе́нье?	да́ча, моя́ ста́ршая сестра́

Exercise 94. Make up questions to which the following sentences are the answers and write them down.

Model: Анто́н был *в Ленингра́де.— Где* был Анто́н?
Анто́н был *у дру́га.— У кого́* был Анто́н?

1. Сего́дня я был *в поликли́нике.* Сего́дня я был *у врача́.* 2. Ле́том мы жи́ли *в дере́вне.* Ле́том мы жи́ли *у роди́телей.* 3. Я взял э́ту кни́гу *в библиоте́ке.* Я взял э́ту кни́гу *у дру́га.* 4. Мой брат был *в шко́ле.* Мой брат был *у на́шего ста́рого учи́теля.* 5. Вчера́ мой това́рищ занима́лся *в лаборато́рии.* Вчера́ мой това́рищ был *у профе́ссора.*

Exercise 95. Change the sentences, as in the model.

Model: Я ходи́л *в общежи́тие к дру́гу.*
Я был *в общежи́тии у дру́га.*

1. Вчера́ он ходи́л *в поликли́нику к глазно́му врачу́.* 2. В сре́ду мы ходи́ли *в общежи́тие к свои́м друзья́м.* 3. Студе́нты ходи́ли *в больни́цу к больно́му дру́гу.* 4. Ле́том они́ е́здили *на ро́дину к свои́м роди́телям.* 5. Вчера́ мы ходи́ли *к профе́ссору на консульта́цию.* 6. Осенью я е́здил *в Ки́ев к ста́ршей сестре́.* 7. Зимо́й она́ е́здила *в Оде́ссу к свое́й ма́тери.* 8. Когда́ я был в Москве́, я е́здил *в Моско́вский университе́т к свои́м това́рищам.*

144

Где? У кого?	Куда? К кому?	Откуда? От кого?
Genitive	Dative	Genitive
у бра́та у сестры́	к бра́ту к сестре́	от бра́та от сестры́

Exercise 96. Complete the sentences, using the words given on the right.

Model: Я был ... .
Я е́здил ... .   мои́ роди́тели
Я верну́лся ... .

Я был *у свои́х роди́телей.*
Я е́здил *к свои́м роди́телям.*
Я верну́лся *от свои́х роди́телей.*

1. Я был на консульта́ции ... . Я ходи́л ... . Я пришёл ... .   нау́чный руководи́тель
2. Мы е́здили на да́чу ... . Мы бы́ли ... . Мы по́здно верну́лись ... .   на́ши друзья́
3. Ви́ктор ходи́л в го́сти ... . Он был в гостя́х ... . Он верну́лся ... .   его́ шко́льный това́рищ

— **От кого́** вы узна́ли э́ту но́вость?
— Я узна́л э́ту но́вость **от своего́ дру́га.**

Exercise 97. Answer the questions, using the words given on the right.

1. От кого́ вы получа́ете пи́сьма?   роди́тели и ста́рший брат
2. От кого́ вы получи́ли сего́дня посы́лку?   мой ста́рый друг
3. От кого́ вы узна́ли э́ту но́вость?   наш сосе́д
4. От кого́ вы услы́шали э́ту но́вость?   моя́ подру́га
5. От кого́ вы получи́ли поздравле́ние?   моя́ ста́ршая сестра́

— **Отку́да** вы получи́ли письмо́?
— Я получи́л письмо́ **из Берли́на от своего́ бра́та.**

Exercise 98. Answer the questions, using the words given on the right. Write down the answers.

Model: — *Отку́да* ты получи́л посы́лку?   дом, роди́тели

—Я получи́л посы́лку *из до́ма от роди́телей.*

145

1. Отку́да вы получа́ете пи́сьма?	Москва́, мои́ друзья́
2. Отку́да получа́ет пи́сьма ваш друг?	Фра́нция, роди́тели; Испа́ния, ста́ршая сестра́
3. Отку́да прие́хала ва́ша сестра́?	Ло́ндон, её подру́га
4. Отку́да вы идёте?	общежи́тие, знако́мый студе́нт
5. Отку́да он верну́лся в а́вгусте?	родна́я дере́вня, его́ роди́тели

The Genitive with the Prepositions недалеко́ от, о́коло, напро́тив, от ... до

Мы живём **недалеко́ от це́нтра** го́рода.

Exercise 99. Make up phrases, using the words given in brackets.

1. Недалеко́ от до́ма, ... (университе́т, шко́ла, ста́нция метро́, авто́бусная остано́вка, вокза́л, го́род).
2. О́коло до́ма, ... (окно́, стена́, лес, кинотеа́тр, библиоте́ка).
3. Напро́тив вокза́ла, ... (дверь, окно́, зда́ние, магази́н, шко́ла).

Exercise 100. Complete the sentences, using the words given on the right.

1. Гости́ница нахо́дится недалеко́ от	вокза́л
2. Стадио́н нахо́дится недалеко́ от	центр го́рода
3. Мы живём недалеко́ от	наш университе́т
4. Ле́том мы жи́ли недалеко́ от	го́род
5. Мои́ друзья́ живу́т о́коло	городско́й парк
6. Ста́нция метро́ нахо́дится напро́тив	истори́ческий музе́й

Exercise 101. Answer the questions, as in the model.

Model: — Ско́лько киломе́тров от Москвы́ до Ки́ева?
— Я не зна́ю, ско́лько киломе́тров от Москвы́ до Ки́ева.

1. Ско́лько киломе́тров от Пари́жа до Ри́ма?
2. Ско́лько киломе́тров от Варша́вы до Берли́на?
3. Ско́лько киломе́тров от Пра́ги до Ве́ны?
4. Ско́лько киломе́тров от Будапе́шта до Москвы́?

Exercise 102. Make up questions, as in the model, and write them down.

Model: Ленингра́д — Та́ллин.
Ско́лько киломе́тров от Ленингра́да до Та́ллина?

1. Москва́ — Волгогра́д. 2. Ленингра́д — Минск. 3. Москва́ — Ерева́н. 4. Ки́ев — Оде́сса.

Exercise 103. Answer the questions.

1. Ско́лько мину́т вы идёте (е́дете) от до́ма до университе́та? 2. Ско́лько вре́мени вы идёте (е́дете) от ва́шего до́ма до це́нтра го́рода? 3. Ско́лько вре́мени вы идёте от университе́та до авто́бусной остано́вки? 4. Ско́лько вре́мени ну́жно идти́ от ва́шего до́ма до ближа́йшей апте́ки? 5. Ско́лько вре́мени ну́жно е́хать от ва́шего до́ма до вокза́ла?

Exercise 104. Answer the questions (your answers should form a story on the subject "My Native City"). Write down the story.

1. Когда́ и где вы родили́сь? (В како́й стране́, в како́м го́роде?) 2. Э́то го́род большо́й и́ли ма́ленький, ста́рый и́ли но́вый? 3. Он нахо́дится далеко́ от ста́нции? 4. Каки́е у́лицы в ва́шем го́роде? 5. В ва́шем го́роде есть высо́кие многоэта́жные дома́? 6. В ва́шем го́роде мно́го магази́нов, ры́нков, кафе́, рестора́нов? 7. Каки́е теа́тры и кинотеа́тры есть в ва́шем го́роде? 8. Есть ли в ва́шем го́роде истори́ческие па́мятники и, е́сли есть, то каки́е? 9. Ва́ша семья́ давно́ живёт в э́том го́роде? 10. Вы давно́ уе́хали из родно́го го́рода? 11. Ско́лько вре́мени вы не ви́дели родно́й го́род?

THE INSTRUMENTAL CASE

Nouns in the Instrumental Singular
The Instrumental Denoting Joint Action

Вчера́ я был в кино́ **с Бори́сом и с А́нной**.

Exercise 1. Answer the questions.

I. 1. Вы бы́ли в теа́тре *с бра́том*? 2. Па́вел разгова́ривал по телефо́ну *с отцо́м*? 3. Сего́дня вы за́втракали *с дру́гом*? 4. Вы изуча́ете ру́сский язы́к *с преподава́телем*? 5. Вы хо́дите в кино́ *с това́рищем*?

II. 1. Ле́на была́ в клу́бе *с подру́гой*? 2. Ле́том А́нна пое́дет в дере́вню *с сестро́й*? 3. Преподава́тель разгова́ривает *с Мари́ей*? 4. Мать ходи́ла в магази́н *с до́черью*? 5. Сын говори́л по телефо́ну *с ма́терью*?

	Nominative	Instrumental	Ending
Masculine	студе́нт врач писа́тель това́рищ	со студе́нт**ом** с врач**о́м** с писа́тел**ем** с това́рищ**ем**	-ом -ем
Neuter	окно́ зда́ние	окн**о́м** зда́ни**ем**	-ом -ем
Feminine	сестра́ Мари́я мать	с сестр**о́й** с Мари́**ей** с ма́тер**ью**	-ой -ей -ью

Exercise 2. Make up sentences, using the words given in brackets, and write them down.

1. Я хожу́ в кино́ с дру́гом, ... (брат, това́рищ, сестра́, подру́га, оте́ц и мать).

2. Я игра́ю в ша́хматы с Бори́сом, ... (Ви́ктор, Серге́й, И́горь, Мари́на, Га́ля, Ни́на, Та́ня).

3. Я говори́ла по телефо́ну с врачо́м, ... (профе́ссор, медсестра́, преподава́тель, преподава́тельница, мать, оте́ц).

Exercise 3. Complete the sentences, using the words given in brackets.

1. Я игра́ю в ша́хматы ... (друг). 2. Я говори́л по телефо́ну ... (това́рищ). 3. Шко́льники бы́ли на стадио́не ... (учи́тель). 4. Студе́нты бы́ли в музе́е ... (преподава́тель). 5. Ни́на была́ в кино́ ... (подру́га). 6. Анна была́ в теа́тре ... (мать). 7. Анто́н был в ци́рке ... (дочь).

Exercise 4. Complete the sentences.

1. В теа́тре мы встре́тились ... (Мари́я и И́горь). 2. В клу́бе на́ши студе́нты познако́мились ... (писа́тель). 3. Я поздоро́вался ... (това́рищ). 4. Он попроща́лся ... (мать). 5. Анна сове́туется ... (сестра́). 6. В Москве́ я познако́мился ... (Бори́с). 7. Я посове́товался ... (оте́ц).

Exercise 5. Answer the questions, using the words given on the right.

С кем на́до посове́товаться, е́сли...

(a) у вас ча́сто боли́т голова́,	врач
(b) вы гото́вите докла́д по исто́рии,	преподава́тель
(c) вам на́до купи́ть пода́рки сестре́?	мать

Exercise 6. Complete the sentences, using the words given on the right.

1. В поликли́нике больно́й разгова́ривал	врач и медсестра́
2. Он давно́ не ви́делся	сестра́ и брат
3. Я всегда́ сове́туюсь	оте́ц и мать
4. В Москве́ мы познако́мились	Ни́на и Михаи́л
5. Брат прие́дет к нам	жена́ и сын
6. Мать гуля́ет в па́рке	сын и дочь

— **С кем** вы бы́ли в клу́бе?
— Я был в клу́бе **с това́рищем**.

Exercise 7. Answer the questions.

Model: — *С кем ты поздоро́вался? (преподава́тель)*
— *Я поздоро́вался с преподава́телем.*

1. С кем Макси́м говори́т по телефо́ну? (брат) 2. С кем Та́ня познако́милась в Москве́? (студе́нтка из Ленингра́да) 3. С кем вы встре́тились в теа́тре? (Оле́г и Ири́на) 4. С кем вы бы́ли на стадио́не? (тре́нер) 5. С кем разгова́ривал студе́нт в поликли́нике? (профе́ссор и врач) 6. С кем вы бы́ли вчера́ в кино́? (това́рищ и сестра́) 7. С кем вы е́хали сего́дня в авто́бусе? (Па́вел и Ни́на)

Exercise 8. Answer the questions, as in the model.

Model: — Вы зна́ете, *с кем* он говори́л по телефо́ну?
— Да, я зна́ю, *с кем* он говори́л по телефо́ну.
Он говори́л по телефо́ну *с дру́гом.*

1. Вы зна́ете, с кем он был вчера́ в теа́тре? 2. Вы зна́ете, с кем она́ пое́дет ле́том в Москву́? 3. Вы зна́ете, с кем они́ разгова́ривают в коридо́ре? 4. Вы зна́ете, с кем он поздоро́вался сейча́с? 5. Вы зна́ете, с кем он познако́мился в Москве́? 6. Вы зна́ете, с кем я случа́йно встре́тился на у́лице?

Exercise 9. Make up questions to which the following sentences are the answers and write them down.

1. — ...?
— Мы поздоро́вались *с преподава́тельницей.*
2. — ...?
— О́коло метро́ я встре́тился *с дру́гом.*
3. — ...?
— В Москве́ я познако́мился *с профе́ссором Моско́вского университе́та.*
4. — ...?
— Обы́чно я хожу́ в кино́ *с това́рищем.*
5. — ...?
— Она́ всегда́ сове́туется *с подру́гой.*
6. — ...?
— Он разгова́ривает по телефо́ну *с Никола́ем.*

Exercise 10. Complete the sentences, using the words given on the right.

I. 1. Я давно́ не ви́дел ... . 2. Ле́том я е́здил ... . 3. Вчера́ я говори́л по телефо́ну ... . 4. Ско́ро ко мне прие́дет ... . 5. Я хочу́ расска́зать вам	брат
II. 1. А́нна помога́ет .. .2. Она́ была́ в теа́тре ... .3. А́нна получи́ла письмо́ ... . 4. Она́ ждёт ... . 5. А́нна написа́ла роди́телям	сестра́
III. 1. Вчера́ я был ... . 2. Я разгова́ривал ... . 3. В суббо́ту я опя́ть пойду́ ... . 4. Я рассказа́л о боле́зни ... . 5. Я забы́л кни́гу в кабине́те	врач

Personal Pronouns in the Instrumental

— Вы знако́мы **с Па́влом**?
— Да, я знако́м **с ним**.

Exercise 11. A. Answer the questions.

1. Вы знако́мы *с ним и с не́ю*? 2. Вы давно́ знако́мы *с ни́ми*? 3. Он пойдёт *с на́ми* в кино́? 4. Мо́жно поговори́ть *с ва́ми*? 5. Вы хоти́те пойти́ *со мной* в теа́тр? 6. Кто был *с тобо́й* на вы́ставке?

B. Make a table of personal pronouns, like the one given below.

Nominative	Instrumental
я	мной
ты	тобóй
...	...

Exercise 12. Use personal pronouns.

Model: Это *мой друг.* Вы знакóмы ...?
Это мой друг. Вы знакóмы *с ним?*

1. Это *Максúм.* Вы знакóмы ...? Вы давнó познакóмились ...? Вы чáсто вúдитесь ...? 2. Это *Нúна.* Почемý вы не поздорóвались ...? Вы не знакóмы ...? 3. *Борúс и Нúна* — нáши студéнты. Вы хотúте пойтú ... в кинó? Если хотúте, вы должны встрéтиться ... óколо кинотеáтра в 6 часóв. 4. *Мы* идём на концéрт. Вы хотúте пойтú ...? 5. *Вы* были вчерá на вéчере? Кто был ... на вéчере? 6. *Ты* éдешь в бассéйн? Я тóже поéду ... . 7. *Я* идý сейчáс в буфéт. Ты пойдёшь ...?

Exercise 13. Use the required pronouns.

Model: Я разговáривал ... (онú) вчерá вéчером.
Я разговáривал *с нúми* вчерá вéчером.

1. Моя́ сестрá лю́бит спóрить ... (я). Я тóже чáсто спóрю ... (онá). 2. Вчерá мы встрéтили Пáвла на ýлице. Почемý он не поздорóвался ... (мы)? 3. Это наш сосéд. Мой брат дрýжит ... (он). 4. Мы встрéтились ... (онú) в теáтре. 5. Друзья́ попрощáлись ... (я) и ушлú. 6. Я хочý посовéтоваться ... (ты). 7. Мой друг хóчет познакóмиться .. (вы). 8. Вчерá я разговáривал ... (онá) по телефóну. 9. Я познакóмился ... (он) в прóшлом годý.

Exercise 14. Answer the questions.

Model: (a) — Что с вáми?
— У меня́ болúт головá.

1. Что с тобóй? 2. Что с ним? 3. Что с ней? 4. Что с вáми? 5. Что с ним?

Model: (b) — Что с вáми случúлось? Почемý вы грýстный?
— Я потеря́л очкú.

1. Что с тобóй случúлось? Почемý ты такóй блéдный? 2. Что с ним случúлось в суббóту? Почемý он нé был у нас? 3. Что с ней случúлось вчерá? Почемý онá плáкала? 4. Что с вáми случúлось? Почемý вы нé были на заня́тии? 5. Что с нúми случúлось? Почемý онú не пришлú на собрáние?

Adjectives and Possessive Pronouns in the Instrumental Singular

Мы знакомы **с э́тим челове́ком**.

Exercise 15. Answer the questions.

1. Вы давно́ познако́мились *с э́тим студе́нтом?* 2. Вы познако́мились *с э́той де́вушкой* в Москве́? 3. Вы говори́ли *с э́тим инженéром*? 4. Вы совéтовались *с э́тим врачо́м?* 5. Вы знако́мы *с мои́м бра́том?* 6. Вы знако́мы *с мое́й сестро́й?* 7. Ты давно́ не ви́делся *со свои́м отцо́м?* 8. Ты давно́ не ви́делся *со свое́й ма́терью?*

Exercise 16. Answer the questions, using the words given on the right. Write down the answers.

1. С кем вы говори́ли сейча́с по телефо́ну?	мой брат
2. С кем вы обы́чно занима́етесь?	мой това́рищ
3. С кем вы поздоро́вались?	наш профе́ссор
4. С кем разгова́ривал преподава́тель?	э́та студе́нтка
5. С кем вы хоти́те поговори́ть?	э́тот челове́к
6. С кем вы хоти́те познако́миться?	э́та де́вушка
7. С кем вы давно́ не ви́делись?	моя́ мать

— **С каки́м студе́нтом** вы разгова́ривали сейча́с?
— Я разгова́ривал сейча́с **с на́шим но́вым студе́нтом**.

— **С како́й студе́нткой** вы разгова́ривали?
— Я разгова́ривал **с на́шей но́вой студе́нткой**.

Exercise 17. Answer the questions, using the words given on the right.

1. С каки́м студе́нтом разгова́ривает преподава́тель?	но́вый
2. С каки́м ма́льчиком разгова́ривает врач?	больно́й
3. С каки́м врачо́м совéтуется больно́й?	о́пытный
4. С каки́м худо́жником вы познако́мились на вы́ставке?	молодо́й
5. С каки́м писа́телем была́ встре́ча в клу́бе?	де́тский
6. С каки́м бра́том он всегда́ совéтуется?	ста́рший
7. С каки́м студе́нтом вы игра́ли в ша́хматы?	сове́тский

Exercise 18. Answer the questions, using the words given on the right.

1. С како́й студе́нткой разгова́ривает дека́н?	но́вая
2. С како́й де́вочкой разгова́ривает врач?	больна́я
3. С како́й арти́сткой познако́мились студе́нты?	изве́стная
4. С како́й писа́тельницей была́ встре́ча в на́шем клу́бе?	францу́зская
5. С како́й студе́нткой дру́жит ва́ша сестра́?	сове́тская
6. С како́й сестро́й он ходи́л в цирк?	мла́дшая

Exercise 19. Complete the sentences in writing, using the words given in brackets.

1. Мы поздоро́вались ... (наш но́вый преподава́тель). 2. Я был в теа́тре ... (мой хоро́ший друг). 3. Моя́ сестра́ Мари́я дру́жит ... (одна́ шве́дская студе́нтка). 4. В суббо́ту в клу́бе была́ встре́ча ... (изве́стный сове́тский писа́тель). 5. На конце́рте мы познако́мились ... (оди́н интере́сный челове́к). 6. Сего́дня я говори́л по телефо́ну ... (твой мла́дший брат). 7. Он ча́сто спо́рит ... (его́ ста́ршая сестра́).

Exercise 20. Complete the sentences, using the words given on the right.

I. 1. Я давно́ не ви́делся ... . 2. Вчера́ я позвони́л ... . 3. Я пригласи́л в го́сти ... . 4. В суббо́ту я был в гостя́х	мой ста́рый друг
II. 1. Обы́чно я хожу́ в кино́ ... . 2. Я купи́л биле́ты в кино́ себе́ и ... . 3. Вчера́ у меня́ был	мой хоро́ший това́рищ
III. 1. В теа́тре мы встре́тили ... . 2. Мы подошли́ ... . 3. Мы поздоро́вались	наш но́вый преподава́тель
IV. 1. Ра́ньше я не знал ... . 2. Неда́вно я познако́мился ... . 3. Я помога́ю ... изуча́ть ру́сский язы́к. 4. Я получи́л поздравле́ние	э́тот францу́зский студе́нт
V. 1. Вчера́ я был в гостя́х ... . 2. Я принёс цветы́ ... . 3. Эту исто́рию мне рассказа́ла ... . 4. Я говори́л по телефо́ну	моя́ ста́ршая сестра́
VI. 1. Вчера́ в клу́бе я встре́тил ... . 2. Я танцева́л ... . 3. Мне на́до позвони́ть ... . 4. Вчера́ я получи́л письмо́ ... . 5. Эту кни́гу мне дала́	одна́ знако́мая де́вушка

Nouns, Adjectives and Possessive Pronouns in the Instrumental Plural

— С кем вы игра́ли в футбо́л?
— Я игра́л в футбо́л с друзья́ми.

Nominative	Instrumental	Ending
студе́нты	студе́нтами	-ами
студе́нтки	студе́нтками	
роди́тели	роди́телями	-ями
друзья́	друзья́ми	

Exercise 21. Answer the questions.

1. С кем вы ходи́ли на вы́ставку?	това́рищи
2. С кем была́ встре́ча в клу́бе университе́та?	космона́вты
3. С кем Анна е́здила в Москву́?	роди́тели

4. С кем сове́товался дире́ктор заво́да?
5. С кем они́ поздоро́вались?
6. С кем Та́ня была́ в теа́тре?
7. С кем разгова́ривает дека́н?
8. С кем ча́сто спо́рит Серге́й?

инжене́ры
преподава́тели
друзья́
студе́нты
бра́тья

MEMORISE!

Nominative	Instrumental
де́ти лю́ди	детьми́ людьми́

Мы давно́ не ви́делись **с на́шими ста́рыми друзья́ми.**

Exercise 22. Answer the questions.

1. С кем вы бы́ли в музе́е? (на́ши студе́нты) 2. С кем вы встре́тились вчера́ в па́рке? (на́ши хоро́шие друзья́). 3. С кем вы познако́мились в Москве́? (сове́тские лю́ди) 4. С кем она́ была́ в теа́тре? (её ста́рши сёстры) 5. С кем вы лю́бите игра́ть в ша́хматы? (мой мла́дшие бра́тья) 6. С кем э́та же́нщина гуля́ет у́тром? (её ма́ленькие де́ти)

Exercise 23. Replace the singular by the plural.

Model: Я хожу́ в бассе́йн *с мла́дшими бра́том.*
Я хожу́ в бассе́йн *с мла́дшими бра́тьями.*

1. Он был в теа́тре *со свои́м ста́рым дру́гом.* 2. В Ки́еве мы познако́мились *с сове́тской студе́нткой.* 3. Сего́дня я говори́л по телефо́ну *со ста́ршим бра́том.* 4. Ле́том я пое́ду в дере́вню *со свое́й мла́дшей сестро́й.* 5. Вчера́ в клу́бе была́ встре́ча *с изве́стным худо́жником.* 6. Больно́й сове́товался *с о́пытным врачо́м.*

Exercise 24. Replace the plural by the singular.

1. Она́ поздоро́валась *со свои́ми подру́гами.* 2. Он попроща́лся *со свои́ми това́рищами.* 3. В клу́бе мы познако́мились *с изве́стными журнали́стами.* 4. Ле́том я был в Сове́тском Сою́зе *со свои́ми друзья́ми.* 5. Я давно́ не ви́делся *со ста́ршими бра́тьями.* 6. Ле́том мы пое́дем на пра́ктику *с на́шими преподава́телями.* 7. Я не знако́ма *с твои́ми но́выми подру́гами.*

Exercise 25. Complete the sentences.

1. Когда́ он был на ве́чере в клу́бе, он познако́мился .... 2. Когда́ мы гуля́ли в па́рке, мы встре́тились .... 3. Когда́ ве́чер ко́нчился, я попроща́лся .... 4. Я опозда́л в теа́тр, потому́ что до́лго говори́л по телефо́ну .... 5. Когда́ я жил в Ла́твии, я был знако́м .... 6. Он пло́хо ви́дит, поэ́тому он не поздоро́вался ... 7. Если ваш друг пое́дет в Москву́, он, мо́жет быть, встре́тится там ... .

Complete the sentences, using the words given on the right.

I. 1. Он давно́ не ви́дел .... 2. Вчера́ он приез-
жа́л .... 3. Он вошёл и поздоро́вался ....

я и мои́ това́рищи

II. 1. Неда́вно я получи́л письмо́ .... 2. Я посла́л
телегра́мму .... 3. Вчера́ я встреча́л на вокза́-
ле .... 4. Я хочу́ познако́мить вас ....

мои́ роди́тели

III. 1. Мне о́чень нра́вятся .... 2. Вчера́ в клу́бе мы
ви́дели .... 3. Мы бы́ли на конце́рте .... 4. Зри́те-
ли до́лго аплоди́ровали .... 5. По́сле конце́рта
мы разгова́ривали ....

э́ти молоды́е арти́сты

IV. 1. Я о́чень люблю́ .... 2. Я ча́сто пишу́ пи́сь-
ма .... 3. Я ча́сто получа́ю пи́сьма .... 4. Я всегда́
сове́туюсь .... 5. Ле́том я пое́ду ....

мой ста́рший брат

V. 1. Вчера́ на у́лице я встре́тил .... 2. Я поздо-
ро́вался .... 3. Я помога́ю изуча́ть ру́сский
язы́к .... 4. Сего́дня на уро́ке не́ было .... 5. Э́тот
журна́л дала́ мне ....

на́ша но́вая студе́нтка

The Instrumental in the Compound Predicate after the Verbs быть and стать

Мой брат — журнали́ст.
Моя́ сестра́ — студе́нтка.

Мой брат **был журнали́стом**.
Моя́ сестра́ **была́ студе́нткой**.

Мой брат **бу́дет журнали́стом**.
Моя́ сестра́ **бу́дет студе́нткой**.

REMEMBER: In the present tense the link-verb in a compound predicate is omitted and the noun takes the nominative; in the past and future tenses the link-verb *быть (был, бу́ду)* or *стать (стал, ста́ну)* is obligatory and the noun takes the instrumental.

Exercise 27. Replace the present tense by the past and the future.

Model: Моя́ сестра́ — *врач*.
Моя́ сестра́ *была́ врачо́м*.
Моя́ сестра́ *бу́дет врачо́м*.

1. Мой брат — инжене́р. 2. Мой това́рищ — студе́нт. 3. Его́ сестра́ — дире́ктор шко́лы. 4. Её друг — писа́тель. 5. Она́ хоро́ший де́тский врач. 6. Э́та же́нщина — изве́стная арти́стка.

Exercise 28. Change the sentences to the present tense and write them down.

Model: Мой оте́ц *был крестья́нином*.
Мой оте́ц — *крестья́нин*.

1. Она́ бу́дет учи́тельницей. 2. Мой ста́рший брат был врачо́м. 3. Она́ бу-

дет хоро́шей журнали́сткой. 4. Они́ бы́ли гео́логами. 5. Мой брат бу́дет агро-
но́мом. 6. Моя́ сестра́ бу́дет арти́сткой. 7. Я бу́ду инжене́ром. 8. Мой друг
был перево́дчиком.

Exercise 29. Complete the sentences, using the words given in brackets.

Model: Ра́ньше я был шко́льником, а тепе́рь я стал ... (студе́нт).
Ра́ньше я был шко́льником, а тепе́рь я стал *студе́нтом.*

1. Мой друг был рабо́чим, а тепе́рь он стал ... (инжене́р). 2. Пять лет она́
была́ студе́нткой, а тепе́рь она́ ста́ла ... (аспира́нтка). 3. Она́ была́ учени́цей
музыка́льной шко́лы, а тепе́рь она́ ста́ла ... (студе́нтка консервато́рии).
4. Моя́ подру́га была́ медици́нской сестро́й, ско́ро она́ ста́нет ... (де́тский
врач). 5. Ра́ньше он был учи́телем, а тепе́рь он стал ... (дире́ктор шко́лы).
6. Два го́да наза́д его́ оте́ц был рабо́чим, а тепе́рь он стал ... (ма́стер).

Exercise 30. Answer the questions, using the words given in brackets. Write down the answers.

Model: — Почему́ вы поступи́ли на экономи́ческий факульте́т? (эконо-
ми́ст)
— Я поступи́л на экономи́ческий факульте́т, потому́ что я хочу́
стать *экономи́стом.*

1. Почему́ он поступи́л на физи́ческий факульте́т? (фи́зик) 2. Почему́ вы
поступи́ли на инжене́рный факульте́т? (инжене́р) 3. Почему́ Анна поступи́ла
на хими́ческий факульте́т? (хи́мик) 4. Почему́ она́ поступи́ла на биологи́чес-
кий факульте́т? (био́лог) 5. Почему́ она́ у́чится на филологи́ческом факуль-
те́те? (фило́лог) 6. Почему́ она́ у́чится на истори́ческом факульте́те? (исто́рик)
7. Почему́ Бори́с вы́брал медици́нский институ́т? (врач) 8. Почему́ вы вы́-
брали юриди́ческий факульте́т? (юри́ст)

Exercise 31. Make up sentences, as in the model, and write them down.

Model: Анто́н — экономи́ческий факульте́т.
Анто́н у́чится на экономи́ческом факульте́те.
Когда́ Анто́н око́нчит экономи́ческий факульте́т, он бу́дет (рабо́-
тать) *экономи́стом.*

1. Бори́с — истори́ческий факульте́т. 2. Анна — медици́нский факульте́т.
3. Ива́н — инжене́рный факульте́т. 4. Еле́на — хими́ческий факульте́т.
5. Макси́м — юриди́ческий факульте́т. 6. Мари́на — физи́ческий факульте́т.
7. Ви́ктор — филологи́ческий факульте́т.

— **Кем был** ваш оте́ц?
— Мой оте́ц **был учи́телем**.

— **Кем бу́дет** ваш брат?
— Мой брат **бу́дет инжене́ром.**

Exercise 32. Make up questions, as in the model.

Model: — *Кем* она́ рабо́тает? (преподава́тель)
— Она́ рабо́тает *преподава́телем.*

1. Кем рабо́тает ваш оте́ц? (инжене́р) 2. Кем рабо́тает ваш ста́рший брат? (лабора́нт) 3. Кем рабо́тает ваш друг? (агроно́м) 4. Кем рабо́тает э́тот челове́к? (машини́ст) 5. Кем рабо́тает ва́ша мать? (врач) 6. Кем рабо́тает ва́ша ста́ршая сестра́? (учи́тельница) 7. Кем вы бу́дете рабо́тать? (перево́дчик)

Exercise 33. Replace the sentences by sentences with the verb *явля́ться*.

Model: Москва́ — столи́ца Сове́тского Сою́за.
Москва́ *явля́ется столи́цей Сове́тского Сою́за.*

1. Варша́ва — столи́ца По́льши. 2. Пари́ж — столи́ца Фра́нции. 3. То́кио — столи́ца Япо́нии. 4. Пра́га — столи́ца Чехослова́кии. 5. Рим — столи́ца Ита́лии. 6. Будапе́шт — столи́ца Ве́нгрии. 7. Отта́ва — столи́ца Кана́ды. 8. Белгра́д — столи́ца Югосла́вии. 9. Софи́я — столи́ца Болга́рии. 10. Ме́хико — столи́ца Ме́ксики.

The Instrumental with the Verbs интересова́ться and занима́ться, and the Short-Form Adjective дово́лен

— **Чем** вы интересу́етесь?
— Я интересу́юсь **му́зыкой и литерату́рой.**

Exercise 34. Answer the questions, as in the model.

Model: — Вы интересу́етесь фи́зикой? (хи́мия)
— Нет, я интересу́юсь *хи́мией.*

1. Вы интересу́етесь исто́рией? (литерату́ра) 2. Он интересу́ется хи́мией? (биоло́гия) 3. Они́ интересу́ются матема́тикой? (астроно́мия) 4. Она́ интересу́ется му́зыкой? (та́нцы)

Exercise 35. Answer the questions. Write down the answers.

1. Чем вы интересу́етесь? (литерату́ра) 2. Чем интересу́ется ва́ша сестра́? (медици́на) 3. Чем интересу́ется ваш ста́рший брат? (матема́тика) 4. Чем интересу́ется ваш друг? (теа́тр) 5. Чем интересу́ется ваш мла́дший брат? (ма́рки) 6. Чем интересу́ются его́ това́рищи? (ша́хматы)

Exercise 36. Make up questions to which the following sentences are the answers and write them down.

Model: Мой брат интересу́ется *ру́сским языко́м.*
Чем интересу́ется ваш брат?

1. Я интересу́юсь *астроно́мией.* 2. Они́ интересу́ются *ру́сской литерату́рой.* 3. Этот студе́нт интересу́ется *хи́мией.* 4. Они́ интересу́ются *медици́ной.* 5. Ра́ньше он интересова́лся *матема́тикой*, тепе́рь он интересу́ется *биоло́гией.* 6. Она́ интересу́ется *жи́вописью.*

Exercise 37. Answer the questions, as in the model. Write down the answers.

Model: — Почему́ он ча́сто хо́дит на ле́кции по ру́сской литерату́ре?
— Он ча́сто хо́дит на ле́кции по ру́сской литерату́ре, потому́ что (он) *интересу́ется ру́сской литерату́рой.*

1. Почему́ он ча́сто хо́дит на ле́кции по биоло́гии? 2. Почему́ он ча́сто хо́дит на футбо́льные ма́тчи? 3. Почему́ он ча́сто хо́дит в теа́тр на бале́т? 4. Почему́ он ча́сто хо́дит в Истори́ческий музе́й? 5. Почему́ он ча́сто хо́дит на конце́рты симфони́ческой му́зыки? 6. Почему́ он покупа́ет кни́ги по фи́зике? 7. Почему́ он собира́ет кни́ги о худо́жниках?

Exercise 38. Make up sentences, as in the model.

Model: Мой брат ... (спорт).
Мой брат *занима́ется спо́ртом.*

1. Я ... (те́ннис). 2. Сестра́ ... (гимна́стика). 3. Мы ... (ру́сский язы́к). 4. Мла́дший брат ... (испа́нский язы́к). 5. Оле́г ... (лы́жный спорт). 6. Бори́с ... (ру́сская исто́рия). 7. Андре́й ... (сове́тская литерату́ра).

Exercise 39. Complete the sentences, using the words given in brackets and the verbs *интересова́ться, занима́ться, рабо́тать, быть, стать* as required by the sense.

1. Моя́ сестра́ ... (медици́на). 2. Она́ ... (глазно́й врач). 3. Ра́ньше она́ ... (медсестра́). 4. Всю жизнь наш оте́ц ... (хи́мия). 5. Сейча́с он ... (гла́вный инжене́р хими́ческого заво́да). 6. Мой брат ... (биоло́гия). 7. Он ... (жизнь морски́х птиц).

Exercise 40. Answer the questions, as in the model. Use the pronouns *свой* and *э́тот* in the answers.

Model: — Вам понра́вилась *экску́рсия* в музе́й?
— Да, *мы о́чень дово́льны э́той экску́рсией.*

1. Вам понра́вился *ве́чер* дру́жбы в университе́те? 2. Вам понра́вился *конце́рт* италья́нских арти́стов? 3. Ва́шим друзья́м понра́вилась *пое́здка* в Сре́днюю Азию? 4. Ва́шему бра́ту нра́вится *его́ но́вая рабо́та?* 5. Ва́шему дру́гу нра́вится *его́ жизнь в Москве́?* 6. Ва́шей сестре́ нра́вится *её но́вая кварти́ра?* 7. Ва́шему дру́гу нра́вится *его́ специа́льность?*

The Instrumental with the Prepositions
над, под, пе́ред, за and ря́дом Denoting Place

над под пе́ред за ря́дом с	чем?

Exercise 41. Answer the questions.

Model: — Что виси́т *над столо́м?*
— *Над столо́м* виси́т ла́мпа.

1. Что виси́т над пи́сьменным столо́м? (календа́рь) 2. Что виси́т над дива́ном? (фотогра́фия) 3. Что нахо́дится под до́мом? (гара́ж) 4. Что нахо́дится за э́тим до́мом? (шко́ла) 5. Что нахо́дится ря́дом со ста́нцией метро́? (конце́ртный зал)

Exercise 42. Complete the sentences, using the words given in brackets.

1. Ла́мпа виси́т ... (пи́сьменный стол). 2. Я нашёл свою́ тетра́дь ... (кни́жный шкаф). 3. Мой каранда́ш лежа́л ... (ва́ша тетра́дь). 4. Ру́чка упа́ла и лежи́т ... (э́тот стул). 5. ... (наш дом) расту́т цветы́. 6. ... (Моско́вский университе́т) стои́т па́мятник Ломоно́сову. 7. Остано́вка авто́буса нахо́дится ... (кни́жный магази́н).

Exercise 43. Make up sentences opposite in meaning to those given below.

Model: Наш авто́бус останови́лся *за музе́ем.*
Наш авто́бус останови́лся *пе́ред музе́ем.*

1. На конце́рте *пе́редо мной* сиде́л Андре́й. 2. Маши́на останови́лась *за вокза́лом.* 3. В кино́ Ми́ша сиде́л *за на́ми.* 4. Авто́бус остана́вливается *за студе́нческим общежи́тием.* 5. *Пе́ред до́мом* расту́т дере́вья.

The Instrumental in Passive Constructions

— **Кем** напи́сана э́та карти́на?
— Э́та карти́на напи́сана **неизве́стным худо́жником.**

Exercise 44. Make up questions to which the following sentences are the answers.

Model: — Э́тот рома́н напи́сан *изве́стным англи́йским писа́телем.*
— *Кем* напи́сан э́тот рома́н?

1. Э́та карти́на напи́сана *изве́стным ру́сским худо́жником.*
2. Э́ти стихи́ переведены́ на ру́сский язы́к *молоды́м сове́тским поэ́том.*
3. Э́тот фильм со́здан *знамени́тым италья́нским режиссёром.*
4. Э́та пе́сня напи́сана *изве́стным по́льским компози́тором.*
5. Э́та тео́рия со́здана *изве́стным англи́йским фи́зиком.*
6. Э́тот зако́н откры́т *вели́ким ру́сским хи́миком.*

Exercise 45. Answer the questions, using the words given in brackets. Write down the answers.

1. Кем напи́сано э́то письмо́? (её ста́рший брат) 2. Кем нарисо́вана э́та карти́на? (неизве́стный худо́жник) 3. Кем решена́ э́та тру́дная зада́ча? (оди́н молодо́й учёный) 4. Кем при́сланы э́ти ма́рки? (мой ста́рый друг) 5. Кем напи́сана э́та кни́га? (изве́стный францу́зский писа́тель) 6. Кем напи́саны э́ти пе́сни? (совреме́нный сове́тский компози́тор)

The Instrumental Denoting the Instrument of Action

— **Чем** вы пи́шете?
— Я пишу́ **карандашо́м**.

Exercise 46. Answer the questions, using the words given in brackets.

1. Чем вы пи́шете в тетра́ди? (ру́чка) 2. Чем вы пи́шете на доске́? (мел) 3. Чем преподава́тель исправля́ет оши́бки в тетра́дях? (кра́сный каранда́ш) 4. Чем мы еди́м? (ло́жка и ви́лка) 5. Чем мы ре́жем хлеб? (нож) 6. Чем мы чи́стим зу́бы? (зубна́я щётка) 7. Чем мы фотографи́руем? (фотоаппара́т) 8. Чем мы измеря́ем температу́ру? (термо́метр) 9. Чем мы измеря́ем давле́ние во́здуха? (баро́метр)

The Instrumental with Prepositions Used in Various Meanings

Exercise 47. Ask questions about the italicised words.

Model: Бори́с встре́тил нас *с большо́й ра́достью.*
Как встре́тил вас Бори́с?

1. Я переводи́л э́тот текст *с больши́м трудо́м.* 2. Студе́нты слу́шали ле́кцию *с больши́м внима́нием.* 3. Мы смотре́ли э́тот фильм *с удово́льствием.* 4. Ни́на говори́т о своём ста́ршем бра́те *с го́рдостью.* 5. Мы слу́шали его́ расска́з *с удивле́нием.* 6. Я чита́л э́тот рома́н *с больши́м интере́сом.*

Exercise 48. Complete the sentences, using the words *с ра́достью, с удово́льствием, с интере́сом, с го́рдостью, с трудо́м, с удивле́нием.*

1. Когда́ мы прие́хали, роди́тели встре́тили нас ... . 2. Мать ... расска́зывала о своём сы́не. 3. Я ... посмотрю́ э́тот фильм ещё раз. 4. Я чита́л его́ пи́сьма ... . 5. Он ... реши́л э́ти зада́чи. 6. Мы всегда́ ... слу́шаем ле́кции э́того профе́ссора. 7. Он смотре́л на меня́ ... .

Exercise 49. Complete the sentences, as in the model.

Model: Я люблю́ чай ... (молоко́).
Я люблю́ *чай с молоко́м.*

1. Утром я ем хлеб ... (ма́сло и сыр). 2. Па́вел лю́бит мя́со ... (карто́фель йли рис). 3. Обы́чно я пью чай ... (са́хар и лимо́н). 4. Утром мы пьём ко́фе ... (молоко́ и са́хар). 5. Я люблю́ карто́фель ... (мя́со йли ры́ба). 6. Я ем суп ... (хлеб).

Exercise 50. Complete the sentences, using the words given on the right and the preposition *пе́ред.*

Model: Он позвони́л мне ... . | пра́здник
Он позвони́л мне *пе́ред пра́здником.*

1. Я получи́л письмо́ от роди́телей ... . | Но́вый год

159

2. Она́ всегда́ волну́ется ... .   экза́мены
3. Сестра́ прие́хала ко мне ... .   пра́здник
4. Мы немно́го погуля́ли ... .   нача́ло фи́льма
5. Мы успе́ли поу́жинать ... .   конце́рт
6. Он не попроща́лся с на́ми ... .   отъе́зд

Exercise 51. Replace the sentences, as in the model.

Model: Оле́г пошёл на по́чту, *что́бы купи́ть конве́рты и ма́рки.*
Оле́г пошёл на по́чту *за конве́ртами и ма́рками.*

1. Мать пошла́ в магази́н, *что́бы купи́ть мя́со и о́вощи.* 2. Студе́нты пошли́ в библиоте́ку, *что́бы взять кни́ги.* 3. Мой сосе́д пошёл на по́чту, *что́бы получи́ть посы́лку.* 4. Ве́чером ко мне приходи́л мой друг, *что́бы взять пласти́нки.* 5. По́сле уро́ков я пое́ду в ка́ссу, *что́бы купи́ть биле́ты на футбо́л.* 6. Студе́нты побежа́ли в кио́ск, *что́бы купи́ть све́жие газе́ты.* 7. Моя́ сестра́ пошла́ в апте́ку, *что́бы купи́ть лека́рство.*

Exercise 52. Complete the sentences in writing, using prepositions wherever necessary.

1. Я был в музе́е ... (друг). 2. Он рису́ет портре́т ... (чёрный каранда́ш). 3. Температу́ру измеря́ют ... (термо́метр). 4. Подру́га слу́шала меня́ ... (интере́с). 5. Самолёт лети́т ... (го́род). 6. ... (дом) был большо́й сад. 7. Ма́льчик написа́л дикта́нт ... (оши́бки). 8. ... (мой стол) виси́т портре́т отца́. 9. Она́ пошла́ в кио́ск ... (газе́ты). 10. Оле́г давно́ занима́ется ... (спорт). 11. Эта карти́на нарисо́вана ... (ру́сский худо́жник).

Exercise 53. Ask questions about the italicised words.

1. Я поздоро́вался *со свои́м знако́мым.* 2. Его́ мать рабо́тает *медици́нской сестро́й.* 3. На собра́нии я сиде́л *со свои́м дру́гом.* 4. Хозя́ин встре́тил госте́й *с ра́достью.* 5. Сестра́ пошла́ в апте́ку *за лека́рством.* 6. Ни́на была́ в теа́тре *со свое́й подру́гой.* 7. Мой друг интересу́ется *геоло́гией.* 8. Маши́на стои́т *пе́ред до́мом.* 9. Мы живём *ря́дом с па́рком.* 10. Они́ прие́хали в Москву́ *пе́ред нача́лом уче́бного го́да.*

Revision Exercises

Exercise 54. Answer the questions, using the words given on the right. Write down the answers.

I. 1. Где живёт ва́ша семья́? 2. Отку́да вы получа́ете пи́сьма? 3. Куда́ вы пое́дете ле́том? 4. Что вы ча́сто вспомина́ете?   ро́дина

II. 1. Кому́ вы купи́ли э́тот слова́рь? 2. Кто звони́л вам сейча́с? 3. С кем вы игра́ете в ша́хматы? 4. Чьё письмо́ вы чита́ете?   това́рищ

III. 1. Чем вы интересу́етесь? 2. Что вы сейча́с изуча́ете? 3. Каку́ю кни́гу вы купи́ли?   исто́рия

Exercise 55. Answer the questions, using the words given on the right.

I. 1. Где вы берёте кни́ги? 2. Куда́ вы ходи́ли? 3. Отку́да вы идёте?   библиоте́ка

II. 1. Кто написа́л э́то письмо́? 2. От кого́ вы получи́ли письмо́? 3. Кому́ вы пи́шете письмо́? 4. Чьё письмо́ вы чита́ете? | сестра́
III. 1. С кем вы занима́етесь на стадио́не? 2. Кого́ вы ви́дели на стадио́не? 3. У кого́ вы бы́ли вчера́? | тре́нер
IV. 1. Чем вы занима́етесь в свобо́дное вре́мя? 2. Что вы лю́бите? 3. Каку́ю кни́гу вы сейча́с чита́ете? | спорт
V. 1. Кого́ вы ждёте? 2. Кому́ вы звони́ли? 3. С кем вы бы́ли в теа́тре? | подру́га
VI. 1. Кем хо́чет стать ваш брат? 2. У кого́ вы бы́ли? 3. К кому́ вы ходи́ли? | врач

Exercise 56. Write out the sentences, using the required pronouns.

1. Моя́ сестра́ у́чится в Москве́. Я давно́ не ви́дел ... ... ча́сто пи́шет мне. Неда́вно я получи́л от ... большо́е письмо́. Сего́дня я до́лжен отве́тить ... . Мо́жет быть, ле́том я пое́ду ... . 2. У меня́ есть друг. ... зову́т Макси́м. ... рабо́тает в шко́ле. Иногда́ мы хо́дим ... в бассе́йн. Я учу́ ... пла́вать. Я получи́л ... приглаше́ние. За́втра я пойду́ ... в го́сти. 3. Эта де́вушка рабо́тает в на́шем институ́те. Я не знако́м ... . Я не зна́ю, как ... зову́т и ско́лько ... лет. Я ча́сто встреча́ю ... в библиоте́ке. ... то́же изуча́ет ру́сский язы́к. 4. Мои́ роди́тели живу́т в Жене́ве. Я давно́ не ви́дел ... . Вчера́ я получи́л ... телегра́мму. ... сообща́ют, что собира́ются прие́хать ко мне в го́сти. Я отве́тил ..., что я бу́ду ждать ... с нетерпе́нием.

Exercise 57. Use the required forms of the words given in brackets.

1. Я ре́дко ви́жу ... (он и она́). 2. Вы давно́ зна́ете ... (они́)? Где вы познако́мились ... (они́)? Вы ча́сто звони́те ... (они́)? 3. Переда́йте, пожа́луйста, ... (она́) э́ту кни́гу. 4. Я прошу́ ... (ты) принести́ ... (я) журна́л. 5. Покажи́, пожа́луйста, ... (мы) свои́ фотогра́фии. 6. Я хочу́ ви́деть ... (вы). Могу́ я прийти́... (вы) за́втра? 7. Я позвоню́ ... (ты) за́втра ве́чером. Ты пойдёшь ... (я) в кино́? 8. Брат посове́товал ... (я) купи́ть э́тот магнитофо́н.

Exercise 58. Answer the questions.

Model: — *Вы зна́ете Анну и Ви́ктора?*
— Да, я зна́ю *их.*

1. Вы зна́ете *Ни́ну?* 2. Вы зна́ете *Бори́са?* 3. Вы знако́мы *с Бори́сом?* 4. Вы давно́ знако́мы *с Анной?* 5. Вы бы́ли вчера́ *у свои́х друзе́й?* 6. Вы звони́ли *преподава́телю?* 7. Вы е́здили ле́том *к роди́телям?* 8. Вы получи́ли письмо́ *от отца́?* 9. Вы написа́ли письмо́ *ма́тери?* 10. Вы ходи́ли *к врачу́?*

Exercise 59. Answer the questions, using the required forms of the words given on the right.

I. 1. Кого́ вы ви́дели на вы́ставке? 2. С кем вы разгова́ривали о карти́нах? 3. Кто показа́л вам свои́ карти́ны? 4. Кому́ вы хоти́те показа́ть свои́ рису́нки? 5. Чьи карти́ны вы ви́дели на вы́ставке? 6. О ком писа́ли газе́ты? | оди́н изве́стный сове́тский худо́жник

11-2069

II. 1. Кто звони́л вам? 2. Кого́ вы ждёте? 3. С кем вы спо́рили о литерату́ре? 4. Кому́ вы помога́ете? 5. Чья э́то фотогра́фия? 6. О ком вы расска́зываете? | моя́ ста́ршая сестра́

Exercise 60. Complete the sentences, using the required forms of the words given on the right.

I. 1. Я хочу́ рассказа́ть вам ... . 2. Когда́ я жил в родно́м го́роде, я всегда́ ходи́л в кино́ ... . 3. Я получи́л письмо́ ... . 4. Неда́вно в Москву́ прие́хал ... . 5. Я встре́тил на вокза́ле ... . 6. Сего́дня я звони́л ... . | мой ста́рый шко́льный това́рищ

II. 1. Ни́на купи́ла биле́ты в теа́тр себе́ и ... . 2. В теа́тре мы ви́дели Ни́ну и ... . 3. Ни́на показа́ла нам фотогра́фию ... . 4. Она́ рассказа́ла нам ... . 5. Она́ познако́мила нас ... . | её лу́чшая подру́га

Exercise 61. Complete the sentences, using the required forms of the words given on the right.

I. 1. Я ча́сто получа́ю пи́сьма ... . Я до́лжен написа́ть пи́сьма ... . 3. Я давно́ не ви́дел ... . 4. В суббо́ту ко мне приду́т ... . 5. Я люблю́ встреча́ться ... . | друзья́

II. 1. В э́том го́роде мно́го ... . 2. Я люблю́ ходи́ть ... . 3. Вы бы́ли ... э́того го́рода? 4. Что вы зна́ете ... на́шего го́рода? | музе́и

III. 1. У нас в университе́те бы́ли ... . 2. Мы познако́мились ... . 3. В на́шем го́роде бы́ло мно́го ... . | тури́сты из Москвы́

Exercise 62. Answer the questions, using the required forms of the words given on the right.

1. Кому́ вы пи́шете пи́сьма?
2. С кем вы бы́ли на конце́рте?
3. Кто звони́л вам?
4. Кого́ вы пригласи́ли в го́сти?
5. У кого́ вы бы́ли в гостя́х? | мой ста́рые друзья́

Exercise 63. Complete the sentences, using the words given on the right.

1. Я о́чень люблю́ ... .
2. Я ча́сто ду́маю ... .
3. Я всегда́ сове́туюсь ... .
4. Я помога́ю ... .
5. Ле́том я отдыха́ю ... .
6. Неда́вно я е́здил ... .
7. Э́ти часы́ мне подари́ли ... . | мой роди́тели

THE VERB

VERBS OF MOTION

Unprefixed Verbs of Motion and the Verbs пойти́ and пое́хать

The Verb идти́. The Present Tense

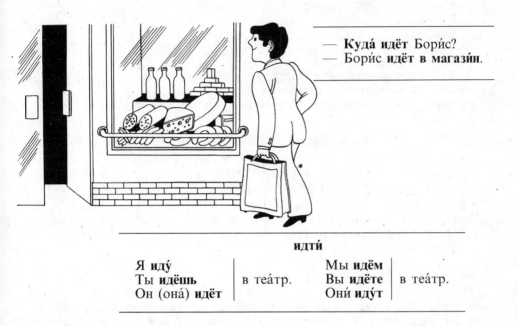

— **Куда́ идёт** Бори́с?
— Бори́с **идёт в магази́н**.

идти́			
Я **иду́**		Мы **идём**	
Ты **идёшь**	в теа́тр.	Вы **идёте**	в теа́тр.
Он (она́) **идёт**		Они́ **иду́т**	

Exercise 1. Use the required forms of the verb *идти́*.

1. Я ... в лаборато́рию. 2. Ли́да ... в буфе́т. 3. Его́ друзья́ ... в клуб. 4. Студе́нтка ... в аудито́рию. 5. Мы ... в библиоте́ку. 6. Анна ... в музе́й. 7. Студе́нты ... в общежи́тие. 8. Куда́ ты ...? 9. Куда́ вы ...? 10. Куда́ они́ ...?

Exercise 2. Answer the questions, using the words given in brackets.

Model: — *Куда́* вы идёте? (университе́т)
— Я иду́ *в университе́т*.

1. Куда́ он идёт сейча́с? (клуб) 2. Куда́ она́ идёт? (библиоте́ка) 3. Куда́ они́ иду́т? (теа́тр) 4. Куда́ вы идёте? (поликли́ника) 5. Куда́ ты идёшь? (магази́н) 6. Куда́ иду́т де́ти? (шко́ла) 7. Куда́ идёт преподава́тель? (лаборато́рия)

Exercise 3. Answer the questions, using the words given in brackets.

Model: — *Куда́* они́ иду́т? (заво́д)
— Они́ иду́т *на заво́д*.

1. Куда́ они́ иду́т? (по́чта) 2. Куда́ ты идёшь? (стадио́н) 3. Куда́ он идёт?

(фа́брика) 4. Куда́ она́ идёт? (ры́нок) 5. Куда́ вы идёте? (вокза́л) 6. Куда́ ты идёшь? (като́к) 7. Куда́ иду́т студе́нты? (конце́рт)

Exercise 4. Use the required forms of the verb *идти́.*

1. — Куда́ ... Бори́с и Андре́й?
   — Я не зна́ю, куда́ они́ .... Я ду́маю, что они́ ... в столо́вую.
2. — Куда́ ... Мари́на?
   — Она́ ... на ле́кцию.
   — А вы то́же ... на ле́кцию?
   — Да, я то́же ... туда́.
3. — Куда́ вы ...?
   — Я ... в кино́.
   — А почему́ вы ... оди́н?
   — Я ... оди́н, потому́ что мои́ друзья́ уже́ ви́дели э́тот фильм.
4. — Вы ... в фонети́ческую лаборато́рию?
   — Нет, мы уже́ бы́ли там. Сейча́с мы ... в библиоте́ку.

The Verb ходи́ть. The Past Tense

Сейча́с я **иду́** в столо́вую.
Утром я **ходи́л** в буфе́т.

NOTE: In the past tense the verb *ходи́ть* denotes movement there and back. In this case the verb *ходи́л* is equivalent to the verb *был*: Вчера́ я *ходи́л* в кино́. = Вчера́ я *был* в кино́.

Exercise 5. Use the verb *ходи́ть* in the past tense.

1. Вчера́ мой това́рищ ... в Большо́й теа́тр. 2. Утром студе́нты ... на ле́кцию. 3. Позавчера́ мы ... в музе́й. 4. Вчера́ я ... на стадио́н. 5. На про́шлой неде́ле мы ... в цирк. 6. В четве́рг Никола́й ... в поликли́нику. 7. Утром Анна ... в библиоте́ку.

Exercise 6. Write out the sentences, replacing the verb *идти́* by *ходи́ть* in the past tense. Change the adverbs of time.

Model: Сейча́с мы *идём* на вы́ставку.
 Вчера́ мы *ходи́ли* на вы́ставку.

I. 1. *Сейча́с* я *иду́* в лаборато́рию. 2. *Сейча́с* мы *идём* на ле́кцию. 3. *Сейча́с* мой друг *идёт* в поликли́нику. 4. *Сейча́с* студе́нты *иду́т* в библиоте́ку. 5. *Сейча́с* мой това́рищ *идёт* в клуб.
II. 1. Ты *идёшь* в столо́вую? 2. Они́ *иду́т* на като́к? 3. Вы *идёте* на конце́рт? 4. Ты *идёшь* в апте́ку?

Вчера́ я **ходи́л** в теа́тр.—**Куда́** вы **ходи́ли** вчера́?
Вчера́ я **был** в теа́тре.—**Где** вы **бы́ли** вчера́?

Exercise 7. Make up questions to which the following sentences are the answers and write them down.

1. Вчера́ мы *бы́ли в теа́тре*. Вчера́ мы *ходи́ли в теа́тр*. 2. А́нна *ходи́ла в магази́н*. А́нна *была́ в магази́не*. 3. Студе́нты *ходи́ли в клуб*. Студе́нты *бы́ли в клу́бе*. 4. В суббо́ту Анто́н *был на вы́ставке*. В суббо́ту Анто́н *ходи́л на вы́ставку*. 5. Позавчера́ мы *бы́ли на конце́рте*. Позавчера́ мы *ходи́ли на конце́рт*.

Exercise 8. Replace the verb *ходи́ть* by the verb *быть*. Change the case of the nouns following the verb.

Model: Он *ходи́л в клуб*.
        Он *был в клу́бе*.

1. Вчера́ мы ходи́ли на ве́чер. 2. Вчера́ моя́ сестра́ ходи́ла в консервато́рию. 3. Мой друг ходи́л в музе́й. 4. У́тром она́ ходи́ла на по́чту. 5. Па́вел ходи́л в библиоте́ку. 6. В суббо́ту они́ ходи́ли в рестора́н.

Exercise 9. Do the exercise as shown in the model.

Model: Вчера́ он *ходи́л в Большо́й теа́тр*.
        Вчера́ он *был в Большо́м теа́тре*.

1. Позавчера́ Оле́г ходи́л на студе́нческий ве́чер. 2. В суббо́ту моя́ подру́га ходи́ла в о́перный теа́тр. 3. Вчера́ я ходи́л в кни́жный магази́н. 4. Сего́дня у́тром мы ходи́ли на интере́сную ле́кцию. 5. Сего́дня А́нна ходи́ла в Моско́вский университе́т. 6. Позавчера́ мы ходи́ли в медици́нский институ́т.

Exercise 10. Replace the verb *быть* by *ходи́ть*.

Model: Вчера́ ве́чером он *был в теа́тре*.
        Вчера́ ве́чером он *ходи́л в теа́тр*.

1. Неда́вно мы бы́ли в Истори́ческом музе́е. 2. В воскресе́нье мы бы́ли на Кра́сной пло́щади. 3. Позавчера́ мои́ друзья́ бы́ли в Моско́вском Кремле́. 4. В суббо́ту мои́ роди́тели бы́ли в Большо́м теа́тре. 5. Вчера́ Мари́на была́ в Моско́вском университе́те. 6. Сего́дня мой друг был в кни́жном магази́не.

Exercise 11. Answer the questions, as in the model.

Model: — Что вы де́лали у́тром? (библиоте́ка)
        — У́тром я *ходи́л в библиоте́ку*.

1. Что вы де́лали вчера́ ве́чером? (конце́рт) 2. Что вы де́лали в суббо́ту? (бассе́йн) 3. Что де́лал Бори́с в воскресе́нье? (стадио́н) 4. Что де́лала Мари́я по́сле ле́кции? (библиоте́ка) 5. Что де́лали ва́ши друзья́ в суббо́ту? (рестора́н)

Exercise 12. Answer the questions, as in the model. Write down the answers.

Model: — *Где ты был*? (вы́ставка)
        — Я *ходи́л на вы́ставку*.

1. Где он был вчера́? (клуб) 2. Где была́ Мари́я? (столо́вая) 3. Где вы бы́ли в суббо́ту? (цирк) 4. Где была́ у́тром ва́ша сестра́? (поликли́ника) 5. Где бы́ли ва́ши друзья́ в воскресе́нье? (консервато́рия)

Exercise 13. Use the verb *ходи́ть* in the past tense.

1. — Куда́ вы ... в суббо́ту?
   — Я ... в клуб на ве́чер.
   — А ва́ши друзья́ то́же ... на ве́чер?
   — Нет, они́ не ...

2. — Вы хоти́те посмотре́ть но́вый фильм?
   — Нет, я уже́ ви́дел его́. Я ... смотре́ть э́тот фильм вчера́.
   — А А́нна ви́дела э́тот фильм?
   — Да, она́ то́же ... со мной.

3. — Куда́ ты ... вчера́ ве́чером?
   — Я ... в теа́тр. А ты?
   — А я ... в го́сти.

The Verb пойти́. The Future Tense

Сейча́с я **иду́** в поликли́нику.
За́втра я **пойду́** в поликли́нику.

Exercise 14. Use the verb *пойти́* in the future tense.

1. За́втра мой мла́дший брат ... в цирк. 2. В суббо́ту мы ... на вы́ставку.
3. За́втра мои́ друзья́ ... в теа́тр. 4. Сего́дня по́сле обе́да я ... в кни́жный мага-зи́н. 5. Послеза́втра она́ ... в клуб на ве́чер. 6. За́втра мы ... на като́к.
7. Ве́чером роди́тели ... в кино́.

Exercise 15. Replace the present tense verbs by future tense ones. Use the words *за́втра, после-за́втра, сего́дня ве́чером, в воскресе́нье*, etc.

Model: Мы *идём* в кино́.
Сего́дня ве́чером мы *пойдём* в кино́.

1. Мы идём в теа́тр. 2. Студе́нты иду́т в физи́ческую лаборато́рию.
3. Бори́с идёт в кни́жный магази́н. 4. Он идёт в зоопа́рк. 5. Мы идём в библиоте́ку. 6. Я иду́ в го́сти.

Exercise 16. Use the required forms of the verb *пойти́*.

1. — Куда́ ... за́втра ва́ши друзья́?
   — Они́ говори́ли, что они́ ... в теа́тр.
   — А вы то́же ... в теа́тр?
   — Нет, я не ..., потому́ что я бу́ду за́нят.

2. — Что бу́дет де́лать Михаи́л в воскресе́нье?
   — Он говори́л, что он ... на стадио́н.
   — А Ви́ктор и Серге́й то́же ...? Или Михаи́л ... оди́н?
   — Я ду́маю, что они́ то́же ... на стадио́н.

3. — Когда́ вы ... в столо́вую? Сейча́с?
   — Нет, сейча́с мы ... на ле́кцию, а пото́м — в столо́вую.

4. — Кто хо́чет ... на экску́рсию в шко́лу?
   — Мы все хоти́м ... .

Exercise 17. Make up sentences, as in the model, and write them down. Use adverbs of time.

Model: Я *иду́* в университе́т.
Утром я *ходи́л* в университе́т.
По́сле обе́да я *пойду́* в университе́т.

1. Я иду́ на рабо́ту. 2. Мои́ друзья́ иду́т в зоопа́рк. 3. Мы идём в кни́жный магази́н. 4. Вы идёте в клуб? 5. Ты идёшь в бассе́йн? 6. Ты идёшь в библиоте́ку?

Exercise 18. Use the required forms of the verbs *идти́, ходи́ть, пойти́.*

1. — Куда́ вы сейча́с ...?
   — Я ... в буфе́т. А куда́ вы ...?
   — Мы ... в зал. Там сейча́с бу́дет ле́кция.
2. — Куда́ вы ... сего́дня ве́чером?
   — Я ду́маю, что мы ... в кино́.
   — Анна и Серге́й то́же ... в кино́?
   — Нет, они́ ... в теа́тр.
3. — Где был Бори́с?
   — Он ... на по́чту.
4. — Куда́ вы ... вчера́?
   — Вчера́ мы ... на вы́ставку.

Exercise 19. Use the required forms of the verbs *идти́, ходи́ть, пойти́.*

1. — Куда́ ты ...?
   — Я ... в буфе́т, я ещё не за́втракал.
   — А куда́ ты ... пото́м?
   — Пото́м я ... в чита́льный зал.
2. — Где ты был вчера́ ве́чером?
   — Вчера́ я ... в клуб.
   — Ты ... оди́н?
   — Нет, мы ... с Ви́ктором.
3. — За́втра воскресе́нье. Что ты бу́дешь де́лать?
   — За́втра у́тром я ... в бассе́йн. Пото́м мы с дру́гом ... в лес.
   — А куда́ вы ... ве́чером?
   — Я ещё не зна́ю, куда́ мы ....
4. — Куда́ ты ...?
   — Я ... на по́чту. А вы то́же ... на по́чту?
   — Нет, мы уже́ ... на по́чту, сейча́с мы ... домо́й.

The Verb éхать. The Present Tense

Бори́с е́дет в Ки́ев.

éхать

Я éду		Мы éдем	
Ты éдешь	в Ки́ев.	Вы éдете	в Ки́ев.
Он (онá) éдет		Они́ éдут	

Note that unlike the verb *идти́*, *éхать* denotes movement in a vehicle.

Exercise 20. Use the required forms of the verb *éхать*.

1. — Кудá вы сейчáс ...?
   — Я ... в центр, а мой друг ... в университéт.
2. — Кудá ты сейчáс ...?
   — Я ... в теáтр.
3. — Вáша грýппа ... на экскýрсию на завóд?
   — Да, мы ... на завóд.
4. — Вы ... на вы́ставку?
   — Да, мы ... на вы́ставку.
5. — Кудá они́ ...?
   — Они́ ... в цирк.

Exercise 21. Answer the questions, using the words given in brackets. Write down the answers.

Model: — *Кудá* они́ éдут? (санатóрий)
         — Они́ éдут *в санатóрий.*

1. Кудá вы éдете? (рабóта) 2. Кудá éдут студéнты? (прáктика) 3. Кудá éдут рабóчие? (завóд) 4. Кудá éдут дéти? (стадиóн) 5. Кудá ты éдешь? (дом óтдыха) 6. Кудá они́ éдут? (дерéвня)

Exercise 22. Do the exercise as shown in the model.

Model: — Ты éдешь домóй? | вокзáл
         — Нет, я éду *на вокзáл.*

1. Вы éдете в дерéвню?	дом óтдыха
2. Ты éдешь в гóсти?	теáтр
3. Они́ éдут в Ленингрáд?	Одéсса
4. Вы éдете в университéт?	библиотéка
5. Ты éдешь на стадиóн?	бассéйн

The Verb éздить. The Past Tense

Сейчáс я éду на стадиóн.
Вчерá я éздил на стадиóн.

Note that like the verb *ходи́ть* the verb *éздить* in the past tense denotes movement there and back. In this case the verb *éздил* is equivalent to the verb *был*: Лéтом я *éздил* в дерéвню. = Лéтом я *был* в дерéвне.

Exercise 23. Use the verb *ездить* in the past tense.

1. Ле́том мой друг ... на ро́дину. 2. В про́шлом году́ я ... в Сове́тский Сою́з. 3. Неда́вно моя́ сестра́ ... в Ленингра́д. 4. В а́вгусте мои́ роди́тели ... в санато́рий. 5. В воскресе́нье она́ ... в дере́вню. 6. Вчера́ мы с бра́том ... в зоопа́рк.

Exercise 24. Answer the questions, using the words given on the right.

Model: — Вы е́здили на стадио́н на метро́? | авто́бус
— Нет, мы е́здили туда́ *на авто́бусе.*

1. Вы е́здили на да́чу на по́езде?	маши́на
2. Вы е́здили на экску́рсию на метро́?	авто́бус
3. Ты е́здил в больни́цу на такси́?	трамва́й
4. Ты е́здил в дере́вню на по́езде?	мотоци́кл
5. Вы е́здили в Ленингра́д на маши́не?	по́езд

Exercise 25. Answer the questions, using the words given in brackets.

Model: — *Куда́* ты е́здил вчера́? (зоопа́рк)
— Вчера́ я е́здил *в зоопа́рк.*
— *На чём (как)* ты е́здил туда́? (авто́бус)
— Я е́здил туда́ *на авто́бусе.*

1. Куда́ вы е́здили вчера́? (стадио́н)
 На чём вы е́здили туда́? (маши́на)
2. Куда́ вы е́здили вчера́? (музе́й)
 На чём вы е́здили туда́? (трамва́й)
3. Куда́ вы е́здили в воскресе́нье? (дере́вня)
 На чём вы е́здили туда́? (велосипе́д)
4. Куда́ е́здил неда́вно Оле́г? (Ленингра́д)
 На чём он е́здил туда́? (по́езд)
5. Куда́ е́здили вчера́ э́ти студе́нты? (теа́тр)
 На чём они́ е́здили туда́? (авто́бус)

Ле́том я **е́здил** в Москву́.	— **Куда́** вы **е́здили** ле́том?
Ле́том я **был** в Москве́.	— **Где** вы **бы́ли** ле́том?

Exercise 26. Make up questions to which the following sentences are the answers.

1. Ле́том на́ша семья́ была́ *в Крыму́.* Ле́том на́ша семья́ е́здила *в Крым.* 2. В а́вгусте я был *в Ки́еве.* В а́вгусте я е́здил *в Ки́ев.* 3. Вчера́ мы е́здили *на стадио́н.* Вчера́ мы бы́ли *на стадио́не.* 4. Неда́вно Макси́м е́здил *в Ленин-гра́д.* Неда́вно Макси́м был *в Ленингра́де.* 5. В про́шлом году́ Анна была́ *на ро́дине.* В про́шлом году́ Анна е́здила *на ро́дину.*

Exercise 27. Replace the verb *ездить* by *быть.* Change the case of the nouns which follow the verb.

Model: Ле́том я *е́здил на ро́дину.*
Ле́том я *был на ро́дине.*

169

1. Сего́дня у́тром я е́здил в поликли́нику. 2. Вчера́ мои́ друзья́ е́здили в лес. 3. В воскресе́нье мы е́здили на да́чу. 4. В про́шлом году́ мой брат е́здил в Индию. 5. Ле́том Па́вел и Анна е́здили в Ташке́нт. 6. В а́вгусте моя́ сестра́ е́здила в Болга́рию.

Exercise 28. Replace the verb *быть* by *е́здить*.

Model: Ле́том он *был в Норве́гии*.
Ле́том он *е́здил в Норве́гию*.

1. Ле́том я был во Фра́нции. 2. В про́шлом году́ я был в Сове́тском Сою́зе. 3. В э́том году́ она́ была́ в Ми́нске. 4. В про́шлом ме́сяце мой друг был в Ита́лии. 5. Неда́вно они́ бы́ли в Ри́ме. 6. Ле́том она́ была́ на ро́дине. 7. В ию́ле мы бы́ли в Болга́рии. 8. В а́вгусте на́ши студе́нты бы́ли в Москве́.

Exercise 29. Answer the questions, as in the model. Write down the answers.

Model: — *Где* ты был ле́том? (дере́вня)
— Ле́том я *е́здил в дере́вню*.

1. Где бы́ли ва́ши роди́тели ле́том? (санато́рий) 2. Где была́ ва́ша сестра́ в ию́ле? (Самарка́нд) 3. Где вы бы́ли ле́том? (пра́ктика) 4. Где была́ ва́ша семья́ в суббо́ту? (да́ча) 5. Где вы бы́ли в воскресе́нье? (экску́рсия) 6. Где ты был во вто́рник? (стадио́н)

Exercise 30. Use the verb *е́хать* or *е́здить* in the required form.

1. — Куда́ вы ... сейча́с?
— Мы ... домо́й.
— Вы бы́ли на вы́ставке?
— Да, мы ... на вы́ставку.
2. — Куда́ Па́вел ... сейча́с?
— Он ... в кни́жный магази́н. Он ... туда́ вчера́, но магази́н был закры́т.
3. — Куда́ ... сейча́с э́ти тури́сты?
— Они́ ... в Ленингра́д.
— Они́ бы́ли в други́х города́х?
— Да, они́ уже́ ... в Ки́ев.

The Verb поéхать. The Future Tense

Сейча́с я е́ду на да́чу.
За́втра я пое́ду на да́чу.

Exercise 31. Use the verb *пое́хать* in the future tense.

1. Ле́том студе́нты ... на ро́дину. 2. В ию́не мой оте́ц ... в санато́рий. 3. Ско́ро мой друг ... в Сове́тский Сою́з. 4. В сентябре́ они́ ... в Болга́рию. 5. За́втра мы ... на экску́рсию. 6. В воскресе́нье вы ... на да́чу? 7. За́втра ты ... в бассе́йн?

Exercise 32. Use the verb *е́хать*, *е́здить* or *пое́хать* in the required form.

1. — Куда́ вы сейча́с ...?

— Мы ... на экску́рсию в Истори́ческий музе́й. А вы уже́ бы́ли в Истори́ческом музе́е?

— Да, мы ... туда́ во вто́рник.

2. — Куда́ ... Джон в про́шлом году́?

— В про́шлом году́ он ... в Сове́тский Сою́з.

— А вы ... в Сове́тский Сою́з?

— Нет, я ещё не ... Я ... туда́ в бу́дущем году́.

3. — Куда́ ты сейча́с ...?

— Я ... в поликли́нику, а пото́м я ... в апте́ку. А куда́ ты ...?

— Я ... в кни́жный магази́н.

4. — В суббо́ту у нас бу́дет экску́рсия в музе́й. Кто хо́чет ... на э́ту экску́рсию?

— Мы не ... на э́ту экску́рсию, потому́ что мы уже́ бы́ли в э́том музе́е.

Exercise 33. Use the verb *пойти́* or *пое́хать* in the required form.

1. По́сле уро́ков мы ... в столо́вую. 2. Ле́том мой друг ... на ро́дину. 3. В воскресе́нье Бори́с и А́нна ... за́ город. 4. В бу́дущем ме́сяце она́ ... отдыха́ть в Крым. 5. Я ... в теа́тр на такси́. 6. По́сле обе́да мой друг ... в лаборато́рию. 7. Магази́н нахо́дится бли́зко от до́ма, поэ́тому я ... туда́ пешко́м [1]. 8. Студе́нты ... на экску́рсию на авто́бусе.

Exercise 34. Complete the sentences in writing, using the verb *пойти́ (пешко́м)* or *пое́хать* in the future tense.

Model: Кинотеа́тр нахо́дится далеко́, поэ́тому...

Кинотеа́тр нахо́дится далеко́, поэ́тому мы *пое́дем* туда́ на авто́бусе.

Ры́нок нахо́дится недалеко́, поэ́тому...

Ры́нок нахо́дится недалеко́, поэ́тому мы *пойдём* туда́ пешко́м.

1. Мой брат живёт далеко́, поэ́тому... 2. Этот магази́н нахо́дится далеко́, поэ́тому... 3. Библиоте́ка нахо́дится ря́дом, поэ́тому... 4. Парк нахо́дится недалеко́ от на́шего общежи́тия, поэ́тому... 5. По́чта нахо́дится в сосе́днем зда́нии, поэ́тому... 6. Истори́ческий музе́й нахо́дится в са́мом це́нтре го́рода, поэ́тому...

Exercise 35. Use the verb *е́хать, е́здить, пое́хать, идти́, ходи́ть, пойти́* in the required form.

1. В про́шлое воскресе́нье я ... на велосипе́де к своему́ бра́ту. В э́то воскресе́нье я сно́ва ... к нему́.

2. Ка́ждое ле́то э́тот студе́нт отдыха́ет в санато́рии. В про́шлом году́ он ... туда́ в ию́ле, а в э́том году́ он ... в санато́рий в сентябре́.

3. — Куда́ ты ...?

— Я ... в поликли́нику, к зубно́му врачу́.

— А я ... к нему́ вчера́.

4. — Куда́ ты ... ле́том?

— Ле́том я ... в Болга́рию. А ты?

— Я ... в Болга́рию в про́шлом году́. В э́том году́ я ... во Фра́нцию.

— Ты ... во Фра́нцию пе́рвый раз?

---

[1] *пойти́ пешко́м,* to walk

— Нет, я .?.туда́ два го́да наза́д.

5. — Куда́ ты .?.сейча́с?
   — Я .?.в библиоте́ку, а пото́м я .?. домо́й.

Exercise 36. Answer the questions, using the words *да, нет, спаси́бо, с удово́льствием* in the answers.

Model: — Вы хоти́те пойти́ ве́чером в парк?
    — Спаси́бо. Я с удово́льствием пойду́.
    (— Нет, спаси́бо. Я за́нят.)

1. Вы хоти́те пойти́ с на́ми в кино́? 2. Вы хоти́те пойти́ в воскресе́нье в теа́тр? 3. Вы хоти́те пойти́ на конце́рт сего́дня ве́чером? 4. Вы хоти́те пое́хать в суббо́ту на экску́рсию? 5. Ты хо́чешь пое́хать в воскресе́нье на да́чу? 6. Ты хо́чешь пое́хать за́втра за́ город [1]?

The Verbs идти́ — ходи́ть

Сейча́с я **иду́** в университе́т.

Сейча́с я *иду́* по у́лице.

Ка́ждый день я **хожу́** в университе́т.

Я *ча́сто хожу́* в кино́.
Я *всегда́ хожу́* по э́той у́лице.
Ребёнок *уже́ хо́дит.*

The verb *идти́* denotes movement in one direction. The verb *ходи́ть* denotes: (1) movement in different directions, (2) repeated movement in one direction, or (3) the ability to walk.

ходи́ть

Я хожу́		Мы хо́дим	
Ты хо́дишь	по ко́мнате.	Вы хо́дите	по ко́мнате.
Он (она́) хо́дит		Они́ хо́дят	

Exercise 37. Answer the questions.

1. Куда́ вы хо́дите у́тром? 2. Куда́ вы хо́дите днём? 3. Куда́ вы и ва́ши друзья́ хо́дите в суббо́ту? 4. Куда́ они́ хо́дят в воскресе́нье? 5. Куда́ вы хо́дите в воскресе́нье?

---

[1] *пое́хать за́ город*, to go to the country

Exercise 38. Answer the questions. Write out the questions and the answers.

1. Вы лю́бите ходи́ть пешко́м? 2. Вы ча́сто хо́дите пешко́м? 3. Вы хо́дите бы́стро и́ли ме́дленно? 4. Вы ча́сто хо́дите в кино́? 5. Вы лю́бите ходи́ть по незнако́мому го́роду?

Exercise 39. Do the exercise (in writing) as shown in the model.

Model: — Он ча́сто *быва́ет в на́шем клу́бе.*
— Он ча́сто *хо́дит в наш клуб.*

1. Я ча́сто быва́ю на стадио́не. 2. Ка́ждую суббо́ту моя́ сестра́ быва́ет в консервато́рии. 3. Ка́ждую сре́ду и пя́тницу они́ быва́ют в бассе́йне. 4. В воскресе́нье мы быва́ем на катке́. 5. Я ча́сто быва́ю в библиоте́ке.

Exercise 40. Use the verb *идти́* or *ходи́ть* in the required form.

1.— Здра́вствуй, Ни́на!
— Здра́вствуй, Воло́дя!
— Куда́ ты ...?
— Я ... в столо́вую.
2. — Здра́вствуй, Ви́ктор!
— Здра́вствуй, Бори́с!
— Куда́ ты ...?
— Я ... в бассе́йн.
— Ты ка́ждый день ... в бассе́йн?
— Нет, я ... че́рез день.
3. — Оле́г, куда́ ты ...?
— Я ... в библиоте́ку.
— Ты ча́сто ... в библиоте́ку?
— Обы́чно я ... в библиоте́ку раз в неде́лю.
4. — Здра́вствуй, Анна!
— До́брый день, Ни́на!
— Куда́ ты ...?
— Я ... в лаборато́рию.
— Ты всегда́ ... в лаборато́рию в э́то вре́мя?
— Нет, иногда́ я ... туда́ ве́чером. А куда́ ты ... сейча́с?
— Я ... в общежи́тие.

Exercise 41. Use the verb *идти́* or *ходи́ть* in the required form.

1. — Куда́ ... де́ти?
— Они́ ... в парк.
— Они́ ча́сто ... в парк?
— Да, они́ всегда́ ... в парк, когда́ быва́ет хоро́шая пого́да.
2. — Куда́ ты ... вчера́?
— Вчера́ я ... в клуб.
— Ты ка́ждый ве́чер ... в клуб?
— Да, я ча́сто ... туда́.
— А сейча́с ты ... в клуб?
— Нет, сейча́с я ... в кино́.
3. — До́брый день!

— Добрый день!
— Куда́ вы ... ?
— Мы ... в столо́вую.
— Вы всегда́ ... в столо́вую вме́сте?
— Да, обы́чно мы ... в столо́вую вме́сте.

4. — До́брый ве́чер!
— До́брый ве́чер!
— Куда́ вы ... ?
— Я ... в кино́.
— Вы ча́сто ... в кино́?
— Обы́чно я ... в кино́ ка́ждую суббо́ту.

The Past Tense of the Verb идти́

Вчера́ я **ходи́л** в кино́.
(Вчера́ я **был** в кино́.)

Когда́ я **шёл** в кино́, я встре́тил своего́ дру́га.

The verb *идти́* in the past tense *(шёл, шла, шли)* denotes movement in one direction.

Он шёл.
Она́ шла.
Они́ шли.

Exercise 42. Read the sentences and write them out. Note the difference in the use of the verbs *идти́* and *ходи́ть* in the past tense.

1. В воскресе́нье мы *ходи́ли* в музе́й.
   Когда́ мы *шли* в музе́й, мы говори́ли о литерату́ре.
2. Позавчера́ Па́вел *ходи́л* в поликли́нику.
   Когда́ он *шёл* в поликли́нику, он встре́тил това́рища.
3. В воскресе́нье Ли́да и Ви́ктор *ходи́ли* в теа́тр.
   Когда́ они́ *шли* из теа́тра, они́ говори́ли о спекта́кле.

Exercise 43. Use the verb *идти́* or *ходи́ть* in the past tense.

1. Вчера́ он ... в апте́ку. Когда́ он ... в апте́ку, на у́лице был дождь.
2. Вчера́ ве́чером мы ... в клуб. Когда́ мы ... в клуб, мы встре́тили друзе́й.
3. В суббо́ту мы ... в кино́. Когда́ мы ... из кинотеа́тра, мы говори́ли о фи́льме.
4. Сего́дня у́тром я ... в магази́н. Когда́ я ... туда́, я купи́л в кио́ске газе́ты.

Exercise 44. Use the verb *идти́* or *ходи́ть* in the past tense.

1. Вчера́ мы ... в парк. 2. Когда́ мы ... в парк, бы́ло тепло́. 3. Когда́ студе́нты ... в столо́вую, они́ разгова́ривали. 4. Сего́дня у́тром я ... не в столо́вую, а в буфе́т. 5. В понеде́льник Па́вел ... в поликли́нику. 6. Когда́ я ... в поликли́нику, я встре́тил Па́вла. 7. Вчера́, когда́ мы ... домо́й, бы́ло уже́ темно́. 8. — Где вы бы́ли вчера́? — Мы ... в теа́тр.

174

The Verbs éхать — éздить

Сейча́с я éду в университе́т.

Ка́ждый день я éзжу в университе́т.

Он *éздит* на рабо́ту на маши́не.

Он *éздит* (уме́ет éздить) на мотоци́-
кле.

Note that the verb *éхать* denotes movement in one direction. The verb *éздить*
denotes: (1) movement in different directions, (2) repeated movement in one direction, or (3) the ability to move in a vehicle.

éздить			
Я **éзжу**		Мы **éздим**	
Ты **éздишь**	на маши́не.	Вы **éздите**	на маши́не.
Он (она́) **éздит**		Они́ **éздят**	

Exercise 45. Read the sentences and write them out. Compare the sentences and explain the difference in their meaning.

1. Сейча́с студе́нты *éдут* на экску́р-
сию.
2. Сейча́с Анна *éдет* на рабо́ту.

3. Сейча́с мы *éдем* на да́чу.

1. Студе́нты ча́сто *éздят* на экску́р-
сии.
2. Ка́ждый день Анна *éздит* на ра-
бо́ту.
3. Ка́ждую неде́лю мы *éздим* на
да́чу.

Exercise 46. Answer the questions. Write out the questions and the answers.

1. Куда́ вы éздите ка́ждый день? 2. Куда́ ваш брат éздит ка́ждое у́тро?
3. Куда́ ва́ша семья́ éздит ка́ждую суббо́ту? 4. Куда́ вы éздите ле́том?
5. Куда́ студе́нты éздят ка́ждое ле́то?

Exercise 47. Use the verb *éхать* or *éздить* in the required form.

1. — Здра́вствуй, Воло́дя!
— Здра́вствуй, Бори́с!
— Куда́ ты éдешь?
— Я éду на стадио́н.
— Ты ча́сто éздишь на стадио́н?
— Я éзжу на стадио́н че́рез день.

2. — Куда́ вы ... сейча́с?
   — Мы ... на вы́ставку. А вы бы́ли на вы́ставке?
   — Да, мы ... на вы́ставку на про́шлой неде́ле.
3. — До́брый день, Ви́ктор!
   — До́брый день, Па́вел!
   — Куда́ ты ... вчера́ ве́чером?
   — Вчера́ ве́чером я ... в бассе́йн.
   — А куда́ ты ... сейча́с?
   — Сейча́с я ... в кино́.
4. — Куда́ ты ...?
   — Я ... в центр, в кни́жный магази́н.
   — Заче́м ты туда́ ...?
   — Я хочу́ купи́ть слова́рь.

The Past Tense of the Verb éхать

Compare:

Вчера́ я *е́здил* на да́чу. =   Когда́ я *е́хал* на да́чу, шёл дождь.
Вчера́ я *был* на да́че.   (movement in one direction)
(movement there and back)

Exercise 48. Read the sentences and write them out. Note the difference in the use of the verbs *е́хать* and *е́здить* in the past tense.

1. Сего́дня днём моя́ мать *е́здила* в поликли́нику.
   Когда́ она́ *е́хала* в поликли́нику, она́ забы́ла в авто́бусе свой зонт.
2. Ле́том мой брат *е́здил* в дере́вню к роди́телям.
   Когда́ он *е́хал* туда́, он встре́тил своего́ дру́га.
3. На про́шлой неде́ле мы *е́здили* на экску́рсию.
   Когда́ мы *е́хали* на экску́рсию, мы пе́ли пе́сни.
4. В про́шлом ме́сяце я *е́здил* на пра́ктику.
   Когда́ я *е́хал* на пра́ктику, я заболе́л.

Exercise 49. Use the verb *е́хать* or *е́здить* in the past tense.

1. Вчера́ она́ ... к подру́ге. 2. Когда́ она́ ... к подру́ге, она́ чита́ла кни́гу.
3. Когда́ мы ... на пра́ктику, мы пе́ли в по́езде пе́сни. 4. В про́шлом ме́сяце
студе́нты ... на пра́ктику. 5. Ле́том моя́ сестра́ ... в Крым. 6. Когда́ моя́ сес-
тра́ ... в Крым, в по́езде она́ познако́милась с тури́стами из Финля́ндии.
7. Когда́ он ... на рабо́ту, он потеря́л очки́. 8. В про́шлом году́ он ... в Ле-
нингра́д.

Exercise 50. Use the verb *е́хать* or *е́здить* in the past tense.

Model: Вчера́ мы *е́здили* в парк. Туда́ мы *е́хали* на авто́бусе, а обра́тно *е́хали* на метро́.

1. Позавчера́ мы ... в го́сти. Туда́ мы ... на метро́, а обра́тно ... на такси́.
2. Вчера́ мы ... в теа́тр. Туда́ мы ... на такси́, а обра́тно мы ... на авто́бусе.
3. В воскресе́нье они́ ... на вы́ставку. Туда́ они́ ... на авто́бусе, а обра́тно ... на
трамва́е. 4. На про́шлой неде́ле мы ... в дере́вню. Снача́ла мы ... на по́езде,

176

а пото́м ... на авто́бусе. 5. Ле́том мои́ друзья́ ... в Крым. Снача́ла они́ ... на по́езде, пото́м ... на маши́не.

Exercise 51. Use the verb *ходи́ть* or *е́здить* in the present tense.

1. Я живу́ недалеко́ от университе́та. Ка́ждый день я ... в университе́т пешко́м. 2. Он живёт далеко́ от заво́да. Ка́ждый день он ... на рабо́ту на авто́бусе и на метро́. 3. Ры́нок нахо́дится далеко́ от до́ма, поэ́тому мы ... туда́ на трамва́е. 4. Магази́н нахо́дится о́чень бли́зко. Мы ... туда́ пешко́м. 5. Моя́ подру́га живёт далеко́, поэ́тому я ... к ней на тролле́йбусе. 6. Мой друг живёт бли́зко, поэ́тому я ... к нему́ пешко́м.

Exercise 52. Replace the verb *быть* by the verb *ходи́ть* or *е́здить*.

Model: В про́шлом году́ я *был* на Кавка́зе. Вчера́ я *был* в библиоте́ке.
В про́шлом году́ я *е́здил* на Кавка́з. Вчера́ я *ходи́л* в библиоте́ку.

1. Ле́том э́тот студе́нт был на ро́дине. 2. По́сле уро́ков э́тот студе́нт был в столо́вой. 3. В про́шлом ме́сяце мой друг был в Ки́еве. 4. На про́шлой неде́ле я был в поликли́нике. 5. Ле́том она́ была́ в санато́рии. 6. Вчера́ она́ была́ в Третьяко́вской галере́е. 7. В а́вгусте на́ша семья́ была́ в дере́вне. 8. В ию́ле студе́нты бы́ли в Ленингра́де. 9. Там они́ бы́ли в Ру́сском музе́е.

Exercise 53. Use the verbs *идти́ — ходи́ть* or *е́хать — е́здить* in the required form.

1. Вчера́ мой друг ... в теа́тр. Когда́ он ... в теа́тр, он встре́тил в метро́ ста́рого знако́мого. 2. Ка́ждый день я ... на рабо́ту на тролле́йбусе и́ли на трамва́е. Обра́тно я ... пешко́м. 3. Он лю́бит ... на мотоци́кле. Обы́чно он ... на мотоци́кле о́чень бы́стро. Вчера́ он ... в дере́вню к свои́м роди́телям. Когда́ он ... туда́, шёл дождь. 4. Моя́ мать живёт недалеко́ от го́рода, где я живу́. Ка́ждое воскресе́нье я ... к ней. В про́шлое воскресе́нье я то́же ... к ней. 5. Мы ча́сто быва́ем в бассе́йне. Обы́чно мы ... туда́ пешко́м, иногда́ мы ... туда́ на авто́бусе. Вчера́ ве́чером мы ... в бассе́йн. Когда́ мы ... в бассе́йн, мы встре́тили в авто́бусе на́ших студе́нтов. А вы ча́сто ... в бассе́йн? 6. Он живёт недалеко́ от университе́та и ... в университе́т пешко́м. Сего́дня у́тром, когда́ он ... по у́лице, он встре́тил дру́га.

The Verbs нести́ — носи́ть, везти́ — вози́ть

Ма́льчик **идёт** в шко́лу. В рука́х у него́ портфе́ль.
Ма́льчик **идёт** в шко́лу и **несёт** портфе́ль.
Он всегда́ **но́сит** в шко́лу портфе́ль.

Exercise 54. Read the sentences and write them out. Remember the meanings and uses of the verbs *нести́ — носи́ть*.

1. Студе́нт *идёт* по коридо́ру. В рука́х у него́ ка́рта.

1. Студе́нт *идёт* по коридо́ру и *несёт* ка́рту.

2. Я *иду́* в библиоте́ку. В рука́х у меня́ кни́га.

3. Студе́нты *хо́дят* на заня́тия с кни́гами и тетра́дями.

2. Я *иду́* в библиоте́ку и *несу́* туда́ кни́ги.

3. Студе́нты *но́сят* на заня́тия кни́ги и тетра́ди.

Ма́льчик **е́дет** на велосипе́де. Он **везёт** цветы́. Он ча́сто **во́зит** цветы́ свое́й ма́тери.

Exercise 55. Read the sentences and write them out. Remember the meanings and uses of the verbs *везти́ — вози́ть.*

1. В авто́бусе сиди́т же́нщина. В рука́х у неё су́мка с проду́ктами.

2. По у́лице *е́дет* авто́бус. В авто́бусе сидя́т де́ти.

3. Этот авто́бус *е́здит* в аэропо́рт. В авто́бусе сидя́т пассажи́ры.

1. В авто́бусе *е́дет* же́нщина и *везёт* су́мку с проду́ктами.

2. По у́лице *е́дет* авто́бус и *везёт* дете́й.

3. Этот авто́бус *во́зит* пассажи́ров в аэропо́рт.

Exercise 56. Make up captions to be used under these drawings.

Model: Ма́льчик *несёт* портфе́ль.

Exercise 57. Use the verbs *нести́ — носи́ть* or *везти́ — вози́ть* in the required form.

1. Вот идёт почтальо́н. Он ... нам газе́ты и журна́лы. Ка́ждое у́тро почтальо́н ... газе́ты и журна́лы. 2. Мой друг идёт на уро́к. Он ... уче́бник и тет-

ра́ди. Ка́ждый день он ... на уро́к э́тот уче́бник. 3. Э́тот авто́бус е́дет в аэро-
по́рт. Он ... пассажи́ров. Ка́ждый день э́тот авто́бус ... пассажи́ров в аэро-
по́рт. 4. Э́та маши́на е́дет в магази́н. Она́ ... хлеб. 5. О́коло до́ма стои́т боль-
ша́я маши́на, кото́рая ... ме́бель. 6. О́коло университе́та стои́т авто́бус, кото́-
рый ... студе́нтов на экску́рсии.

Exercise 58. Use the verb *нести́* or *везти́* in the required form.

1. — Куда́ ты идёшь?
   — Я иду́ к това́рищу.
   — Что ты ... ?
   — Я ... ему́ кни́гу, кото́рую я брал у него́.
2. — Куда́ вы е́дете?
   — Я е́ду к дру́гу.
   — Что вы ... ?
   — Я ... пласти́нки, кото́рые он у меня́ проси́л.
3. — Отку́да идёт э́та де́вушка?
   — Она́ идёт из библиоте́ки.
   — Что она́ ... ?
   — Она́ ... кни́ги.
4. — Отку́да ты е́дешь?
   — Я е́ду из магази́на.
   — Что ты ... ?
   — Я ... магнитофо́н, кото́рый я купи́л.

Exercise 59. Make up sentences, using the verbs *нести́—носи́ть, везти́—вози́ть* and write
them down.

Model: Преподава́тель идёт в класс. В рука́х у него́ на́ши тетра́ди.
Преподава́тель *несёт* (в класс) на́ши тетра́ди.

1. Я иду́ в библиоте́ку. В рука́х у меня́ кни́ги. 2. Студе́нт идёт в класс.
В рука́х у него́ слова́рь. 3. Же́нщина е́дет из магази́на. В рука́х у неё фру́кты.
4. Вот идёт де́вушка. В рука́х у неё цветы́. 5. Мужчи́на идёт к такси́. В рука́х
у него́ чемода́н. 6. Вот е́дет авто́бус. В э́том авто́бусе тури́сты е́дут на
экску́рсию. 7. В тролле́йбусе у окна́ сиди́т мужчи́на. На рука́х у него́ сын.
Они́ е́дут домо́й. 8. Же́нщина идёт в больни́цу. На рука́х у неё ребёнок.

The Verbs нести́, везти́ in the Past Tense

Он нёс.	Он вёз.
Она́ несла́.	Она́ везла́.
Они́ несли́.	Они́ везли́.

Exercise 60. Use the verb *нести́* or *везти́* in the past tense.

1. Преподава́тельница шла по коридо́ру и ... на́ши тетра́ди. 2. Э́тот чело-
ве́к е́хал на тролле́йбусе и ... чемода́н. 3. Де́вушка шла по у́лице и ... лы́жи.
4. Он е́хал домо́й и ... фру́кты. 5. Студе́нтка шла по коридо́ру и ... кни́ги.
6. Ю́ноша шёл по у́лице и ... чемода́н.

Exercise 61. Use the verbs *нести — носить* or *везти — возить* in the required form.

1. Сего́дня у́тром я встре́тил дру́га. Он шёл из библиоте́ки и ... кни́ги. Он сказа́л мне, что он ... э́ти кни́ги в библиоте́ку, но библиоте́ка закры́та. 2. Мой това́рищ всегда́ ... все уче́бники на уро́к. Вчера́, когда́ он шёл на уро́к и ... уче́бники, он потеря́л одну́ кни́гу. 3. У моего́ бра́та боли́т нога́. Утро́м я ... его́ в поликли́нику. Туда́ я ... его́ на авто́бусе, а обра́тно на такси́. 4. Мой друг рабо́тает шофёром авто́буса. Он ... пассажи́ров из це́нтра го́рода в аэропо́рт. Одна́жды, когда́ он ... пассажи́ров в аэропо́рт, авто́бус слома́лся и пасса́жиры опозда́ли на самолёт.

Prefixed Verbs of Motion
The Prefix по-

Мы зако́нчили рабо́ту и **пошли́** домо́й.

The prefix **по-** signifies the beginning of the action expressed in verbs of motion.

Exercise 62. Read the sentences and write them down. Explain what meaning the prefix *по-* adds to the verbs *идти́* and *éхать*.

1. Утром мы поза́втракали и *пошли́* на рабо́ту. 2. Я ко́нчил писа́ть письмо́ и *пошёл* на по́чту. 3. У меня́ заболе́ли зу́бы, и я *пошёл* к врачу́. 4. Он сел в маши́ну и *пое́хал* домо́й. 5. Студе́нты сда́ли экза́мены и *пое́хали* отдыха́ть. 6. Я реши́л купи́ть магнитофо́н и *пое́хал* в радиомагази́н. 7. Я узна́л, что мой друг бо́лен, и *пое́хал* к нему́.

Exercise 63. Use the verb *пойти́* or *пое́хать* in the required form.

1. Я захоте́л есть и ... в столо́вую. 2. Мы реши́ли посмотре́ть бале́т «Лебеди́ное о́зеро» и ... в Большо́й теа́тр. 3. Вчера́ мы реши́ли посмотре́ть но́вый фильм и ... в кино́. 4. Он сел в такси́ и ... на вокза́л. 5. Она́ взяла́ реце́пт и ... в апте́ку. 6. Студе́нты сда́ли экза́мены и ... на пра́ктику в друго́й го́род. 7. Я купи́л пода́рок и ... к дру́гу на день рожде́ния.

Exercise 64. Use the verb *пойти́* or *пое́хать* in the required form.

1. В суббо́ту студе́нты е́здили на экску́рсию в шко́лу. Снача́ла они́ сиде́ли на уро́ке в пе́рвом кла́ссе. Пото́м они́ ... в физи́ческий кабине́т. По́сле уро́ка они́ ... в спорти́вный зал. Студе́нты осмотре́ли шко́лу и ... в университе́т. 2. Вчера́ бы́ло воскресе́нье. Утром я ... к това́рищу. Мы поза́втракали и ... гуля́ть. Снача́ла мы ... в парк, а пото́м мы ... в кино́. По́сле кино́ мы ... домо́й.

Exercise 65. Read the sentences and write them out. Note the difference in the meaning of the italicised verbs.

1. Они́ *ходи́ли* в кино́.
(They were at the cinema, saw a film and came back home.)

1. Они́ *пошли́* в кино́.
(They left for the cinema, but it is not known whether they actually

were at the cinema. For example, they may have gone to the cinema, but were late for the show and decided to go back.)

2. В воскресе́нье они́ *е́здили* на да́чу. (They were in the country.)

2. У́тром они́ *пое́хали* на да́чу. (It is not known whether they actually got there or not.)

Exercise 66. Read the sentences and write them out. Explain the difference in the meaning of the verbs in the left and right-hand columns.

1. Он *ходи́л* в столо́вую.
2. Наш преподава́тель *ходи́л* в лаборато́рию.
3. Они́ *е́здили* в кни́жный магази́н.

1. Он *пошёл* в столо́вую.
2. Наш преподава́тель *пошёл* в лаборато́рию.
3. Они́ *пое́хали* в кни́жный магази́н.

Exercise 67. Answer the questions, as in the model. Write out the questions and the answers.

Model: — Где Бори́с? (кино́)
 — Он *пошёл в кино́*.

1. Где студе́нты? (лаборато́рия) 2. Где преподава́тель? (библиоте́ка) 3. Где Мари́я? (магази́н) 4. Где ва́ши роди́тели? (Ри́га) 5. Где Андре́й? (вокза́л)

The Prefixes при- and у-

Джон **прие́хал** в Москву́ из Ло́ндона.

Exercise 68. Answer the questions. Note the use of the verbs *прие́хать* and *прийти́.*

(a) *прие́хать*

1. Когда́ Па́вел *прие́хал* в Москву́? (сентя́брь) 2. Когда́ Андре́й *прие́хал* в Ло́ндон? (про́шлый год) 3. Когда́ ваш друг *прие́дет* к вам? (суббо́та) 4. Когда́ *прие́дут* ва́ши роди́тели? (воскресе́нье) 5. Когда́ ты *прие́дешь* к нам в го́сти? (пя́тница)

(b) *прийти́*

1. Когда́ вы *пришли́* в университе́т сего́дня? (10 часо́в утра́) 2. Когда́ *придёт* Бори́с? (че́рез час) 3. Когда́ *приду́т* на́ши го́сти? (6 часо́в) 4. Когда́ они́ *пришли́* домо́й вчера́? (по́здно ве́чером)

Exercise 69. Ask questions about the italicised words and write them down.

Model: Этот студе́нт прие́хал из *Алжи́ра.*
 Отку́да прие́хал э́тот студе́нт?

1. Мой това́рищ прие́хал из *Ита́лии.* 2. Эти студе́нты прие́хали из *Кана́ды.* 3. Эта де́вушка прие́хала из *Се́верной Африки.* 4. Де́ти пришли́ *из шко́лы.* 5. Оте́ц пришёл *со стадио́на.*

181

Exercise 70. Use the verb *прийти́* or *прие́хать* in the required form.

1. Сего́дня Ви́ктор ... в университе́т в 11 часо́в. 2. Ско́ро ко мне ... друг. 3. Этот студе́нт ... в Ло́ндон в про́шлом году́. 4. Сего́дня Оле́г и Ви́ктор ... в класс ра́ньше всех. 5. Мой брат ... из Ми́нска на про́шлой неде́ле. 6. Мой оте́ц ... сюда́ в бу́дущем ме́сяце. 7. Вчера́ я ... в аудито́рию ро́вно в 9 часо́в. 8. Мы ... сюда́ 5 мину́т наза́д.

Exercise 71. Use the verbs *приходи́ть — прийти́* or *приезжа́ть — прие́хать* in the required form.

1. Обы́чно я ... домо́й в 3 часа́. Сего́дня у нас бу́дет собра́ние, поэ́тому я ... домо́й в 5 часо́в. 2. Ка́ждый день оте́ц ... с рабо́ты в 4 часа́. Он сказа́л, что сего́дня он ... по́зже. 3. Этот студе́нт всегда́ ... на ле́кции. Сего́дня он не ..., потому́ что заболе́л. 4. Обы́чно Анна ... на ле́кции ра́но. И сего́дня она́ ... о́чень ра́но. 5. Ка́ждое ле́то мой брат ... к нам. Но в э́том году́ он написа́л, что не ... . 6. Обы́чно мои́ друзья́ ... к нам в а́вгусте. В э́том году́ они́ ... в ию́ле.

Анто́н **ушёл** из университе́та в 3 часа́.

The prefix **у-** added to a verb signifies the absence or departure of the performer.

Exercise 72. Read the sentences and write them out. Note the use of the verbs with the prefix *у-*.

1. — Вы ви́дели Анну? — Да, я ви́дел её, но час тому́ наза́д она́ *ушла́*. 2. — Где Андре́й? — Он *ушёл* в фонети́ческую лаборато́рию. 3. — Ва́ша сестра́ в Ло́ндоне? — Нет, она́ *уе́хала* в Москву́. 4. — Ва́ша гру́ппа в аудито́рии? — Нет, все *ушли́* в столо́вую. 5. — Ва́ши роди́тели сейча́с в го́роде? — Нет, они́ уже́ *уе́хали* в дере́вню. 6. — Ва́ша преподава́тельница уже́ *ушла́*? — Да, она́ *ушла́* полчаса́ наза́д.

Exercise 73. Use the verb *уйти́* or *уе́хать* in the required form.

1. — Воло́дя до́ма?
 — Нет, он ...
 — Он давно́ ...?
 — Да, он ... час наза́д.
2. — Где Ви́ктор?
 — Он ... .
3. — Где твоя́ сестра́?
 — Она́ ...
 — А ты не зна́ешь, куда́ она́ ...?
 — Не зна́ю.
4. — Ваш брат в Ло́ндоне?
 — Нет, он ... в Москву́.
 — Давно́?
 — Он ... ме́сяц наза́д.
5. — Анна до́ма?
 — Нет, она́ ... полчаса́ наза́д.

Exercise 74. Use the verb *уйти* or *уехать* in the required form.

1. На про́шлой неде́ле мой друг ... на пра́ктику. 2. По́сле ле́кции студе́нты ... из университе́та. 3. Мы ... отсю́да че́рез 10 мину́т. 4. Она́ ... в дере́вню неде́лю наза́д. 5. По́сле экза́менов студе́нты ... на ро́дину. 6. Она́ ... отсю́да час наза́д.

Exercise 75. Do the exercise as shown in the model.

Model: Он был в университе́те. Сейча́с его́ нет в университе́те.
       Он *ушёл* из университе́та.

1. Студе́нты сиде́ли в аудито́рии. Сейча́с их нет там. 2. Моя́ подру́га была́ на ве́чере. Сейча́с её нет на ве́чере. 3. Сейча́с мой друг в лаборато́рии. Че́рез час его́ не бу́дет в лаборато́рии. 4. Сейча́с я в библиоте́ке. Че́рез полчаса́ меня́ не бу́дет здесь. 5. Ра́ньше Ви́ктор жил в Москве́. Тепе́рь он живёт в друго́м го́роде. 6. Мой брат жил в Ленингра́де. Сейча́с он живёт в Ки́еве. 7. Сейча́с моя́ сестра́ в Москве́. Че́рез ме́сяц её не бу́дет в Москве́.

Exercise 76. Use the verbs *уходи́ть — уйти́, уезжа́ть — уе́хать* in the required form.

(a) *уходи́ть — уйти́*

1. Обы́чно она́ ... с рабо́ты в 5 часо́в. Сего́дня она́ ... с рабо́ты в 6 часо́в. 2. Ка́ждый день он ... из до́ма в 8 часо́в. Сего́дня он ... из до́ма о́чень ра́но. 3. Обы́чно я ... из лаборато́рии в 6 часо́в ве́чера. Сего́дня я ... отту́да в 7 часо́в.

(b) *уезжа́ть — уе́хать*

1. Ка́ждый год они́ ... на пра́ктику в ию́ле. В э́том году́ они́ ... на пра́ктику в ма́е. 2. Ка́ждую суббо́ту э́та семья́ ... за́ город. Вчера́ они́ то́же ... за́ город. 3. Ка́ждое ле́то он ... на ро́дину. Он ... на ро́дину на про́шлой неде́ле.

Exercise 77. Replace the sentences by sentences opposite in meaning.

Model: Он *пришёл в столо́вую*.
       Он *ушёл из столо́вой*.

1. Мы *пришли́ в лаборато́рию*. 2. Мой друг *прие́хал из санато́рия*. 3. Она́ *уе́хала на ро́дину*. 4. Наш преподава́тель *прие́хал в университе́т*. 5. Оте́ц *пришёл с рабо́ты*. 6. Он *ушёл на по́чту*. 7. Мать *пришла́ из магази́на*. 8. Де́ти *ушли́ в шко́лу*.

Exercise 78. Change the aspect of the verbs and, where necessary, the adverbs as well. Explain how the meaning of the sentences has changed.

Model: Сего́дня он *прие́хал* домо́й ра́но.
       Обы́чно он *приезжа́ет* домо́й ра́но.

1. Вчера́ ве́чером э́та студе́нтка ушла́ из библиоте́ки по́здно. 2. Сего́дня э́тот студе́нт пришёл из университе́та в 3 часа́. 3. Серге́й прие́хал к нам в дере́вню в ию́ле. 4. Мой брат ча́сто уезжа́ет из Москвы́. 5. Ка́ждое ле́то мои́ роди́тели уезжа́ют на да́чу. 6. Мой друг ча́сто прихо́дит ко мне.

Exercise 79. Use the verbs *приходи́ть — прийти́, уходи́ть — уйти́, приезжа́ть — прие́хать, уезжа́ть — уе́хать* in the required form.

1. Ка́ждый день я ... на рабо́ту в 9 часо́в и ... с рабо́ты в 5 часо́в. Сего́дня у нас бы́ло собра́ние, и я ... домо́й в 6 часо́в. 2. В про́шлую суббо́ту мой друг ... в Ленингра́д. Че́рез две неде́ли он ... сюда́, в Ло́ндон. 3. Где ва́ши роди́тели? — Они́ ... на конце́рт. Они́ сказа́ли, что ... домо́й в 10 часо́в. 4. В ию́ле студе́нты ... на ро́дину. В а́вгусте они́ ... обра́тно. 5. Вчера́ мой брат ... из до́ма в 8 часо́в утра́ и ... домо́й в 7 часо́в ве́чера. 6. Ка́ждый день наш сосе́д ... на маши́не в 8 часо́в утра́ и ... домо́й в 7 часо́в ве́чера.

Exercise 80. Do the exercise as shown in the model.

Model: (a) Джон прие́хал ... (Ло́ндон, Кана́да). (к у д а́ ? о т к у́ д а ?)
Джон прие́хал *в Ло́ндон из Кана́ды.*

1. Э́та делега́ция прие́хала ... (А́нглия, Сове́тский Сою́з). 2. Э́ти преподава́тели прие́хали ... (Москва́, Ве́на). 3. Э́ти студе́нты прие́хали ... (Ленингра́д, Да́ния). 4. Он прие́хал ... (Сове́тский Сою́з, Ме́ксика).

Model: (b) Ни́на уе́хала ... (Ленингра́д, Москва́). (о т к у́ д а ? к у д а́ ?)
Ни́на уе́хала *из Ленингра́да в Москву́.*

1. Ле́том Джон уе́дет ... (Ло́ндон, Ливерпу́ль). 2. На про́шлой неде́ле А́нна уе́хала ... (Пари́ж, Ита́лия, ро́дина). 3. Он ушёл ... (рабо́та, поликли́ника). 4. В 5 часо́в они́ ушли́ ... (университе́т, стадио́н).

Exercise 81. Use the pronouns in the required form.

Model: За́втра они́ прие́дут ... (я).
За́втра они́ прие́дут *ко мне.*

1. Сестра́ прие́дет ... (я) во вто́рник. 2. Я прие́ду ... (вы) в четве́рг. 3. Мы прие́дем ... (ты) сего́дня ве́чером. 4. Кто прие́хал ... (вы)? 5. ... (я) прие́хали роди́тели. 6. За́втра мой друг прие́дет ... (я). 7. Вы пойдёте ... (они́) в суббо́ту?

Пришёл почтальо́н и **принёс** пи́сьма и газе́ты.

Ма́льчик **ушёл** и **унёс** свои́ игру́шки.

Оте́ц **прие́хал** домо́й и **привёз** сы́ну пода́рок.

Маши́на «Ско́рая по́мощь» **уе́хала** и **увезла́** больно́го в больни́цу.

184

Exercise 82. Use the verbs *принести́, привезти́, унести́, увезти́* in the required form.

1. Студе́нты пришли́ на уро́к и ... а́нгло-ру́сские словари́. 2. Сего́дня ко мне пришёл Воло́дя и ... свои́ но́вые фотогра́фии. 3. Преподава́тельница пришла́ в класс и ... на́ши тетра́ди. 4. Том прие́хал из Москвы́ и ... мно́го ру́сских книг. 5. Неда́вно роди́тели прие́хали из Москвы́ и ... нам пода́рки. 6. А́нна прие́хала из Пари́жа и ... но́вые францу́зские пласти́нки. 7. Преподава́тель собра́л на́ши тетра́ди и ... их. 8. Андре́й ушёл и ... по оши́бке мой слова́рь. 9. Маши́на «Ско́рая по́мощь» уе́хала и ... больно́го в больни́цу.

Exercise 83. Change the aspect of the verbs and, where necessary, the adverbs as well. Explain how the meaning of the sentences has changed.

Model: Бори́с *ча́сто приходи́л* ко мне *и приноси́л* но́вые ма́рки.
Вчера́ Бори́с *пришёл* ко мне *и принёс* но́вые ма́рки.

1. Ка́ждый день студе́нты *приноси́ли* в класс тетра́ди, уче́бники и словари́. 2. Оте́ц *привози́л* мне из Ленингра́да интере́сные кни́ги. 3. Вчера́ мой друг *принёс* в класс интере́сные журна́лы. 4. Когда́ она́ *приезжа́ла* из Пари́жа, она́ *привезла́* отту́да интере́сные альбо́мы. 5. Когда́ он *пришёл* ко мне, он *принёс* мне но́вые ма́рки.

Exercise 84. Use the verb *отнести́* in the required form.

1. Мои́ часы́ слома́лись, и я ... их в мастерску́ю. 2. А́нна прочита́ла кни́гу и ... её в библиоте́ку. 3. Ви́ктор купи́л фру́кты и ... их това́рищу в больни́цу. 4. По́сле уро́ка мы ... магнитофо́н в лаборато́рию. 5. Сего́дня ве́чером я ... това́рищу пласти́нки, кото́рые я брал у него́. 6. Когда́ он прочита́ет журна́л, он ... его́ в библиоте́ку. 7. Я до́лжен ... э́ти де́ньги дру́гу.

The Prefixes в- (во-) and вы-

Ма́льчик **вошёл** в ко́мнату.

Ма́льчик **вы́шел** из ко́мнаты.

Exercise 85. Do the exercise as shown in the model.

Model: Ви́ктор был в коридо́ре. Сейча́с он *в свое́й ко́мнате.*
Ви́ктор *вошёл в свою́ ко́мнату.*

1. Студе́нты стоя́ли в коридо́ре. Сейча́с они́ *в аудито́рии*. 2. Де́вушка была́ на у́лице. Сейча́с она́ *в общежи́тии*. 3. Мы стоя́ли о́коло университе́та. Сейча́с мы *в университе́те*. 4. Я был в коридо́ре. Сейча́с я *в чита́льном за́ле*. 5. Мы стоя́ли о́коло музе́я. Сейча́с мы *в клу́бе*. 6. Врач был в коридо́ре. Сейча́с он в своём *кабине́те*.

Exercise 86. Do the exercise as shown in the model.

Model: Студе́нт был *в кла́ссе*. Сейча́с он стои́т *в коридо́ре*.
Студе́нт *вы́шел из кла́сса в коридо́р*.

1. Преподава́тель был *в аудито́рии*. Сейча́с он *в коридо́ре*. 2. Они́ бы́ли *в магази́не*. Сейча́с они́ стоя́т *на у́лице*. 3. Он был *в ваго́не*. Сейча́с он стои́т *на платфо́рме*. 4. Врач был *в кабине́те*. Сейча́с он *в коридо́ре*. 5. Мы бы́ли *в теа́тре*. Сейча́с мы стои́м *на у́лице* о́коло теа́тра.

Exercise 87. Complete the sentences, using the verb *вы́йти* in the required form and the words given on the right.

1. Я купи́л кни́ги и	магази́н
2. Она́ взяла́ кни́ги и	библиоте́ка
3. Мы посмотре́ли фильм и	кинотеа́тр
4. Спекта́кль ко́нчился, и все	теа́тр
5. Ле́кция ко́нчилась, и студе́нты	аудито́рия

Exercise 88. Use the verb *войти́* or *вы́йти* in the required form.

1. Прозвене́л звоно́к, и студе́нты ... в аудито́рию. 2. Мо́жно мне ... из аудито́рии? 3. Студе́нтка ... из лаборато́рии. 4. Он ... в ко́мнату и уви́дел своего́ дру́га. 5. Мы подняли́сь на второ́й эта́ж и ... в библиоте́ку. 6. Вдруг в ко́мнату ... моя́ сестра́. 7. Сего́дня я ... из до́ма в 8 часо́в утра́.

Exercise 89. Replace the sentences by sentences opposite in meaning.

1. Студе́нты *вошли́ в аудито́рию*. 2. Мы *вы́шли из теа́тра*. 3. Мой друг *вошёл в чита́льный зал*. 4. Мои́ друзья́ *вы́шли из клу́ба*. 5. Они́ *вошли́ в сосе́днюю ко́мнату*. 6. Я *вы́шел из столо́вой*. 7. Де́ти *вошли́ в библиоте́ку*.

Exercise 90. Answer the questions.

1. Когда́ вы выхо́дите у́тром из до́ма? 2. Когда́ вы прихо́дите в университе́т? 3. Когда́ вы ухо́дите из университе́та? 4. Когда́ вы прихо́дите домо́й? 5. К вам ча́сто прихо́дят друзья́?

Exercise 91. Complete the sentences.

1. Бори́с вошёл в класс и ... . 2. Мы вы́шли на у́лицу и ... . 3. Я пришёл домо́й и ... . 4. Сего́дня ве́чером я приду́ домо́й и ... . 5. Бори́с вы́шел из библиоте́ки и ... . 6. Ско́ро мой брат прие́дет в Москву́ и ... .

Exercise 92. Complete the sentences, using verbs of motion.

Model: ... и уви́дел дру́га.
Я вошёл в буфе́т и уви́дел дру́га.

1. ... и поздоро́вался. 2. ... и спроси́л, когда́ принима́ет глазно́й врач. 3. ..., немно́го отдохну́л и стал занима́ться. 4. ... и пошёл к авто́бусной остано́вке. 5. ... и поступи́л в университе́т. 6. ..., мы пойдём с ним в музе́й и теа́тры. 7. ..., в кла́ссе никого́ не́ было. 8. ... и не оста́вил своего́ а́дреса.

The Prefixes под- (подо-) and от- (ото-)

Ма́льчик **подошёл** к столу́.

Ма́льчик **отошёл** от стола́.

Exercise 93. Use the verb *подойти́* or *подъе́хать* in the required form.

Model: Маши́на ... к до́му и останови́лась.
Маши́на *подъе́хала* к до́му и останови́лась.

1. Преподава́тель ... к доске́ и на́чал писа́ть. 2. Мы ... к кио́ску и купи́ли све́жие газе́ты. 3. Авто́бус ... к остано́вке и останови́лся. 4. Я ... к окну́ и посмотре́л на у́лицу. 5. Они́ ... к вокза́лу на маши́не. 6. Мы ... к теа́тру на такси́.

Exercise 94. Replace the sentences by sentences opposite in meaning.

I. 1. Я *подошла́ к окну́*. 2. По́езд *отошёл от ста́нции*. 3. Авто́бус *подошёл к остано́вке*. 4. Такси́ *подъе́хало к вокза́лу*. 5. Студе́нт *отошёл от доски́*. 6. Маши́на *отъе́хала от больни́цы*.

II. 1. По́езд уже́ *отхо́дит от платфо́рмы*. 2. Ка́ждый день маши́на *подъезжа́ет к по́чте* в 8 часо́в. 3. Тролле́йбус *подхо́дит к остано́вке*.

Exercise 95. Complete the sentences.

1. Он подошёл к нам и ... . 2. Мы подошли́ к ка́ссе и ... . 3. Авто́бус подошёл к остано́вке и ... . 4. Ма́льчик подошёл к окну́ и ... . 5. Такси́ подъе́хало к до́му и ... . 6. По́езд подошёл к ста́нции и ... .

Exercise 96. Supply beginnings to the sentences.

1. ... и постуча́л. 2. ... и поздоро́вались. 3. ..., и пассажи́ры вы́шли из ваго́на. 4. ... и останови́лась. 5. ... и спроси́ла, где ста́нция метро́. 6. ... и купи́ли сего́дняшние газе́ты.

The Prefix до-

Мы **доéхали** до нáшей стáнции и вы́шли из вагóна.

The prefix **до-** added to a verb lends it the meaning "movement up to a certain borderline, up to a certain point".

Exercise 97. Use the required forms of the words given in brackets.

Model: Я доéхал ... (университéт) на автóбусе.
Я доéхал *до университéта* на автóбусе.

1. Он доéхал ... (теáтр) на метрó. 2. Мы доéхали ... (музéй) на троллéй-бусе. 3. Я доéхал ... (стадиóн) на таксú. 4. Онú доéхали ... (этот гóрод) на пóезде. 5. Мы доéхали ... (больнúца) на метрó и на автóбусе. 6. Мы дошлú ... (стáнция) пешкóм. 7. Турúсты дошлú ... (бéрег рекú) и остановúлись.

The Prefixes про-, пере-, за-

Exercise 98. Read the sentences and write them out. Remember the meanings of the prefix *про-* in the verbs. Note the prepositions used.

I. 1. Он *прошёл мúмо* меня и не поздорóвался. 2. Онú *прошлú мúмо* óзера и вошлú в лес. 3. Кáждый день я *прохожý мúмо* пáрка. 4. Когдá он *проходúл мúмо* кинотеáтра, он встрéтил свойх друзéй.
II. 1. Мы *прошлú чéрез* лес и вы́шли на дорóгу. 2. Мы *прошлú чéрез* парк и увúдели небольшóе óзеро.
III. 1. Пóезд *прошёл* 30 киломéтров и остановúлся. 2. Зá день турúсты *прошлú* 15 киломéтров.

Exercise 99. Read the sentences and write them out. Note that verbs with the prefix *пере-* may be followed by the preposition *чéрез.*

1. Мы *перешлú ýлицу* и вошлú в магазúн. 2. Дéвочка *перешлá чéрез дорóгу* и подошлá к киóску. 3. Турúсты *перешлú чéрез рекý* и пошлú по дорóге. 4. Когдá *бýдешь переходúть ýлицу*, посмотрú сначáла налéво, а потóм напрáво.

Exercise 100. Read the sentences and write them out. Remember the meanings of the verbs with the prefix *за-.*

1. Когдá мы шли на пóчту, по дорóге мы *зашлú* в кнúжный магазúн. 2. —Почемý ты пришёл пóздно? — Я *заходúл* к товáрищу. 3. Если пойдёте в парк, *зайдúте* за нáми. 4. Если бýдете на нáшей ýлице, *заходúте* к нам в гóсти.

Revision Exercises

Exercise 101. Put the words given in brackets in the required case. Use prepositions wherever necessary.

1. Профéссор вошёл ... (аудитóрия), и лéкция началáсь. 2. Мы вы́шли ... (кинотеáтр) и пошлú ... (автóбусная останóвка). 3. Он пришёл ... (поликлúни-ка) и спросúл, когдá принимáет врач. 4. Когдá я подошёл ... (дом), я увúдел,

что о́коло до́ма стои́т маши́на. 5. Он подошёл ... (окно́) и посмотре́л на у́лицу. 6. Он отошёл ... (окно́) и сел занима́ться. 7. Вчера́ мы ушли́ ... (университе́т) в 5 часо́в.

Exercise 102. Replace the sentences by sentences opposite in meaning.

1. Оте́ц *вошёл в ко́мнату*. 2. Студе́нты *уе́хали на пра́ктику*. 3. Ма́льчик *подошёл к окну́*. 4. Я *вы́шел из библиоте́ки*. 5. Серге́й *ушёл от своего́ дру́га* в 7 часо́в. 6. Тури́сты *прие́хали в го́род*. 7. Челове́к *вошёл в дом*. 8. Учени́к *отошёл от доски́*. 9. Пассажи́ры *вы́шли из ваго́на*.

Exercise 103. Replace the sentences by sentences opposite in meaning.

1. Моя́ сестра́ *уе́хала в Москву́*. 2. Преподава́тель *вы́шел из аудито́рии*. 3. Студе́нты *вошли́ в зал*. 4. На́ша семья́ *уе́хала в дере́вню*. 5. Мы *вы́шли из метро́*. 6. По́езд *подошёл к ста́нции*. 7. Он *ушёл в кино́* в 6 часо́в. 8. Маши́на *отъе́хала от до́ма*. 9. Оте́ц *пришёл на рабо́ту* в 3 часа́.

Exercise 104. Read the text and write it out. Remember the use of the verbs of motion. Draw the route of the trip and with its help retell the text.

Ле́том я отдыха́л в дере́вне. Одна́жды я реши́л *пойти́* в го́сти к своему́ дру́гу, кото́рый жил в сосе́дней дере́вне. В тот день я встал ра́но у́тром, поза́втракал и *вы́шел* из до́ма. Я *отошёл* недалеко́ от до́ма и вдруг вспо́мнил, что я забы́л до́ма кни́гу, кото́рую проси́л у меня́ друг. Я верну́лся, взял кни́гу и сно́ва *пошёл* по доро́ге. Недалеко́ от моего́ до́ма был магази́н. Я *зашёл* в магази́н и купи́л сигаре́ты. Снача́ла я *шёл* бы́стро. Когда́ я уста́л, я *пошёл* ме́дленнее. Я *шёл* всё вре́мя пря́мо. Около реки́ я *пошёл* напра́во. Пото́м я *перешёл* че́рез ре́ку. Пе́редо мной лежа́ло о́зеро. Я *обошёл* о́зеро и *вошёл* в лес. Я *прошёл* лес, *вы́шел* из ле́са и уви́дел дере́вню. Ско́ро я *дошёл* до ме́ста. Я *подошёл* к до́му, постуча́л в дверь и услы́шал знако́мый го́лос: «Войди́те!» Я *вошёл* в дом. «Как хорошо́, что ты *пришёл*»,— сказа́л мой друг.

Exercise 105. Use the required forms of the verb *идти́* with the correct prefixes.

Вчера́ мы реши́ли ... в кино́. Мы ... из до́ма и ... по у́лице. Когда́ мы ... по у́лице, начался́ дождь. Мы реши́ли ... в ближа́йший магази́н и немно́го подожда́ть. Дождь ско́ро ко́нчился, мы ... из магази́на и ... да́льше. Кинотеа́тр находи́лся на друго́й стороне́ у́лицы. Мы ... че́рез у́лицу и ... в кинотеа́тр. Мы ... к ка́ссе и купи́ли биле́ты. До нача́ла сеа́нса остава́лось 30 мину́т. Мы реши́ли ... на у́лицу. Мы ... до пло́щади и верну́лись наза́д.

Exercise 106. Write out the text, using the verb *идти́* with the correct prefixes.

В воскресе́нье я реши́л ... в музе́й. Я ... из до́ма в 11 часо́в. Музе́й нахо́дится недалеко́ от на́шего до́ма, поэ́тому я ... пешко́м. По доро́ге я реши́л ... к своему́ дру́гу и пригласи́ть его́ с собо́й. Я ... к его́ до́му, ... в дом и позвони́л. Из кварти́ры ... его́ сестра́ и сказа́ла, что Бори́са нет до́ма. «Он ... в библиоте́ку»,— сказа́ла она́. Я ... из до́ма и ... по у́лице. Снача́ла я ... пря́мо, пото́м ... напра́во. Наконе́ц я ... до музе́я. Я ... в музе́й, разде́лся и ... в пе́рвый зал. Я обошёл все за́лы. Музе́й мне о́чень понра́вился. Я оде́лся, ... из музе́я и ... домо́й.

189

Exercise 107. Use the verb *идти* or *éхать* with the correct prefixes.

В суббóту вéчером мы должны́ бы́ли ... в теáтр. Спектáкль начинáлся в половúне седьмóго. Мы ... из дóма в 5 часóв, потому́ что мы не знáли, скóлько врéмени нам ну́жно бу́дет, чтóбы ... до теáтра. Мы ... к трамвáйной останóвке и стáли ждать трамвáя. Вот подошёл трамвáй. Мы сéли и ... . Чéрез 20 мину́т мы ... до стáнции метрó. Мы ... из трамвáя и ... в метрó. Когдá мы ... в вагóн, мы увúдели там своúх друзéй, котóрые тóже ... в теáтр. Все вмéсте мы ... на у́лицу и ... к теáтру. Когдá мы ... к теáтру, мы увúдели, что óколо теáтра никогó нет. Мы пóняли, что мы ... óчень рáно. Но мы ... в теáтр, раздéлись и ... в буфéт пить кóфе.

Exercise 108. Use the required forms of appropriate verbs of motion.

Вчерá мы с друзья́ми ... в Большóй теáтр. Мы ... из общежúтия в 5 часóв. Мы ... к конéчной останóвке и стáли ждать автóбуса. Чéрез 5 мину́т автóбус ... к останóвке. Автóбус остановúлся, из негó ... все пассажúры. Мы ... в автóбус. Скóро автóбус ... от останóвки. Он ... óчень бы́стро. Мы ... на автóбусе до цéнтра. В цéнтре мы ... из автóбуса. Все ... в теáтр, а я ... в магазúн, чтóбы купúть сигарéты. Когдá я ... в теáтр, ужé прозвенéл вторóй звонóк. Я раздéлся и ... в зал.

Exercise 109. Use the required forms of appropriate verbs of motion.

Кáждое воскресéнье мы с друзья́ми ... в кинó. Обы́чно мы ... из дóма в 5 часóв. Мы ... к автóбусной останóвке, садúмся в автóбус и ... до кинотеáтра. От нáшего дóма до кинотеáтра автóбус ... 20 мину́т. Мы ... из автóбуса, ... у́лицу и ... в кинотеáтр. Пóсле звонкá мы ... в зрúтельный зал и садúмся на своú местá. Когдá фильм кончáется, мы ... из кинотеáтра и ... в кафé. Там мы у́жинаем. Пóсле у́жина мы ... домóй.

Exercise 110. Use the required forms of appropriate verbs of motion.

Моегó дру́га зову́т Волóдя. Он у́чится в университéте. Кáждый день он ... в университéт. Он ... из дóма в 8 часóв. Он ... к автóбусной останóвке и садúтся в автóбус. Чéрез пять останóвок он ... из автóбуса и ... к метрó. Потóм он ... на метрó до стáнции «Университéт». Волóдя ... из метрó. От метрó до университéта он ... пешкóм. Обы́чно он ... в университéт без десятú дéвять.

Exercise 111. Use the required forms of appropriate verbs of motion.

В суббóту мне дáли два билéта на вéчер в наш клуб. В 6 часóв я ... из дóма и ... к дру́гу, с котóрым я дóлжен был ... на вéчер. Я ... к его дóму, подня́лся на вторóй этáж и позвонúл. Егó мать откры́ла мне дверь и пригласúла меня ... . Когдá я ..., онá сказáла, что Волóдя ещё не ... из институ́та. Я спросúл её, когдá он ... . Онá отвéтила, что обы́чно он ... в 5 часóв, а сегóдня он ... в семь. Я решúл не ждать Волóдю, остáвил ему́ билéт и ... на вéчер одúн. Я ... из дóма и ... к трамвáйной останóвке. В э́то врéмя к останóвке ... трамвáй и из негó ... Волóдя. Я ... к нему́, поздорóвался и сказáл, что я бу́ду ждать егó в клу́бе.

Exercise 112. Write out the text, using the required forms of appropriate verbs of motion.

В прóшлое воскресéнье мы ... за́ город. Мы ... из дóма в 8 часóв утрá. Óколо дóма нас ждал товáрищ со своéй машúной. Мы сéли в машúну и ... . Снача́ла мы ... по го́роду, а пото́м ... из го́рода и ... по шоссе́. Мы ... киломе́тров пятьдеся́т. Бы́ло о́чень жа́рко, и мы ... к реке́. Мы ... из маши́ны и ... к воде́. Здесь, на берегу́ реки́, мы провели́ весь день. Мы игра́ли в волейбо́л, ... в лес. В 5 часо́в ве́чера мы ... обра́тно. В 7 часо́в мы ... домо́й.

Exercise 113. Use the required forms of appropriate verbs of motion.

Оди́н наш това́рищ живёт в дере́вне, недалеко́ от Москвы́. Одна́жды он пригласи́л нас к себе́ в го́сти. Мы реши́ли ... к нему́ в суббо́ту ве́чером, что́бы провести́ в дере́вне всё воскресе́нье. Мы ... из до́ма в 6 часо́в ве́чера, се́ли в авто́бус и ... на вокза́л. Мы ... на вокза́л и ... к ка́ссам. Я посмотре́л расписа́ние и уви́дел, что по́езд то́лько что ... . Мы купи́ли биле́ты и ... на платфо́рму. Когда́ ... по́езд, мы ... в ваго́н и се́ли. Че́рез 5 мину́т по́езд ... . Мы ... о́коло ча́са. Когда́ мы ... из ваго́на, бы́ло ещё светло́. На ста́нции я спроси́л одну́ же́нщину, как ... в дере́вню. Она́ объясни́ла нам, куда́ ..., мы ... . Мы ... почти́ час. Мы ... киломе́тра три. Наконе́ц мы ... в дере́вню.

Exercise 114. Write out the text, using the required forms of appropriate verbs of motion.

Не́сколько дней наза́д в Москву́ ... гру́ппа францу́зских тури́стов. Они́ ... из Пари́жа тре́тьего а́вгуста, пя́того а́вгуста они́ ... в Москву́. Вчера́ э́та гру́ппа ... на экску́рсию в подмоско́вный совхо́з. Они́ ... на авто́бусе. Когда́ они́ ... в совхо́з, они́ ви́дели по доро́ге мно́го интере́сного. Когда́ они́ ... в совхо́з, их встре́тил агроно́м. Тури́сты до́лго ... по совхо́зу. Они́ ... в Москву́ в 8 часо́в ве́чера. Сего́дня у́тром францу́зские тури́сты ... в Кремль, ве́чером они́ ... в Большо́й теа́тр.

VERBS WITH THE PARTICLE -СЯ

Remember that verbs with the particle **-ся** (reflexive verbs) are invariably intransitive, i. e. they cannot be followed by a direct object (a noun or pronoun in the accusative without a·preposition). Verbs with the particle *-ся* have various meanings.

Verbs with Passive Meaning

Учёные мно́гих стран **изуча́ют** ко́смос. (active construction)	Ко́смос **изуча́ется** учёными мно́гих стран. (passive construction)

Remember that in passive constructions the real performer of the action is expressed by a noun in the instrumental.

Exercise 1. Read the sentences and write them out. Compare the sentences in the left and right-hand columns.

1. Рабо́чие *стро́ят* дом.	1. Дом *стро́ится* рабо́чими.
2. Преподава́тель *проверя́ет* на́ши тетра́ди.	2. На́ши тетра́ди *проверя́ются* преподава́телем.

191

3. Констру́кторы *создаю́т* но́вые ма-
ши́ны.

3. Но́вые маши́ны *создаю́тся* кон-
стру́кторами.

4. Нау́ка *объясня́ет* та́йны приро́ды.

4. Та́йны приро́ды *объясня́ются* нау́-
кой.

5. Студе́нты медици́нского инсти-
ту́та *изуча́ют* анато́мию.

5. Анато́мия *изуча́ется* студе́нтами
медици́нского институ́та.

Exercise 2. Replace the passive constructions by active ones.

1. На́шим университе́том *организу́ются* междунаро́дные конфере́нции.
2. Профессора́ми э́того институ́та *де́лаются* сло́жные опера́ции. 3. На́шим
клу́бом *гото́вится* больша́я фотовы́ставка. 4. Иску́сственными спу́тниками
Земли́ *посыла́ются* сигна́лы из ко́смоса. 5. Не́сколько раз в день моско́вским
ра́дио *передаю́тся* после́дние изве́стия. 6. Ка́ждый день студе́нтами *выпол-
ня́ются* дома́шние зада́ния. 7. На́шим факульте́том *прово́дятся* интере́сные
литерату́рные встре́чи.

Exercise 3. Replace the passive constructions by active ones.

Model: Ко́смос *иссле́дуется* учёными ра́зных стран.
Ко́смос *иссле́дуют* учёные ра́зных стран.

1. Антаркти́да *изуча́ется* учёными мно́гих стран. 2. Наш го́род ча́сто *по-
сеща́ется* тури́стами. 3. Сове́тская литерату́ра *изуча́ется* студе́нтами ста́р-
ших ку́рсов. 4. Вла́жность во́здуха *измеря́ется* э́тими прибо́рами. 5. Косми́-
ческие корабли́ *создаю́тся* рабо́чими и инжене́рами. 6. В поликли́нике боль-
ны́е *осма́триваются* о́пытными врача́ми.

Exercise 4. Use one of the verbs given in brackets.

1. Косми́ческие корабли́ ... (создаю́т — создаю́тся) учёными, инжене́-
рами, рабо́чими. 2. Хи́мики ... (создаю́т — создаю́тся) но́вые ви́ды
пластма́сс. 3. Учёными ... (изуча́ет — изуча́ется) вопро́с о жи́зни на други́х
плане́тах. 4. Учёные мно́гих стран ... (изуча́ют — изуча́ются) косми́ческие
лучи́. 5. Телеви́дение мно́гих стран Евро́пы ... (принима́ет — принима́ется)
переда́чи из Москвы́. 6. Радиосигна́лы с иску́сственных спу́тников Земли́ ...
(принима́ют — принима́ются) специа́льными ста́нциями. 7. Температу́ра ...
(измеря́ет — измеря́ется) термо́метром. 8. Э́тот прибо́р ... (измеря́ет —
измеря́ется) вла́жность во́здуха. 9. На́ши студе́нты ... (гото́вят — гото́вятся)
ве́чер на ру́сском языке́. 10. На́шим клу́бом ... (гото́вит — гото́вится) боль-
ша́я фотовы́ставка. 11. В не́которых институ́тах зна́ния студе́нтов ... (прове-
ря́ют — проверя́ются) маши́нами. 12. Маши́ны ... (проверя́ют — про-
веря́ются) контро́льные рабо́ты студе́нтов.

Exercise 5. Write out the sentences, replacing the active constructions by passive ones.

Model: Преподава́тель *проверя́ет* на́ши сочине́ния.
На́ши сочине́ния *проверя́ются* преподава́телем.

1. Инжене́ры создаю́т сло́жные маши́ны. 2. Учёные ра́зных стран иссле́-
дуют пробле́мы долголе́тия. 3. Э́та гру́ппа инжене́ров гото́вит прое́кт но́вой
ли́нии метро́. 4. Экскурсио́нное бюро́ организу́ет экску́рсии по го́роду.
5. Студе́нты на́шего факульте́та изуча́ют иностра́нные языки́. 6. Учёные

э́того институ́та реша́ют ва́жные пробле́мы хи́мии. 7. Молоды́е кинорежиссёры создаю́т интере́сные фи́льмы. 8. Врачи́ э́той кли́ники де́лают сло́жные опера́ции на се́рдце.

Verbs with Middle Reflexive Meaning

В сосе́днем до́ме **откры́ли апте́ку.**
В сосе́днем до́ме **откры́лась апте́ка.**

In this type of sentence, as distinct from the passive constructions, the performer of the action is not expressed.

Exercise 6. Read the sentences and write them out. Compare the sentences in the left and right-hand columns.

1. На на́шей у́лице *стро́ят поликли́нику.*	1. На на́шей у́лице *стро́ится поликли́ника.*
2. В э́том райо́не ско́ро *откро́ют но́вую библиоте́ку.*	2. В э́том райо́не ско́ро *откро́ется но́вая библиоте́ка.*
3. В э́том кио́ске *продаю́т кни́ги* на иностра́нных языка́х.	3. В э́том кио́ске *продаю́тся кни́ги* на иностра́нных языка́х.
4. В э́том кинотеа́тре *демонстри́руют де́тские фи́льмы.*	4. В э́том кинотеа́тре *демонстри́руются де́тские фи́льмы.*

Exercise 7. Do the exercise as shown in the model.

Model: На пе́рвом ку́рсе *изуча́ют* ру́сскую литерату́ру.
На пе́рвом ку́рсе *изуча́ется* ру́сская литерату́ра.

1. В на́шем райо́не *стро́ят* но́вую гости́ницу. 2. В э́том кинотеа́тре *демонстри́руют* но́вые фи́льмы. 3. В на́шем клу́бе *организу́ют* интере́сные вечера́. 4. В э́том магази́не *продаю́т* де́тскую литерату́ру. 5. В 9 часо́в по ра́дио *передаю́т* после́дние изве́стия. 6. В э́том за́ле *чита́ют* ле́кции.

Exercise 8. Replace the italicised verbs by verbs without the particle -*ся*.

Model: В э́том магази́не *продаётся* литерату́ра на ру́сском языке́.
В э́том магази́не *продаю́т* литерату́ру на ру́сском языке́.

1. Сейча́с в на́шем клу́бе *гото́вится* вы́ставка молоды́х худо́жников. 2. В э́том райо́не *стро́ится* ещё одна́ шко́ла. 3. Ско́ро здесь *откро́ется* но́вая ста́нция метро́. 4. На э́том факульте́те *преподаю́тся* иностра́нные языки́. 5. В э́том кио́ске *продаю́тся* газе́ты на иностра́нных языка́х 6. В э́том институ́те *изуча́ется* кли́мат Земли́. 7. Сейча́с по ра́дио *передаю́тся* после́дние изве́стия.

Exercise 9. Replace the italicised verbs by verbs without the particle -*ся*.

1. Журна́лы и газе́ты *продаю́тся* в кио́ске. 2. Кни́ги *продаю́тся* в кни́жном магази́не. 3. Этот магази́н *открыва́ется* в 9 часо́в. 4. Ру́сская литерату́ра *изуча́ется* на тре́тьем ку́рсе. 5. Тако́е зда́ние *стро́ится* не́сколько ме́сяцев.

13–2069

6. В нашем университе́те ча́сто *организу́ются* экску́рсии. 7. На на́шей у́лице ско́ро *откро́ется* но́вый кинотеа́тр.

Exercise 10. Answer the questions. Write down the answers to questions 1, 2, 3, 4, 5, 6 and 7.

1. Когда́ открыва́ются магази́ны? 2. Когда́ закрыва́ются магази́ны? 3. Когда́ открыва́ется по́чта? 4. Когда́ начина́ются спекта́кли? 5. Когда́ начина́ются конце́рты? 6. Когда́ у вас начина́ется уче́бный год? 7. Когда́ конча́ется уче́бный год? 8. Когда́ ко́нчится э́тот переры́в? 9. Ско́лько вре́мени продолжа́ется э́тот переры́в? 10. Ско́лько вре́мени продолжа́ются зи́мние кани́кулы в ва́шем университе́те? 11. Ско́лько вре́мени продолжа́ются ле́тние кани́кулы? 12. Где продаю́тся э́ти уче́бники? 13. Где остана́вливается авто́бус? 14. Где остана́вливается трамва́й?

Exercise 11. Make up questions, as in the model. Write down the questions to sentences 2 and 5 from Part I and to sentence 2 from Part II.

Model: (a) Мы бы́ли на ле́кции.
Когда́ *начала́сь* ле́кция?
Когда́ *ко́нчилась* ле́кция?
Ско́лько вре́мени *продолжа́лась* ле́кция?

I. 1. Мы бы́ли на конце́рте.
2. Мы бы́ли на собра́нии.
3. Мы бы́ли на футбо́льном ма́тче.
4. У нас была́ экску́рсия.
5. У нас бы́ли кани́кулы.

Model: (b) У нас бу́дет собра́ние.

Когда́ *начнётся* собра́ние?
Когда́ *ко́нчится* собра́ние?
Ско́лько вре́мени *бу́дет продолжа́ться* собра́ние?

II. 1. За́втра у нас бу́дет экску́рсия.
2. За́втра в клу́бе бу́дет ле́кция о ко́смосе.
3. Ско́ро у нас бу́дут кани́кулы.

Exercise 12. Use the required forms of appropriate verbs.

1. Обы́чно на́ши ле́кции начина́ются в 9 часо́в, а сего́дня они́ ... в 10 часо́в. 2. Обы́чно ва́ши заня́тия конча́ются в 3 часа́ дня, а сего́дня они́ ... в 4 часа́. 3. Как пра́вило, на́ши собра́ния конча́ются ра́но, но вчера́шнее собра́ние ... по́здно. 4. Обы́чно э́тот магази́н открыва́ется в 8 часо́в утра́, а сего́дня он ... в 9 часо́в. 5. Обы́чно на́ша столо́вая закрыва́ется в 5 часо́в, а вчера́ она́ ... в 7 часо́в. 6. Как пра́вило, э́тот автобус не остана́вливается здесь, а сего́дня он ... .

Exercise 13. Do the exercise as shown in the model.

Model: о́тдых; рабо́та
Отдых *ко́нчился*, и *начала́сь* рабо́та.

1. уче́бный год; кани́кулы
2. заня́тия; переры́в

3. переры́в; ле́кция
4. ле́то; о́сень
5. антра́кт; конце́рт

Студе́нты **ко́нчили** сдава́ть экза́мены.
Экза́мены **ко́нчились**.

Exercise 14. Read the sentences and write them out. Compare the sentences in the left and right-hand columns. Explain the difference in their meaning.

1. Профе́ссор *ко́нчил* ле́кцию в 3 часа́.
2. Преподава́тель *на́чал* уро́к.
3. Конфере́нция *продолжа́ет* свою́ рабо́ту.

1. Ле́кция *ко́нчилась* в 3 часа́.
2. Уро́к *начался́*.
3. Рабо́та конфере́нции *продолжа́ется*.

REMEMBER!

| начина́ть
нача́ть
продолжа́ть
конча́ть
ко́нчить | (1) ч т о? (*acc.*) рабо́ту, экза́мены, разгово́р, письмо́, etc.
(2) + infinitive (*imperf.*) говори́ть, чита́ть, рабо́тать, писа́ть, etc. |

Exercise 15. Use the required verb.

(a) *нача́ть — нача́ться*

1. Когда́ ... уро́к, мы ... писа́ть дикта́нт. 2. Когда́ вы ... изуча́ть ру́сский язы́к? 3. Вчера́ мы бы́ли на конце́рте. Конце́рт ... в 7 часо́в. На сце́ну вы́шел арти́ст и ... петь. 4. Мы ... сдава́ть экза́мены 10 января́. Когда́ мы сда́ли все экза́мены, у нас ... кани́кулы. 5. Мы гуля́ли по у́лице. Когда́ ... дождь, мы пошли́ домо́й и ... игра́ть в ша́хматы.

(b) *продолжа́ть — продолжа́ться*

1. По́сле переры́ва уро́к ... . Мы ... расска́зывать текст. 2. Пошёл дождь, но мы ... гуля́ть. Дождь ... полчаса́. 3. Собра́ние ... 3 часа́. Все уста́ли, но ... внима́тельно слу́шать выступле́ния. 4. Когда́ мы вошли́ в его́ ко́мнату, он не заме́тил нас и ... писа́ть. Пото́м мы разгова́ривали. Наш разгово́р ... час.

(c) *ко́нчить — ко́нчиться*

1. Мы ... писа́ть контро́льную рабо́ту и о́тдали тетра́ди преподава́телю. Уро́к ..., и мы вы́шли в коридо́р. Когда́ переры́в ..., мы верну́лись в класс. 2. Конце́рт ... в 10 часо́в. Мы до́лго аплоди́ровали, когда́ арти́сты ... выступа́ть. 3. Когда́ он ... занима́ться, он пришёл ко мне.

Exercise 16. Use the required verb.

1. Мы ... свою́ рабо́ту и пошли́ домо́й. Зима́ ..., и наступи́ла весна́.

| ко́нчить — ко́н-
читься |

2. Эта де́вушка хорошо́ ... . Сейча́с она́ ... стихи́ Пу́шкина.	учи́ть — учи́ться
3. Де́вушка ... дверь и вошла́ в ко́мнату. Дверь ..., и в ко́мнату вошла́ де́вушка.	откры́ть — откры́ться
4. Эти рабо́чие ... на́шу шко́лу. Это зда́ние ... не́сколько лет.	стро́ить — стро́иться
5. Вчера́ я ... ча́шку. Ча́шка упа́ла со стола́ и	разби́ть — разби́ться
6. Я ... каранда́ш. Каранда́ш	слома́ть — слома́ться
7. Милиционе́р ... маши́ну. Маши́на подъе́хала к до́му и	останови́ть — останови́ться

Exercise 17. Use the required verb.

1. Рабо́чие ... стро́ить э́тот дом ле́том.	нача́ть — нача́ться
2. Экза́мены ..., и мы пое́хали в дом о́тдыха. Ма́льчик ... чита́ть журна́л и ушёл из библиоте́ки.	ко́нчить — ко́нчиться
3. Я уже́ ... кни́гу в библиоте́ку. Ве́чером мы бы́ли на конце́рте и по́здно ... отту́да. Когда́ ты ... мне слова́рь?	верну́ть — верну́ться
4. Когда́ я начина́ю занима́ться, я ... окно́. Вы не зна́ете, когда́ ... наш буфе́т?	открыва́ть — открыва́ться
5. Продаве́ц ... кио́ск и ушёл. Был си́льный ве́тер, и окно́	закры́ть — закры́ться
6. Мы ... на пя́тый эта́ж. Лифт ... нас на пя́тый эта́ж. Он ... чемода́н и поста́вил его́ на стул.	подня́ть — подня́ться
7. Шофёр ... авто́бус о́коло музе́я. Авто́бус ... на остано́вке. Я ... такси́, потому́ что мы опа́здывали в теа́тр.	останови́ть — останови́ться

Exercise 18. Use the required verb.

1. Я ... свою́ но́вую ру́чку. Моя́ ру́чка ... . Кто ... мой магнитофо́н? У меня́ ... часы́.	слома́ть — слома́ться
2. Сего́дня я ... ва́зу. Ва́за упа́ла со стола́ и ... . Ма́льчик бро́сил мяч и случа́йно ... окно́.	разби́ть — разби́ться
3. Он ... де́ньги в карма́н. Ма́льчик ... за две́рью. Куда́ ты ... мой портфе́ль?	спря́тать — спря́таться
4. Ка́ждый день я ... дома́шнее зада́ние. Сейча́с я ... к контро́льной рабо́те. Студе́нты ... к экза́менам.	гото́вить — гото́виться
5. Когда́ я ... на ро́дину, я бу́ду рабо́тать в шко́ле. Мать спра́шивает в письме́, когда́ я ... домо́й. За́втра я ... вам ва́шу кни́гу.	верну́ть — верну́ться
6. Вчера́ я ... письмо́ свои́м роди́телям. Я написа́л письмо́ и ... на по́чту.	отпра́вить — отпра́виться
7. Вошёл преподава́тель, и мы ... разгово́ры. Вошёл преподава́тель, и разгово́ры	прекрати́ть — прекрати́ться

Exercise 19. Use the required verb.

1. Весна́ в э́том году́ ... (нача́ть—нача́ться) по́здно. 2. Зи́мние кани́кулы ... (продолжа́ть—продолжа́ться) две неде́ли. 3. Когда́ ты ... (ко́нчить—ко́нчиться) чита́ть газе́ту, принеси́ её мне. 4. Самолёт ... (подня́ть—подня́ться) и полете́л на юг. 5. Мы ... (спусти́ть—спусти́ться) в метро́. 6. Я не узна́л э́того челове́ка, потому́ что он о́чень ... (измени́ть—измени́ться). 7. В за́ле ... (собра́ть—собра́ться) студе́нты пе́рвого ку́рса. 8. Шофёр ... (останови́ть—останови́ться) маши́ну о́коло вокза́ла. 9. В воскресе́нье шёл дождь, и мы ... (измени́ть—измени́ться) свои́ пла́ны. 10. Ско́ро ... (нача́ть—нача́ться) экза́мены, и студе́нты ... (гото́вить—гото́виться) к ним.

Exercise 20. Complete the sentences.

1. Весь ве́чер он гото́вился ... . Ве́чером он гото́вил ... . 2. За́втра я верну́ тебе́ ... . В 10 часо́в он верну́лся ... . 3. Мы ко́нчили ... . Конце́рт ко́нчился ... . 4. Мой брат у́чит ... . Мой брат у́чится ... . 5. Ма́льчик спря́тал ... . Ма́льчик спря́тался ... . 6. Он по́днял ... . Он подня́лся ... .

Exercise 21. Answer the questions in the negative.

Model: — Вы по́мните, о чём расска́зывается в э́том фи́льме?
— Нет, я не по́мню, о чём расска́зывается в э́том фи́льме.

1. Вы зна́ете, о чём говори́тся в э́том расска́зе? 2. Вы зна́ете, о чём говори́тся в э́той статье́? 3. Вы по́мните, о чём расска́зывается в э́той кни́ге? 4. Вы зна́ете, о чём поётся в э́той пе́сне? 5. Вы по́мните, о чём расска́зывается в э́той телепереда́че? 6. Вы слы́шали, о чём сообща́ется в сего́дняшней газе́те?

Exercise 22. Make up answers to the questions, using the phrases given below, and write them down.

Model: — О чём расска́зывается в э́той телепереда́че?
— В э́той телепереда́че расска́зывается о жи́зни живо́тных.

1. О чём говори́тся в э́том расска́зе? 2. О чём сообща́ется в э́той статье́? 3. О чём расска́зывается в э́той кни́ге? 4. О чём поётся в э́той пе́сне? 5. О ком расска́зывается в э́том те́ксте? 6. О ком говори́тся в э́той кни́ге?

Phrases to be used: после́дние собы́тия в Евро́пе; пе́рвый косми́ческий полёт; моя́ ро́дина; столи́ца Сове́тского Сою́за Москва́; национа́льный геро́й; ва́жное нау́чное откры́тие; изве́стный ру́сский учёный.

Exercise 23. Complete the sentences.

Model: В э́той кни́ге расска́зывается о том, как...
В э́той кни́ге расска́зывается о том, как учёные ра́зных стран иссле́дуют мирово́й океа́н.

1. В э́той статье́ говори́тся о том, что... 2. В э́том рома́не расска́зывается о том, как... 3. В э́той кни́ге говори́тся о том вре́мени, когда́... 4. В э́той пе́сне поётся о том, как... 5. В э́том фи́льме расска́зывается о том, как... 6. В э́том объявле́нии сообща́ется о том, когда́...

Exercise 24. Read the questions and write them out. Memorise them.

1. Как пи́шется сло́во «Москва́»? 2. Что пи́шется в сло́ве «доска́» по́сле буквы «д»? 3. Что пи́шется на конце́ в сло́ве «тетра́дь»? 4. Как чита́ется сло́во «вода́»? 5. Как произно́сится э́тот звук? 6. Как изменя́ется (спряга́ется) э́тот глаго́л? 7. Как изменя́ется (склоня́ется) э́то сло́во? 8. Как реша́ется э́та зада́ча?

Verbs with the Meaning of Reciprocal Action

— Вы **ви́дели** вчера́ Бори́са?
— Да, мы **ви́делись** с ним.

Memorise these verbs with reciprocal-reflexive meaning:

ви́деться уви́деться встреча́ться встре́титься догова́риваться договори́ться знако́миться познако́миться здоро́ваться поздоро́ваться проща́ться попроща́ться сове́товаться посове́товаться ссо́риться поссо́риться мири́ться помири́ться	с кем? (*instrumental*)

Exercise 25. Make up questions to which the following sentences are the answers.

Model: В Москве́ я познако́мился *с Бори́сом.*
С кем вы познако́мились в Москве́?

1. Мы ча́сто встреча́емся *с друзья́ми.* 2. Я давно́ не ви́делся *с роди́телями.* 3. Студе́нты поздоро́вались *с преподава́телем.* 4. Мы договори́лись *с това́рищами* пойти́ в кино́. 5. На ве́чере мы познако́мились *со студе́нтами Моско́вского университе́та.* 6. Мой това́рищ поссо́рился *со свои́м бра́том.* Неда́вно он помири́лся *с ним.* 7. Мы попроща́лись *с на́шими гостя́ми.* 8. Я всегда́ сове́туюсь *с отцо́м и с ма́терью.*

198

Exercise 26. Answer the questions.

1. Кого́ вы встре́тили вчера́ на у́лице?
   С кем вы встре́тились о́коло теа́тра?
2. Кого́ вы ви́дели вчера́ в теа́тре?
   С кем вы ча́сто ви́дитесь?
3. Кому́ он сове́тует посмотре́ть э́тот фильм?
   С кем он всегда́ сове́туется?
4. Кого́ вы познако́мили со свои́ми роди́телями?
   С кем вы познако́мились на ве́чере в клу́бе?

Exercise 27. Use the required verb.

1. Вчера́ на у́лице я ... дру́га. Мы ... с ним по́здно ве́чером. Брат написа́л мне, что́бы я ... его́ на вокза́ле. За́втра я хочу́ ... с ва́ми.	встре́тить — встре́титься
2. Я ... с ним в про́шлом году́. Я ... его́ со свое́й сестро́й. Где вы ... с э́той де́вушкой? Когда́ вы ... меня́ со свои́м бра́том?	познако́мить — познако́миться
3. Он говори́т, что он ... меня́ в клу́бе. Мы ... с ним ре́дко.— Когда́ вы ... с ним в после́дний раз?— Я ... его́ ме́сяц наза́д.	ви́деть — ви́деться
4. Неда́вно я поссо́рился с А́нной. Мой друг ... нас. Я рад, что я ... с А́нной.	помири́ть — помири́ться
5. Мой оте́ц ... мне вы́брать э́ту специа́льность. Когда́ мне тру́дно, я всегда́ ... с ним.	сове́товать — сове́товаться

Exercise 28. Use the required verb.

1. — Я не могу́ вспо́мнить, где я ... вас.— По-мо́ему, мы с ва́ми ... у на́шего дру́га.— Вы ча́сто ... со свои́ми друзья́ми?— Нет, я давно́ с ни́ми не	ви́деть — ви́деться
2. Мы договори́лись ... у теа́тра в шесть часо́в. У вхо́да в теа́тр я ... свои́х ста́рых знако́мых. Роди́тели написа́ли мне, что́бы я ... их на вокза́л. Где и когда́ мы ...?	встре́тить — встре́титься
3. — Где вы с ним ... ? — Мы ... с ним в университе́те. Нас ... мой друг. Я давно́ хоте́л ... с ним. Пожа́луйста, ... меня́ с э́тим челове́ком. ... , э́то наш но́вый студе́нт, а э́то мой друг.	познако́мить — познако́миться
4. В тру́дные мину́ты я всегда́ ... с дру́гом. Я хочу́ ... с ва́ми. Что вы ... мне купи́ть в пода́рок дру́гу? Како́й фильм вы ... нам посмотре́ть?	(по)сове́товать — (по)сове́товаться

Verbs with Proper Reflexive Meaning

Мать **мо́ет** ма́льчика.
Ма́льчик **мо́ется**.

Exercise 29. Use the required verb.

1. Я ... ру́ки. Мать ... посу́ду. Ма́льчик ... в ду́ше. Се-
стра́ ... ма́ленького ребёнка. Пе́ред обе́дом ну́жно
... ру́ки.

мыть — мы́ться

2. Она́ ... свою́ мла́дшую сестру́. Он ... о́чень ме́длен-
но. Медсестра́ ... больно́го.

одева́ть — одева́ться

3. У́тром мы ... холо́дной водо́й. Мать ... своего́ ма́-
ленького сы́на.

4. Он ... ру́ки и лицо́. Он ... полоте́нцем.

умыва́ть —
умыва́ться
вытира́ть —
вытира́ться
купа́ть — купа́ться

5. Я люблю́ ... в мо́ре. Ка́ждый ве́чер мать ... дете́й.
Когда́ мы отдыха́ли на мо́ре, мы ... три ра́за
в день.

Exercise 30. Complete the sentences in writing, using the verbs of the required aspect.

1. Ка́ждое у́тро я встаю́, де́лаю заря́дку, умыва́юсь, одева́юсь, причёсы-
ваюсь, за́втракаю и отправля́юсь на рабо́ту. Сего́дня у́тром я встал, ...

2. По́сле трениро́вки спортсме́ны иду́т в душ, мо́ются, пото́м одева́ются,
причёсываются и отправля́ются домо́й. Сего́дня по́сле трениро́вки спортс-
ме́ны пошли́ в душ, ...

Verbs to be used: умыва́ться — умы́ться, мы́ться — вы́мыться, одева́-
ться — оде́ться, причёсываться — причеса́ться, отправля́ться — отпра́виться.

Memorise these verbs which are never used without the particle **-ся**:

боя́ться	кого́? чего́?	*genitive*
горди́ться	кем? чем?	*instrumental*
относи́ться	к кому́? к чему́?	*dative*
наде́яться	на кого́? на что?	*accusative*
согласи́ться	с кем? с чем?	*instrumental*
смея́ться	над кем? над чем?	*instrumental*
сомнева́ться	в ком? в чём?	*prepositional*

Exercise 31. Read the sentences and write them out. Remember the meanings and uses of the italicised verbs.

1. Оте́ц *горди́тся* свои́м ста́ршим сы́ном. 2. Он пло́хо *отно́сится* к свои́м
роди́телям. 3. Мы *наде́емся* на ва́шу по́мощь. (Мы *наде́емся*, что вы помо́-
жете нам.) 4. Я не могу́ *согласи́ться* с ва́ми. 5. Когда́ мы начина́ли наш
о́пыт, мы *не сомнева́лись* в его́ результа́те. 6. Эта де́вочка *бои́тся* темноты́.

Revision Exercises

Exercise 32. Complete the sentences.

1. Киóск закрывáется ... . Продавéц закрывáет ... . 2. Студéнты пéрвого кýрса изучáют ... . Эта систéма изучáется ... . 3. Человéк пóднял ... . Турúсты подняли́сь ... . 4. Я чáсто встречáю ... . Я чáсто встречáюсь ... . 5. Вы давнó не ви́делись ...? Вы давнó не ви́дели ...? 6. Концéрт кóнчился ... . Арти́ст кóнчил ... . 7. Мой сосéд вернýл ... . Мой сосéд вернýлся ... . 8. Мой млáдший брат ýчится ... . Сейчáс он ýчит ... . 9. Я познакóмил ... . Я познакóмился ... . 10. Мы всегдá совéтуемся ... . Мы совéтуем ... .

Exercise 33. Use the appropriate verbs chosen from those given below.

1. Рáньше мы не знáли друг дрýга, мы ... в Москвé. 2. Я не ... со свои́ми роди́телями полгóда. 3. Мы договори́лись ... у теáтра в 6 часóв. 4. Вчерá я ... домóй в 9 часóв вéчера. 5. Концéрт ... 2 часá. 6. Концéрт ... , и мы с друзья́ми пошли́ домóй. 7. Я не знáю, что мне дéлать, и хочý ... с вáми. 8. Я всегдá ... , когдá отвечáю на экзáмене. 9. Кáждая мать ... о свои́х дéтях. 10. Все ... , когдá он расскáзывает весёлые истóрии. 11. Мой друг ... радиофи́зикой. 12. Он хорошó ... к экзáмену по фи́зике.

Verbs to be used: продолжáться, кóнчиться, посовéтоваться, волновáться, забóтиться, подготóвиться, смея́ться, познакóмиться, ви́деться, интересовá-ться, вернýться, встрéтиться.

Exercise 34. Use the required question words.

1. ... вы поздорóвались в коридóре? 2. ... интересýется ваш товáрищ? 3. ... он поссóрился? 4. ... вы познакóмились на вéчере? 5. ... вы договори́-лись встрéтиться? 6. ... он обы́чно совéтуется? 7. ... они́ встрéтились в теáтре? 8. ... вы занимáетесь в свобóдное врéмя? 9. ... вы смеётесь?

Exercise 35. Complete the sentences.

1. Мы договори́лись ... . 2. Я не могý согласи́ться ... . 3. Вы должны́ под-готóвиться ... . 4. Я сомневáюсь ... . 5. Этот студéнт занимáется ... . 6. Я знáю, что он интересýется ... . 7. Зачéм вы смеётесь ...? 8. Почемý вы не по-здорóвались ...? 9. Как вы отнóситесь ...? 10. Из-за чегó вы поссóрились ...?

Exercise 36. Use the required forms of the words given in brackets.

1. Студéнты поздорóвались ... (их преподавáтель). 2. Я договори́лся ... (мои́ друзья́) встрéтиться óколо метрó. 3. Роди́тели забóтятся ... (их дéти). 4. Мы хорошó подготóвились ... (послéдний экзáмен). 5. Мой брат всегдá совéтуется ...(я). 6. Я не люблю́ ссóриться ... (лю́ди). 7. Мы надéемся ... (вá-ша пóмощь). 8. Нехорошó смея́ться ... (товáрищи). 9. Эта мать мóжет гор-ди́ться ... (её сын). 10. Мой друг интересýется ... (биолóгия). 11. Он плóхо от-нóсится ... (его́ брат).

A. Read the text, using the appropriate verbs.

День моего́ бра́та

Мой брат ... (учи́ть — учи́ться) в шко́ле в 10 кла́ссе. Обы́чно он встаёт в 7 часо́в утра́. Он ... (умыва́ть — умыва́ться), ... (одева́ть — одева́ться), ... (причёсывать — причёсываться) и сади́тся за́втракать. Шко́ла, где ... (учи́ть — учи́ться) мой брат, нахо́дится бли́зко. В 9 часо́в ... (начина́ть — начина́ться) пе́рвый уро́к. Уро́ки ... (продолжа́ть — продолжа́ться) до трёх часо́в. Когда́ уро́ки ... (конча́ть — конча́ться), мой брат идёт домо́й. Ве́чером он ... (гото́вить — гото́виться) дома́шнее зада́ние. Он мно́го занима́ется иностра́нным языко́м. Снача́ла он ... (учи́ть — учи́ться) слова́ и пра́вила, пото́м ... (де́лать — де́латься) упражне́ния. По́сле у́жина мой брат занима́ется свои́ми дела́ми. Он о́чень ... (интересова́ть — интересова́ться) фи́зикой и хи́мией. Когда́ он ... (ко́нчить — ко́нчиться) шко́лу, он бу́дет поступа́ть в университе́т. Сейча́с он ... (гото́вить — гото́виться) к экза́менам. Когда́ ему́ тру́дно, он всегда́ ... (сове́товать — сове́товаться) со мной.

B. Tell how you spend your working day. Use the verbs from the preceding text. Write down your story.

VERB ASPECTS

Principal Meanings of Perfective and Imperfective Verbs

The imperfective aspect denotes	The perfective aspect denotes
1. The fact that the action has taken place: — **Что** ты **де́лал** вчера́? — Вчера́ я **писа́л** пи́сьма. 2. A prolonged action, an action viewed as a process: **Весь ве́чер** он **чита́л** кни́гу. 3. A repeated action: Он **ча́сто получа́л** пи́сьма.	A completed action which took place on a single occasion, often having a result: Я **написа́л** два письма́. Он **прочита́л** кни́гу. Он **получи́л** письмо́.

Exercise 1. Read the sentences and write them out. Note that the imperfective verbs in them denote the fact that the action has taken place.

The Past Tense

1. — *Что* вы *де́лали* сего́дня на уро́ке? — Сего́дня на уро́ке мы *чита́ли, отвеча́ли* на вопро́сы, *повторя́ли* глаго́лы, *расска́зывали* диало́г, *писа́ли* дикта́нт.

2. — *Что* ты *де́лал* вчера́ ве́чером? — Вчера́ ве́чером я *гото́вил* дома́шнее зада́ние, *писа́л* пи́сьма на ро́дину, *слу́шал* му́зыку, *у́жинал*.

The Present Tense

1.— *Что* вы *де́лаете* сейча́с? — Мы *слу́шаем*, что говори́т преподава́тель, и *отвеча́ем* на его́ вопро́сы.

2.— *Что де́лают* сейча́с ва́ши друзья́? — Они́ *гото́вят* дома́шнее зада́ние: *пи́шут* упражне́ния, *чита́ют* текст, *повторя́ют* глаго́лы.

The Future Tense

1.— *Что* ты *бу́дешь де́лать* в воскресе́нье? — В воскресе́нье я *бу́ду отдыха́ть, писа́ть* пи́сьма домо́й, *чита́ть* газе́ты, *смотре́ть* телеви́зор.

2. — *Что бу́дет де́лать* за́втра ваш друг? — За́втра мой друг *бу́дет отдыха́ть, игра́ть* в ша́хматы, *слу́шать* му́зыку.

Exercise 2. Read the text and write it out. Note that the imperfective verbs merely denote the fact that the action has taken place, whereas the perfective verbs, while naming the action, also show its completion.

Сего́дня на уро́ке мы *писа́ли* дикта́нт. Мы *написа́ли* дикта́нт и на́чали чита́ть текст. Снача́ла *чита́л* преподава́тель. Когда́ преподава́тель *чита́л*, мы внима́тельно *слу́шали*. Преподава́тель *прочита́л* текст и спроси́л: «Всё поня́тно?» Пото́м преподава́тель *объясня́л* но́вые слова́. Когда́ он *объясни́л* слова́, мы на́чали расска́зывать э́тот текст.

Exercise 3. Read the sentences and write them out. Note that the imperfective verbs denote prolonged actions, whereas the perfective verbs denote completed actions. Also note the adverbs of time which stress the prolonged character of the action. Write out the aspect pairs of verbs (in the infinitive).

1. Оле́г *до́лго писа́л* письмо́. Он *написа́л* письмо́ и пошёл на по́чту.

2. Я *чита́л* э́ту кни́гу *три дня*. Когда́ я *прочита́л* её, я верну́л кни́гу в библиоте́ку.

3. Студе́нтка *до́лго реша́ла* зада́чу, наконе́ц она́ *реши́ла её*.

4. Вчера́ я *гото́вил* дома́шнее зада́ние *два часа́*. Я *пригото́вил* дома́шнее зада́ние и пошёл в кино́.

5. Мы *писа́ли* контро́льную рабо́ту *полчаса́*. Преподава́тель сказа́л, что мы хорошо́ *написа́ли* контро́льную рабо́ту.

Exercise 4. Read the sentences and write them out. Explain the difference between the meanings of the imperfective and perfective verbs. Write out the aspect pairs of verbs (in the infinitive).

1. Вчера́ я *писа́л* пи́сьма.
2. На уро́ке мы *реша́ли* зада́чи.
3. Вчера́ ве́чером Анна *чита́ла* журна́л.
4. Утром Бори́с *пил* ко́фе.
5. Мы *повторя́ли* ста́рые те́ксты.
6. На ве́чере Михаи́л *пел* ру́сские пе́сни.

1. Я *написа́л* два письма́.
2. Мы *реши́ли* пять зада́ч.
3. Она́ *прочита́ла* три статьи́.
4. Он *вы́пил* две ча́шки ко́фе.
5. Я *повтори́л* все те́ксты.
6. Он *спел* три пе́сни.

Exercise 5. Read the sentences and write them out. Explain the difference between the meanings of the imperfective and perfective verbs. Write out the aspect pairs of verbs (in the infinitive).

1. Вчера́ я *писа́л* письмо́.

1. Вчера́ я *написа́л* письмо́.

2. Мы *учи́ли* э́ти стихи́.
3. Студе́нты *реша́ли* зада́чи.
4. Мой брат *гото́вил* уро́ки.
5. Худо́жник *рисова́л* карти́ну.
6. Студе́нт *расска́зывал* текст.
7. Преподава́тель *объясня́л* но́вую те́му.

2. Мы *вы́учили* э́ти стихи́.
3. Студе́нты *реши́ли* зада́чи.
4. Мой брат *пригото́вил* уро́ки.
5. Худо́жник *нарисова́л* карти́ну.
6. Студе́нт *рассказа́л* текст.
7. Преподава́тель *объясни́л* но́вую те́му.

Exercise 6. Read the sentences and write them out. Explain the meanings of the imperfective and perfective verbs.

Вчера́ я *писа́л* пи́сьма домо́й. Я *писа́л* пи́сьма два часа́. Я *написа́л* два письма́. Я *написа́л* пи́сьма и пошёл у́жинать. Когда́ я *писа́л* пи́сьма, Па́вел *гото́вил* дома́шнее зада́ние. Он *гото́вил* дома́шнее зада́ние три часа́. Когда́ он *пригото́вил* дома́шнее зада́ние, он то́же пошёл у́жинать. Сего́дня на уро́ке преподава́тель сказа́л, что Па́вел хорошо́ *пригото́вил* дома́шнее зада́ние.

Exercise 7. Answer the questions.

1. Что вы де́лали вчера́, отдыха́ли и́ли писа́ли пи́сьма? 2. Вы до́лго писа́ли пи́сьма? 3. Вы написа́ли одно́ письмо́ и́ли два? 4. Куда́ вы пошли́, когда́ написа́ли пи́сьма? 5. Что де́лал Па́вел, когда́ вы писа́ли пи́сьма? 6. Он гото́вил дома́шнее зада́ние, когда́ вы писа́ли пи́сьма? 7. Куда́ пошёл Па́вел, когда́ пригото́вил дома́шнее зада́ние? 8. Па́вел хорошо́ пригото́вил дома́шнее зада́ние?

Exercise 8. Do the exercise as shown in the model, using the words *хорошо́, бы́стро, всё, пра́вильно, пло́хо, до́лго.*

Model: Вчера́ он *учи́л* но́вые слова́.
Он *хорошо́ вы́учил* их.

1. Я *писа́л* пи́сьма. 2. Студе́нты *гото́вили* дома́шнее зада́ние. 3. Анна *реша́ла* зада́чи. 4. Бори́с *учи́л* стихи́. 5. Я *чита́л* расска́з. 6. Мой друг *переводи́л* статью́.

Exercise 9. Answer the questions.

Model: — Почему́ вы *не пи́шете* упражне́ние?
— А я уже́ *написа́л* его́.

1. Почему́ ты *не чита́ешь* письмо́?
2. Почему́ вы *не у́чите* стихи́?
3. Почему́ они́ *не повторя́ют* глаго́лы?
4. Почему́ она́ *не реша́ет* зада́чу?
5. Почему́ вы *не чита́ете* расска́з?
6. Почему́ он *не пи́шет* предложе́ния?
7. Почему́ вы *не перево́дите* текст?

Exercise 10. Use the verb *писа́ть* or *написа́ть.*

— Что ты де́лал вчера́ ве́чером?
— Я ... пи́сьма.
— Ты до́лго ... пи́сьма?

— Да, я ... пи́сьма час.
— Ты ... пи́сьма домо́й?
— Да, я ... домо́й. Я ... три письма́.
— Что де́лал Па́вел, когда́ ты ... пи́сьма?
— Когда́ я ... пи́сьма, Па́вел ... упражне́ния. Когда́ Па́вел ... все упражне́ния, мы пошли́ в кино́.

Exercise 11. Use the verb *чита́ть* or *прочита́ть*.

— Что ты де́лал сего́дня у́тром?
— Снача́ла я за́втракал, а пото́м ... газе́ты.
— Каки́е газе́ты ты ...?
— Я ... англи́йские и ру́сские газе́ты.
— Ско́лько вре́мени ты ... газе́ты?
— Я ... газе́ты час.
— Куда́ ты пошёл, когда́ ... газе́ты?
— Когда́ я ... газе́ты, я пошёл в университе́т.

Exercise 12. Use the verb of the required aspect.

1. Вчера́ весь ве́чер мы ... телеви́зор.	смотре́ть — посмотре́ть
2. Я ... но́вые слова́ це́лый час.	учи́ть — вы́учить
3. Ты до́лго ... э́ту кни́гу?	чита́ть — прочита́ть
4. Мы ... э́ти зада́чи весь уро́к. Оле́г ... все зада́чи пра́вильно.	реша́ть — реши́ть
5. Мой това́рищ ... ру́сский язы́к два го́да.	изуча́ть — изучи́ть

Exercise 13. Use the verb of the required aspect.

1. — Что вы де́лали вчера́ ве́чером?	учи́ть — вы́учить
— Вчера́ ве́чером я ... уро́ки, пото́м ... письмо́ домо́й.	писа́ть — написа́ть
— Вы зна́ете уро́к хорошо́?	
— Да, я ... уро́к хорошо́.	
— А вы ... письмо́?	
— Нет, я не ... письмо́, потому́ что ко мне пришли́ го́сти.	
2. — Что де́лал Анто́н ве́чером?	смотре́ть — посмотре́ть
— Ве́чером Анто́н ... журна́лы в библиоте́ке. Когда́ он ... журна́лы, он пошёл домо́й.	
3. — Что вы де́лали вчера́?	чита́ть — прочита́ть
— Вчера́ я ... кни́гу.	
— Вы ... кни́гу?	
— Нет, я ещё не ... э́ту кни́гу.	
4. — Что ты де́лал по́сле уро́ков? Ты ... зада́чи?	реша́ть — реши́ть
— Да, я ... зада́чи.	
— Ты ... все зада́чи?	
— Нет, я ... то́лько одну́.	

Exercise 14. Read the sentences and write them out. Remember that the imperfective verbs are used here to denote simultaneous actions, and the perfective verbs are used to denote consecutive actions.

1. Когда́ преподава́тель *объясня́л* но́вое пра́вило, он *писа́л* на доске́ приме́ры. Когда́ преподава́тель *объясни́л* но́вое пра́вило, мы *на́чали писа́ть* упражне́ние.

2. Когда́ на уро́ке Анто́н *расска́зывал* текст, мы внима́тельно *слу́шали*. Когда́ он *рассказа́л* текст, мы *на́чали задава́ть* вопро́сы.

3. Когда́ мы *осма́тривали* го́род, *бы́ло о́чень хо́лодно*. Когда́ мы *осмотре́ли* го́род, мы *верну́лись* в гости́ницу.

4. Когда́ я *у́жинал*, мой друг сиде́л ря́дом и *пил* ко́фе. Когда́ мы *поу́жинали*, мы *пошли́* в клуб.

5. Когда́ я *чита́л* текст, я *смотре́л* незнако́мые слова́ в словаре́. Когда́ я *прочита́л* текст, я *на́чал писа́ть* упражне́ние.

Exercise 15. Use the verb of the required aspect.

1. Когда́ Игорь ... уро́к, его́ това́рищ чита́л кни́гу. Когда́ Игорь ... уро́к, он пошёл у́жинать.	учи́ть — вы́учить
2. Когда́ я ..., я слу́шал ра́дио. Когда́ я ..., я пошёл в университе́т.	за́втракать — поза́втракать
3. Когда́ преподава́тель ... но́вый текст, мы на́чали чита́ть его́. Когда́ преподава́тель ... но́вый текст, мы внима́тельно слу́шали.	объясня́ть — объясни́ть
4. Когда́ я ... упражне́ние, мой друг повторя́л глаго́лы. Когда́ я ... упражне́ние, я на́чал чита́ть текст.	писа́ть — написа́ть
5. Когда́ Анна ... уро́к, все слу́шали её отве́т. Когда́ Анна ... уро́к, мы на́чали писа́ть дикта́нт.	отвеча́ть — отве́тить
6. Когда́ я ... свою́ контро́льную рабо́ту, я показа́л её преподава́телю. Когда́ я ... свою́ контро́льную рабо́ту, я исправля́л оши́бки.	проверя́ть — прове́рить
7. Когда́ мы ... фильм, мы пошли́ домо́й. Когда́ мы ... фильм, мы о́чень смея́лись.	смотре́ть — посмотре́ть

Exercise 16. Complete the sentences.

Model: Когда́ он отдыха́л, *он слу́шал му́зыку*.
Когда́ он отдохну́л, *он на́чал занима́ться*.

1. Когда́ студе́нтка учи́ла уро́к, ...
Когда́ студе́нтка вы́учила уро́к, ...
2. Когда́ мы за́втракали, ...
Когда́ мы поза́втракали, ...
3. Когда́ де́ти посмотре́ли фильм, ...
Когда́ де́ти смотре́ли фильм, ...
4. Когда́ врач осма́тривал больно́го, ...
Когда́ врач осмотре́л больно́го, ...
5. Когда́ я написа́л письмо́, ...
Когда́ я писа́л письмо́, ...
6. Когда́ Макси́м чита́л газе́ту, ...
Когда́ Макси́м прочита́л газе́ту, ...

Exercise 17. Read the texts and compare them. Note the meanings of the imperfective and perfective verbs.

Ка́ждый день я *встреча́ю* Бори́са в библиоте́ке. Я *говорю́* ему́: «До́брый день». Он обы́чно *отвеча́ет*: «Здра́вствуй». Мы *берём* кни́ги и *начина́ем* занима́ться. В 2 часа́ мы *обе́даем*. В 7 часо́в Бори́с обы́чно *конча́ет* занима́ться и *говори́т*: «До свида́ния. Я иду́ домо́й».

Вчера́ я *встре́тил* Бори́са в библиоте́ке. Я *сказа́л* ему́: «До́брый день». Он *отве́тил*: «Здра́вствуй». Мы *взя́ли* кни́ги и *на́чали* занима́ться. В 2 часа́ мы *пообе́дали*. В 7 часо́в Бори́с *ко́нчил* занима́ться и *сказа́л:* «До свида́ния. Я иду́ домо́й».

Exercise 18. Read the texts and compare them. Explain the difference between the meanings of the imperfective and perfective verbs.

В про́шлом году́ ка́ждый день мы *начина́ли* занима́ться в 9 часо́в. Преподава́тель *спра́шивал* нас: «Что вы де́лали до́ма?» Мы *отвеча́ли:* «До́ма мы писа́ли упражне́ния, чита́ли текст». Мы *проверя́ли* дома́шнее зада́ние. Пото́м преподава́тель *объясня́л* но́вый материа́л и *писа́л* на доске́ но́вые слова́. Мы *понима́ли* всё, что *объясня́л* преподава́тель. Иногда́ мы *писа́ли* дикта́нт. Ка́ждый день преподава́тель *брал* на́ши тетра́ди и *проверя́л* их. В 3 часа́ мы *конча́ли* занима́ться.

Вчера́ мы *на́чали* занима́ться в 9 часо́в. Преподава́тель *спроси́л* нас: «Что вы де́лали до́ма?» Мы *отве́тили:* «До́ма мы писа́ли упражне́ния, чита́ли текст». Мы *прове́рили* дома́шнее зада́ние. Пото́м преподава́тель *объясни́л* но́вый материа́л и *написа́л* на доске́ но́вые слова́. Мы *по́няли* всё, что *объясни́л* преподава́тель. Пото́м мы *написа́ли* дикта́нт. Преподава́тель *взял* на́ши тетра́ди и *прове́рил* их. В 3 часа́ мы *ко́нчили* занима́ться.

Exercise 19. Replace the imperfective verbs by perfective ones. Explain how the meaning of the sentences has changed.

Model: Студе́нты *реша́ют* зада́чу.
Студе́нты *реши́ли* э́ту зада́чу пра́вильно.

1. Я ча́сто получа́ю пи́сьма.
2. Я посыла́ю бра́ту сове́тские ма́рки.
3. Обы́чно я конча́ю гото́вить дома́шнее зада́ние в 7 часо́в.
4. Я ча́сто встреча́ю в библиоте́ке э́того челове́ка.
5. Ка́ждый день я звоню́ роди́телям.
6. Ка́ждое у́тро я покупа́ю газе́ты.

Exercise 20. Write out the sentences, replacing the imperfective verbs by perfective ones. Change the adverbial modifiers where necessary. Explain how meaning of the sentences has changed.

1. Студе́нты *входи́ли* в класс и *здоро́вались*. 2. Преподава́тель *приноси́л* на уро́к магнитофо́н. 3. Я ча́сто *встреча́л* э́того челове́ка в на́шем клу́бе. 4. Ка́ждую неде́лю Ми́ша *получа́л* пи́сьма от бра́та. 5. Брат *присыла́л* ему́ сове́тские журна́лы. 6. Я ча́сто *дари́л* мла́дшей сестре́ де́тские кни́ги. 7. Обы́чно я *покупа́л* кни́ги в на́шем кни́жном магази́не.

Exercise 21. Use the verb of the required aspect.

1. Ка́ждый день мы ... тру́дные глаго́лы. Когда́ мы ... тру́дные глаго́лы, мы на́чали писа́ть упражне́ние. — повторя́ть — повтори́ть

2. Сего́дня у́тром я ... газе́ты и пошёл на рабо́ту. Ка́ждое у́тро я ... све́жие газе́ты. — чита́ть — прочита́ть

3. Я ... у́жин и на́чал смотре́ть телеви́зор. Ка́ждый ве́чер я ... у́жин. — гото́вить — пригото́вить

4. Сего́дня Андре́й хорошо́ ... все слова́. Он всегда́ хорошо́ ... слова́. — учи́ть — вы́учить

5. Она́ ча́сто ... на уро́ки. Но сего́дня она́ не ... на уро́к. — опа́здывать — опозда́ть

6. Ка́ждое воскресе́нье он ... пи́сьма домо́й. Вчера́ он ... два письма́. — посыла́ть — посла́ть

7. В суббо́ту мой сосе́д ... посы́лку. Он ча́сто ... посы́лки. — получа́ть — получи́ть

Exercise 22. Use the verb of the required aspect.

1. Ка́ждый день мой друг ... све́жие газе́ты. Сего́дня он ... две газе́ты. — покупа́ть — купи́ть

2. Обы́чно у́тром я ... ко́фе. Сего́дня у́тром я ... ча́шку ко́фе и пошёл на рабо́ту. — пить — вы́пить

3. Бори́с ча́сто ... пи́сьма. Сего́дня он сно́ва ... письмо́. — получа́ть — получи́ть

4. Ка́ждый день я ... в авто́бусе э́того челове́ка. Сего́дня я опя́ть ... его́. — встреча́ть — встре́тить

5. Обы́чно он ... рабо́тать в 5 часо́в. Вчера́ он ... рабо́тать в 3 часа́. — конча́ть — ко́нчить

6. Он всегда́ ... пи́сьма ве́чером. Вчера́ он ... три письма́. — писа́ть — написа́ть

7. Э́тот студе́нт ча́сто ... на уро́ки. Вчера́ он опя́ть ... . — опа́здывать — опозда́ть

Exercise 23. Use the verb of the required aspect.

1. Рабо́чие ... шко́лу всё ле́то. Они́ ... шко́лу, и тепе́рь в ней у́чатся де́ти. — стро́ить — постро́ить

2. Врач до́лго ... больно́го. Когда́ он ... его́, он вы́писал реце́пт. — осма́тривать — осмотре́ть

3. Утром я ... чай. Сего́дня у́тром я ... две ча́шки ча́я. — пить — вы́пить

4. Эту карти́ну ... мой това́рищ. Он ... её це́лый год. — рисова́ть — нарисова́ть

5. Сего́дня весь уро́к преподава́тель ... но́вый материа́л. Он ... текст, и мы на́чали чита́ть его́. — объясня́ть — объясни́ть

6. Мой ста́рший брат всегда́ ... мне. Вчера́ он ... мне реши́ть зада́чу. — помога́ть — помо́чь

Exercise 24. Use the verb of the required aspect.

1. — Что вы де́лали вчера́ ве́чером?	чита́ть — прочита́ть
— Я ... кни́гу.	
— Вы уже́ ... её?	
— Да, ...	
2. — Что де́лает ваш това́рищ?	гото́вить — пригото́вить
— Он ... уро́к.	
— Юра, ты уже́ ... уро́к?	
— Да, я уже́ всё	
3. — Я ча́сто ... дру́гу пи́сьма и кни́ги. Вчера́ я ... ему́ письмо́ и кни́гу.	посыла́ть — посла́ть
4. Обы́чно мы ... проду́кты в э́том магази́не. Сего́дня я ... там са́хар, ма́сло и молоко́.	покупа́ть — купи́ть
5. Я ча́сто ... пи́сьма из до́ма. После́днее письмо́ я ... вчера́. А вы ча́сто ... пи́сьма из до́ма?	получа́ть — получи́ть
6. Вчера́ весь ве́чер Ви́ктор ... зада́чу. Он пло́хо зна́ет матема́тику, поэ́тому он не ... её. Я ... Ви́ктору, и он ... э́ту зада́чу.	реша́ть — реши́ть помога́ть — помо́чь

The Use of the Imperfective Aspect after the Verbs начина́ть — нача́ть, продолжа́ть — продо́лжить, конча́ть — ко́нчить

Я **на́чал изуча́ть** ру́сский язы́к два ме́сяца наза́д.

Remember that the verbs *начина́ть — нача́ть, продолжа́ть — продо́лжить, конча́ть — ко́нчить* are followed only by imperfective verbs.

Exercise 25. Read the sentences and write them out. Note the aspect of the infinitives.

1. Мы *на́чали изуча́ть* ру́сский язы́к в сентябре́. 2. Анна *начала́ гото́вить* у́жин в 6 часо́в. 3. Мы *начина́ем рабо́тать* в 8 часо́в. 4. Я *продолжа́ю изуча́ть* францу́зский язы́к. 5. Друзья́ *продолжа́ли разгова́ривать.* 6. Я *ко́нчил писа́ть* письмо́ по́здно ве́чером. 7. Обы́чно мы *конча́ем занима́ться* в 3 часа́.

Exercise 26. Use the verb of the required aspect.

1. Он на́чал ... (рисова́ть — нарисова́ть), когда́ ему́ бы́ло 6 лет. 2. Рабо́чие ко́нчили ... (стро́ить — постро́ить) шко́лу в а́вгусте. 3. Я на́чал ... (переводи́ть — перевести́) интере́сный расска́з. 4. Анна начала́ хорошо́ ... (говори́ть — сказа́ть) по-ру́сски. 5. Мы ко́нчили ... (у́жинать — поу́жинать) в 7 часо́в. 6. По́сле у́жина мы продолжа́ли ... (игра́ть — сыгра́ть) в ша́хматы.

Exercise 27. Use the verb of the required aspect.

1. Ка́ждый день они́ ... рабо́тать в 9 часо́в утра́. (начина́ть — нача́ть) 2. В суббо́ту мы ... чита́ть э́тот текст. (конча́ть — ко́нчить) 3. Вчера́ Андре́й

209

... занима́ться в 6 часо́в ве́чера. (начина́ть — нача́ть) 4. Ка́ждое у́тро в 7 часо́в я ... де́лать гимна́стику. (начина́ть — нача́ть) 5. Обы́чно по́сле за́втрака оте́ц ... чита́ть газе́ты. (начина́ть — нача́ть) 6. Бори́с пришёл домо́й, пообе́дал и ... занима́ться. (начина́ть — нача́ть) 7. Он ... писа́ть письмо́ и пошёл на по́чту. (конча́ть — ко́нчить)

Exercise 28. Complete the sentences, using the verbs *нача́ть* and *ко́нчить*.

Model: (смотре́ть телеви́зор) ..., позвони́ мне.
Когда́ ты ко́нчишь смотре́ть телеви́зор, позвони́ мне.

1. (чита́ть кни́гу) ..., дай её мне.
2. (слу́шать магнитофо́н) ..., принеси́ его́ мне.
3. (обе́дать) ..., позови́те меня́.
4. (занима́ться) ..., скажи́ мне, и я помогу́ тебе́.
5. (переводи́ть текст) ..., дай мне слова́рь.
6. (рисова́ть карти́ну) ..., покажи́ её мне.
7. (печа́тать текст) ..., дай мне маши́нку.

The Use of Imperfective and Perfective Verbs in the Future Tense

Imperfective	Perfective
За́втра я **бу́ду чита́ть** э́ту кни́гу. В 6 часо́в мы **бу́дем у́жинать**. The imperfective verbs merely name an action, which will take place in the future.	За́втра я **прочита́ю** э́ту кни́гу и дам её вам. Мы **поу́жинаем** и пойдём в кино́. The perfective verbs show that the action which will take place in the future will be completed.

Exercise 29. Read the sentences and write them out. Note the difference between the meanings of the imperfective and perfective verbs.

1. Сего́дня ве́чером Анна *бу́дет учи́ть* но́вые стихи́. Я зна́ю, что она́ хорошо́ *вы́учит* их. 2. За́втра на уро́ке мы *бу́дем реша́ть* тру́дные зада́чи. Я наде́юсь, что я *решу́* э́ти зада́чи. 3. Сейча́с Ви́ктор *бу́дет расска́зывать* текст. Я ду́маю, что он хорошо́ *расска́жет* его́. 4. Ве́чером мы *бу́дем смотре́ть* телеви́зор. Мы *посмо́трим* его́ и пойдём у́жинать. 5. Сего́дня на уро́ке мы *бу́дем писа́ть* дикта́нт. Мы *напи́шем* дикта́нт и *бу́дем чита́ть* но́вый текст. 6. Ве́чером я *бу́ду писа́ть* пи́сьма домо́й. Когда́ я *напишу́* пи́сьма, я позвоню́ тебе́.

Exercise 30. Read the sentences and write them out. Explain the difference between the meanings of the imperfective and perfective verbs.

1. — *Что* ты *бу́дешь де́лать* сего́дня ве́чером?
   — *Я бу́ду переводи́ть* статью́.

— А *что* ты *будешь делать*, когда ты *переведёшь* статью?
— Когда я *переведу* её, я *пойду* гулять.
2. — *Что* ты *будешь делать* днём?
— Я *буду готовить* бед. Когда я *приготовлю* обед, я *позвоню* тебе.

Exercise 31. Do the exercise as shown in the model.

Model: Анна *пишет* письмо. Потом она будет готовить обед.
Когда Анна *напишет* письмо, она будет готовить обед.

1. Сейчас Анна *готовит* обед. Потом она будет смотреть телевизор.
2. Борис *читает* газету. Потом он будет помогать Анне.
3. Дети *делают* уроки. Потом они будут играть.
4. Сейчас я *перевожу* рассказ. Потом я буду печатать его.
5. Я *печатаю* рассказ. Потом я пойду в библиотеку.
6. Сейчас они *ужинают*. Потом они пойдут гулять.

Exercise 32. Replace the imperfective verbs by perfective ones. How has the meaning of the verbs changed?

Model: Завтра на уроке мы *будем писать* контрольную работу, а потом *будем читать* рассказ.
Завтра на уроке мы *напишем* контрольную работу, а потом *прочитаем* рассказ.

1. После уроков я *буду обедать, отдыхать*, потом *буду готовить* домашнее задание. 2. Вечером Сергей *будет решать* задачи, *переводить* текст и *писать* упражнения. 3. На уроке мы *будем повторять* глаголы и *рассказывать* текст. 4. Завтра утром Сергей *будет завтракать, читать* газеты, *слушать* радио, потом он пойдёт в университет. 5. Сегодня вечером я *буду учить* стихи, *читать* текст и *смотреть* телевизор.

Exercise 33. Do the exercise as shown in the model.

Model: Николай *пишет* письмо.
Что будет делать Николай, когда *напишет* письмо?

1. Борис *учит* стихи. 2. Студенты *переводят* текст. 3. Мы *обедаем*. 4. Я *читаю* статью. 5. Они *ужинают*. 6. Преподаватель *проверяет* тетради.

Exercise 34. Make up questions and answer them, using the words given in brackets.

Model: Я *пишу* письмо. (переводить текст)
— *Что* вы *будете делать*, когда *напишете* письмо?
— Когда я *напишу* письмо, я *буду переводить* текст.

1. Я *перевожу* рассказ. (печатать рассказ) 2. Я *печатаю* текст. (отдыхать) 3. Анна *готовит* обед. (заниматься) 4. Мы *учим* стихи. (читать стихи) 5. Мы *ужинаем*. (смотреть телевизор) 6. Дети *моют* руки. (обедать)

Exercise 35. Use the verb of the required aspect in the future tense.

1. Сегодня мы ... диктант. Когда мы ... диктант, мы | писать — написать
покажем преподавателю свои тетради. |

211

2. Мой брат ... мой портрет. Когда он ... портрет, он подарит его мне.   рисовать — нарисовать
3. После обеда я ... . Я немного ... и начну заниматься.   отдыхать — отдохнуть
4. Сегодня мы ... рано, в 6 часов. Мы ... и пойдём в театр.   ужинать — поужинать
5. Когда вы ... эту книгу, принесите её в класс. Мы ... её все вместе.   читать — прочитать

Exercise 36. Replace the past tense by the future. Write out the sentences.

Model: Мы *поужинали* и *пошли* в кино.
Мы *поужинаем* и *пойдём* в кино.

1. Мой старший брат *кончил* школу и *поступил* в университет. 2. Староста *узнал,* когда будут экзамены, и *сообщил* об этом студентам. 3. Я *написал* вам записку и *оставил* её на столе. 4. Студенты *решили* все задачи и *показали* их преподавателю. 5. Я *взял* словарь и *посмотрел* незнакомые слова. 6. Мы *пошли* в библиотеку и *взяли* книги. 7. Когда он *прислал* мне письмо, я *ответил* ему.

The Use of the Aspect Pairs of Some Verbs
давать — дать, вставать — встать

Exercise 37. Complete the sentences, using the required forms of the verb *дать.*

1. Иногда Миша *даёт* мне свой магнитофон. В субботу он тоже ... . 2. Каждый день родители *дают* детям деньги на завтрак. Сегодня они тоже ... . 3. Я всегда *даю* младшему брату свой велосипед. Сегодня я тоже ... . 4. Ты всегда *даёшь* мне словарь. А сегодня ты ... ? 5. Вы часто *даёте* нам пластинки. А в воскресенье вы ... ? 6. Каждый день мы *даём* преподавателю свои тетради. Сегодня мы тоже ... .

Exercise 38. Use the verb *дать* or *давать* in the future or present tense.

1. Он часто ... свой словарь другу. 2. Иногда я ... товарищу свой фотоаппарат. 3. — Ты ... мне завтра эту книгу? — Да, я ... её тебе. 4. Вы ... мне эти пластинки? 5. Если ты пойдёшь на почту, мы ... тебе письма. 6. Обычно мой товарищ ... мне свой магнитофон, но в это воскресенье он не ... мне его, потому что у него будут гости. 7. У меня нет учебника, и мой друг ... мне свой учебник. 8. Если у тебя нет тетрадей, я ... тебе одну тетрадь. 9. Вы ... мне эту газету, когда прочитаете её? 10. Ты ... мне свой адрес?

Exercise 39. Use the verb of the required aspect.

1. Завтра Павел ... мне свой магнитофон.   давать — дать
2. Этот студент плохо ... экзамен по русскому языку, потому что он мало занимался.   сдавать — сдать
3. Мы ... старую машину и купили новую.   продавать — продать
4. Я ... тебе эту книгу, когда мой брат прочитает её.   давать — дать

5. За́втра Ми́ша ... экза́мен по фи́зике. Мы уве́рены, | сдава́ть — сдать
что он хорошо́ ... его́.
6. Иногда́ я ... мла́дшему бра́ту свой фотоаппара́т. | дава́ть — дать
7. В э́том кио́ске ... ма́рки, конве́рты, бума́гу. | продава́ть —
продать

Exercise 40. Use the verbs *встава́ть — встать* in the required form.

Model: Обы́чно я ... ра́но, но сего́дня я ... по́здно.
Обы́чно я *встаю́* ра́но, но сего́дня я *встал* по́здно.

1. — Когда́ он обы́чно ... ? — Обы́чно он ... в 7 часо́в утра́. Сего́дня
воскресе́нье, поэ́тому он ... в 9 часо́в. 2. — Когда́ ты ... за́втра? — За́втра
я ... ра́но. 3. — Когда́ вы ... вчера́? — Вчера́ я ... по́здно. 4. Утром она́ ...
и де́лает заря́дку. 5. За́втра мы ..., поза́втракаем и пойдём гуля́ть в лес.
6. Когда́ они́ жи́ли в дере́вне, они́ ... в 6 часо́в утра́. 7. Ра́ньше он ... о́чень
ра́но, а тепе́рь ... по́здно. 8. У меня́ боли́т голова́, и я до́лжен отдохну́ть. Я ...
че́рез час. 9. Если ты ... ра́но, разбуди́ меня́.

ста́вить — поста́вить, ве́шать — пове́сить, класть — положи́ть

Exercise 41. Use the required forms of the verbs *ста́вить — поста́вить, класть — положи́ть* and *ве́шать — пове́сить.*

Model: Обы́чно он ... кни́ги на ме́сто. Но в э́тот раз он забы́л, куда́ он ...
э́ту кни́гу.
Обы́чно он *кладёт* кни́ги на ме́сто. Но в э́тот раз он забы́л, куда́
он *положи́л* э́ту кни́гу.

1. Обы́чно я ... своё пальто́ в шкаф. Я снял пальто́ и ... его́ в шкаф.
2. — Куда́ вы ... но́вый телеви́зор? — Пока́ мы ... его́ на стол о́коло окна́.
3. Обы́чно я ... свои́ кни́ги в стол. Кто ... свой слова́рь в мой стол? 4. Ни́на
принесла́ цветы́ и ... их в ва́зу. Она́ всегда́ ... цветы́ в э́ту ва́зу. 5. Обы́чно ка́рту
... дежу́рный, но сего́дня её ... преподава́тель. 6. Я не всегда́ ... ве́щи на ме́сто.
Вчера́ я ... де́ньги в карма́н и забы́л об э́том, а пото́м до́лго иска́л их.

сади́ться — сесть, ложи́ться — лечь

Exercise 42. Use the verbs of the required aspect.

1. Ка́ждый день я ... спать в 11 часо́в ве́чера. Вчера́ | ложи́ться — лечь
у меня́ о́чень боле́ла голова́ и я ... спать в 9 часо́в.
2. Обы́чно на ле́кциях он ... в пе́рвый ряд. | сади́ться — сесть
3. Она́ ... ря́дом со мной, и мы на́чали занима́ться. | сади́ться — сесть
4. Мы ... за стол и на́чали за́втракать. | сади́ться — сесть
5. Сего́дня я пло́хо себя́ чу́вствую, поэ́тому ... спать по- | ложи́ться — лечь
ра́ньше.
6. Он ... в такси́ и пое́хал на вокза́л. | сади́ться — сесть
7. Мы вошли́ в столо́вую, ... за стол и на́чали обе́дать. | сади́ться — сесть
8. В кино́ он всегда́ ... в тре́тий и́ли в четвёртый ряд. | сади́ться — сесть

The Use of the Verbs ви́деть — уви́деть, слы́шать — услы́шать, знать — узна́ть

Ра́ньше я ма́ло **знал** о жи́зни живо́тных.
Я прочита́л не́сколько книг и **узна́л** о них мно́го интере́сного.

Ра́ньше я **не ви́дел** э́ту маши́ну.
Я посмотре́л в окно́ и **уви́дел**, что маши́на стои́т о́коло до́ма.

Я никогда́ **не слы́шала** э́ту пе́сню.
Сего́дня я **услы́шала** её пе́рвый раз.

The perfective verbs *узна́ть, уви́деть* and *услы́шать* denote transition to a new state.

Exercise 43. Read the sentences and write them out. Note the meanings and uses of the verbs *уви́деть, услы́шать, узна́ть.*

1. Он *вошёл* в ко́мнату и *уви́дел* на столе́ письмо́. 2. Она́ *посмотре́ла* в окно́ и *уви́дела*, что на у́лице идёт дождь. 3. Вдруг мы *услы́шали* си́льный шум. 4. Когда́ я *узна́л* э́ту но́вость, я рассказа́л её свои́м това́рищам. 5. Когда́ я *подошёл* к две́ри, я *услы́шал*, что в ко́мнате говори́т ра́дио. 6. Мы *прочита́ли* газе́ты и *узна́ли*, что в на́шей стране́ бу́дет кинофестива́ль.

Exercise 44. Read the sentences and write them out. Note the meanings and uses of the imperfective and perfective verbs.

ви́деть — уви́деть

1. — Ты *ви́дел* Ви́ктора?
— Да, *ви́дел*.
— Где ты *ви́дел* его́?
— Я *ви́дел* его́ в библиоте́ке.
2. — Ты *ви́дел* мои́ но́вые фотогра́фии?
— *Ви́дел*.

1. Когда́ я *уви́дел* Ви́ктора, я поздоро́вался с ним.
Я *вошёл* в библиоте́ку и *уви́дел* Ви́ктора.
2. Я *откры́л* альбо́м и *уви́дел* но́вые фотогра́фии моего́ дру́га.

слы́шать — услы́шать

1. — Вы *слы́шали* э́ту но́вость?
— *Слы́шал*.
2. — Я *слы́шал*, что за́втра бу́дет хоро́шая пого́да.

1. Когда́ я *услы́шал* э́ту но́вость, я о́чень удиви́лся.
2. Вдруг мы *услы́шали* шум.

Exercise 45. Use the verbs of the required aspect.

1. Вчера́ я ... на́шего преподава́теля. Когда́ я ... его́, я поздоро́вался с ним. 2. Ты не ... в магази́не италья́нско-ру́сский слова́рь? Е́сли ты ... его́, купи́ мне, пожа́луйста. 3. Я вошёл в зал и ... там своего́ това́рища. Я был о́чень рад, потому́ что я давно́ не ... его́.	ви́деть — уви́деть
4.— Вы ... но́вость?—Да, ... Когда́ я ... об э́том пе́рвый раз, я не пове́рил. 5.—Вы ..., как она́ поёт?—Да, ... 6. Вчера́ ве́чером, когда́ мы сиде́ли до́ма, вдруг мы ... шум в коридо́ре.	слы́шать — услы́шать

7. — Вы ..., когда́ у нас бу́дут экза́мены? — Нет, я не ... . 8. — Вы давно́ ... э́того челове́ка? — Я ... его́ уже́ 3 го́да. 9. Вчера́ я получи́л письмо́ из до́ма. Я прочита́л его́ и ..., что мой брат хо́чет пое́хать в Москву́. 10. — Вы ..., где мо́жно купи́ть тако́й слова́рь? — Я не ..., но могу́ ... . — Е́сли вы ..., скажи́те мне об э́том.

знать — узна́ть

Perfective Verbs with the Prefixes по- and за-

Я (немно́го) **почита́л** и лёг спать.

Perfective verbs with the prefix **по-** denote actions of short duration: *порабо́тать, поговори́ть, посиде́ть, погуля́ть, потанцева́ть, покури́ть*, etc.

Exercise 46. Replace the imperfective verbs by perfective verbs with the prefix *по-*. Note how the meaning of the verbs has changed.

Model: Снача́ла я *чита́л* кни́гу, пото́м я стал писа́ть письмо́ домо́й.
Снача́ла я *почита́л* кни́гу, пото́м я стал писа́ть письмо́ домо́й.

1. Снача́ла мы *рабо́тали*, пото́м *гуля́ли* в па́рке. 2. Мы *сиде́ли, кури́ли, говори́ли* о свои́х дела́х. 3. Снача́ла они́ *танцева́ли*, пото́м ста́ли петь пе́сни. 4. Снача́ла мы *игра́ли* в футбо́л, пото́м пошли́ гуля́ть. 5. Мы пришли́ в кино́ ра́но, поэ́тому мы *сиде́ли* в фойе́ и *говори́ли* о фи́льмах.

Я взял кни́гу и **пошёл** в библиоте́ку.

The verbs of motion *идти́, е́хать, лете́ть, нести́*, etc. with the prefix **по-** denote the beginning of movement.

Exercise 47. Complete the sentences, using the required forms of the verbs *пойти́, пое́хать, побежа́ть, полете́ть, понести́, повести́*.

Model: Такси́ останови́лось на мину́ту и ... .
Такси́ останови́лось на мину́ту и *пое́хало да́льше*.

1. Он сел в маши́ну и ... . 2. Ма́льчик сел на велосипе́д и ... . 3. Де́вушка вы́шла из до́ма и ... на остано́вку. 4. Авто́бус постоя́л мину́ту, и ... да́льше. 5. Самолёт подня́лся в во́здух и ... . 6. Мужчи́на взял чемода́н и ... его́ к ваго́ну. 7. Мать взяла́ сы́на за́ руку и ... его́ в де́тский сад.

Арти́ст вы́шел на сце́ну и **запе́л**.

Memorise these verbs in which the prefix **за-** denotes the beginning of the action:

заговори́ть	запе́ть
замолча́ть	зашуме́ть
засмея́ться	застуча́ть
запла́кать	зазвене́ть
закрича́ть	захло́пать

Exercise 48. Complete the sentences, using verbs with the prefix *за-*.

1. Де́вушка прочита́ла письмо́ и ... . 2. Ма́ленький ма́льчик упа́л и ... . 3. Когда́ арти́ст ко́нчил петь, зри́тели гро́мко ... . 4. Когда́ ле́кция ко́нчилась, студе́нты в за́ле ... . 5. Когда́ ма́ленькая де́вочка уви́дела соба́ку, она́ испуга́лась и ... . 6. Ребёнок уви́дел мать и ... . 7. Хор вы́шел на сце́ну и ... .

Revision Exercises

Exercise 49. Use the verbs of the required aspect.

1. Я ... письмо́ своему́ дру́гу и отпра́вил его́. — писа́ть — написа́ть
2. Мари́я до́лго ... слова́ из те́кста. Когда́ она́ ... их, она́ начала́ писа́ть упражне́ние. — учи́ть — вы́учить
3. Рабо́чие ... шко́лу, и о́сенью в ней начали́сь заня́тия. Они́ ... её полго́да. — стро́ить — постро́ить
4. Я ... де́ньги и взял газе́ты. — плати́ть — заплати́ть
5. Мы ... биле́ты и вошли́ в кинотеа́тр. — покупа́ть — купи́ть
6. Он ... пра́вило и хорошо́ отве́тил на вопро́с преподава́теля. — вспомина́ть — вспо́мнить
7. Обы́чно я ... кни́ги в университе́тской библиоте́ке. Э́ту кни́гу я ... у своего́ дру́га. — брать — взять
8. Ка́ждый ме́сяц он ... посы́лки свое́й ма́тери. Вчера́ он ... ей посы́лку. — посыла́ть — посла́ть
9. Э́та студе́нтка никогда́ не ... . Но сего́дня она́ ... на пять мину́т. — опа́здывать — опозда́ть
10. Обы́чно я ... о́чень ра́но, но вчера́ я о́чень уста́л, поэ́тому сего́дня я ... по́здно. — встава́ть — встать

Exercise 50. Use the verbs of the required aspect.

1. Худо́жник ... карти́ну и посла́л её на вы́ставку. В де́тстве он хорошо́ ..., и все говори́ли, что он бу́дет худо́жником. (рисова́ть — нарисова́ть) 2. Он ... мне кни́гу, кото́рую я прочита́л с больши́м интере́сом. Когда́ я был ма́леньким, оте́ц ча́сто ... мне кни́ги. (дари́ть — подари́ть) 3. За́втра я пойду́ в магази́н и ... себе́ пальто́.— Где вы ... э́тот плащ? — Все ве́щи я ... в магази́не, кото́рый нахо́дится на на́шей у́лице. (покупа́ть — купи́ть) 4. Вчера́ ве́чером я смотре́л телеви́зор, а мой брат ... письмо́. Когда́ он ... письмо́, он пошёл на по́чту. (писа́ть — написа́ть) 5. Обы́чно он ... кни́ги в на́шей библиоте́ке. Он ... кни́гу и пошёл домо́й. (брать — взять) 6. Когда́ арти́ст ... пе́сню, зри́тели до́лго аплоди́ровали. Вчера́ весь ве́чер мы ... и танцева́ли в клу́бе. (петь — спеть) 7. Он ... ча́шку ко́фе и сел занима́ться. (пить — вы́пить) 8. Рабо́чие ... на на́шей у́лице большо́й дом, ско́ро он бу́дет гото́в. Сосе́дний дом ... полго́да наза́д. (стро́ить — постро́ить)

Exercise 51. Complete the sentences, using the verbs given in brackets.

Model: Я потеря́л твой а́дрес, поэ́тому ... (отвеча́ть — отве́тить).
Я потеря́л твой а́дрес, поэ́тому *не отве́тил на твоё письмо́.*

1. Я о́тдал кни́гу това́рищу, потому́ что ... (чита́ть — прочита́ть). 2. Зада́ча была́ лёгкая, поэ́тому ... (реша́ть — реши́ть). 3. Так как пришла́ зима́, я ... (покупа́ть — купи́ть). 4. Це́лый год оте́ц чу́вствовал себя́ пло́хо, поэ́тому не ... (рабо́тать — порабо́тать). 5. Я подари́л бра́ту альбо́м для ма́рок, так как ... (собира́ть — собра́ть). 6. Ви́ктор не пришёл сего́дня в университе́т, потому́ что ... (боле́ть — заболе́ть) 7. В ко́мнате бы́ло жа́рко, поэ́тому ... (открыва́ть — откры́ть) 8. Бы́ло уже́ темно́, поэ́тому ... (включа́ть — включи́ть).

Exercise 52. Replace the past tense verbs by future tense ones, changing the adverbs of time where necessary.

Model: Вчера́ я *прочита́л* кни́гу и *о́тдал* её в библиоте́ку.
За́втра я *прочита́ю* кни́гу и *отда́м* её в библиоте́ку.

1. Вчера́ я *написа́л* письмо́ и *посла́л* его́ авиапо́чтой. 2. Мы *рассказа́ли* преподава́телю о свое́й ро́дине и *показа́ли* ему́ фотогра́фии. 3. Мой това́рищ *написа́л* мой портре́т и *подари́л* его́ мне. 4. Мы *сда́ли* после́дний экза́мен и *пое́хали* отдыха́ть. 5. Я *купи́л* карти́ну и *пове́сил* её на сте́ну. 6. В суббо́ту я *пригото́вил* обе́д и *пригласи́л* свои́х друзе́й. 7. Я *сде́лал* фотогра́фии и *посла́л* их роди́телям. 8. Вчера́ мой това́рищ *позвони́л* мне и *сказа́л*, когда́ бу́дет экску́рсия.

Exercise 53. Complete the sentences, using the words given in brackets.

Model: Е́сли я куплю́ биле́ты, ... (позвони́ть).
Е́сли я куплю́ биле́ты, *я позвоню́ вам.*

1. Е́сли вы хорошо́ отве́тите на экза́мене, ... (получи́ть). 2. Е́сли оте́ц пришлёт мне телегра́мму, ... (встре́тить). 3. Е́сли наш клуб организу́ет ве́чер пе́сни, ... (приня́ть уча́стие). 4. Е́сли вы ско́ро вернётесь, ... (подожда́ть). 5. Е́сли за́втра бу́дет хо́лодно, ... (наде́ть). 6. Е́сли цветы́ бу́дут до́лго стоя́ть без воды́, ... (поги́бнуть). 7. Е́сли вы не бу́дете внима́тельно слу́шать объясне́ния преподава́теля, ... (поня́ть). 8. Е́сли вы не вы́учите э́ту теоре́му, ... (смочь). 9. Е́сли я не запишу́ его́ а́дрес, ... (забы́ть).

Exercise 54. Replace the past tense verbs by future tense ones.

1. Когда́ фильм ко́нчился, зри́тели вы́шли из за́ла. 2. Конце́рт начался́ в шесть часо́в. 3. В на́шем райо́не откры́лась но́вая библиоте́ка. 4. Когда́ ко́нчились кани́кулы, студе́нты верну́лись в Москву́. 5. Мы хорошо́ подгото́вились к экза́менам и хорошо́ сда́ли их. 6. Когда́ дождь ко́нчился, я откры́л окно́. 7. В 7 часо́в я встре́тился о́коло метро́ с дру́гом, и мы пошли́ в кино́. 8. Ве́чером мы договори́лись, когда́ мы пойдём в бассе́йн. 9. Когда́ все студе́нты собрали́сь в за́ле, начало́сь собра́ние. 10. Во второ́м семе́стре на́ше расписа́ние измени́лось.

Exercise 55. Replace the past tense verbs by future tense ones.

1. Мы сда́ли экза́мены, получи́ли стипе́ндию, купи́ли биле́ты и пое́хали в Крым. Там мы отдыха́ли, пла́вали, ходи́ли в го́ры. 2. Все пошли́ в кино́, а я оста́лся до́ма. Я взял журна́л и посмотре́л его́, а пото́м лёг спать. 3. В суб-

боту мой друг прие́хал из Москвы́. Он привёз мне ру́сские пласти́нки. Ве́чером мы собрали́сь у меня́, послу́шали пласти́нки, а наш друг рассказа́л нам о Москве́. 4. В воскресе́нье у́тром я встал, оде́лся, умы́лся и пошёл за́втракать. Я поза́втракал и пошёл к дру́гу. Мы взя́ли мяч и пошли́ игра́ть в футбо́л. 5. По́сле заня́тий я пришёл домо́й, отдохну́л и сел занима́ться. Я занима́лся 3 часа́. Когда́ я вы́учил всё, я стал смотре́ть телеви́зор. 6. Сего́дня наш друг прие́хал из Пари́жа. Мы встре́тили его́ на вокза́ле и помогли́ ему́ дое́хать до гости́ницы. Пото́м мы показа́ли ему́ го́род и рассказа́ли о на́шей жи́зни.

Exercise 56. Use the verbs of the required aspect.

Ка́ждый день на́ши заня́тия ... (конча́ться — ко́нчиться) в 3 часа́. Вчера́ по́сле заня́тий мой друг Ви́ктор пошёл в столо́вую. Он бы́стро ... (обе́дать — пообе́дать), а пото́м це́лый час ... (чита́ть — прочита́ть) газе́ты и ... (смотре́ть — посмотре́ть) журна́лы. В 5 часо́в он на́чал ... (гото́вить — пригото́вить) дома́шнее зада́ние по ру́сскому языку́. Снача́ла он ... (де́лать — сде́лать) упражне́ние, пото́м полчаса́ ... (учи́ть — вы́учить) но́вые слова́ и ... (повторя́ть — повтори́ть) глаго́лы, а пото́м на́чал ... (чита́ть — прочита́ть) но́вый текст. Когда́ Ви́ктор ... (конча́ть — ко́нчить) де́лать дома́шнее зада́ние, он пошёл в клуб. Там он снача́ла ... (танцева́ть — потанцева́ть), а пото́м ... (смотре́ть — посмотре́ть) фильм. Он ... (возвраща́ться — верну́ться) в общежи́тие в 11 часо́в и ... (ложи́ться — лечь) спать.

COMPLEX SENTENCES

Complex Sentences Containing the Conjunctions and Conjunctive Words
кто, что, како́й, как, когда́, где, куда́, отку́да, почему́, заче́м, ско́лько

Вы не зна́ете,	**кто** э́тот челове́к?
Вы зна́ете,	**как** его́ зову́т?
	где он живёт?

Exercise 1. Answer the questions. Note the structure of the sentences and the use of the conjunctive words.

Model: — *Вы не слы́шали, куда́* он пое́дет ле́том?
— Ле́том он пое́дет в Москву́.

1. *Вы не зна́ете, что* идёт в э́том кинотеа́тре? 2. *Вы не ска́жете, како́е* сего́дня число́? 3. *Вы не зна́ете, кака́я* пого́да бу́дет за́втра? 4. *Вы не ска́жете, куда́* идёт э́тот авто́бус? 5. *Вы не зна́ете, где* мо́жно купи́ть а́нгло-ру́сский слова́рь? 6. *Вы не слы́шали, куда́* Ни́на и Бори́с хотя́т пойти́ ве́чером? 7. *Вы не зна́ете, куда́* они́ пойду́т в воскресе́нье? 8. *Вы не по́мните, когда́* у нас бу́дет экску́рсия?

218

Exercise 2. Use the appropriate conjunctive words *что, где, куда, сколько, почему, как, откуда, какой.*

Model: Я зна́ю, ... прие́хал э́тот студе́нт.
Я зна́ю, *отку́да* прие́хал э́тот студе́нт.

1. Я зна́ю, ... живёт Па́вел. 2. Мы ещё не зна́ем, ... пое́дем ле́том. 3. Вы не слы́шали, ... пого́да бу́дет за́втра? 4. Я не понима́ю, ... вы говори́те. 5. Я не зна́ю, ... ему́ лет. 6. Вы не по́мните, ... зову́т э́того челове́ка? 7. Вы зна́ете, ... он прие́хал?

Exercise 3. Use the appropriate conjunctive words.

1. Мы ещё не зна́ем, ... у нас бу́дут экза́мены.
2. Я не по́мню, ... сто́ит мой магнитофо́н.
3. Я не по́мню, ... её зову́т.
4. Вы зна́ете, ... э́тот челове́к?
5. Вы понима́ете, ... я говорю́?
6. Извини́те, я не слы́шал, ... вы сказа́ли.
7. Я зна́ю, ... э́та де́вушка.

Complex Sentences Containing the Conjunctions потому́ что and поэ́тому

Он хорошо́ сдал экза́мены, **потому́ что** мно́го занима́лся.
Он мно́го занима́лся, **поэ́тому** хорошо́ сдал экза́мены.

Exercise 4. A. Replace the simple sentences by complex ones, using the conjunction *потому́ что.*

Model: Я не пойду́ в кино́. Я уже́ смотре́л э́тот фильм.
Я не пойду́ в кино́, *потому́ что* я уже́ смотре́л э́тот фильм.

1. Андре́й не́ был в кла́ссе. Он был бо́лен. 2. Он не учи́л уро́к. У него́ боле́ла голова́. 3. Весь день мы сиде́ли до́ма. На у́лице шёл дождь. 4. Анна всегда́ хорошо́ отвеча́ет. Она́ мно́го занима́ется. 5. Он опозда́л вчера́ на уро́к. Он по́здно встал. 6. Я не смогу́ идти́ в теа́тр. Я занята́. 7. Я хочу́ есть. Я сего́дня ещё не обе́дал. 8. Джон хорошо́ говори́т по-ру́сски. Он жил два го́да в Москве́.

B. Replace the simple sentences by complex ones, using the conjunction *поэ́тому.* Pay attention to the sequence of the clauses in the complex sentences.

Model: Я не пойду́ в кино́. Я уже́ смотре́л э́тот фильм.
Я уже́ смотре́л э́тот фильм, *поэ́тому* я не пойду́ в кино́.

Exercise 5. Replace the conjunction *поэ́тому* by the conjunction *потому́ что,* changing the sequence of the clauses.

1. Анна мно́го занима́ется, поэ́тому она́ хорошо́ говори́т по-ру́сски. 2. Сего́дня он по́здно встал, поэ́тому он не успе́л поза́втракать. 3. Вчера́ я был за́нят, поэ́тому я не́ был на ве́чере. 4. Вчера́ была́ плоха́я пого́да, поэ́тому весь день мы бы́ли до́ма. 5. У меня́ боли́т нога́, поэ́тому я не пойду́ иг-

ра́ть в футбо́л. 6. У меня́ не́ было с собо́й де́нег, поэ́тому я не купи́л биле́ты в теа́тр.

Exercise 6. Answer the questions. Write down the answers.

Model: — *Почему́* вы не́ были вчера́ на стадио́не?
— Я не́ был вчера́ на стадио́не, *потому́ что* у меня́ боле́ла нога́.

1. Почему́ он не́ был на ле́кции? 2. Почему́ вы не купи́ли э́тот уче́бник? 3. Почему́ они́ по́здно верну́лись домо́й? 4. Почему́ ты не позвони́л мне вчера́? 5. Почему́ она́ пло́хо сдала́ экза́мен? 6. Почему́ ты не́ был в клу́бе?

Exercise 7. Answer the questions.

1. Почему́ он не пи́шет сейча́с? 2. Почему́ она́ так пло́хо чита́ет? 3. Почему́ вы не́ были вчера́ на уро́ке? 4. Почему́ вы мне не позвони́ли? 5. Почему́ она́ не хо́чет идти́ в кино́? 6. Почему́ он не хо́чет идти́ гуля́ть? 7. Почему́ он сего́дня тако́й гру́стный? 8. Почему́ она́ сего́дня така́я весёлая?

Exercise 8. Complete the sentences in writing.

Вчера́ он не́ был в бассе́йне, потому́ что ... . 2. Вчера́ он не́ был в университе́те, поэ́тому ... . 3. Он пло́хо говори́т по-ру́сски, потому́ что ... . 4. Он пло́хо сдал экза́мены, поэ́тому ... . 5. Мы изуча́ем ру́сский язы́к то́лько ме́сяц, поэ́тому ... . 6. Он хорошо́ говори́т по-францу́зски, потому́ что ... . 7. Она́ о́чень лю́бит бале́т, поэ́тому ... . 8. Вчера́ он не пошёл в теа́тр, потому́ что ...

Complex Sentences Containing the Conjunctions е́сли, е́сли бы

> Е́сли за́втра бу́дет хоро́шая пого́да, мы пое́дем на да́чу.
> Я напишу́ ему́ письмо́, **е́сли** найду́ его́ а́дрес.

Exercise 9. Replace the simple sentences by complex ones, using the conjunction *е́сли*.

Model: В воскресе́нье бу́дет хоро́шая пого́да. Мы пое́дем в дере́вню.
Е́сли в воскресе́нье бу́дет хоро́шая пого́да, мы пое́дем в дере́вню.

1. Вы прие́дете ко мне. Я покажу́ вам свою́ библиоте́ку. 2. Ты дашь мне кни́гу сего́дня. Я верну́ её че́рез два дня. 3. Вы хоти́те изуча́ть ру́сский язы́к. Я помогу́ вам. 4. Ве́чером ты бу́дешь до́ма. Я позвоню́ тебе́. 5. Сего́дня мы пойдём в кино́. Мы ра́но ко́нчим рабо́тать. 6. Мы пое́дем на вокза́л встреча́ть сестру́. Она́ пришлёт телегра́мму. 7. Мы не пойдём в бассе́йн. За́втра бу́дет хо́лодно.

Exercise 10. Answer the questions.

1. Что вы бу́дете де́лать в воскресе́нье, е́сли бу́дет хоро́шая пого́да? 2. Что вы бу́дете де́лать, е́сли бу́дет дождь? 3. Что ты бу́дешь де́лать ве́чером, е́сли у тебя́ бу́дет свобо́дное вре́мя? 4. Что вы бу́дете де́лать, е́сли у вас бу́дет ли́шний биле́т в теа́тр? 5. Что вы бу́дете де́лать сего́дня ве́чером, е́сли за́втра у вас бу́дет экза́мен?

Exercise 11. Complete the sentences in writing.

1. Если ве́чером бу́дет дождь, ... 2. Если за́втра бу́дет экску́рсия, ... 3. Если вы придёте к нам, ... 4. Если мой друг пое́дет в Москву́, ... 5. Если я куплю́ э́ту кни́гу, ... 6. Если в на́шем клу́бе бу́дет ве́чер, ... 7. Если у меня́ бу́дет ли́шний биле́т на конце́рт, ...

Exercise 12. Complete the sentences.

1. Я помогу́ тебе́, е́сли ... . 2. Он даст мне кни́гу, е́сли ... . 3. Она́ придёт к нам за́втра, е́сли ... . 4. Ве́чером мы пойдём гуля́ть, е́сли ... . 5. Я напишу́ ему́ письмо́, е́сли ... . 6. Я встре́чу тебя́ на вокза́ле, е́сли ... . 7. Я куплю́ вам биле́т в кино́, е́сли ... .

Exercise 13. Complete the sentences in writing.

Model: Если вы хоти́те хорошо́ сдать экза́мены, вам на́до мно́го занима́ться.

1. Если вы хоти́те хорошо́ говори́ть по-ру́сски, ... 2. Если вы хоти́те пойти́ в теа́тр, ... 3. Если вы хоти́те хорошо́ отдохну́ть в воскресе́нье, ... 4. Если вы хоти́те послу́шать му́зыку, ... 5. Если вы не зна́ете сло́во, ... 6. Если вы пло́хо себя́ чу́вствуете, ... 7. Если вы получи́ли письмо́, ...

Exercise 14. Answer the questions.

1. Что ну́жно де́лать, е́сли вы больны́? 2. Куда́ на́до пойти́, е́сли вы пло́хо себя́ чу́вствуете? 3. Куда́ на́до пойти́, е́сли у вас нет ну́жной кни́ги? 4. Куда́ ну́жно пойти́, е́сли вы хоти́те купи́ть костю́м? 5. Куда́ ну́жно пойти́, е́сли вы хоти́те купи́ть газе́ту? 6. Куда́ мо́жно пойти́ ве́чером, е́сли у вас есть свобо́дное вре́мя? 7. Куда́ мо́жно пое́хать, е́сли у вас кани́кулы? 8. Куда́ мо́жно пое́хать, е́сли в воскресе́нье бу́дет хоро́шая пого́да?

Exercise 15. Replace the simple sentences by complex ones, using the conjunctions *когда́, е́сли, потому́ что, поэ́тому.*

1. За́втра бу́дет хоро́шая пого́да. Мы пойдём в парк. 2. У нас бу́дет свобо́дное вре́мя. Мы пойдём в кино́. 3. Он ко́нчит занима́ться. Мы пойдём в столо́вую. 4. Преподава́тель объясня́л уро́к. Мы внима́тельно слу́шали. 5. Он прие́хал в Москву́ неда́вно. Он пло́хо зна́ет э́тот го́род. 6. Майкл жил в Москве́ три го́да. Он хорошо́ говори́т по-ру́сски. 7. Мы бы́ли весь ве́чер до́ма. На у́лице была́ плоха́я пого́да.

Если бы у меня́ был тала́нт, я бы стал худо́жником.

Remember that clauses introduced by the conjunction *е́сли бы* express unreal conditions. In such clauses the verb takes the form of the past tense, as it does in the main clause.

Exercise 16. Read the sentences and write them out.

1. Если бы я уме́л рисова́ть, я бы написа́л ваш портре́т. 2. Если бы у меня́ был ваш а́дрес, я бы посла́л вам телегра́мму. 3. Если бы у меня́ был го́лос,

я стал бы о́перным певцо́м. 4. Е́сли бы ты попроси́л меня́, я бы помо́г тебе́. 5. Е́сли бы ты пришёл ко мне в воскресе́нье, я познако́мил бы тебя́ с о́чень интере́сным челове́ком.

Complex Sentences Containing the Conjunction что́бы

Мы хоти́м хорошо́ говори́ть по-ру́сски.
Преподава́тель хо́чет, **что́бы мы** хорошо́ **говори́ли** по-ру́сски.

Remember that the verb of a subordinate clause introduced by the conjunction *что́бы* invariably takes the form of the past tense if the actions of the verbs of the main and the subordinate clause relate to different agents, e. g.: Я хочу́, *что́бы* ты позвони́л мне.

Exercise 17. Read the sentences and write them out.

The actions relate to one and the same agent.	The actions relate to different agents.
1. *Я* хочу́ прочита́ть э́ту кни́гу.	1. *Я* хочу́, что́бы *вы* прочита́ли э́ту кни́гу.
2. *Я* хочу́ прочита́ть вам стихи́.	2. *Я* хочу́, что́бы *вы* прочита́ли мои́ стихи́.
3. *Я* хочу́ позвони́ть Ви́ктору.	3. *Я* хочу́, что́бы *вы* позвони́ли Ви́ктору.
4. *Оте́ц* хо́чет посмотре́ть э́тот фильм.	4. *Оте́ц* хо́чет, что́бы *мы* посмотре́ли э́тот фильм.
5. *Вы* хоти́те купи́ть сего́дняшнюю газе́ту?	5. *Вы* хоти́те, что́бы *я* купи́л вам сего́дняшнюю газе́ту?

Exercise 18. Answer the questions.

1. Вы хоти́те прочита́ть э́ту кни́гу? 2. Вы хоти́те, что́бы я прочита́л э́ту кни́гу? 3. Вы хоти́те позвони́ть Оле́гу? Вы хоти́те, что́бы мы позвони́ли Оле́гу? 4. Вы хоти́те купи́ть биле́ты в кино́? Вы хоти́те, что́бы я купи́л вам биле́ты в кино́? 5. Вы хоти́те отве́тить на э́тот вопро́с? Вы хоти́те, что́бы он отве́тил на э́тот вопро́с? 6. Вы хоти́те пойти́ с на́ми в кино́? Вы хоти́те, что́бы мы пошли́ с ва́ми в кино́?

Exercise 19. Use the verbs in the required form.

1. Оте́ц хо́чет, что́бы я ... на заво́де.	рабо́тать
2. Роди́тели хотя́т, что́бы ле́том мы ... в дере́вне.	жить
3. Она́ хо́чет, что́бы я ... ей уче́бник.	дать
4. Я хочу́, что́бы вы ... к нам.	прийти́
5. Вы хоти́те, что́бы он ... вам?	позвони́ть
6. Вы хоти́те, что́бы я ... вам?	помо́чь
7. Вы хоти́те, что́бы я ... вам но́вый журна́л?	принести́

222

8. Вы хоти́те, что́бы мы ... вам биле́ты в кино́?   купи́ть
9. Вы хоти́те, что́бы я ... вас?   подожда́ть

Exercise 20. Complete the sentences.

1. Мы хоти́м, что́бы вы ... . 2. Он хо́чет, что́бы я ... . 3. Она́ хо́чет, что́бы он ... . 4. Они́ хотя́т, что́бы мы ... . 5. Вы хоти́те, что́бы я ... . 6. Вы хоти́те, что́бы они́ ... .

— **Заче́м** к тебе́ приходи́л Серге́й?
— Серге́й приходи́л ко мне, **что́бы я помо́г ему́** перевести́ статью́.

Exercise 21. Complete the sentences.

1. Он пришёл к нам, что́бы мы ... . 2. Я пришёл к дру́гу, что́бы он ... . 3. Мы пришли́ к отцу́, что́бы он ... . 4. Моя́ сестра́ прие́хала ко мне, что́бы я ... . 5. Студе́нт пришёл к врачу́, что́бы он ... . 6. Моя́ подру́га приходи́ла ко мне, что́бы я ... .

Complex Sentences Containing the Conjunction хотя́

Хотя́ все слова́ в предложе́нии бы́ли знако́мые, я не мог перевести́ его́.

Exercise 22. Compare the sentences in the left and right-hand columns. Note the use of the conjunction *хотя́*.

1. На у́лице бы́ло хо́лодно, *но* мы пошли́ гуля́ть.

1. *Хотя́* на у́лице бы́ло хо́лодно, мы пошли́ гуля́ть.

2. Он изуча́ет ру́сский язы́к то́лько три ме́сяца, *но* уже́ непло́хо говори́т по-ру́сски.

2. *Хотя́* он изуча́ет ру́сский язы́к то́лько три ме́сяца, он уже́ непло́хо говори́т по-ру́сски.

3. Рабо́та была́ тру́дная, *но* мы бы́стро вы́полнили её.

3. *Хотя́* рабо́та была́ тру́дная, мы бы́стро вы́полнили её.

4. Я уже́ ви́дел э́тот фильм, *но* я с удово́льствием посмотрю́ его́ ещё раз.

4. *Хотя́* я уже́ ви́дел э́тот фильм, я с удово́льствием посмотрю́ его́ ещё раз.

Exercise 23. Replace the conjunction *но* by *хотя́*.

Model: Я неда́вно чита́л э́ту кни́гу, *но* я не по́мню, как она́ называ́ется.
     Хотя́ я неда́вно чита́л э́ту кни́гу, я не по́мню, как она́ называ́ется.

1. Он неда́вно на́чал изуча́ть ру́сский язы́к, но уже́ непло́хо говори́т по-ру́сски. 2. В те́ксте бы́ло мно́го незнако́мых слов, но мы по́няли его́. 3. Я неда́вно чита́л э́ту кни́гу, но я пло́хо по́мню её. 4. Доро́га была́ тру́дная, но тури́сты продолжа́ли идти́ вперёд. 5. Э́тот врач рабо́тает неда́вно, но уже́ де́лает сло́жные опера́ции.

Exercise 24. Write out the sentences, replacing the simple sentences by complex ones. Use the conjunction *хотя́.*

Model: Я уже́ смотре́л э́тот фильм. Я хочу́ посмотре́ть его́ ещё раз.

Хотя́ я уже́ смотре́л э́тот фильм, я хочу́ посмотре́ть его́ ещё раз.

1. У неё хоро́ший го́лос. Она́ никогда́ не поёт. 2. Вчера́ в на́шем клу́бе был хоро́ший конце́рт. Я не пошёл в клуб. 3. Моя́ сестра́ ещё ма́ленькая. Она́ непло́хо игра́ет в ша́хматы. 4. Все слова́ в те́ксте бы́ли знако́мые. Я не мог перевести́ его́. 5. Пошёл дождь. Мы продолжа́ли игра́ть в футбо́л. 6. Он до́лго учи́л стихотворе́ние. Он не запо́мнил его́.

Exercise 25. Complete the sentences.

1. Хотя́ он неда́вно прие́хал в Москву́, ... 2. Хотя́ они́ не́сколько лет изуча́ли ру́сский язы́к, ... 3. Хотя́ никто́ не говори́л мне об э́том, ... 4. Хотя́ моему́ мла́дшему бра́ту то́лько 10 лет, ... 5. Хотя́ они́ о́чень уста́ли, ... 6. Хотя́ э́тому челове́ку 60 лет, ... 7. Хотя́ фильм был не о́чень интере́сный, ... 8. Хотя́ студе́нт знал все слова́ в те́ксте, ... 9. Хотя́ вы не́сколько раз повтори́ли но́мер своего́ телефо́на, ...

Complex Sentences Containing the Correlative Words тот, то

Я принёс вам **то**, что обеща́л.
Я до́лго ду́мал **о том**, что вы сказа́ли.
Я не зна́ю **того́**, о ком вы говори́те.

Exercise 26. Use the pronoun *то* in the required form.

1. Вы принесли́ ..., что обеща́ли? 2. Вы купи́ли ..., что хоте́ли купи́ть? 3. Я расскажу́ вам ..., что не зна́ют други́е. 4. Мне понра́вилось ..., что мы ви́дели на вы́ставке. 5. Иногда́ она́ говори́т не ..., что ду́мает. 6. Иногда́ я де́лаю не ..., что на́до. 7. Я сказа́л не ..., что хоте́л. 8. Библиоте́карь дал мне не ..., что я проси́л.

Exercise 27. Use the pronoun *тот* or *то* in the required form.

I. 1. Здесь нет ..., кто вам ну́жен. 2. У нас нет ..., что вам ну́жно. 3. Я не зна́ю ..., о ком вы говори́те.

II. 1. Вам на́до пойти́ к ..., кто мо́жет вам помо́чь. 2. Позвони́те ..., кто не зна́ет, что за́втра бу́дет собра́ние. 3. Переведи́те э́ти слова́ ..., кто не́ был на уро́ке. 4. Преподава́тель ещё раз объясни́л пра́вило ..., кто не по́нял его́.

III. 1. Прия́тно разгова́ривать с ..., кто хорошо́ слу́шает. 2. Тру́дно спо́рить с ..., кто не уме́ет слу́шать други́х. 3. Я занима́юсь ..., что меня́ интересу́ет. 4. Преподава́тель дово́лен ..., как мы занима́емся.

IV. 1. Я до́лго ду́мал о ..., что вы сказа́ли. 2. Расскажи́те мне о ..., что вы ви́дели на экску́рсии. 3. Напиши́ мне о ..., как ты живёшь. 4. Расскажи́ нам о ..., что бы́ло на ве́чере.

Exercise 28. Write out the sentences, using the pronouns *тот* and *то* in the required form.

1. Мне нра́вится ..., что вы купи́ли. 2. Я не зна́ю ..., о ком вы говори́те. 3. Он нашёл ..., что иска́л. 4. Я ду́маю ..., что вы мне рассказа́ли. 5. Я всегда́ бу́ду по́мнить ..., что вы сде́лали для меня́. 6. Мы по́няли ..., что вы сказа́ли. 7. Наконе́ц он уви́дел ..., кого́ иска́л.

Complex Sentences Containing the Conjunctive Word кото́рый

Мне позвони́л друг. Я встре́тил дру́га. Я позвони́л дру́гу. Я разгова́ривал с дру́гом.	Он неда́вно прие́хал из Москвы́.
Мне позвони́л друг, Я встре́тил дру́га, Я позвони́л дру́гу, Я разгова́ривал с дру́гом,	**кото́рый** неда́вно прие́хал из Москвы́.

Note that the case of the conjunctive word *кото́рый* depends not on the word it agrees with in gender and number, but on what part of the subordinate clause it is. In the sentence Я встре́тил дру́га, *кото́рый* неда́вно прие́хал из Москвы́ the word *кото́рый* is the subject and takes the nominative.

Exercise 29. Replace the simple sentences by complex ones, using *кото́рый* in the required form.

Model: Вы ви́дели но́вую преподава́тельницу? Она́ бу́дет преподава́ть у нас ру́сский язы́к.

Вы ви́дели но́вую преподава́тельницу, *кото́рая* бу́дет преподава́ть у нас ру́сский язы́к?

1. Вы ви́дели но́вый фильм? Он шёл у нас в клу́бе. 2. Вы зна́ете мою́ сосе́дку? Она́ рабо́тает в на́шей библиоте́ке. 3. Я зна́ю преподава́теля. Он учи́лся в Моско́вском университе́те. 4. Где письмо́? Оно́ лежа́ло в э́той па́пке. 5. В Москву́ прие́хали неме́цкие студе́нты. Они́ изуча́ют ру́сский язы́к. 6. Я отдыха́л в санато́рии. Он нахо́дится на Кавка́зе.

Я зна́ю э́того студе́нта.	**Этот студе́нт** учи́лся в Ленингра́де. (**Он** учи́лся в Ленингра́де).
Я зна́ю студе́нта, **кото́рый** учи́лся в Ленингра́де.	

Note that in the complex sentence the pronoun *э́тот* is dropped.

Exercise 30. Replace the simple sentences by complex ones, using *кото́рый* in the required form.

Model: Мой брат у́чится в шко́ле. Эта шко́ла нахо́дится на на́шей у́лице.

Мой брат у́чится в шко́ле, *кото́рая* нахо́дится на на́шей у́лице.

1. Мы бы́ли в кинотеа́тре. *Этот кинотеа́тр* нахо́дится на сосе́дней у́лице. 2. Вы бы́ли вчера́ на конце́рте? *Этот конце́рт* был в клу́бе. 3. Анна была́ на ве́чере. *Этот ве́чер* был в суббо́ту. 4. Вы ви́дели э́то письмо́? *Оно́* лежа́ло в кни́ге. 5. Вы зна́ете э́ту студе́нтку? *Она́* неда́вно прие́хала из Ла́твии. 6. Вы зна́ете э́того студе́нта? *Он* у́чится на второ́м ку́рсе. 7. Я не зна́ю э́того челове́ка. *Он* стои́т на остано́вке.

Exercise 31. Use *кото́рый* in the required form.

1. Сейча́с мы чита́ем расска́з, ... мы чита́ли до́ма. 2. За́втра мы бу́дем расска́зывать текст, ... сего́дня мы писа́ли в кла́ссе. 3. Я не зна́ю сло́во, ... вы сейча́с сказа́ли. 4. Студе́нты бы́ли на экску́рсии в шко́ле, ... нахо́дится недалеко́ от университе́та. 5. Мы покупа́ем газе́ты в кио́ске, ... нахо́дится на на́шей у́лице. 6. Он чита́ет письмо́, ... он получи́л из до́ма. 7. Мы зна́ем все слова́, ... бы́ли в после́днем те́ксте. 8. До́ма мы должны́ вы́учить глаго́лы, ... мы писа́ли на уро́ке.

Вчера́ я получи́л письмо́. **В э́том письме́** оте́ц пи́шет о на́шей семье́.
Вчера́ я получи́л письмо́, **в кото́ром** оте́ц пи́шет о на́шей семье́.

Exercise 32. Replace the simple sentences by complex ones, using *кото́рый*. Remember that *кото́рый* takes the same case as the word it replaces.

Model: Вчера́ я купи́л слова́рь. Я говори́л вам *об э́том словаре́.*
Вчера́ я купи́л слова́рь, *о кото́ром* я говори́л вам.

1. Сего́дня я ви́дел де́вушку. Я расска́зывал тебе́ *об э́той де́вушке.* 2. Неда́вно я прочита́л кни́гу. Ты писа́л мне *об э́той кни́ге.* 3. Утром я встре́тил дру́га. Я говори́л вам *об э́том дру́ге.* 4. Я чита́ю газе́ту. *В э́той газе́те* Оле́г напеча́тал свои́ стихи́. 5. Мы бы́ли в до́ме. *В э́том до́ме* жил вели́кий писа́тель. 6. Я рабо́таю в шко́ле. *В э́той шко́ле* учи́лся мой брат. 7. Мне нра́вится э́та у́лица. *На э́той у́лице* живу́т мои́ роди́тели.

Exercise 33. Replace the word *где* by *кото́рый* in the required form.

Model: — Ты зна́ешь дом, *где* я живу́?
— Ты зна́ешь дом, *в кото́ром* я живу́?

1. Вы зна́ете кио́ск, где мы покупа́ем газе́ты? 2. Вы бы́ли в за́ле, где мы слу́шаем ле́кции? 3. Я зна́ю го́род, где он жил ра́ньше. 4. Я потеря́л тетра́дь, где я писа́л слова́. 5. Я был на фа́брике, где рабо́тает мой оте́ц. 6. Вчера́ мы бы́ли на пло́щади, где нахо́дится Большо́й теа́тр.

Exercise 34. Replace the simple sentences by complex ones, using *кото́рый* in the required form.

1. Студе́нт купи́л газе́ты в кио́ске.	(а) Кио́ск нахо́дится на на́шей у́лице.
	(b) В э́том кио́ске ча́сто быва́ют газе́ты на ру́сском языке́.
2. Вчера́ мы чита́ли текст.	(а) Этот текст мы должны́ переска́зывать на уро́ке.

3. Мы с дру́гом бы́ли в теа́тре.

4. Ма́льчик потеря́л портфе́ль.

5. Мы идём в зал.

6. Где чемода́н?

(b) В э́том те́ксте бы́ло мно́го незнако́мых слов.
(a) Э́тот теа́тр нахо́дится в це́нтре.
(b) В э́том теа́тре рабо́тает мой брат.
(a) В портфе́ле бы́ли тетра́ди и кни́ги.
(b) Э́тот портфе́ль он купи́л неда́вно.
(a) Там мы бу́дем слу́шать ле́кцию.
(b) Э́тот зал нахо́дится на второ́м этаже́.
(a) В чемода́не лежа́т мои́ ве́щи.
(b) Он стоя́л здесь.

Exercise 35. Write out the sentences, using *кото́рый* in the required form. Pay attention to prepositions.

Model: Мне нра́вится кни́га, ... вы говори́те.
Мне нра́вится кни́га, *о кото́рой* вы говори́те.

1. Я смотре́л фильм, ... ты мне расска́зывал. 2. Ле́том я был в дере́вне, ... живу́т мои́ роди́тели. 3. Я живу́ на у́лице, ... нахо́дится ста́нция метро́. 4. Я не по́мню го́род, ... я роди́лся. 5. Брат купи́л мотоци́кл, ... давно́ мечта́л. 6. Зимо́й я ви́дел спекта́кль, ... игра́ла знамени́тая актри́са.

Exercise 36. Complete the sentences in writing.

1. Я зна́ю де́вушку, о кото́рой .... 2. Я чита́л кни́гу, о кото́рой .... 3. Он живёт в го́роде, в кото́ром .... 4. Мне нра́вится ю́ноша, о кото́ром .... 5. Мне нра́вится зда́ние, в кото́ром .... 6. Вчера́ он был в теа́тре, в кото́ром .... 7. Мне нра́вится у́лица, на кото́рой ... .

Exercise 37. Complete the sentences.

1. Я зна́ю студе́нтов, о кото́рых .... 2. Я чита́л кни́ги, о кото́рых .... 3. Я зна́ю заво́ды, на кото́рых .... 4. Он был в города́х, о кото́рых .... 5. Мы зна́ем писа́телей, о кото́рых .... 6. Я ви́дел у́лицы, на кото́рых .... 7. Они́ бы́ли в музе́ях, в кото́рых ... .

Где пласти́нка? Я купи́л **её** вчера́.
Где пласти́нка, **кото́рую** я купи́л вчера́?

Exercise 38. Replace the simple sentences by complex ones, using *кото́рый* in the required form.

Model: В э́том до́ме живёт семья́. *Э́ту семью́* я зна́ю давно́.
В э́том до́ме живёт семья́, *кото́рую* я зна́ю давно́.

1. На столе́ лежи́т кни́га. *Её* подари́л мне мой това́рищ 2. Я уже́ ви́дел э́тот фильм. *Э́тот фильм* вы сове́туете посмотре́ть. 3. Мы говори́м о статье́. *Э́ту статью́* мы чита́ли вчера́. 4. Я зна́ю расска́з. Вы переводи́ли *его́*. 5. Я зна́ю студе́нта. *Э́того студе́нта* мы встре́тили в теа́тре. 6. Вы зна́ете пе́сню? *Э́ту пе́сню* пел наш хор. 7. Вы нашли́ пласти́нку? *Э́ту пласти́нку* вы хоте́ли купи́ть. 8. Вчера́ я встре́тил това́рища. Я не ви́дел *его́* мно́го лет. .

Exercise 39. Replace the simple sentences by complex ones, using *который* in the required form.

Model: Я прочитáл кнѝги. Я взял *их* в библиотéке.
Я прочитáл кнѝги, *котóрые* я взял в библиотéке.

Вчерá у меня́ бы́ли друзья́. Вы знáете *их*.
Вчерá у меня́ бы́ли друзья́, *котóрых* вы знáете.

1. Как называ́ются журнáлы? Ты взял *их* в библиотéке. 2. Мне нрáвятся пéсни. *Их* поёт наш хор. 3. Я пригласѝл в гóсти друзéй. Ты *их* хорошó знáешь. 4. Где газéты? Я купѝл *их* сегóдня у́тром. 5. Скóро должны́ приéхать мой брат и сестрá. Я давнó *их* не вѝдел.

Exercise 40. Use *котóрый* in the required form.

1. Я читáл кнѝгу, ... вы совéтуете мне прочитáть.
    ... лежѝт на столé.
    ... вы расскáзываете.
2. Я знáю студéнтку, ... хорошó игрáет в волейбóл.
    ... вы ждёте.
    ... вы говорѝли.
3. Я вѝдел студéнта, ... живёт в э́той кóмнате.
    ... вы хорошó знáете.
    ... вы спрáшиваете.
4. Он знáет всех студéнтов, ... у́чатся на нáшем факультéте.
    ... вы пригласѝли на вéчер.
    ... вы расскáзываете.

Exercise 41. Complete the sentences in writing.

1. Я знáю дéвушку, котóрая ... .
    котóрую ... .
    о котóрой ... .
2. Я вѝдел дом, котóрый ... .
    в котóром ... .
    о котóром ... .
    в котóрый ... .
3. Я знáю человéка, котóрый ... .
    котóрого ... .
    о котóром ... .
4. Я знáю людéй, котóрые ... .
    котóрых ... .
    о котóрых ... .

Где живёт твой друг? Ты пѝшешь **ему́** письмó.
Где живёт твой друг, **котóрому** ты пѝшешь письмó?

Exercise 42. Replace the simple sentences by complex ones, using *котóрый* in the required form.

1. Как зову́т твоегó знакóмого? Ты звонѝл *ему́*. 2. Где рабóтает твой товáрищ? Ты чáсто хóдишь *к нему́*. 3. Где живу́т вáши знакóмые? За́втра мы

пойдём *к ним* в го́сти. 4. Я не зна́ю студе́нта. Я дал *ему́* свой слова́рь. 5. Как зову́т де́вушку? Вы принесли́ *ей* кни́гу. 6. Это мой друг. Я помога́ю *ему́* изуча́ть ру́сский язы́к.

Где рабо́тает де́вушка? Ты неда́вно познако́мился **с ней.**
Где рабо́тает де́вушка, **с кото́рой** ты неда́вно познако́мился?

Exercise 43. Replace the simple sentences by complex ones, using *кото́рый* in the required form.

1. Я ча́сто вспомина́ю своего́ това́рища. *С э́тим това́рищем* я был на пра́ктике. 2. Я получи́л письмо́ от дру́га. *С э́тим дру́гом* я не ви́делся мно́го лет. 3. Как зову́т э́ту де́вушку? Вы танцева́ли *с ней.* 4. Мои́ роди́тели знако́мы с инжене́ром. *С э́тим инжене́ром* я рабо́таю. 5. В како́й гру́ппе у́чится э́тот студе́нт? Вы стоя́ли *с ним* в коридо́ре. 6. Как зову́т врача́? Вы разгова́ривали *с ним* по телефо́ну. 7. Я иду́ к преподава́телю. Я занима́юсь *с ним* ру́сским языко́м.

Как зову́т э́ту де́вушку? Ты брал **у неё** кни́ги на ру́сском языке́.
Как зову́т де́вушку, **у кото́рой** ты брал кни́ги на ру́сском языке́?

Exercise 44. Replace the simple sentences by complex ones, using *кото́рый* in the required form.

1. Как зову́т ва́шего това́рища? Вы бы́ли *у него́* вчера́. 2. Когда́ принима́ет врач? Вы бы́ли *у него́* сего́дня у́тром. 3. Где живёт студе́нт? Вы бра́ли *у него́* магнитофо́н. 4. Преподава́тель спроси́л о студе́нте. *Этого студе́нта* не́ было на уро́ке. 5. Я зна́ю одну́ студе́нтку. *У неё* мно́го книг на ру́сском языке́. 6. Я купи́л кни́гу. *Этой кни́ги* нет в на́шей библиоте́ке.

Exercise 45. Combine the sentences in the left and right-hand columns into complex sentences, using *кото́рый* in the required form.

1. В на́шей гру́ппе у́чится студе́нтка.	(a) Она́ прие́хала из Да́нии. *кото́рая*
	(b) Её зову́т Инга. *кото́рую*
	(c) Она́ хорошо́ говори́т по-неме́цки. *кото́рая*
	(d) У неё мно́го друзе́й. *у кото́рой*
2. У меня́ есть това́рищ.	(a) Его́ зову́т Воло́дя. *кото́рого*
	(b) Он у́чится в медици́нском институ́те. *кото́рый*
	(c) Я познако́мился с ним в Москве́. *с кото́рым*
	(d) Я помога́ю ему́ изуча́ть англи́йский язы́к. *кото́рому*
3. Сего́дня на уро́ке мы чита́ли расска́з.	(a) Расска́з нам о́чень понра́вился. *кото́рый*
	(b) Мы мно́го спо́рили об э́том расска́зе. *о кото́ром*
	(c) Его́ написа́л изве́стный сове́тский писа́тель. *кото́рый*
4. Как зову́т ва́шего дру́га?	(a) Он рабо́тает в теа́тре. *кото́рый*
	(b) Вы ча́сто звони́те ему́. *кото́рому*
	(c) Я ви́дел его́ у вас до́ма. *кото́рого*
	(d) Вы бы́ли с ним у нас на ве́чере. *с кото́рым*

229

Exercise 46. Complete the sentences.

1. В нашей группе учится студентка, которая ... .
   у которой ... .
   которую ... .
   с которой ...
   о которой ... .

2. Мой друг живёт в доме, который ... .
   около которого ... .
   к которому ... .
   рядом с которым ... .
   в котором ... .

3. Мы говорили о книге, которая ... .
   о которой ... .
   в которой ... .
   которую ... .

Exercise 47. Answer the questions, using *который*. Write down the answers.

Model: — Кто такой школьник?
— Школьник — это мальчик, *который* учится в школе.

I. 1. Кто такая школьница? 2. Кто такой студент? 3. Кто такая студентка? 4. Кто такой преподаватель? 5. Кто такой писатель? 6. Кто такой художник? 7. Кто такой продавец? 8. Кто такой покупатель?

II. 1. Что такое аудитория? 2. Что такое столовая? 3. Что такое студенческое общежитие? 4. Что такое словарь? 5. Что такое аптека?

DIRECT AND INDIRECT SPEECH

1. Direct Speech in the Form of a Statement

Сергей сказал другу: «Я позвоню тебе вечером».
Сергей сказал другу, **что он позвонит ему вечером.**

Exercise 48. Replace the direct speech by indirect.

1. Я сказал Павлу: «У меня есть два билета в театр». 2. Он сказал мне: «Я уже видел этот спектакль». 3. Анна написала своим родителям: «Я скоро приеду домой». 4. Родители ответили ей: «Мы давно ждём тебя». 5. Мой брат позвонил мне и сказал: «Вечером я буду у тебя». 6. Миша написал отцу: «Я сдал все экзамены». 7. Я сказал сестре: «Ты должна посмотреть этот фильм». 8. Она ответила мне: «Я уже смотрела его».

Exercise 49. Replace the direct speech by indirect. Write out sentences 1, 2, 4 and 5.

1. Андрей сказал нам: «Завтра у нас в клубе будет концерт». 2. Друзья сказали ему: «Мы хотим пойти на этот концерт». 3. Он ответил нам: «В кассе уже нет билетов». 4. Мы сказали ему: «Ты должен помочь нам купить

биле́ты». 5. Мой това́рищ сказа́л мне: «Я не ви́дел э́тот фильм». 6. Я сказа́л ему́: «У меня́ есть ли́шний биле́т». 7. Он сказа́л мне: «Мне ну́жно два биле́та». 8. Преподава́тель сказа́л студе́нтам: «За́втра вы начнёте чита́ть но́вый расска́з». 9. Студе́нты отве́тили: «У нас в кни́ге нет э́того расска́за». 10. Преподава́тель сказа́л им: «Вы мо́жете взять э́тот расска́з в библиоте́ке».

2. Direct Speech in the Form of a Question with a Question Word

Оле́г спроси́л меня́: «Куда́ ты пое́дешь ле́том?»
Оле́г спроси́л меня́, **куда́ я пое́ду ле́том**.

Exercise 50. Replace the direct speech by indirect. Write out sentences 6, 7, 8 and 9.

1. А́нна спроси́ла меня́: «Где нахо́дится кни́жный магази́н?» 2. Я спроси́л продавца́: «Ско́лько сто́ит э́та кни́га?» 3. Я спроси́л де́вушку: «Где вы живёте?» 4. Мари́я спроси́ла нас: «Куда́ вы идёте?» 5. Михаи́л спроси́л меня́: «Кому́ ты обеща́л дать кни́гу?» 6. Мой друг спроси́л меня́: «Почему́ ты не идёшь с на́ми?» 7. Мать спроси́ла сы́на: «Когда́ ты вернёшься домо́й?» 8. Мы спроси́ли но́вого студе́нта: «Отку́да ты прие́хал?» 9. Ма́льчик спроси́л меня́: «Как вас зову́т?»

3. Direct Speech in the Form of a Question without a Question Word

Я спроси́л дру́га: «Ты **ви́дел** но́вый фильм?»
Я спроси́л дру́га, **ви́дел ли он но́вый фильм**.

Note that in indirect speech the word containing the question takes the initial position. The particle **ли** is placed immediately after that word.

Exercise 51. Replace the direct speech by indirect. Write out the sentences.

1. Ни́на спроси́ла меня́: «Ты *чита́л* сего́дняшнюю газе́ту?» 2. Я спроси́л его́: «Ты *был* сего́дня на стадио́не?» 3. Мы спроси́ли их: «Вы *бы́ли* на вы́ставке?» 4. А́нна спроси́ла меня́: «Ты *получа́ешь* пи́сьма из до́ма?» 5. Я спроси́л его́: «Твоя́ сестра́ *пойдёт* с на́ми в теа́тр?» 6. Мы спроси́ли преподава́теля: «За́втра *бу́дет* ле́кция по исто́рии?» 7. Он спроси́л нас: «Вы *понима́ете* то, что я говорю́?» 8. Я спроси́л бра́та: «Ты *бу́дешь* чита́ть э́ту кни́гу?»

Я спроси́л това́рища: «Ты **ча́сто** хо́дишь в кино́?»
Я спроси́л това́рища, **ча́сто ли он хо́дит в кино́**.

Exercise 52. Replace the direct speech by indirect. Write out the sentences.

1. Наш знако́мый спроси́л нас: «Вы *давно́* прие́хали сюда́?» 2. Врач спро-

си́л меня́: «Вы *хорошо́* себя́ чу́вствуете?» 3. Студе́нты спроси́ли преподава́теля: «Мы *пра́вильно* реши́ли зада́чи?» 4. Анна спроси́ла свою́ подру́гу: «*Интере́сно* бы́ло на ве́чере?» 5. Я спроси́л своего́ дру́га: «Ты *до́лго* ждал меня́?» 6. Я спроси́л Джо́на: «Ты *давно́* изуча́ешь ру́сский язы́к?»

4. Direct Speech in the Form of an Injunction with the Predicate in the Imperative Mood

---

Я сказа́л дру́гу: «Посмотри́ э́тот фильм».
Я сказа́л дру́гу, **что́бы он посмотре́л э́тот фильм**.

Note that after the conjunction *что́бы* the verb in the indirect speech takes the form of the past tense.

Exercise 53. Replace the direct speech by indirect. Write out the sentences.

1. Преподава́тель сказа́л нам: «Откро́йте тетра́ди и пиши́те». 2. Мы попроси́ли преподава́теля: «Повтори́те, пожа́луйста[1], после́днее предложе́ние». 3. Он сказа́л бра́ту: «Прочита́й э́тот расска́з». 4. Роди́тели написа́ли до́чери: «Пиши́ нам ча́ще». 5. Ви́ктор написа́л роди́телям: «Пришли́те мне кни́ги на францу́зском языке́». 6. Друзья́ попроси́ли Анто́на: «Расскажи́ нам, как ты учи́лся в Москве́». 7. Я попроси́л дру́га: «Купи́ мне, пожа́луйста, кни́гу».

Exercise 54. Replace the direct speech by indirect.

1. Преподава́тель сказа́л студе́нтам: «Вы́учите стихотворе́ние наизу́сть». 2. Брат сказа́л мне: «Прочита́й э́ту кни́гу». 3. Мать сказа́ла сы́ну: «Не кури́ в ко́мнате». 4. Я сказа́л ему́: «Принеси́ мне мою́ кни́гу». 5. Он сказа́л мне: «Верни́ мне газе́ту, кото́рую ты взял». 6. Де́вочка сказа́ла отцу́: «Помоги́ мне реши́ть зада́чи». 7. Я сказа́л сестре́: «Отнеси́ кни́ги в библиоте́ку». 8. Анна сказа́ла Андре́ю: «Купи́ биле́ты в кино́».

Exercise 55. Use the conjunction *что* or *что́бы*.

1. Преподава́тель сказа́л нам, ... мы прочита́ли э́ту кни́гу. Он сказа́л, ... э́та кни́га о́чень интере́сная. 2. Врач сказа́л больно́му, ... у него́ неопа́сная боле́знь. Он сказа́л, ... больно́й принима́л лека́рство. 3. Оте́ц написа́л мне, ... ле́том я прие́хал домо́й. Он написа́л, ... они́ с ма́мой о́чень хотя́т ви́деть меня́. Я написа́л роди́телям, ... ле́том я обяза́тельно прие́ду к ним. 4. Я сказа́л това́рищу, ... я куплю́ ему́ биле́т в кино́. Това́рищ сказа́л мне, ... я купи́л ему́ два биле́та. 5. Преподава́тель сказа́л, ... сего́дня мы бу́дем писа́ть сочине́ние. Он сказа́л, ... мы писа́ли внима́тельно. 6. Мой друг сказа́л мне, ... я посмотре́л бале́т «Лебеди́ное о́зеро». Он сказа́л, ... он смотре́л э́тот бале́т в Большо́м теа́тре.

---

[1] When converting direct speech into indirect, the words *да, нет* and *пожа́луйста* are dropped.

232

Revision Exercises

Exercise 56. Replace the direct speech by indirect.

1. Мой друг спроси́л меня́: «Почему́ ты не́ был вчера́ на ве́чере?» 2. Он спроси́л нас: «Вы пойдёте за́втра в теа́тр?» 3. Анна сказа́ла Па́влу: «Позвони́ мне сего́дня ве́чером». 4. Я сказа́л ей: «Подожди́ меня́ здесь». 5. Она́ спроси́ла бра́та: «Ты мо́жешь помо́чь мне?» 6. Он спроси́л меня́: «Ты по́мнишь э́того челове́ка?» 7. Мой друг спроси́л меня́: «Куда́ ты положи́л мой портфе́ль?» 8. Я спроси́л Ви́ктора: «Ты приходи́л ко мне вчера́?» 9. Он попроси́л меня́: «Помоги́ мне, пожа́луйста». 10. Оле́г спроси́л меня́: «Ты прочита́ешь э́ту кни́гу до суббо́ты?»

Exercise 57. Replace the direct speech by indirect. Write out the sentences.

1. Он спроси́л нас: «Куда́ вы идёте?» Мы отве́тили: «Мы идём в кино́». 2. Он спроси́л меня́: «Ты чита́л э́ту кни́гу?» Я отве́тил: «Нет, не чита́л». 3. Мать спроси́ла сы́на: «Ты был вчера́ в кино́? Сын отве́тил: «Да, был». Мать спроси́ла:«С кем ты ходи́л в кино́?» Он отве́тил: «Я ходи́л с това́рищем». 4. Това́рищ попроси́л меня́: «Объясни́ мне э́ту зада́чу». Я сказа́л ему́: «Попроси́ Анто́на, потому́ что я сам не зна́ю, как реша́ть её». 5. Я попроси́л дру́га: «Расскажи́ мне, как е́хать в теа́тр». Он сказа́л: «Спроси́ Анну, потому́ что она́ была́ в э́том теа́тре».

Exercise 58. Retell the dialogues, replacing the direct speech by indirect and using the verbs *спроси́л, отве́тил, сказа́л*, etc.

1. Я спроси́л Ви́ктора:
 — Ты был вчера́ на ле́кции?
 — Нет, не́ был.
 — Почему́ ты не́ был на ле́кции?
 — Я не́ был, потому́ что был бо́лен. Интере́сная была́ ле́кция?
 — Да, о́чень интере́сная.
2. Вчера́ я был у врача́. Врач спроси́л меня́:
 — Что у вас боли́т?
 — У меня́ боли́т голова́.
 — Кака́я температу́ра была́ у вас у́тром?
 — Я не зна́ю.
 — Покажи́те го́рло. Го́рло боли́т?
 — Нет, не боли́т.
 — Принима́йте э́то лека́рство и приходи́те ко мне че́рез два дня.

Exercise 59. Replace the direct speech by indirect. Write out the verbs introducing the direct speech.

1. Друг *спроси́л* меня́: «Что ты де́лал вчера́ ве́чером?» Я *отве́тил*: «Вчера́ ве́чером я ходи́л в кино́». 2. Преподава́тель *сообщи́л* нам: «Послеза́втра у вас бу́дет контро́льная рабо́та». Мы *спроси́ли*: «Контро́льная рабо́та бу́дет тру́дная?» 3. «Каку́ю кни́гу ты чита́ешь?» — *поинтересова́лся* това́рищ. «Я чита́ю рома́н Шо́лохова»,— *отве́тил* я. 4. «Почему́ ты так спеши́шь?» — *удиви́лся* мой друг. «Спешу́, потому́ что опа́здываю в теа́тр»,— *объясни́л* я ему́. 5. «Как пройти́ к ста́нции метро́?» — *спроси́л* меня́ на у́лице незнако́мый мужчи́на.

Я *сказа́л*: «Иди́те пря́мо, пото́м нале́во». 6. «Ты ско́ро пойдёшь обе́дать?» — *спроси́ла* меня́ Та́ня. «Я пойду́ обе́дать че́рез час», — *отве́тил* я. 7. «Посмотри́ но́вый фильм», — *посове́товал* мне мой друг. 8. «С кем ты ходи́л вчера́ на стадио́н?» — *спроси́л* меня́ брат. 9. «Принеси́ мне из апте́ки лека́рство», — *попроси́л* больно́й студе́нт своего́ това́рища. 10. «Я до́лжен ко́нчить э́ту рабо́ту сего́дня», — *реши́л* Воло́дя. 11. В письме́ брат *написа́л* мне: «Купи́ и пришли́ мне но́вые ма́рки».

SENTENCES CONTAINING PARTICIPIAL AND VERBAL ADVERB CONSTRUCTIONS

The Participle

Active Participles

Exercise 1. Read the sentences and write them out. Compare the sentences in the left and right-hand columns.

The Present Tense

I. 1. В аудито́рию вошёл профе́ссор, *кото́рый чита́ет* нам ле́кции по исто́рии.
   Како́й профе́ссор вошёл в аудито́рию?

1. В аудито́рию вошёл профе́ссор, *чита́ющий* нам ле́кции по исто́рии.

2. Вчера́ к нам приходи́ла студе́нтка, *кото́рая изуча́ет* ара́бский язы́к.
   Кака́я студе́нтка приходи́ла к нам вчера́?

2. Вчера́ к нам приходи́ла студе́нтка, *изуча́ющая* ара́бский язы́к.

3. В коридо́ре стоя́т студе́нты, *кото́рые* сего́дня *сдаю́т* экза́мен по литерату́ре.
   Каки́е студе́нты стоя́т в коридо́ре?

3. В коридо́ре стоя́т студе́нты, *сдаю́щие* сего́дня экза́мен по литерату́ре.

The Past Tense

II. 1. Я спроси́л де́вушку, *кото́рая стоя́ла* на авто́бусной остано́вке, где нахо́дится теа́тр.
   Каку́ю де́вушку вы спроси́ли о том, где нахо́дится теа́тр?

1. Я спроси́л де́вушку, *стоя́вшую* на авто́бусной остано́вке, где нахо́дится теа́тр.

2. Мы пригласи́ли на свой ве́чер студе́нтов, *кото́рые прие́хали* из Ленингра́да.
   Каки́х студе́нтов вы пригласи́ли на свой ве́чер?

2. Мы пригласи́ли на свой ве́чер студе́нтов, *прие́хавших* из Ленингра́да.

3. Мой брат знако́м с писа́телем, *кото́рый написа́л* кни́гу о космона́втах.
   С каки́м писа́телем знако́м ваш брат?

3. Мой брат знако́м с писа́телем, *написа́вшим* кни́гу о космона́втах.

Exercise 2. Make up questions to which the participial constructions are the answers and write them down.

Model: Мы разгова́ривали с учёными, *рабо́тающими в институ́те фи́зики.*
С каки́ми учёными вы разгова́ривали?

1. Де́вушка, *чита́ющая сейча́с письмо́,* у́чится в на́шей гру́ппе. 2. Я позна-ко́мился с инжене́ром, *рабо́тающим на большо́м заво́де.* 3. Я ча́сто пишу́ друзья́м, *живу́щим в А́встрии.* 4. Профе́ссор разгова́ривает со студе́нтами, *изуча́ющими медици́ну.* 5. Шко́льники, *жела́ющие поступи́ть в техни́ческие институ́ты,* должны́ хорошо́ знать фи́зику и матема́тику. 6. В газе́те писа́ли о челове́ке, *говоря́щем на восемна́дцати языка́х.* 7. Я знако́м с де́вушками, *рабо́тающими в на́шей библиоте́ке.* 8. Я помога́ю студе́нту, *изуча́ющему ру́сский язы́к.*

Exercise 3. Make up questions to which the participial constructions are the answers.

Model: В теа́тре мы встре́тили писа́теля, *выступа́вшего у нас в клу́бе.*
Како́го писа́теля вы встре́тили в теа́тре?

1. Студе́нты, *сда́вшие экза́мены,* уе́хали на пра́ктику. 2. Мы пригласи́ли на ве́чер писа́тельницу, *написа́вшую кни́гу о молодёжи.* 3. Я спроси́л о результа́тах о́пыта лабора́нтку, *проводи́вшую э́тот о́пыт.* 4. Зри́тели встре́тились с арти́стами, *игра́вшими в фи́льме «Га́млет».* 5. Сего́дня я был у врача́, *лечи́вшего меня́ в про́шлом году́.* 6. Мы чита́ли расска́з об учёном, *созда́вшем пе́рвую моде́ль раке́ты.* 7. На́ши футболи́сты игра́ли с кома́ндой, *прие́хавшей из друго́го го́рода.*

Exercise 4. Use the required forms of the participles given in brackets.

1. Челове́к, ... (чита́ющий) газе́ту, рабо́тает в на́шей библиоте́ке. 2. Э́тот уче́бник напи́сан для студе́нтов, ... (изуча́ющие) ру́сский язы́к. 3. В на́шем клу́бе была́ встре́ча студе́нтов с журнали́стом, ... (рабо́тающий) в газе́те «Пра́вда». 4. Я хорошо́ понима́ю люде́й, ... (говоря́щие) по-ру́сски. 5. Я знако́м с одно́й семьёй, ... (живу́щая) в э́том до́ме. 6. Ка́ждый день я ви́жу рабо́чих, ... (стро́ящие) дом на на́шей у́лице.

Exercise 5. Complete the sentences, using the participial constructions given on the right.

1. Зал внима́тельно слу́шал профе́ссора, ... Мы посла́ли запи́ску профе́ссору, ... По́сле ле́кции мы разгова́ривали с профе́ссором, ... Вы слы́шали ра́ньше о профе́ссоре, ... ?

чита́вший ле́кцию о ко́смосе

2. Я чита́л кни́гу изве́стного фи́зика, ... К нам в университе́т прие́хал изве́стный фи́зик, ... В газе́тах писа́ли об изве́стном фи́зике, ... В До́ме учёных состоя́лась встре́ча с изве́стным фи́зиком, ...

получи́вший Госуда́рственную пре́мию

3. В лаборато́рии рабо́тают молоды́е учёные, ... Я познако́мился с молоды́ми учёными, ... На конфере́нцию в Жене́ву посла́ли молоды́х учёных, ...

око́нчившие биологи́ческий факульте́т университе́та

4. В на́шей гру́ппе у́чатся студе́нты, ... В клу́бе | прие́хавшие из Ка-
я встре́тил студе́нтов, ... Я познако́мился со сту- | на́ды
де́нтами, ... К студе́нтам пришли́ их друзья́, ...

Exercise 6. Complete the sentences, using the constructions preceding them. Write out the sentences from Part I.

I. *врач, рабо́тающий в на́шей поликли́нике*

1. Вчера́ я был ... .
2. Мы встре́тили ... .
3. Мне на́до посове́товаться ... .

II. *челове́к, иду́щий нам навстре́чу*

1. Обрати́ внима́ние ... .
2. Я знако́м ... .
3. Вы не зна́ете ...?

III. *учёный, откры́вший но́вый хими́ческий элеме́нт*

1. Вы слы́шали ...?
2. Э́ту статью́ написа́л ... .
3. Вы зна́ете фами́лию ...?

IV. *худо́жники, организова́вшие вы́ставку*

1. Студе́нты приглаcи́ли в клуб ... .
2. На́ша газе́та писа́ла ... .
3. Не́которые студе́нты показа́ли свои́ карти́ны ... .
4. Мы знако́мы ... .

The Formation of Active Participles
The Present Tense

Present participles are formed only from imperfective verbs:

Infinitive	Present Tense Stem	Participle
чита́ть	чита́-ют	чита́-**ющ**-ий, -ая, -ее, -ие
рисова́ть	рису́-ют	рису́-**ющ**-ий, -ая, -ее, -ие
дава́ть	да-ю́т	да-**ю́щ**-ий, -ая, -ее, -ие
нести́	нес-у́т	нес-у́щ-ий, -ая, -ее, -ие
писа́ть	пиш-ут	пиш-**ущ**-ий, -ая, -ее, -ие
говори́ть	говор-я́т	говор-**я́щ**-ий, -ая, -ее, -ие
лежа́ть	леж-а́т	леж-а́щ-ий, -ая, -ее, -ие
встреча́ться	встреча́-ют-ся	встреча́-**ющ**-ий-ся

The Past Tense

Past participles are formed from both imperfective and perfective verbs:

Infinitive	Past Tense Stem	Participle
(про)чита́ть говори́ть	(про)чита́-л говори́-л	(про)чита́-**вш**-ий говори́-**вш**-ий
нести́ привы́кнуть	нёс привы́к	нёс-**ш**-ий привы́к-**ш**-ий
встре́титься	встре́ти-л-ся	встре́ти-**вш**-ий-ся

Exercise 7. Give the verbs from which the following participles are formed.

Model: ду́мающий — ду́мать

1. реша́ющий, получа́ющий, конча́ющий, говоря́щий, смотря́щий, живу́-щий, рису́ющий, организу́ющий, сдаю́щий, создаю́щий, занима́ющийся, интересу́ющийся, уча́щийся

2. реша́вший, реши́вший, прове́ривший, изуча́вший, изучи́вший, сдава́вший, сдава́вший, получа́вший, получи́вший, объясни́вший, вы́росший, встре́тив-шийся

Exercise 8. Replace the participial constructions by clauses introduced by *кото́рый*. Remember that active participial constructions are replaced by clauses introduced by *кото́рый* in the nominative.

Model: Мы сдава́ли экза́мен профе́ссору, *чита́ющему* нам ле́кции.
Мы сдава́ли экза́мен профе́ссору, *кото́рый* чита́л нам ле́кции.

1. Я хочу́ пойти́ к дру́гу, живу́щему в общежи́тии.
У моего́ дру́га, живу́щего в общежи́тии, мно́го хоро́ших пласти́нок.
2. Я зна́ю де́вушку, иду́щую нам навстре́чу
Де́вушка, иду́щая нам навстре́чу, рабо́тает в библиоте́ке.
3. Студе́нты, сидя́щие ря́дом со мной, у́чатся в на́шей гру́ппе.
Ты зна́ешь студе́нтов, сидя́щих ря́дом со мной?

Exercise 9. Replace the participial constructions by clauses introduced by *кото́рый*.

1. Вчера́ я разгова́ривал с сове́тским студе́нтом, изуча́ющим англи́йский язы́к. 2. К нам в университе́т приезжа́л журнали́ст, рабо́тающий в журна́ле «Сове́тский Сою́з». 3. Студе́нтам, жела́ющим пое́хать на экску́рсию, ну́жно прийти́ на вокза́л в 8 часо́в утра́. 4. Я познако́мился с де́вушкой, хорошо́ говоря́щей по-ру́сски. 5. Преподава́тель фи́зики рассказа́л нам об учёных, изуча́ющих ко́смос. 6. Я ча́сто пишу́ сестре́, живу́щей в Австрии.

Exercise 10. Replace the participial constructions by clauses introduced by *который*. Write out the sentences.

1. Я люблю книги писателя, написавшего этот роман. 2. Этот учебник нужен студентам, изучающим русский язык. 3. Преподаватель, работающий в нашей группе, раньше преподавал в другом университете. 4. Люди, хорошо знающие иностранный язык, понимают людей, говорящих на этом языке. 5. Человек, читавший газеты, вышел из библиотеки. 6. Я поблагодарил товарища, купившего мне пластинку. 7. Зрители с удовольствием слушали артистов, исполнявших народные песни.

Exercise 11. Replace the participial constructions by clauses introduced by *который*.

1. Декан поздравил студентов, хорошо сдавших экзамены. 2. Я спросил девушку, сидевшую рядом, давно ли начался фильм. 3. Студент, опоздавший на лекцию, решил не входить в аудиторию. 4. Артист, вышедший на сцену, объявил о начале концерта. 5. Мы встретили туристов, приехавших в Москву из разных стран. 6. Я сказал товарищу, позвонившему мне, что вечером буду дома. 7. Моя сестра, мечтавшая стать артисткой, поступила в театральный институт.

Exercise 12. Replace the participial constructions by clauses introduced by *который*.

1. Геологи, находившиеся в горах, два месяца не получали писем. 2. В горах мы встретили альпинистов, поднимавшихся на самую высокую вершину. 3. Милиционер подошёл к машине, остановившейся посредине улицы. 4. Человек, появившийся на экране, был похож на Чарли Чаплина. 5. На выставку пришли люди, интересующиеся фотографией. 6. Зрители, собравшиеся в зале, ждали, когда начнётся лекция. 7. Мне нравятся люди, интересующиеся наукой.

Exercise 13. Form active present participles from the following verbs.

1. *слушать — слушающий*
читать, получать, посылать, изучать, знать, желать, рассказывать, решать, начинать, покупать, встречать, заниматься, встречаться, собираться
2. *рисовать — рисующий*
беседовать, критиковать, организовать, танцевать, интересоваться
3. *сдавать — сдающий*
продавать, передавать, вставать
4. *сидеть — сидящий*
смотреть, видеть, ненавидеть, зависеть
5. *писать — пишущий*
искать, плакать, прятать

MEMORISE!

брать — берущий
жить — живущий
идти — идущий
ехать — едущий
бежать — бегущий

Exercise 14. Form active past participles from the following verbs.

Model: написа́ть — написа́вший

прочита́ть, посла́ть, переда́ть, брать, взять, узнава́ть, узна́ть, рассказа́ть, покупа́ть, купи́ть, измени́ть, получа́ть, получи́ть, начина́ть, нача́ть, сдать, сдава́ть, реши́ть, ко́нчить, вы́ступить, объясни́ть, откры́ть, открыва́ть.

Exercise 15. Complete the sentences, using participial constructions. Write out the sentences from Part I.

Model: Я посла́л письмо́ дру́гу, ... | Друг око́нчил университе́т.
Я посла́л письмо́ дру́гу, *око́нчившему университе́т.*

I. 1. Мы ходи́ли к това́рищу, ... 2. Я говори́л вам о това́рище, ... 3. Вы зна́ете моего́ това́рища, ...? 4. Вчера́ у меня́ до́ма был това́рищ, ... 5. Я познако́млю вас с това́рищем, ...	Това́рищ рабо́тает перево́дчиком.
II. 1. В буфе́те мы ви́дели де́вушку, ... 2. Я знако́м с де́вушкой, ... 3. Мой друг спра́шивал меня́ о де́вушке, ... 4. Мне нра́вится де́вушка, ...	Эта де́вушка рабо́тает в на́шей библиоте́ке.
III. 1. В на́шей гру́ппе есть студе́нт, ... 2. Джон занима́ется италья́нским языко́м со студе́нтом, ... 3. Ве́чером мы пойдём в го́сти к студе́нту, ... 4. В общежи́тии я встре́тил студе́нта, ... 5. Вы расска́зывали мне о студе́нте, ...	Этот студе́нт прие́хал из Сове́тского Сою́за.

Exercise 16. Replace the clauses introduced by *кото́рый* by participial constructions.

Model: Худо́жник, *кото́рый нарисова́л* э́ту карти́ну, жил в про́шлом ве́ке.
Худо́жник, *нарисова́вший* э́ту карти́ну, жил в про́шлом ве́ке.

1. В па́рке сиде́ла де́вушка, кото́рая чита́ла кни́гу. 2. Студе́нты, кото́рые изуча́ют ру́сский язы́к, гото́вятся к экза́мену. 3. Преподава́тель, кото́рый посети́л Сове́тский Сою́з, расска́зывал о Москве́. 4. Студе́нты, кото́рые зна́ют ру́сский язы́к, ходи́ли по музе́ю без перево́дчика. 5. Кни́ги, кото́рые лежа́т на по́лке, нужны́ мне для рабо́ты. 6. Ма́стер, кото́рый проверя́л наш телеви́зор, сказа́л, что телеви́зор рабо́тает отли́чно. 7. Писа́тель, кото́рый написа́л э́ту кни́гу, живёт в Швейца́рии.

Exercise 17. Replace the clauses introduced by *кото́рый* by participial constructions.

1. Тури́сты, кото́рые прие́хали в Москву́, посети́ли Кремль. 2. Я получи́л письмо́ от бра́та, кото́рый живёт в Ленингра́де. 3. Мой оте́ц е́здил на заво́д, кото́рый стро́ится в сосе́днем го́роде. 4. Все говори́ли о ма́льчике, кото́рый выступа́л вчера́ на конце́рте. 5. Худо́жник, кото́рый написа́л э́ту карти́ну, живёт в Шотла́ндии. 6. Студе́нты, кото́рые реши́ли пое́хать на экску́рсию, собрали́сь о́коло авто́буса.

239

Exercise 18. Replace the clauses introduced by *который* by participial constructions.

1. Я зна́ю писа́теля, кото́рый написа́л э́ту кни́гу. 2. Мы разгова́ривали с учёным, кото́рый рабо́тает в институ́те фи́зики. 3. Газе́ты писа́ли о теа́тре, кото́рый прие́хал на гастро́ли в Ло́ндон. 4. Экскурсово́д рассказа́л нам о худо́жнике, кото́рый написа́л э́ту карти́ну. 5. Я спроси́л челове́ка, кото́рый проходи́л ми́мо меня́, как пройти́ к Большо́му теа́тру. 6. Вы зна́ете арти́ста, кото́рый исполня́л в э́том фи́льме гла́вную роль. 7. Ребя́та, кото́рые игра́ли во дворе́ в футбо́л, гро́мко крича́ли и меша́ли мне рабо́тать.

Passive Participles

Exercise 19. Read the sentences and write them out. Compare the sentences in the left and right-hand columns.

1. Я верну́л в библиоте́ку журна́л, *кото́рый я прочита́л.*
2. Я не́сколько раз прочита́л письмо́, *кото́рое написа́л мой оте́ц.*
3. Кни́га, *кото́рую я купи́л сего́дня,* сто́ит оди́н рубль.
4. Врач, *кото́рого пригласи́ли к больно́му,* рабо́тает в городско́й больни́це.
5. Студе́нты, *кото́рых мы встре́тили на у́лице,* спеши́ли в клуб.

1. Я верну́л в библиоте́ку журна́л, *прочи́танный мно́й.*
2. Я не́сколько раз прочита́л письмо́, *напи́санное мои́м отцо́м.*
3. Кни́га, *ку́пленная мно́й сего́дня,* сто́ит оди́н рубль.
4. Врач, *приглашённый к больно́му,* рабо́тает в городско́й больни́це.
5. Студе́нты, *встре́ченные на́ми на у́лице,* спеши́ли в клуб.

The Formation of Passive Participles

Remember that passive participles are formed only from transitive verbs.

The Past Tense

Infinitive	Infinitive Stem + Suffix	Participle
прочита́ть	прочи́та-**нн**	прочи́та-**нн**-ый, -ая, -ое, -ые
получи́ть	полу́ч-**енн**	полу́ч-**енн**-ый, -ая, -ое, -ые
встре́тить	встре́ч-**енн**	встре́ч-**енн**-ый, -ая, -ое, -ые
купи́ть	ку́пл-**енн**	ку́пл-**енн**-ый, -ая, -ое, -ые
закры́ть	закры́-**т**	закры́-**т**-ый, -ая, -ое, -ые

Exercise 20. Give the verbs from which the following participles are formed.

1. *расска́занный—* расска́зать
прочи́танный—

2. *изу́ченный—* изучи́ть
полу́ченный—

3. *откры́тый—* откры́ть
закры́тый—

напи́санный —
про́данный —
по́сланный —
со́зданный —
организо́ванный —

прове́ренный —
постро́енный —
решённый —
ку́пленный —
подгото́вленный —
испра́вленный —
оста́вленный —

забы́тый —
наде́тый —
спе́тый —
по́нятый —
при́нятый —
уби́тый —

Exercise 21. Complete the sentences, using passive participial constructions. Write out the sentences from Part III.

I. 1. Мы живём в до́ме, ... 2. На́ша семья́ перее́хала в дом, ... 3. Маши́на стои́т о́коло до́ма, ...

построенный в про́шлом году́

II. 1. Вчера́ мы бы́ли на конце́рте, ... 2. Мы по́здно верну́лись с конце́рта, ... 3. Студе́нты ста́рших ку́рсов то́же уча́ствовали в конце́рте, ... 4. Они́ то́же гото́вились к конце́рту, ...

организо́ванный студе́нтами консерва́тории

III. 1. Вы чита́ли статью́, ...? 2. Я говорю́ о статье́, ... 3. В статье́, ..., есть интере́сные фа́кты. 4. Что вы ска́жете о статье́, ...?

напеча́танная в сего́дняшней газе́те

Exercise 22. Complete the sentences, using the constructions given on the right.

I. 1. Мы внима́тельно слу́шали ... . 2. Преподава́тель разгова́ривал ... . 3. Мы аплоди́ровали ... . 4. Мы говори́ли ... .

ле́ктор, приглашённый в наш университе́т

II. 1. Я чита́л ... . 2. У меня́ нет ... . 3. В газе́те писа́ли ... .

кни́га, напи́санная э́тим писа́телем

III. 1. Мы показа́ли преподава́телю ... . 2. На уро́ке мы прове́рили не́сколько ... .

зада́чи, решённые до́ма

Exercise 23. Compare the sentences in the left and right-hand columns. Note that the passive constructions correspond to clauses introduced by *кото́рый* in the accusative.

I. 1. Мне нра́вится кни́га, *напи́санная э́тим а́втором*. 2. Мы изуча́ем фи́зику по кни́ге, *напи́санной э́тим а́втором*. 3. Где мо́жно купи́ть кни́гу, *напи́санную э́тим а́втором*? 4. Преподава́тель говори́л нам о кни́ге, *напи́санной э́тим а́втором*.

1. Мне нра́вится кни́га, *кото́рую написа́л э́тот а́втор*. 2. Мы изуча́ем фи́зику по кни́ге, *кото́рую написа́л э́тот а́втор*. 3. Где мо́жно купи́ть кни́гу, *кото́рую написа́л э́тот а́втор*? 4. Преподава́тель говори́л нам о кни́ге, *кото́рую написа́л э́тот а́втор*.

II. 1. Интере́сно выступа́л журнали́ст, *приглашённый на́ми на ве́чер*. 2. Мы познако́мились с журнали́стом, *приглашённым на́ми на ве́чер*. 3. Вы зна́ете журнали́ста, *приглашённого на́ми на ве́чер*? 4. На сле́дующий день все говори́ли о журнали́сте, *приглашённом на́ми на ве́чер*.

1. Интере́сно выступа́л журнали́ст, *кото́рого мы пригласи́ли на ве́чер*. 2. Мы познако́мились с журнали́стом, *кото́рого мы пригласи́ли на ве́чер*. 3. Вы зна́ете журнали́ста, *кото́рого мы пригласи́ли на ве́чер*? 4. На сле́дующий день все говори́ли о журнали́сте, *кото́рого мы пригласи́ли на ве́чер*.

Exercise 24. Replace the participial constructions by clauses introduced by *который*.

Model: Мы бы́ли на вы́ставке, *организо́ванной молоды́ми худо́жниками*.
Мы бы́ли на вы́ставке, *кото́рую организова́ли молоды́е худо́жни-*
ки.

1. Нам понра́вился ве́чер, организо́ванный студе́нтами ста́рших ку́рсов.
2. Опера́ция, сде́ланная молоды́м врачо́м, прошла́ успе́шно. 3. Я пове́сил на
сте́ну карти́ну, пода́ренную мне мои́ми друзья́ми. 4. Анто́н не по́нял пред-
ложе́ние, напи́санное преподава́телем на доске́. 5. В фойе́ клу́ба вися́т карти́-
ны, нарисо́ванные на́шими худо́жниками. 6. Мы принесли́ на уро́к газе́ты,
ку́пленные на́ми вчера́. 7. По́сле фи́льма выступа́ли арти́сты, тепло́
встре́ченные зри́телями.

Exercise 25. Write out the sentences, replacing the participial constructions by clauses introduced by
который.

1. Фильм, пока́занный нам в клу́бе, был о́чень весёлый. 2. Челове́к,
встре́ченный на́ми на у́лице, показа́лся мне знако́мым. 3. В музе́е мы ви́дели
карти́ны, со́зданные вели́кими худо́жниками. 4. Мы живём в до́ме, по-
стро́енном неда́вно. 5. Он чита́ет кни́гу, пода́ренную ему́ дру́гом. 6. Я по-
смотре́л на фотогра́фию, при́сланную мне отцо́м, и вспо́мнил на́шу семью́.
7. Хор пел пе́сни, напи́санные сове́тскими компози́торами. 8. Студе́нты,
по́сланные на пра́ктику, уе́хали сего́дня у́тром.

Exercise 26. Replace the participial constructions by clauses introduced by *который*.

1. В клу́бе собрали́сь студе́нты, приглашённые на ве́чер. 2. Дека́н разго-
ва́ривал со студе́нтами, при́нятыми на пе́рвый курс. 3. Ю́ноша, встре́ченный
на́ми на у́лице, у́чится в на́шем университе́те. 4. Де́ти, оста́вленные ро-
ди́телями до́ма, смотре́ли телеви́зор. 5. Гео́логи, по́сланные на се́вер, нашли́
там о́лово. 6. Спортсме́н, хорошо́ подгото́вленный тре́нером, за́нял пе́рвое
ме́сто.

The Present Tense

Infinitive	Present Tense Stem	Participle
чита́ть	чита́-ем	чита́-**ем**-ый, -ая, -ое, -ые
организова́ть	организу́-ем	организу́-**ем**-ый, -ая, -ое, -ые
проводи́ть	прово́д-им	прово́д-**им**-ый, -ая, -ое, -ые

Exercise 27. Replace the participial constructions by clauses introduced by *который*.

Model: Мы смотре́ли все фи́льмы, *демонстри́руемые в э́том кинотеа́тре*.
Мы смотре́ли все фи́льмы, *кото́рые демонстри́руют в э́том ки-*
нотеа́тре.

1. Мы должны́ опи́сывать о́пыты, проводи́мые на уро́ках хи́мии.

2. Спу́тники, посыла́емые людьми́ в ко́смос, име́ют постоя́нную связь с Землёй. 3. Кислоро́д, выделя́емый расте́ниями, де́лает во́здух чи́стым и све́жим. 4. Ка́ждый день мы слу́шаем после́дние изве́стия, передава́емые по ра́дио. 5. Из всех предме́тов, изуча́емых в университе́те, бо́льше всего́ я люблю́ исто́рию. 6. Мы с интере́сом узнаём но́вости, сообща́емые газе́тами и ра́дио. 7. Пробле́мы, реша́емые э́тим институ́том, игра́ют огро́мную роль в разви́тии фи́зики.

Exercise 28. Form passive past participles from the following verbs.

1. *нарисова́ть — нарисо́ванный*

прочита́ть, написа́ть, показа́ть, рассказа́ть, сде́лать, созда́ть, прода́ть

2. *подари́ть — пода́ренный, купи́ть — ку́пленный*

изучи́ть, получи́ть, прове́рить, реши́ть, измени́ть, объясни́ть, пригото́вить, поста́вить, испра́вить

3. *взять — взя́тый*

откры́ть, закры́ть, забы́ть, вы́мыть, разби́ть, уби́ть, наде́ть, спеть, поня́ть, приня́ть

Exercise 29. Compare the sentences in the left and right-hand columns. Explain the difference between the meanings of the active and passive participles. Replace the participial constructions by clauses introduced by *кото́рый*.

Model: Я зна́ю писа́теля, *написа́вшего* э́ту кни́гу.
Я зна́ю писа́теля, *кото́рый* написа́л э́ту кни́гу.

У меня́ есть кни́га, *напи́санная* э́тим писа́телем.
У меня́ есть кни́га, *кото́рую* написа́л э́тот писа́тель.

1. Мой друг, *присла́вший* мне письмо́, живёт в Та́ллине.
2. Студе́нты, *организова́вшие* ве́чер, о́чень волнова́лись во вре́мя конце́рта.
3. Учёный, *откры́вший* э́тот зако́н, жил в XIX ве́ке.
4. Студе́нтка, *забы́вшая* па́пку, верну́лась в аудито́рию.
5. Студе́нт, *пригласи́вший* нас в го́сти, у́чится в на́шем университе́те.

1. Я чита́ю письмо́, *при́сланное* мне дру́гом из Та́ллина.
2. Ве́чер, *организо́ванный* студе́нтами, был о́чень интере́сным.
3. Зако́н, *откры́тый* э́тим учёным, сыгра́л огро́мную роль в разви́тии нау́ки.
4. Па́пка, *забы́тая* студе́нткой, лежи́т в аудито́рии.
5. Студе́нт, *приглашённый* на́ми в го́сти, у́чится в на́шем университе́те.

Exercise 30. Use the required participles.

1. Я чита́ю письмо́, ... (присла́вшее — при́сланное) мне отцо́м. 2. В письме́, ... (получи́вшем — полу́ченном) мной из до́ма, была́ фотогра́фия. 3. Расписа́ние заня́тий, ... (сде́лавшее — сде́ланное) декана́том, виси́т на пе́рвом этаже́. 4. Я разгова́ривал с врачо́м, ... (сде́лавшим — сде́ланным) опера́цию моему́ бра́ту. 5. Опера́ция, ... (сде́лавшая — сде́ланная) моему́ бра́ту, прошла́ успе́шно. 6. Брат благодари́л врача́, ... (вы́лечившего — вы́леченного) его́. 7. Вы чита́ли статью́, ... (напеча́тавшую — напеча́танную)

243

в после́днем но́мере журна́ла? 8. Мы обсужда́ли фильм, ... (показа́вший—показанный) нам на уро́ке.

Exercise 31. Use the required forms of the appropriate participles. Replace the sentences you have obtained by sentences containing clauses introduced by *кото́рый*.

1. Писа́тель, ... э́ти кни́ги, живёт в на́шем го́роде. Я прочита́л все кни́ги, ... э́тим писа́телем. | написа́вший—написанный
2. Я прочита́л письмо́, ... мне дру́гом. Друг, ... э́то письмо́, ско́ро прие́дет ко мне. | присла́вший—присланный
3. Мы чита́ли об учёных, ... пе́рвый спу́тник Земли́. Лю́ди изуча́ют ко́смос с по́мощью спу́тников, ... учёными. | созда́вший—со́зданный
4. На по́чте я встре́тил студе́нта, ... не́сколько пи́сем из до́ма. Он о́чень обра́довался пи́сьмам, ... из до́ма. | получи́вший—полу́ченный
5. Я чита́ю кни́гу, ... мне знако́мым студе́нтом. Студе́нт, ... мне кни́гу, привёз её из Москвы́. | подари́вший—пода́ренный
6. Макси́м принёс мне слова́рь, ... им для меня́. Я о́чень благода́рен дру́гу, ... мне слова́рь. | купи́вший—ку́пленный

Exercise 32. Use the required forms of the appropriate participles.

1. Вчера́ я разгова́ривал с челове́ком, ... (сде́лавший—сде́ланный) э́ту рабо́ту. 2. Вчера́ на вокза́ле я встреча́л друзе́й, ... (присла́вший—при́сланный) мне телегра́мму. 3. На столе́ лежи́т кни́га, ... (забы́вший—забы́тый) преподава́телем. 4. Мы у́чимся в университе́те, ... (основа́вший—осно́ванный) сто лет наза́д. 5. Я о́чень обра́довался посы́лке, ... (получи́вший—полу́ченный) от роди́телей. 6. Журнали́ст написа́л расска́з о лю́дях, ... (соверши́вший—совершённый) по́двиг.

Exercise 33. Replace the clauses introduced by *кото́рый* by participial constructions.

Model: Преподава́тель посмотре́л зада́чу, *кото́рую я реши́л.*
Преподава́тель посмотре́л зада́чу, *решённую мной.*

1. Пе́сни, кото́рые написа́л э́тот компози́тор, о́чень популя́рны. 2. Де́ти, кото́рых роди́тели оста́вили до́ма, игра́ли в мяч. 3. Я покажу́ вам кни́гу, кото́рую мне подари́ли. 4. Мой оте́ц купи́л карти́ну, кото́рую нарисова́л э́тот худо́жник. 5. Кни́ги стоя́т на по́лке, кото́рую сде́лал мой брат. 6. Челове́к, кото́рого мы встре́тили вчера́ на у́лице, прие́хал в наш го́род неда́вно. 7. Го́сти, кото́рых мы пригласи́ли, уже́ собрали́сь.

Exercise 34. Replace the clauses introduced by *кото́рый* by participial constructions. Write out the sentences.

1. Студе́нт, кото́рый получи́л письмо́, у́чится в на́шей гру́ппе. 2. Письмо́, кото́рое получи́л студе́нт, написа́л его́ оте́ц. 3. На вы́ставке мы познако́мились с худо́жником, кото́рый нарисова́л э́тот портре́т. 4. Портре́т, кото́рый нарисова́л э́тот худо́жник, виси́т в фойе́ на́шего клу́ба. 5. Около до́ма мы встре́тились с челове́ком, кото́рый пригласи́л нас к себе́. 6. Хозя́ин до́ма вы́шел встреча́ть госте́й, кото́рых он пригласи́л на день рожде́ния. 7. Препо-

дава́тель, кото́рый показа́л нам о́пыт, попроси́л студе́нта помо́чь ему́. 8. О́пыт, кото́рый показа́л нам преподава́тель, был о́чень интере́сен. 9. На встре́че с писа́телем бы́ло мно́го студе́нтов, кото́рые прочита́ли его́ рома́н.

Short-Form Passive Participles

Эту карти́ну нарисова́л мой друг.	Эта карти́на **нарисо́вана** мои́м дру́гом.
Эту шко́лу постро́или в про́шлом году́.	Эта шко́ла **постро́ена** в про́шлом году́.

Exercise 35. Replace the passive constructions by active ones.

Model: Это письмо́ *напи́сано* мои́м отцо́м.
Это письмо́ *написа́л* мой оте́ц.

1. Этот портре́т нарисо́ван изве́стным худо́жником. 2. Эти фотогра́фии сде́ланы мои́м бра́том. 3. Газ в э́том райо́не откры́т молоды́ми гео́логами. 4. Этот заво́д постро́ен в 1956 году́. 5. Это письмо́ полу́чено мной позавчера́. 6. Эта исто́рия расска́зана мне неда́вно. 7. Эта кни́га переведена́ на англи́йский язы́к.

Exercise 36. Replace the passive constructions by active ones.

Model: Кем *нарисо́вана* э́та карти́на?
Кто *нарисова́л* э́ту карти́ну?

Где *постро́ена* ста́нция метро́?
Где *постро́или* ста́нцию метро́?

1. Кем нарисо́ван э́тот портре́т? 2. Кем подпи́саны докуме́нты? 3. Кем напи́сана э́та кни́га? 4. Кем откры́т газ в э́том райо́не? 5. На како́м заво́де сде́ланы э́ти часы́? 6. В како́м магази́не ку́плена э́та карти́на? 7. Когда́ постро́ен э́тот заво́д? 8. Когда́ полу́чено э́то письмо́?

Exercise 37. Give the verbs from which the following short-form passive participles are formed.

1. сде́лан —	2. изу́чен —	3. откры́т —
сде́лать	изучи́ть	откры́ть
напи́сан —	полу́чен —	закры́т —
прочи́тан —	прове́рен —	забы́т —
пока́зан —	постро́ен —	вы́мыт —
расска́зан —	решён —	наде́т —
по́слан —	ку́плен —	уби́т —
про́дан —	пригото́влен —	при́нят —
со́здан —	испра́влен —	по́днят —
организо́ван —	поста́влен —	

Exercise 38. Write out the sentences, replacing the active constructions by passive ones.

Model: Эти фотогра́фии *сде́лал* мой това́рищ.
Эти фотогра́фии *сде́ланы* мои́м това́рищем.

1. Эту карти́ну нарисова́л изве́стный худо́жник. 2. Эту кни́гу присла́ла мне сестра́. 3. Эту запи́ску написа́л мой това́рищ. 4. Мой брат собра́л большу́ю колле́кцию ма́рок. 5. Это зда́ние постро́или неда́вно. 6. Этот уче́бник написа́ли для неру́сских студе́нтов. 7. Этот рома́н перевели́ на францу́зский язы́к. 8. В клу́бе организова́ли вы́ставку карти́н.

Сего́дня вы́ставка **откры́та**.
Вчера́ вы́ставка **была́ откры́та**.
За́втра вы́ставка **бу́дет откры́та**.

Exercise 39. Replace the following sentences by sentences with short-form participles.

Model: Неда́вно в клу́бе *откры́ли* фотовы́ставку.
Неда́вно в клу́бе *была́ откры́та* фотовы́ставка.

1. На ве́чере студе́нтам показа́ли интере́сный фильм. 2. В после́дние го́ды в Москве́ постро́или мно́го но́вых ста́нций метро́. 3. После́днее письмо́ оте́ц написа́л в конце́ января́. 4. Это письмо́ я получи́л в середи́не февраля́. 5. Для стенгазе́ты нарисова́ли не́сколько карикату́р. 6. В э́том году́ в на́шем го́роде откро́ют ещё оди́н кинотеа́тр. 7. В бу́дущем году́ здесь постро́ят шко́лу. 8. В сле́дующем но́мере журна́ла напеча́тают мои́ стихи́.

Exercise 40. Do the exercise as shown in the model.

Model: (a) — Вы купи́ли уче́бник?
— Да, я купи́л уче́бник.
— Да, уче́бник ку́плен.

1. Вы уже́ посла́ли телегра́мму? 2. Вы прочита́ли кни́гу? 3. Вы зако́нчили рабо́ту? 4. Вы уже́ купи́ли биле́ты? 5. Вы уже́ собра́ли ве́щи?

Model: (b) — Где вы купи́ли э́ту пласти́нку?
— Эту пласти́нку я купи́л в Москве́.
— Эта пласти́нка ку́плена мной в Москве́.

1. Кто сде́лал э́ту фотогра́фию? 2. Кто написа́л э́тот рома́н? 3. Кто перевёл э́ти стихи́? 4. Когда́ вы получи́ли э́то письмо́?

Long-Form and Short-Form Participles

Фотовы́ставка, **организо́ванная** в на́шем клу́бе, прошла́ с больши́м успе́хом. В на́шем клу́бе **была́ организо́вана** фотовы́ставка.

Remember that long-form participles are used in a sentence as attributes, and short-form participles as predicates.

Exercise 41. Read the sentences in the left and right-hand columns and write them out. Compare the sentences and state what parts of the sentence the long-form and short-form participles are.

1. Нам понра́вился ве́чер, *подгото́вленный* на́шими студе́нтами.
2. Мы живём в общежи́тии, *постро́енном* для студе́нтов на́шего университе́та.
3. В э́той па́пке лежа́т фотогра́фии, *сде́ланные* мои́м бра́том.

1. Ве́чер *подгото́влен* на́шими студе́нтами.
2. Общежи́тие *постро́ено* для студе́нтов на́шего университе́та.
3. Фотогра́фии *сде́ланы* мои́м бра́том.

Exercise 42. Use the required participles.

1. Анна чита́ет письмо́, ... из до́ма. Э́то письмо́ ... неде́лю наза́д.
2. Докуме́нты ... ре́ктором. Докуме́нты, ... ре́ктором, лежа́т в па́пке.
3. Наш дом ... неда́вно. На́ша семья́ живёт в до́ме, ... полго́да наза́д.
4. Мы бы́ли на вы́ставке, ... молоды́ми худо́жниками. Вы́ставка ... в клу́бе университе́та.
5. Наш университе́т ... в 1960 году́. Мы у́чимся в университете, ... 1960 году́.
6. Вы прочита́ли статью́, ... в после́днем но́мере журна́ла? Э́та статья́ ... в после́днем но́мере журна́ла.
7. Кни́ги, ... мной, я сдал в библиоте́ку. Э́ти кни́ги уже́ ... мной.

| получе́нное — |
| получе́но |
| подпи́санные — |
| подпи́саны |
| постро́енный — |
| постро́ен |
| организо́ванная — |
| организо́вана |
| осно́ванный — |
| осно́ван |
| напеча́танная — |
| напеча́тана |
| прочи́танные — |
| прочи́таны |

Exercise 43. Use the required participles.

1. Брат показа́л мне ма́рки, ... (ку́пленные — ку́плены) в Москве́. 2. Когда́ ... (постро́енное — постро́ено) э́то зда́ние? 3. Я забы́л до́ма письмо́, ... (напи́санное — напи́сано) мной вчера́. 4. Ви́ктор показа́л нам фотогра́фии, ... (при́сланные — при́сланы) ему́ из до́ма. 5. Шко́ла, в кото́рой у́чится моя́ сестра́, ... (постро́енная — постро́ена) в 1958 году́. 6. На сце́ну вы́шел арти́ст, тепло́ ... (встре́ченный — встре́чен) зри́телями. 7. Э́ти пи́сьма ... (при́сланные — при́сланы) из ра́зных стран. 8. Мне нра́вится кинотеа́тр, ... (откры́тый — откры́т) неда́вно на на́шей у́лице.

Exercise 44. Use the required participles.

1. Когда́ Андре́й вошёл в аудито́рию, в рука́х он держа́л письмо́, ... (полу́чено — полу́ченное) им у́тром. Э́то письмо́ ... (при́сланное — при́слано) из Москвы́. Оно́ ... (напи́сано — напи́санное) дру́гом Андре́я. 2. Вчера́ на уро́ке фи́зики нам ... (был пока́зан — пока́занный) о́пыт. О́пыт, ... (был пока́зан — пока́занный) преподава́телем, мы ви́дели пе́рвый раз. Пото́м мы реша́ли зада́чу. По́сле того́ как зада́ча ... (была́ решена́ — решённая), мы попроси́ли преподава́теля дать нам ещё одну́ зада́чу. Втора́я зада́ча, ... (была́ дана́ — да́нная) преподава́телем, оказа́лась о́чень тру́дной. 3. Сейча́с в на́шем клу́бе ... (организо́вана — организо́ванная) вы́ставка фотогра́фий. Фотогра́фии ... (при́сланы — при́сланные) из ра́зных университе́тов страны́. Они́ ... (сде́ланы — сде́ланные) фото́графами-люби́телями. Осо́бенно мне понра́вились фо-

тогра́фии, ... (сде́ланы — сде́ланные) студе́нтами на́шего университе́та. 4. Я чита́ю рома́н, ... (напи́сан — напи́санный) одни́м францу́зским писа́телем. Рома́н ... (был написа́н — напи́санный) в 1955 году́. Не́сколько лет наза́д он ... (был переведён — переведённый) на ру́сский язы́к. Собы́тия, ... (опи́саны — опи́санные) в рома́не, происходи́ли во Фра́нции.

The Verbal Adverb

Imperfective Verbal Adverbs

Мы **шли** и **разгова́ривали** о свои́х дела́х.	Мы шли, **разгова́ривая** о свои́х дела́х.
Когда́ я чита́ю текст, я выпи́сываю незнако́мые слова́.	**Чита́я** текст, я выпи́сываю незнако́мые слова́.

Note that imperfective verbal adverbs denote actions simultaneous with that of the predicate verbs.

The Formation of Imperfective Verbal Adverbs

Infinitive	Present Tense Stem	Verbal Adverb
чита́ть	чита́-ют	чита́-**я**
рисова́ть	рису́-ют	рису́-**я**
идти́	ид-у́т	ид-**я́**
стуча́ть	стуч-а́т	стуч-**а́**
встреча́ться	встреча́-ют-ся	встреча́-**я**-сь

Remember that the imperfective verbal adverbs of verbs of the *дава́ть* (продава́ть, передава́ть, etc.) and *встава́ть* (устава́ть, etc.) types are formed from the infinitive stem: дава́ть — *дава́я*, встава́ть — *встава́я*.

Объясня́я но́вый уро́к, преподава́тель писа́л слова́ на доске́.

Когда́ **преподава́тель** объясня́л но́вый уро́к, **он** писа́л слова́ на доске́.

When replacing sentences with verbal adverb constructions by sentences with subordinate clauses, one should remember that the subject which is a noun must precede the subject which is a pronoun (the first subject is *преподава́тель,* and the second *он*).

Exercise 1. Change the sentences, replacing the verbal adverbs by verbs.

Model: *Читáя нóвый текст,* студéнт смотрéл в словáрь.
   Студéнт *читáл* нóвый текст и смотрéл в словáрь.
   Or: *Когдá студéнт читáл нóвый текст,* он смотрéл в словáрь.

1. Расскáзывая о своём путешéствии, брат покáзывал нам фотогрáфии.
2. Читáя письмó отцá, я дýмал о своѝх родѝтелях. 3. Слýшая рáдио, мы узнаём о том, что происхóдит в мѝре. 4. Начинáя эту рабóту, я не дýмал, что онá бýдет такóй трýдной. 5. Открывáя окнó, мáльчик разбѝл стеклó. 6. Преподавáтель объяснял нóвую тéму, покáзывая óпыты. 7. Борѝс стоял в коридóре, разговáривая с товáрищем.

Exercise 2. Replace the verbal adverbs by verbs.

1. Онѝ сидéли за столóм, разговáривая о своѝх делáх. 2. Слýшая радиопередáчи на рýсском языкé, я стараюсь понять, что говорѝт дѝктор. 3. Отдыхáя на юге, сестрá рéдко писáла домóй. 4. Давáя мне кнѝгу, товáрищ попросѝл меня вернýть её чéрез три дня. 5. Выходя из дóма, я чáсто встречáю этого человéка. 6. Гуляя по гóроду, турѝсты покупáли сувенѝры.

Exercise 3. Replace the verbal adverbs by verbs.

1. Встречáясь с друзьями ѝли знакóмыми, люди говорят друг дрýгу: «Здрáвствуйте!» 2. Здорóваясь с товáрищем, я пóдал емý рýку. 3. Занимáясь спóртом, люди укрепляют своё здорóвье. 4. Учáсь в институте, мой брат одновремéнно рабóтал на завóде. 5. Возвращáясь из университéта, я встрéтил на ýлице своегó знакóмого. 6. Встречáясь, мы расскáзываем друг дрýгу все нóвости.

Perfective Verbal Adverbs

Я **написáл** письмó и пошёл на пóчту.	**Написáв письмó,** я пошёл на пóчту.
Когдá я увѝдел дрýга, я подошёл к немý.	**Увѝдев дрýга,** я подошёл к немý.
Мы **попрощáлись** с друзьями и вышли на ýлицу.	**Попрощáвшись с друзьями,** мы вышли на ýлицу.

Note that perfective verbal adverbs denote actions preceding that of the predicate verb (first I wrote the letter and then went to the post office).

Exercise 4. Change the sentences, replacing the verbal adverbs by verbs.

Model. *Закóнчив рабóту,* я пошёл домóй.
   Я *закóнчил* рабóту и пошёл домóй.
   Or: *Когдá я закóнчил рабóту,* я пошёл домóй.

1. Поýжинав, мы стáли смотрéть телевѝзор. 2. Собрáв кнѝги и тетрáди, студéнтка вышла из клáсса. 3. Окóнчив медицѝнский институт, мой друг бýдет врачóм. 4. Вернýвшись на рóдину, я бýду рабóтать инженéром. 5. Пов-

тори́в весь материа́л, мы пошли́ сдава́ть экза́мены. 6. Сдав экза́мены, студе́нты пое́хали отдыха́ть. 7. Позвони́в на вокза́л, мы узна́ли, когда́ ухо́дит по́езд в Ленингра́д. 8. Вы́йдя из аудито́рии, я встре́тил своего́ това́рища. 9. Придя́ домо́й, Михаи́л уви́дел на столе́ письмо́.

The Formation of Perfective Verbal Adverbs

Infinitive	Verbal Adverb
прочита́-ть уви́де-ть встре́ти-ть-ся	прочита́-**в** уви́де-**в** встре́ти-**вши**-сь

Remember that the perfective verbal adverbs of prefixed verbs of the *идти́* type (прийти́, уйти́, принести́, etc.) are formed by means of the suffix -**я**: прийти́ — *придя́*, принести́ — *принеся́*, etc.

Exercise 5. Write out the sentences, replacing the italicised verbs by verbal adverbs.

Model: Бори́с *уви́дел* меня́ и поздоро́вался.
  Уви́дев меня́, Бори́с поздоро́вался.

1. Мы *посмотре́ли* фильм и пошли́ домо́й. 2. Я *заплати́л* де́ньги, взял кни́гу и вы́шел из магази́на. 3. Моя́ сестра́ *око́нчила* шко́лу и поступи́ла в медици́нский институ́т. 4. Я *попроща́лся* с друзья́ми и пошёл домо́й. 5. Оте́ц *прочита́л* газе́ту и дал её мне. 6. Мы немно́го *отдохну́ли* и сно́ва на́чали рабо́тать. 7. Я *наде́л* пальто́ и вы́шел на у́лицу. 8. Профе́ссор *ко́нчил* чита́ть ле́кцию и спроси́л, есть ли у нас вопро́сы.

Exercise 6. Read the sentences and write them out. Note that verbal adverb constructions can replace subordinate clauses of time, reason and condition.

1. *По́сле того́ как ма́стер зако́нчил рабо́ту*, он пошёл домо́й.
2. *Как то́лько оте́ц получи́л письмо́*, он сра́зу отве́тил на него́.
3. *Е́сли вы не по́няли теоре́му*, вы не смо́жете реши́ть зада́чу.
4. *Е́сли ваш друг хорошо́ бу́дет знать ру́сский язы́к*, он смо́жет рабо́тать перево́дчиком.
5. *Так как мой брат заболе́л*, он лёг в больни́цу.
6. Я не могу́ помо́чь вам, *потому́ что пло́хо зна́ю францу́зский язы́к*.

1. *Зако́нчив рабо́ту*, ма́стер пошёл домо́й.
2. *Получи́в письмо́*, оте́ц сра́зу отве́тил на него́.
3. *Не поня́в теоре́му*, вы не смо́жете реши́ть зада́чу.
4. *Хорошо́ зна́я ру́сский язы́к*, ваш друг смо́жет рабо́тать перево́дчиком.
5. *Заболе́в*, мой брат лёг в больни́цу.
6. *Пло́хо зна́я францу́зский язы́к*, я не могу́ помо́чь вам.

Exercise 7. Replace the sentences with verbal adverb constructions by complex sentences containing the conjunctions *когда́, е́сли, потому́ что*.

1. Успе́шно око́нчив институ́т, он смо́жет занима́ться нау́чной де́ятельностью. 2. Мы гото́вимся к экза́менам, повторя́я те́ксты и де́лая упражне́ния. 3. Не понима́я, о чём мы говори́м, он не уча́ствовал в на́шем разгово́ре. 4. Написа́в письмо́, я пошёл на вы́ставку. 5. Потеря́в ваш телефо́н, я не смог позвони́ть вам. 6. Прожи́в пять лет в Москве́, он хорошо́ говори́т по-ру́сски. 7. Верну́вшись домо́й, я узна́л, что ко мне приходи́л мой това́рищ. 8. Подходя́ к университе́ту, он встре́тил свои́х друзе́й.

Exercise 8. Write out the sentences, replacing the complex sentences by sentences with verbal adverb constructions.

Model: Как то́лько я уви́дел э́того челове́ка, я сра́зу узна́л его́.
Уви́дев э́того челове́ка, я сра́зу узна́л его́.

1. Как то́лько я получи́л письмо́, я сра́зу на́чал чита́ть его́. 2. По́сле того́ как мы повтори́ли теоре́мы, мы ста́ли реша́ть зада́чи. 3. По́сле того́ как мы купи́ли биле́ты в кино́, мы вошли́ в фойе́ кинотеа́тра. 4. Когда́ мои́ друзья́ прие́хали в Москву́, они́ написа́ли мне письмо́. 5. Когда́ мы подняли́сь на́ гору, мы уви́дели мо́ре. 6. Когда́ мой друг уви́дел меня́, он подошёл ко мне. 7. Как то́лько студе́нты сдаду́т экза́мены, они́ пое́дут на пра́ктику.

Exercise 9. Replace the complex sentences by sentences with verbal adverb constructions.

1. Е́сли вы вы́учите ру́сский язы́к, вы смо́жете рабо́тать перево́дчиком. 2. Так как он не зна́ет ру́сского языка́, он не по́нял на́шего разгово́ра. 3. Е́сли вы хорошо́ отдохнёте ле́том, вы бу́дете успе́шно занима́ться в бу́дущем году́. 4. Е́сли вы по́няли э́ту теоре́му, вы смо́жете реши́ть зада́чи. 5. Так как Майкл пло́хо зна́ет ру́сский язы́к, он не по́нял, о чём говори́л профе́ссор. 6. Я до́лжен был лежа́ть в посте́ли, так как я заболе́л. 7. Так как я интересу́юсь ру́сской литерату́рой, я покупа́ю кни́ги ру́сских писа́телей.

Exercise 10. Change the sentences, replacing one of the verbs by a verbal adverb.

1. Студе́нтка поду́мала немно́го и начала́ отвеча́ть. 2. Мы попроща́лись с хозя́евами и вы́шли на у́лицу. 3. Я узна́л, что ле́том мо́жно пое́хать в Сове́тский Сою́з, и реши́л поговори́ть об э́том со свои́м отцо́м. 4. Моя́ сестра́ прожила́ в Москве́ три го́да и хорошо́ вы́учила ру́сский язы́к. 5. Я посмотре́л на часы́ и уви́дел, что пора́ е́хать на вокза́л. 6. Преподава́тель просмотре́л газе́ты и ушёл из библиоте́ки.

Exercise 11. Read the sentences and write them out. Remember that the replacemet of a subordinate clause by a verbal adverb construction is possible only if the actions of the main and subordinate clauses relate to one and the same agent (a person or an object).

I. 1. Когда́ *профе́ссор* чита́л ле́кцию, *он* писа́л фо́рмулы на доске́.

1. Чита́я ле́кцию, профе́ссор писа́л фо́рмулы на доске́.

2. Когда́ *профе́ссор* чита́л ле́кцию, *ассисте́нт* писа́л фо́рмулы на доске́.

2. No replacement is possible.

II. 1. Когда́ *тури́сты* подняли́сь на́ гору, *они́* уви́дели вдали́ мо́ре.

1. Подня́вшись на́ гору, тури́сты уви́дели вдали́ мо́ре.

2. Когда́ *тури́сты* подняли́сь на́ гору, *со́лнце* бы́ло уже́ высоко́.

2. No replacement is possible.

III. 1. По́сле того́ как *мой брат* сдаст экза́мены, *он* пое́дет в Ита́лию.

1. Сдав экза́мены, мой брат пое́дет в Ита́лию.

2. По́сле того́ как *мой брат* сдаст экза́мены, *мы* пое́дем во Фра́нцию.

2. No replacement is possible.

Exercise 12. Replace the subordinate clauses by verbal adverb constructions wherever possible.

1. Как то́лько я вы́шел из до́ма, пошёл дождь. Как то́лько я вы́шел из до́ма, я наде́л плащ, так как пошёл дождь. 2. Когда́ я уви́дел э́того челове́ка, я поду́мал, что его́ лицо́ мне знако́мо. Когда́ я уви́дел э́того челове́ка, его́ лицо́ показа́лось мне знако́мым. 3. Когда́ я прочита́л кни́гу, мне захоте́лось познако́миться с её а́втором. Когда́ я прочита́л кни́гу, я реши́л познако́миться с её а́втором. 4. Когда́ мы око́нчим тре́тий курс, мы пое́дем на пра́ктику. Когда́ мы око́нчим тре́тий курс, у нас бу́дет пра́ктика. 5. Когда́ мой това́рищ око́нчит университе́т, он бу́дет врачо́м. Когда́ мой това́рищ око́нчит университе́т, ему́ бу́дет два́дцать четы́ре го́да.

Exercise 13. Replace the subordinate clauses by verbal adverb constructions wherever possible.

1. Когда́ мы купи́ли биле́ты, мы пошли́ в кино́.
Когда́ мы купи́ли биле́ты, фильм уже́ начался́.
Когда́ мы купи́ли биле́ты, на́ши това́рищи уже́ сиде́ли в за́ле.

2. Когда́ я верну́лся домо́й, я уви́дел на столе́ письмо́.
Когда́ я верну́лся домо́й, в до́ме уже́ все спа́ли.
Когда́ я верну́лся домо́й, бы́ло уже́ по́здно.

3. Когда́ я уезжа́л в Москву́, меня́ провожа́ли друзья́.
Когда́ я уезжа́л в Москву́, мой друзья́ проси́ли меня́ написа́ть им.
Когда́ я уезжа́л в Москву́, я обеща́л друзья́м написа́ть им.

Exercise 14. Read the sentences and write them out. Compare the sentences in the left and right-hand columns. Remember that imperfective verbal adverbs denote actions simultaneous with that of the predicate verb and perfective verbal adverbs denote actions preceding that of the predicate verb.

1. *Конча́я* шко́лу, я уже́ знал, где я бу́ду учи́ться да́льше.

1. *Ко́нчив* шко́лу, я поступи́л в университе́т.

2. *Объясня́я* уро́к, преподава́тель писа́л на доске́ но́вые слова́.

2. *Объясни́в* уро́к, преподава́тель стал спра́шивать студе́нтов.

3. *У́жиная*, мы разгова́ривали о том, как мы провели́ день.

3. *Поу́жинав*, мы пошли́ в кино́.

4. *Чита́я* кни́гу, он о́чень смея́лся.

4. *Прочита́в* кни́гу, он верну́л её това́рищу.

Exercise 15. Use the verbal adverbs of the required aspect.

1. ... по у́лице, я смотре́л на витри́ны магази́нов.
... домо́й, я сра́зу же позвони́л на рабо́ту.

идя́ — придя́

2. ... учи́ться в Москву́, сын обеща́л ча́сто писа́ть домо́й. ... в Москву́, сын ча́сто писа́л домо́й.

уезжа́я — уе́хав

3. ... урóк, ученúк сел на своё мéсто. ... урóк, ученúк говорúл грóмко и я́сно.	отвечáя — отвéтив
4. ... письмó сы́на, отéц передáл егó мáтери. ... письмó сы́на, отéц улыбáлся.	читáя — прочитáв
5. ..., мы говорúли о свойх делáх. ..., мы пошлú пить кóфе.	обéдая — пообéдав
6. ... нóвый урóк, преподавáтель писáл на доскé. ... нóвый урóк, преподавáтель стал задавáть вопрóсы студéнтам.	объясня́я — объяснúв
7. ... музéй, мы решúли погуля́ть по пáрку. ... музéй, мы ходúли из одногó зáла в другóй.	осмáтривая — осмотрéв
8. ..., турúсты пéли пéсни. ..., турúсты продолжáли свой путь.	отдыхáя — отдохнýв
9. ... домóй, я узнáл, что ко мне приходúл мой товáрищ. ... домóй, я встрéтил своегó товáрища.	возвращáясь — вернýвшись

Exercise 16. Complete the sentences in writing.

1. Написáв письмó, ... 2. Вы́йдя на ýлицу, ... 3. Сдав экзáмены, ...
4. Откры́в кнúгу, ... 5. Увúдев товáрища, ... 6. Вернýвшись домóй, ...
7. Встрéтившись с друзья́ми, ... 8. Услы́шав нóвость, ... 9. Получúв стипéндию, ... 10. Отдохнýв в санатóрии, ...

Exercise 17. Complete the sentences in writing, adding verbal adverb constructions.

Model: ..., я пошёл в кинó.
Приготóвив домáшнее задáние, я пошёл в кинó.

1. ..., я написáл отцý отвéт. 2. ..., мы поéдем в дом óтдыха. 3. ..., я увúдел портрéт áвтора кнúги. 4. ..., мы поздорóвались. 5. ..., мы рассказáли друг дрýгу все нóвости. 6. ..., мы пошлú домóй. 7. ..., мой друг бýдет геóлогом. 8. ..., я обещáл друзья́м чáсто писáть пúсьма. 9. ..., мы вы́шли из дóма.

Exercise 18. Replace the verbal adverb constructions by subordinate clauses. Retell the text.

Узнáв, что в однóм из кинотеáтров Москвы́ идёт нóвый францýзский фильм, Джон и егó друзья́ решúли посмотрéть э́тот фильм пóсле заня́тий. Пообéдав, онú поéхали в кинотеáтр. Сúдя в автóбусе, онú разговáривали о свойх делáх. Идя́ от автóбусной останóвки к кинотеáтру, онú нéсколько раз слы́шали одúн и тот же вопрóс: «У вас нет лúшнего билéта?» Подойдя́ к кáссе, онú не замéтили объявлéния: «На сегóдня все билéты прóданы».

Достáв из кармáна дéньги, Джон попросúл кассúра: «Дáйте, пожáлуйста, четы́ре билéта». Кассúр, посмотрéв с удивлéнием на Джóна, отвéтила: «На сегóдня все билéты прóданы». Не поня́в отвéта кассúра, Джон повторúл: «Дáйте, пожáлуйста, четы́ре билéта». «Я могý дать вам четы́ре билéта на зáвтра»,— сказáла кассúр. Посовéтовавшись, друзья́ решúли, что онú пойдýт в кинó зáвтра.

Заплатúв дéньги и взяв билéты, друзья́ поéхали домóй.

KEY TO THE EXERCISES

Part One. An Introductory Lexical and Grammatical Course

Exercise 4. 1. Нет, э́то не студе́нт. Это студе́нтка. 2. Нет, э́то не тетра́дь. Это кни́га. 3. Нет, э́то не газе́та. Это журна́л. 4. Нет, э́то не стол. Это стул. 5. Нет, э́то не окно́. Это дверь. 6. Нет, э́то не ва́за. Это ла́мпа. 7. Нет, э́то не шкаф. Это стол. 8. Нет, э́то не преподава́тель. Это студе́нт. 9. Нет, э́то не ма́льчик. Это де́вочка.

Exercise 5. 1. Что э́то? Это стул. 2. Кто э́то? Это преподава́тель. 3. Что э́то? Это авто́бус. 4. Что э́то? Это тетра́дь. 5. Кто э́то? Это врач. 6. Что э́то? Это дом. 7. Кто э́то? Это ма́льчик. 8. Что э́то? Это шкаф. 9. Что э́то? Это шко́ла. 10. Кто э́то? Это де́вочка. 11. Что э́то? Это письмо́. 12. Что э́то? Это ру́чка.

Exercise 7. 1. чита́ешь. 2. чита́ем. 3. чита́ет. 4. чита́ет. 5. чита́ют. 6. чита́ю. 7. чита́ет. 8. чита́ете. 9. чита́ют.

Exercise 8. 1. он (она́). 2. я. 3. вы. 4. ты. 5. они́. 6. она́ (он). 7. мы. 8. они́.

Exercise 9. 1. повторя́ем. 2. повторя́ю. 3. повторя́ет. 4. повторя́ет. 5. повторя́ете. 6. повторя́ют.

Exercise 13. 1. Да, он слу́шает ра́дио. (Нет, он не слу́шает ра́дио). 2. Нет, она́ не чита́ет письмо́. (Да, она́ чита́ет письмо́), etc.

Exercise 15. 1. Нет, Мари́я чита́ет письмо́. 2. Да, Джон чита́ет журна́л. 3. Нет, Джон и Мари́я обе́дают. 4. Да, они́ слу́шают ра́дио.

Exercise 16. В. 1. Да, э́то Анна. Да, она́ студе́нтка. Нет, она́ чита́ет письмо́. 2. Это Ве́ра. Она́ студе́нтка. Да, она́ слу́шает ра́дио.

Exercise 17. 1. Да, Ве́ра говори́т по-францу́зски. (Нет, Ве́ра не говори́т по-францу́зски). 2. Да, Жан говори́т по-англи́йски, etc.

Exercise 18. 1. Анна чита́ет текст. 2. Анна и Джон хорошо́ чита́ют текст. 3. Я зна́ю диало́г. 4. Студе́нт и студе́нтка хорошо́ зна́ют диало́г. 5. Они́ хорошо́ говоря́т по-ру́сски. 6. Мы сейча́с говори́м по-ру́сски. 7. Мы изуча́ем ру́сский язы́к.

Exercise 19. 3. Кто говори́т по-ру́сски? 4. Кто говори́т по-англи́йски? 5. Кто рабо́тает? 6. Кто изуча́ет ру́сский язы́к? 7. Кто чита́ет письмо́?

Exercise 20. 1. Я не зна́ю, кто он. 2. Я не зна́ю, кто она́. 5. Я не зна́ю, кто они́.

Exercise 23. 1. ...отвеча́ет ти́хо. 2. говори́т ме́дленно. 3. чита́ет гро́мко. 4. говори́т по-ру́сски хорошо́. 5. слу́шает невнима́тельно. 6. зна́ешь уро́к пло́хо. 7. расска́зывают текст непра́вильно. 8. говори́т по-ру́сски бы́стро.

Exercise 24. 1. Как студе́нты чита́ют? 2. Как Ви́ктор чита́ет? 3. Как они́ говоря́т по-англи́йски? 6. Как расска́зывает Ни́на? 7. Как рабо́тает Бори́с?

Exercise 26. 1. Да, я зна́ю, как он говори́т по-ру́сски. Он говори́т по-ру́сски хорошо́. (Я не зна́ю, как он говори́т по-ру́сски), etc.

Exercise 28. Сейча́с уро́к. Это преподава́тель. Это студе́нт и студе́нтка. Преподава́тель чита́ет, а студе́нт и студе́нтка слу́шают. Они́ слу́шают внима́тельно. Джим и Мэ́ри понима́ют текст хорошо́. Пото́м чита́ет Джим. Он чита́ет бы́стро и пра́вильно. Преподава́тель говори́т: «Джим, вы чита́ете хорошо́». Пото́м они́ говоря́т по-ру́сски.

Exercise 33. 1. Когда́ вы занима́етесь? (Когда́ ты занима́ешься?) 2. Когда́ вы обе́даете? 3. Когда́ Па́вел слу́шает ра́дио? 4. Когда́ Анна рабо́тает? 5. Когда́ вы чита́ете газе́ты? (Когда́ ты чита́ешь газе́ты?) 6. Когда́ вы у́жинаете? 7. Когда́ они́ гото́вят дома́шнее зада́ние?

Exercise 34. 1. Я не зна́ю, когда́ он рабо́тает. 2. Я не зна́ю, когда́ она́ отдыха́ет, etc.

Exercise 38. 1. Ве́чером я у́жинаю и отдыха́ю. (Ве́чером мы у́жинаем и отдыха́ем). 4. У́тром я за́втракаю и слу́шаю ра́дио. (У́тром мы за́втракаем и слу́шаем ра́дио). 7. Ве́чером они́ гуля́ют, чита́ют и смо́трят телеви́зор.

Exercise 40. 1. Что де́лает Бори́с у́тром? 2. Что вы де́лаете ве́чером? 3. Что де́лает Анна сейча́с? 4. Что они́ де́лают сейча́с? 5. Что вы де́лаете ве́чером (Что ты де́лаешь ве́чером?) 6. Что вы де́лаете днём? 7. Что вы де́лаете сейча́с? 8. Что де́лает Ни́на сейча́с?

Exercise 42. 1. Я не зна́ю, что он де́лает днём. 2. Я не зна́ю, что он де́лает ве́чером, etc.

Exercise 43. B. 1. Это Па́вел. Он студе́нт. Сейча́с он смо́трит телеви́зор. Он занима́ется днём. По́сле у́жина он отдыха́ет. 2. Кто она́? Как она́ говори́т по-англи́йски? Что она́ де́лает сейча́с? Что она́ де́лает по́сле обе́да?

Exercise 44. 1. за́втракаем. 2. рабо́таю. 3. смо́трите. 4. чита́ете. 5. изуча́ют. 6. говоря́т. 7. зна́ет.

Exercise 45. 1. чита́ю, слу́шаю, де́лаете. 2. говори́т, говори́те. 3. чита́ет, де́лают, слу́шают. 4. пи́шет, де́лает, у́чит. 5. зна́ет, зна́ете.

Exercise 47. 1. Кто э́то? Кто она́? Как Анна говори́т по-ру́сски? 2. Кто э́то? Что они́ де́лают сейча́с? 3. Кто э́то? Кто он? Что он де́лает у́тром? Когда́ он отдыха́ет? Что он де́лает сейча́с?

Exercise 48. 1. Да, зна́ю. Он рабо́тает днём. Нет, я не зна́ю, когда́ он рабо́тает. 2. Да, зна́ю. Ве́чером он отдыха́ет. Нет, я не зна́ю, что он де́лает ве́чером. 3. Да, зна́ю. Он отдыха́ет по́сле у́жина. Нет, я не зна́ю, когда́ он отдыха́ет, etc.

Exercise 49. 1. Я не зна́ю, кто она́. 2. Я не зна́ю, как она́ говори́т по-ру́сски. 3. Я не зна́ю, когда́ он рабо́тает. 4. Я не зна́ю, кто он. 5. Я не зна́ю, что он де́лает сейча́с. 6. Я не зна́ю, когда́ они́ занима́ются. 7. Я не зна́ю, кто они́.

Exercise 51. (a) 1. мой. 2. моя́. 3. мой. 4. моё. 5. моя́. 6. мой. 7. мой. (b) 1. на́ша. 2. наш. 3. на́ше. 4. на́ша. 5. наш. 6. наш. 7. на́ша.

Exercise 52. (a) 1. твой. 2. твоя́. 3. твоё. 4. твоя́. 5. твой. 6. твой. 7. твоя́. (b) 1. ва́ше. 2. ва́ша. 3. ва́ша. 4. ваш. 5. ва́ше. 6. ваш. 7. ваш.

Exercise 53. m.: каранда́ш, уче́бник, день, стул, шкаф, портфе́ль, костю́м, слова́рь, дом, журна́л, магнитофо́н, телеви́зор, брат, оте́ц, друг, това́рищ, преподава́тель; f.: ла́мпа, газе́та, ка́рта, тетра́дь, па́пка, крова́ть, карти́на, кни́га, маши́на, мать, сестра́, дочь; n.: ра́дио, пальто́, общежи́тие, окно́, сло́во, упражне́ние, ме́сто.

Exercise 54. 1. он. 2. она́. 3. она́. 4. он. 5. он. 6. оно́. 7. она́. 8. он. 9. она́. 10. он. 11. она́.

Exercise 56. 1. Что вы де́лали днём? 2. Что вы де́лали ве́чером? 3. Что она́ де́лала у́тром? 6. Что вы де́лали днём? (Что ты де́лал днём?)

Exercise 57. 1. он рабо́тал, она́ рабо́тала, они́ рабо́тали, etc.; 2. он говори́л, она́ говори́ла, они́ говори́ли, etc.; 3. он писа́л, она́ писа́ла, они́ писа́ли; 4. он смотре́л, она́ смотре́ла, они́ смо́трели; 5. он занима́лся, она́ занима́лась, они́ занима́лись.

Exercise 59. 1. отвеча́ла. 2. за́втракал (за́втракать). 3. гуля́ли. 4. чита́ли. 5. спра́шивала. 6. обе́дал. 7. рабо́тали. 8. слу́шали. 9. расска́зывали. 10. у́жинала.

Exercise 60. 1. писа́л. 2. смотре́ла. 3. говори́л. 4. учи́ли. 5. сиде́л(а).

Exercise 61. 1. объясня́л. 2. говори́л. 3. спра́шивал, отвеча́ли. 4. зна́ли. 5. рабо́тали, отдыха́ли. 6. гото́вил(а) 7. слу́шали. 8. чита́л. 9. смотре́л, слу́шал.

Exercise 62. Что мы де́лали на уро́ке? ...чита́ли, спра́шивал, отвеча́ли, расска́зывал, знал, отвеча́л, слу́шали, объясня́л, понима́ли, говори́л, повторя́ли, писа́ли, говори́ли, рабо́тали.

Exercise 63. Что я де́лал ве́чером? ...обе́дал, отдыха́л, чита́л, занима́лся, гото́вил, учи́л, повторя́л, писа́л, гото́вил, у́жинали, игра́ли, смотре́ли, слу́шали.

Exercise 64. 1. Утром я за́втракал, чита́л газе́ты и слу́шал ра́дио. 2. Днём мы рабо́тали, а сейча́с мы отдыха́ем. Я чита́ю журна́л, а Мэ́ри пи́шет письмо́. 3. Вчера́ ве́чером мы смотре́ли телеви́зор.

Exercise 65. 1. Кто слу́шал ра́дио? 2. Кто чита́л газе́ты? 3. Кто писа́л письмо́? 4. Кто слу́шал магнитофо́н? 5. Кто смотре́л фильм? 6. Кто смотре́л телеви́зор?

Exercise 66. 1. Кто занима́лся у́тром? 2. Кто писа́л дикта́нт? 3. Кто чита́л текст? 4. Кто хорошо́ знал уро́к? 5. Кто отвеча́л отли́чно? 6. Кто говори́л по-ру́сски? 7. Кто изуча́л ру́сский язы́к?

Exercise 69. 1. бу́дет объясня́ть. 2. бу́дут слу́шать. 3. бу́дем писа́ть. 4. бу́дут смотре́ть. 5. бу́дешь изуча́ть. 6. бу́дет изуча́ть 7. бу́дете занима́ться.

Exercise 70. 1. бу́ду за́втракать. 2. бу́дет отдыха́ть. 3. бу́дем рабо́тать. 4. бу́дут слу́шать. 5. бу́дешь чита́ть. 6. бу́дет гото́вить. 7. бу́дет говори́ть. 8. бу́дет учи́ть. 9. бу́дет смотре́ть. 10. бу́дете писа́ть. 11. бу́дут у́жинать. 12. бу́ду занима́ться.

Exercise 73. По́сле обе́да я бу́ду отдыха́ть, чита́ть; ...бу́ду занима́ться, бу́ду чита́ть, писа́ть, учи́ть, повторя́ть; ...бу́ду у́жинать; бу́ду смотре́ть, игра́ть и́ли слу́шать.

Exercise 74. На уро́ке мы бу́дем проверя́ть; ...бу́дут чита́ть и расска́зывать, бу́дет спра́шивать, бу́дем отвеча́ть; бу́дем чита́ть и писа́ть; бу́дем учи́ть, бу́дет объясня́ть; бу́дем слу́шать.

Exercise 79. шкафы́, столы́ и сту́лья; това́рищи и друзья́; сёстры, бра́тья и сыновья́; студе́нты, студе́нтки и преподава́тели; кни́ги, тетра́ди и словари́; карандаши́ и ру́чки; сады́ и па́рки; журна́лы и газе́ты; конве́рты и пи́сьма; уро́ки, ле́кции и экску́рсии; бу́квы, слова́ и предложе́ния; города́ и дере́вни; у́лицы и дома́; фа́брики и заво́ды; магази́ны и кио́ски; стадио́ны и бассе́йны.

Exercise 80. 2. аудито́рии. 7. дома́. 15. сту́лья. 17. де́ти. 18. лю́ди.

Exercise 83. 1. Преподава́тель чита́ет, студе́нты слу́шают. 2. Преподава́тель и студе́нты говоря́т по-ру́сски. 3. У́тром я чита́ю газе́ты и журна́лы. Сейча́с я чита́ю журна́л. 4. Я изуча́ю ру́сский язы́к, я учу́ слова́, повторя́ю глаго́лы, пишу́ упражне́ния, чита́ю те́ксты. 5. Это уче́бники, тетра́ди, слова́рь и карандаши́.

Exercise 86. I. 1. Чей э́то слова́рь? II. 1. Чья э́то ко́мната? III. 1. Чьё э́то письмо́? IV. 1. Чьи э́то часы́?

Exercise 87. 1. — Где на́ша аудито́рия?—Вот ва́ша аудито́рия. 2. — Где мой уче́бник? —Вот твой (ваш) уче́бник. 3. — Где наш преподава́тель?—Вот ваш преподава́тель. 4. —Где моё пальто́?—Вот твоё (ва́ше) пальто́. 5. — Где моя́ ру́чка?—Вот ва́ша (твоя́) ру́чка. 6. — Где моё ме́сто?—Вот ва́ше (твоё) ме́сто.

Exercise 88. 1. Чья э́то маши́на? 2. Чей э́то магнитофо́н? 3. Чья э́то ко́мната? 4. Чей э́то фотоаппара́т? 5. Чей э́то телефо́н? 6. Чья э́то да́ча? 7. Чья э́то дочь? 8. Чей э́то сын? 9. Чей э́то брат?

Exercise 89. 1. его́. 2. мой. 3. ва́ша. 4. твой. 5. его́. 6. на́ша. 7. его́. 8. их.

Exercise 92. 1. Чьи э́то сигаре́ты? 2. Чьи э́то де́ньги? 3. Чьё э́то письмо́? 4. Чей э́то слова́рь? 5. Чьи э́то очки́? 6. Чья э́то ру́чка? 7. Чьи э́то часы́? 8. Чья э́то газе́та? 9. Чей э́то ключ?

Exercise 93. 1. Это мой друг Анто́н. Его́ брат изуча́ет ру́сский язы́к. 2. Это моя́ ко́мната. Это мои́ кни́ги. Это мои́ фотогра́фии. 3. — Чья э́то маши́на?—Это её маши́на. 4. — Чей э́то журна́л?—Это ваш журна́л. 5. — Чьи э́то ве́щи?—Я не зна́ю, чьи э́то ве́щи. 6. — Где мой слова́рь?—Твой слова́рь здесь.

Exercise 97. 2. Это су́мка Ни́ны... 3. Это мяч Оле́га... 4. Это велосипе́д Мари́ны... 5. Это маши́на Анто́на...

Exercise 100. 1. У тебя́ есть слова́рь? 2. У тебя́ есть газе́та? 3. У него́ есть маши́на? 4. У него́ есть магнитофо́н? 5. У него́ есть де́ньги? 6. У неё есть семья́? 7. У вас есть друзья́? 8. У вас есть бра́тья?

Exercise 101. 1. У Мари́ны есть часы́... 2. У Серге́я есть чемода́н... 3. У Серге́я и Мари́ны есть сын.

Exercise 102. 1. мой. 2. на́ша. 3. её. 4. их. 5. их. 6. ваш. 7. её. 8. их. 9. твоя́. 10. ваш. 11. их.

Exercise 104. 1. был. 2. был. 3. была́. 4. был. 5. была́. 6. была́. 7. бы́ли. 8. была́.

Exercise 107. (a) Ско́лько сто́ит э́та ша́пка?... э́та руба́шка, э́то пальто́, э́тот магнитофо́н, э́тот фотоаппара́т, э́та пласти́нка, э́та кни́га. (b) Ско́лько сто́ят э́ти часы́?

Exercise 108. 1. Како́й студе́нт... 2. Кака́я де́вушка... 3. Каки́е студе́нты... 4. Како́й журна́л... 5. Каки́е упражне́ния... 6. Каки́е глаго́лы... 7. Како́й расска́з...

Exercise 110. 1. — Кто э́то?—Это студе́нтка. Эта студе́нтка изуча́ет ру́сский язы́к.—Где живёт э́та студе́нтка? 2. —Что э́то?—Это мой портфе́ль. Я купи́л э́тот портфе́ль неда́вно. 3. ...э́то, э́то, э́ти. 4. э́то, э́то, э́тот. 5. э́то, э́то, э́тот.

Exercise 111. 1. э́тот. 2. э́тот. 3. э́тот. 4. э́тот. 5. э́та. 6. э́ти. 7. э́ти. 8. э́то. 9. э́то. 10. э́ти. 11. э́ти. 12. э́та.

Exercise 112. 1. но́вый дом, но́вая у́лица, но́вое зда́ние, но́вые магази́ны. 2. ста́рый, ста́рая, ста́рое, ста́рые. 3. бе́лый, бе́лая, бе́лое, бе́лые. 4. чёрный, чёрная, чёрное, чёрные.

Exercise 113. Где мой кори́чневый плащ? Ско́лько сто́ит э́тот кори́чневый плащ? Где моё чёрное пальто́? Ско́лько сто́ит э́то чёрное пальто́?

Exercise 114. 1. после́дний авто́бус, после́дняя страни́ца, после́днее письмо́, после́дние слова́. 2. вчера́шний, вчера́шняя, вчера́шнее, вчера́шние. 3. сосе́дний, сосе́дняя, сосе́днее, сосе́дние. 4. ле́тний, ле́тняя, ле́тнее, ле́тние. 5. зи́мний, зи́мняя, зи́мнее, зи́мние.

Exercise 116. 1. ти́хий, ти́хая, ти́хое, ти́хие. 2. плохо́й, плоха́я, плохо́е, плохи́е.

Exercise 118. 1. ста́рший, ста́ршая, ста́ршие. 2. све́жий, све́жая, све́жие. 3. горя́чий, горя́чая, горя́чее, горя́чие. 4. чужо́й, чужа́я, чужо́е, чужи́е. 5. бу́дущий, бу́дущая, бу́дущее, бу́дущие.

Exercise 120. больши́е дома́, но́вые магази́ны, интере́сные фи́льмы, ру́сские пе́сни, незнако́мые слова́, широ́кие у́лицы, хоро́шие друзья́, италья́нские газе́ты, коро́ткие расска́зы, ста́рые города́, после́дние пи́сьма, высо́кие зда́ния, ста́ршие сёстры, све́тлые костю́мы, сове́тские писа́тели, газе́тные кио́ски, иностра́нные языки́, ле́тние ме́сяцы.

Exercise 122. 1. холо́дный. 2. плохо́й. 3. неинтере́сная. 4. коро́ткое. 5. но́вая. 6. молодо́й. 7. све́тлая. 8. горя́чая. 9. большо́й. 10. лёгкое. 11. тяжёлый. 12. мла́дшая.

Exercise 123. 1. ма́ленький. 2. у́зкая. 3. но́вое. 4. тёмная. 5. дли́нное. 6. тру́дный. 7. лёгкое. 8. плохо́й. 9. но́вое. 10. хоро́шая. 11. мла́дший. 12. ста́ршая.

Exercise 126. 1. а́нгло-ру́сские и ру́сско-англи́йские. 2. ру́сские. 3. коро́ткие. 4. сего́дняшние. 5. сове́тские. 6. иностра́нные.

Exercise 128. 1. Како́й язы́к вы изуча́ете? 2. Како́е расписа́ние вы смо́трите? 3. Каки́е газе́ты вы чита́ете? 4. Како́й фильм вы смотре́ли? 5. Каки́е пе́сни вы лю́бите? 6. Како́е предложе́ние вы не по́няли?

Exercise 129. 1. Вы зна́ете, како́й журна́л чита́ет Бори́с? 2. Вы зна́ете, каки́е пе́сни он лю́бит? 3. Вы зна́ете, каки́е ма́рки собира́ет мой друг? 4. Вы зна́ете, како́е пальто́ купи́ла Анна? 5. Вы зна́ете, како́й фильм они́ смотре́ли?

Exercise 131. У меня́ есть ста́ршая сестра́ Мари́я. Она́ студе́нтка. Мари́я изуча́ет ру́сский язы́к. Она́ уже́ хорошо́ говори́т и пи́шет по-ру́сски. Мари́я чита́ет сове́тские газе́ты и журна́лы. Она́ лю́бит ру́сские наро́дные пе́сни.

Exercise 132. 1. краси́во, краси́вый. 2. пло́хо, пло́хо, плохо́й. 3. ти́хо, ти́хий. 4. хорошо́, хоро́ший. 5. интере́сный, интере́сно.

Exercise 133. 1. ру́сский, по-ру́сски. 2. по-ру́сски, ру́сский. 3. ру́сские, по-ру́сски. 4. по-ру́сски, ру́сский. 5. англи́йский, по-англи́йски, англи́йские, по-англи́йски, англи́йский. 6. по-францу́зски, францу́зские, по-францу́зски, францу́зские, францу́зские.

Exercise 135. 1. писа́ть — написа́ть. 2. де́лать — сде́лать. 3. учи́ть — вы́учить. 4. повторя́ть — повтори́ть.

Exercise 136. 1. Я уже́ прочита́л. 2. Я уже́ вы́учил. 3. Я уже́ повтори́л. 4. Я уже́ сде́лал.

Exercise 140. 1. хоте́ли. 2. хоте́ла. 3. хоте́ли. 4. хоте́ли. 5. хоте́л(а). 6. хоте́л(а).

Exercise 142. 1. лю́бим. 2. лю́бят. 3. лю́бит. 4. люблю́. 5. лю́бите. 6. лю́бишь. 7. лю́бит. 8. лю́бите. 9. люблю́.

Exercise 144. 1. могу́. 2. мо́жет. 3. мо́жем. 4. мо́гут. 5. могу́. 6. мо́жет. 7. мо́жете. 8. мо́жете. 9. мо́жешь.

Exercise 145. 1. должны́. 2. должна́. 3. должны́. 4. должны́. 5. до́лжен (должна́). 6. до́лжен. 7. должна́.

Exercise 149. 1. у́читесь, учу́сь, у́чится, у́чится. 2. учи́лись, учи́лся (учи́лась). 3. у́чится, у́чится. 4. у́чится, у́чится. 5. учу́, у́чите, учу́.

Exercise 150. 1. у́читесь, учу́сь. 2. у́читесь, учу́сь, учу́. 3. у́чится, у́чится. 4. учи́ли, учи́ли, учи́ли, учи́л. 5. у́чится, у́чится, у́чит, учи́ть, у́чит, у́чит.

257

Part Two. The Main Course

THE USE OF THE CASES

The Prepositional Case

Exercise 4. 1. на столе́. 2. в ко́мнате. 3. на доске́. 4. в кио́ске. 5. на стене́. 6. на по́лке. 7. в Москве́. 8. на окне́. 9. в па́пке.

Exercise 5. I. 1. в портфе́ле. 2. в библиоте́ке. 3. в университе́те. 4. в го́роде. 5. в дере́вне. II. 1. на по́лке. 2. на столе́. 3. на стене́. 4. на сту́ле. 5. на окне́.

Exercise 6. Газе́та и каранда́ш лежа́т на столе́. Цветы́ стоя́т на окне́. Ва́за стои́т на столе́. Часы́, карти́на и фотогра́фия вися́т на стене́.

Exercise 8. 1. Андре́й рабо́тает в институ́те. 2. ...в теа́тре. 3. на заво́де. 4. в больни́це. 5. на по́чте. 6. в шко́ле.

Exercise 9. 1. на заво́де. 2. на фа́брике. 3. в шко́ле. 4. на у́лице. 5. в па́рке. 6. в кла́ссе. 7. на стадио́не. 8. на по́чте. 9. в магази́не. 10. на ро́дине.

Exercise 10. 1. не на заво́де, а в теа́тре. 2. ...в библиоте́ке. 3. ...в шко́ле. 4. ...на стадио́не. 5. ...в клу́бе.

Exercise 12. 1. в саду́ и́ли в па́рке. 2. в шкафу́ и́ли в чемода́не. 3. на по́лке и́ли в шкафу́. 4. в лесу́.

Exercise 13. 1. в общежи́тии. 2. в аудито́рии. 3. на ле́кции. 4. на собра́нии. 5. на экску́рсии. 6. в Да́нии. 7. в А́нглии. 8. в Ита́лии.

Exercise 14. 1. в Испа́нии. 2. в Ита́лии. 3. во Фра́нции. 4. в Швейца́рии. 5. в А́встрии. 6. в Португа́лии. 7. в Япо́нии. 8. в Ту́рции. 9. в И́ндии.

Exercise 16. 1. в аудито́рии. 2. на стене́. 3. на окне́. 4. на столе́. 5. в шкафу́. 6. на доске́. 7. в тетра́ди. 8. в словаре́.

Exercise 17. 1. А мы бы́ли на вы́ставке. 2. ...на конце́рте. 3. на стадио́не. 4. в Болга́рии.

Exercise 18. 1. в Москве́, в общежи́тии. 2. в институ́те. 3. в аудито́рии. 4. в библиоте́ке. 5. в клу́бе и́ли в бассе́йне. 6. в лаборато́рии, на заво́де. 7. в Белору́ссии. 8. в го́роде Бре́сте. 9. в Ми́нске. 10. на заво́де.

Exercise 21. 1. Где вы у́читесь? 2. Где вы живёте? 3. Где живёт ва́ша семья́? 4. Где рабо́тает оте́ц Ви́ктора? 5. Где рабо́тает сестра́ А́нны? 6. Где вы бу́дете рабо́тать?

Exercise 24. 1. Мой ста́рший брат Серге́й рабо́тает в Ленингра́де. Он у́чится в университе́те. Ра́ньше он рабо́тал на фа́брике. По́сле университе́та он бу́дет рабо́тать в музе́е. 2. Ле́том англи́йские тури́сты бы́ли в Москве́. Они́ бы́ли в шко́ле, в теа́тре, в музе́е, на заво́де. 3. Сего́дня я был в магази́не и на по́чте. В магази́не я купи́л кни́ги, а на по́чте — конве́рты и ма́рки.

Exercise 26. 1. о фи́льме. 2. о ро́дине. 3. о Москве́. 4. о телегра́мме. 5. о сестре́. 6. о писа́теле. 7. о дру́ге. 8. о бра́те. 9. о ма́тери.

Exercise 27. 1. о семье́. 2. о теа́тре. 3. о литерату́ре. 4. о Москве́. 5. об экза́мене. 6. о футбо́ле. 7. о до́ме. 8. о ко́смосе.

Exercise 28. 1. Андре́й ду́мает о футбо́ле. 2. ...о маши́не. 3. о де́вушке. 4. о мо́ре. 5. о соба́ке.

Exercise 30. 1. О ком спра́шивала А́нна в письме́? 2. О чём ты ду́маешь сейча́с? 3. О ком расска́зывал ма́льчик? 4. О ком расска́зывал ваш преподава́тель? 5. О чём вы чита́ли сего́дня? 6. О чём пи́шет э́тот писа́тель?

Exercise 32. 1. о ней. 2. о нём. 3. о них. 4. о вас. 5. о нём. 6. о тебе́. 7. обо мне́.

Exercise 33. 1. о нём и о ней. 2. о них. 3. о нас. 4. о тебе́ и обо мне́. 5. о ней. 6. обо мне́ и о вас.

Exercise 35. 1. в большо́м ю́жном го́роде. 2. в ста́ром краси́вом до́ме. 3. на второ́м этаже́. 4. на но́вом хими́ческом заво́де. 5. в студе́нческом клу́бе. 6. в сосе́днем кни́жном магази́не. 7. в ближа́йшем кинотеа́тре.

Exercise 37. 1. на ти́хой зелёной у́лице. 2. в большо́й све́тлой ко́мнате. 3. в на́шей студе́нческой столо́вой. 4. в на́шей университе́тской библиоте́ке. 5. в музыка́льной шко́ле. 6. в дома́шней тетра́ди.

Exercise 38. 1. в сосе́днем до́ме. 2. в студе́нческом. 3. в деся́той. 4. в медици́нском. 5. в сре́дней. 6. на истори́ческом. 7. на физи́ческом. 8. в университе́тской.

Exercise 39. 1. в на́шем го́роде, на сосе́дней у́лице. 2. в университе́те, на хими́ческом факульте́те. 3. в университе́тской библиоте́ке. 4. об интере́сной рабо́те. 5. в институ́те, в хими́ческой лаборато́рии. 6. об одно́й небольшо́й статье́. 7. в журна́ле «Хи́мия», в после́днем но́мере.

Exercise 40. 1. на пя́том. 2. на тре́тьем. 3. на пе́рвом. 4. в двена́дцатой. 5. в тридца́той. 6. на второ́м. 7. на четвёртом. 8. на седьмо́й. 9. на деся́той.

Exercise 42. 1. Я не зна́ю, в како́м магази́не он купи́л слова́рь. 2. Я не зна́ю, в како́м институ́те она́ у́чится. 3. Я не зна́ю, на како́м заво́де он рабо́тает. 4. Я не зна́ю, в како́м музе́е они́ бы́ли в суббо́ту. 5. Я не зна́ю, в како́й больни́це она́ рабо́тает.

Exercise 44. 1. В како́м общежи́тии вы живёте? 2. На како́м факульте́те вы у́читесь? 3. На како́м ку́рсе у́чится Са́ша? 4. В како́й лаборато́рии рабо́тает Оле́г? 5. В како́й шко́ле рабо́тает его́ оте́ц?

Exercise 47. 1. В моём портфе́ле... 2. В на́шем кла́ссе... 3. В её ко́мнате... 4. В их клу́бе... 5. В его́ тетра́ди...

Exercise 50. 1. о свое́й сестре́. 2. о своём до́ме. 3. о свое́й рабо́те. 4. о своём дру́ге. 5. в своём кабине́те. 6. в свое́й тетра́ди. 7. о своём бра́те.

Exercise 51. 1. в его́ ко́мнате. 2. о свое́й сестре́. 3. о свое́й семье́. 4. в свое́й аудито́рии. 5. о своём дру́ге, о моём дру́ге. 6. о свое́й сестре́. 7. о его́ бра́те.

Exercise 52. 1. о своём лу́чшем дру́ге. 2. о свое́й но́вой рабо́те. 3. о своём но́вом това́рище. 4. о свое́й бу́дущей рабо́те. 5. о своём ста́ром профе́ссоре. 6. о своём родно́м го́роде.

Exercise 53. 1. Анна пи́шет в свое́й тетра́ди. В её тетра́ди есть оши́бки. 2. Па́вел сиди́т в свое́й ко́мнате. Мы сиди́м в его́ ко́мнате. 3. Бори́с говори́т о свое́й сестре́. Мы говори́м о его́ сестре́. 4. Ни́на расска́зывает о свое́й семье́. Мы говори́м о её семье́.

Exercise 56. 1. У меня́ в ко́мнате... 2. У него́ в контро́льной рабо́те... 3. У них в ко́мнате... 4. У тебя́ на столе́... 5. ...у нас на факульте́те. 6. У нас в клу́бе... 7. У вас в кио́ске... 8. У неё в ко́мнате.

Exercise 58. I. 1. на фа́бриках и на заво́дах. 2. в магази́нах и в кио́сках. 3. в музе́ях и в теа́трах. 4. в пи́сьмах. 5. в газе́тах. II. 1. в общежи́тиях. 2. в санато́риях. 3. на экску́рсиях в музе́ях. 4. в словаря́х.

Exercise 59. 1. о бра́тьях и сёстрах. 2. о друзья́х. 2. о худо́жниках. 4. о геро́ях. 5. о фи́льмах. 6. о кни́гах.

Exercise 60. 1. на ра́зных заво́дах и фа́бриках. 2. в больши́х но́вых дома́х. 3. в но́вых шко́лах. 4. в больши́х све́тлых кла́ссах. 5. в де́тских кинотеа́трах. 6. в пионе́рских лагеря́х.

Exercise 61. 1. в ра́зных институ́тах и университе́тах. 2. в больши́х аудито́риях. 3. на стадио́нах и в спорти́вных за́лах. 4. в больши́х но́вых общежи́тиях. 5. в студе́нческих клу́бах. 6. на ра́зных заво́дах и фа́бриках. 7. в кни́жных магази́нах. 8. в газе́тных кио́сках.

Exercise 62. 1. в моско́вских институ́тах. 2. в но́вых общежи́тиях. 3. в ю́жных санато́риях. 4. в физи́ческих лаборато́риях. 5. в моско́вских теа́трах. 6. о после́дних сове́тских фи́льмах. 7. о косми́ческих полётах.

Exercise 65. 1. Уче́бный год в университе́те начина́ется в сентябре́. 2. ...в ию́не. 3. в январе́. 4. в январе́ и в феврале́. 5. в ию́ле и в а́вгусте. 6. в ноябре́. 7. в декабре́.

Exercise 66. 1. Когда́ (в како́м ме́сяце) вы роди́лись? 2. Когда́ вы бы́ли в Москве́? 3. Когда́ бу́дут экза́мены? 4. Когда́ бу́дут ле́тние кани́кулы? 5. Когда́ начина́ется уче́бный год в университе́те?

Exercise 67. 1. Джон был в Сове́тском Сою́зе в про́шлом году́. 2. ...в э́том году́. 3. в бу́дущем году́. 4. в про́шлом году́. 5. в бу́дущем году́. 6. в э́том году́.

259

17*

Exercise 68. 1. Джон роди́лся в ты́сяча девятьсо́т шестьдеся́т пе́рвом году́. 2. ...в ты́сяча девятьсо́т тридца́том году́. 3. в ты́сяча девятьсо́т три́дцать пя́том году́. 4. в ты́сяча девятьсо́т се́мьдесят восьмо́м году́. 5. в ты́сяча девятьсо́т се́мьдесят тре́тьем и в ты́сяча девятьсо́т се́мьдесят седьмо́м году́. 6. в ты́сяча девятьсо́т се́мьдесят пя́том году́.

Exercise 70. ...роди́лся в ты́сяча девятьсо́т шестьдеся́т девя́том году́, в Ла́твии, в небольшо́м го́роде. ...живёт в Ри́ге. ...рабо́тает на желе́зной доро́ге, ...рабо́тает на автомоби́льном заво́де. ...учи́лся в сре́дней шко́ле, ...рабо́тал на заво́де... В про́шлом году́... на́чал учи́ться в Ленингра́дском медици́нском институ́те. ...у́чится на второ́м ку́рсе. ...занима́ется в лаборато́рии и́ли в библиоте́ке, ...быва́ет на конце́ртах, в теа́трах, в музе́ях, на вы́ставках. ...рабо́тает в строи́тельном отря́де.

The Accusative Case

Exercise 2. (a) Я ви́жу теа́тр, библиоте́ку, кио́ск, зда́ние, больни́цу. (b) Я чита́ю письмо́, кни́гу, газе́ту, расска́з, уче́бник, статью́. (c) Я слу́шаю магнитофо́н, пласти́нку, му́зыку, пе́сню, ле́кцию.

Exercise 3. I. 1. у́лицу. 2. кио́ск. 3. библиоте́ку. 4. теа́тр. II. 1. кни́гу. 2. журна́л. 3. газе́ту. III. 1. ла́мпу. 2. карти́ну. 3. магнитофо́н. 4. пласти́нку.

Exercise 5. 1. Мы ви́дим на у́лице авто́бус, трамва́й, маши́ну, ста́нцию метро́. 2. ... кни́гу, газе́ту и́ли журна́л. 3. ле́кцию, конце́рт, му́зыку. 4. кни́гу, газе́ту, тетра́дь, ру́чку, каранда́ш, бума́гу. 5. хлеб, мя́со, сыр, колбасу́, са́хар, молоко́, ры́бу. 6. мя́со, ры́бу, колбасу́, сыр. 7. ко́фе, молоко́ и́ли чай.

Exercise 6. 1. ...кни́гу, газе́ту, рома́н, расска́з, текст, журна́л. 2. письмо́, упражне́ние, запи́ску. 3. посы́лку, телегра́мму, откры́тку. 4. спорт, му́зыку, бале́т, о́перу, кино́. 5. литерату́ру, исто́рию, филосо́фию, фи́зику, хи́мию, матема́тику, биоло́гию.

Exercise 7. 1. Я был в магази́не. Я купи́л там пласти́нку и фотоальбо́м. 2. Я был в библиоте́ке. Я взял там кни́гу. 3. Я был в теа́тре. Я смотре́л там спекта́кль. 4. Я был в аудито́рии. Я слу́шал там ле́кцию. 5. Я был в клу́бе. Я смотре́л там фильм. 6. Я был в ка́ссе. Я получи́л стипе́ндию.

Exercise 9. 1. Студе́нты слу́шают ле́кцию, ра́дио, конце́рт, му́зыку, пе́сню, магнитофо́н. 2. ...уро́к, текст, пе́сню. 3. литерату́ру, исто́рию, матема́тику, фи́зику, хи́мию, геогра́фию, биоло́гию. 4. уче́бник, ру́чку, каранда́ш, слова́рь, тетра́дь. 5. костю́м, га́лстук, руба́шку, пальто́, ша́пку, шарф. 6. това́рища, дру́га, преподава́теля, Анну и Ви́ктора. 7. профе́ссора, преподава́теля, поэ́та, писа́теля, арти́ста.

Exercise 10. 3. Бори́са и Ни́ну. 5. мать и отца́. 7. сы́на и дочь. 8. бра́та и сестру́.

Exercise 11. 1. Что вы купи́ли в кио́ске? 2. Кого́ вы ви́дели у́тром? 3. Что изуча́ет Анна? 4. Что она́ лю́бит? 5. Кого́ вы ждёте? 6. Кого́ вы встре́тили сего́дня у́тром?

Exercise 12. 1. в университе́те, об университе́те, университе́т. 2. кни́гу, в (на) кни́ге, кни́га, о кни́ге. 3. студе́нт, студе́нта, о студе́нте. 4. мать и сестру́, о ма́тери и о сестре́, мать и сестра́.

Exercise 13. 1. в тетра́ди, тетра́дь, тетра́дь. 2. слова́рь, в словаре́, слова́рь. 3. преподава́тель, преподава́теля, о преподава́теле.

Exercise 14. 1. Я был в магази́не. Я купи́л уче́бник, ру́чку и тетра́дь. 2. Мой друг у́чится в университе́те. Он изуча́ет ру́сский язы́к и литерату́ру. 3. В четве́рг я был в клу́бе. Там я ви́дел Ви́ктора и Анну. Ви́ктор сказа́л, что он купи́л маши́ну. 4. Сего́дня мы слу́шали ле́кцию. Ле́кция была́ о́чень интере́сная.

Exercise 15. 1. Я не зна́ю его́. Я не встреча́л его́ ра́ньше. 2. её, её. 3. его́, его́. 4. его́, его́. 5. их, их. 6. их, их.

Exercise 16. 1. его́. 2. её. 3. их. 4. вас. 5. её. 6. их. 7. их. 8. его́.

Exercise 17. 1. его́ и её. 2. тебя́ и его́. 3. вас и её. 4. вас и их. 5. нас. 6. его́ и меня́.

Exercise 19. 1. Мы смотре́ли но́вый сове́тский фильм. 2. ...сего́дняшнюю газе́ту. 3. совреме́нную му́зыку. 4. незнако́мого молодо́го челове́ка. 5. ста́ршего бра́та.

Exercise 21. 1. Како́й костю́м вы купи́ли (ты купи́л)? 2. Како́е пла́тье она́ купи́ла?

3. Какую газету он читает? 4. Какого преподавателя они встретили в театре? 5. Какого журналиста пригласили студенты? 6. Какую сестру вы встречали на вокзале?

Exercise 24. I. 1. — Ты знаешь мою сестру? — Да, я знаю твою сестру. 2. моя, мою, твою. 3. моего, вашего. 4. вашу (твою). 5. ваш (твой). II. 1. моего, твоего (вашего). 2. нашу, вашу. 3. вашего (твоего). 4. вашу (твою). 5. вашу (твою). 6. вашу (твою).

Exercise 25. 1. своего отца и свою мать. 2. своего. 3. своего. 4. свою. 5. свою. 6. свою. 7. свой.

Exercise 26. 1. свою сестру, о его сестре, его сестру. 2. свою ручку, мою ручку. 3. мою книгу, моя книга. 4. их адрес. 5. её рассказ, свой новый рассказ.

Exercise 27. 1. своего сына, о своём сыне. 2. своего мужа, о своём муже. 3. своего друга, о своём друге, мой друг. 4. свою сестру, их сестра, о своей сестре. 5. в своей тетради, свою тетрадь.

Exercise 29. 1. Чей словарь он взял? 2. Чей учебник она потеряла? 3. Чью дочь вы знаете? 4. Чью машину вы видели? 5. Чей телефон они знают?

Exercise 30. 1. английскую газету. 2. французский фильм. 3. немецко-русский словарь. 4. новый кинотеатр и станцию метро. 5. старинную русскую музыку.

Exercise 31. 1. Виктора и его знакомую девушку. 2. старшего брата Бориса и его жену. 3. вашего старшего брата Николая и вашу младшую сестру Нину. 4. нашего преподавателя и нашу преподавательницу.

Exercise 32. 1. своего (моего) старого друга. 2. последнюю статью. 3. нашего старого профессора. 4. эту известную артистку. 5. контрольную работу. 6. своего (моего) старшего брата. 7. нашего глазного врача. 8. интересную новость.

Exercise 34. 1. вчерашняя газета, вчерашнюю газету, во вчерашней газете. 2. одну интересную статью, об одной интересной статье. 3. один мой хороший друг, одного моего хорошего друга, об одном моём хорошем друге. 4. этот известный артист, об этом известном артисте, этого известного артиста.

Exercise 35. 1. Что он пишет? 2. Что она читает? 3. Кого ты ждёшь? 4. Кого она встретила в театре? 5. Какую девушку он пригласил в кино? 6. Какого брата вы знаете? 7. Чью книгу она потеряла? 8. Чей телефон вы знаете? 9. Кого вы · видели в парке? 10. Чьего сына вы знаете? 11. Кого вы встретили в метро?

Exercise 36. 1. этот журнал, в этом журнале. 2. большой серый дом, в большом сером доме. 3. старший брат, старшего брата, о старшем брате. 4. эту девушку, эта девушка, об этой девушке.

Exercise 37. 1. В воскресенье мы были в театре. Мы слушали оперу «Борис Годунов». В театре мы встретили нашего студента Виктора и его жену Нину. 2. Я знаю, что в этом журнале есть интересная статья. Я хочу прочитать эту статью. 3. Где моя ручка? Наверное, я забыл свою ручку в аудитории. Можно взять вашу ручку? 4. — Кого вы ждёте? — Я жду своего старшего брата Игоря. Вы знаете его? — Нет, я не знаю вашего брата.

Exercise 43. 1. Мы встречаем в университете студентов, студенток, профессоров, преподавателей. 2. ...артистов, артисток, писателей, поэтов. 3. друзей, подруг, товарищей, соседей. 4. концерты, лекции, доклады. 5. газеты, журналы, открытки, ручки, карандаши, конверты.

Exercise 44. 1. ...родителей, братьев, сестёр, подруг, друзей, товарищей. 2. инженеров, врачей, геологов, филологов, историков, юристов, экономистов. 3. инженеров, техников, лаборантов.

Exercise 45. 1. Я люблю читать разные книги. 2. ...спортивные передачи. 3. польские и французские фильмы. 4. короткие письма. 5. незнакомые слова.

Exercise 46. 1. сегодняшние газеты. 2. новогодние открытки. 3. новые пластинки. 4. старинные русские песни. 5. нужные учебники. 6. новые журналы. 7. трудные экзамены.

Exercise 47. 1. наших новых студентов. 2. моих школьных друзей. 3. наших молодых преподавателей. 4. своих знакомых девушек.

Exercise 48. 1. своих старых товарищей. 2. этих новых студентов. 3. знакомых студенток. 4. наших новых друзей. 5. молодых преподавателей. 6. своих старых родителей. 7. своих младших братьев и старших сестёр.

Exercise 50. 1. Каки́е журна́лы вы прочита́ли? 2. Каки́е пе́сни вы пе́ли? 3. Каки́х това́рищей он встре́тил в кино́? 4. Каки́х писа́телей студе́нты пригласи́ли в клуб? 5. Каки́х худо́жников вы ви́дели на вы́ставке? 6. Каки́х сестёр вы давно́ не ви́дели? 7. Каки́х сынове́й мать давно́ не ви́дела?

Exercise 51. 1. сего́дняшние газе́ты, сего́дняшние газе́ты, в сего́дняшних газе́тах. 2. большо́й чёрный портфе́ль, большо́й чёрный портфе́ль, в большо́м чёрном портфе́ле. 3. интере́сная ле́кция, об интере́сной ле́кции, интере́сную ле́кцию. 4. э́тот небольшо́й чемода́н, э́тот небольшо́й чемода́н, в э́том небольшо́м чемода́не. 5. на́ши но́вые студе́нты, на́ших но́вых студе́нтов, о на́ших но́вых студе́нтах.

Exercise 57. 1. в кино́, в теа́тр, в клуб, в музе́й, в цирк, на ве́чер, на конце́рт. 2. на вы́ставку, в библиоте́ку, в поликли́нику, на стадио́н. 3. в зал, в аудито́рию, в буфе́т, в столо́вую, в библиоте́ку, в лаборато́рию.

Exercise 59. 1. в клуб. 2. в лаборато́рию. 3. в библиоте́ку. 4. на стадио́н. 5. на вы́ставку. 6. в дере́вню. 7. в кино́. 8. в теа́тр. 9. в зоопа́рк. 10. на ры́нок.

Exercise 60. 1. Куда́ вы идёте сейча́с? 2. Куда́ вы пойдёте по́сле обе́да? 3. Куда́ вы пойдёте сего́дня ве́чером? 4. Куда́ они́ ходи́ли вчера́? 5. Куда́ вы ходи́ли в суббо́ту? 6. Куда́ вы е́здили в про́шлом году́? 7. Куда́ ва́ша семья́ е́здила ле́том?

Exercise 61. 1. в на́шу библиоте́ку. 2. на но́вый стадио́н. 3. в на́шу райо́нную поликли́нику. 4. в городску́ю библиоте́ку. 5. в студе́нческий клуб. 6. в Истори́ческий музе́й. 7. на францу́зскую фотовы́ставку.

Exercise 62. 1. в городску́ю библиоте́ку. 2. в Моско́вский университе́т. 3. в родну́ю дере́вню. 4. в Политехни́ческий музе́й. 5. в Болга́рию. 6. в родно́й го́род. 7. в Сове́тский Сою́з.

Exercise 63. 1. в большо́й зал на ле́кцию. 2. в аудито́рию на заня́тие. 3. в больни́цу на рабо́ту. 4. в клуб на конце́рт. 5. в теа́тр на но́вый бале́т. 6. на ро́дину в дере́вню. 7. в сосе́дний го́род на пра́ктику.

Exercise 65. 1. бы́ли в кино́, в клу́бе, в теа́тре, в библиоте́ке, в музе́е; ходи́ли в кино́, в клуб, в теа́тр, в библиоте́ку, в музе́й. 2. отдыха́ют на ю́ге, в санато́рии, в дере́вне, в Приба́лтике; мо́жем пое́хать на юг, в санато́рий, в дере́вню, в Приба́лтику. 3. пое́дем на стадио́н, в бассе́йн, в цирк, в зоопа́рк, на вы́ставку; бу́дем на стадио́не, в бассе́йне, в ци́рке, в зоопа́рке, на вы́ставке.

Exercise 66. 1. на вы́ставку, на вы́ставке. 2. на заво́д, на заво́де. 3. на ве́чер, на ве́чере. 4. в поликли́нику, в поликли́нике. 5. в библиоте́ке, в библиоте́ку. 6. в столо́вой, в столо́вую. 7. на по́чту, на по́чте. 8. в магази́н, в магази́не. 9. на пра́ктике, на пра́ктику.

Exercise 67. 1. в на́шем но́вом клу́бе на интере́сном ве́чере, в наш но́вый клуб на интере́сный ве́чер. 2. в Большо́й теа́тр на но́вый бале́т, в Большо́м теа́тре на но́вом бале́те. 3. на э́том хими́ческом заво́де, на э́тот хими́ческий заво́д. 4. в Моско́вском университе́те на физи́ческом факульте́те, в Моско́вский университе́т на физи́ческий факульте́т. 5. в кни́жный магази́н, в кни́жном магази́не. 6. в Истори́ческий музе́й, в Истори́ческом музе́е.

Exercise 68. 1. в большо́й аудито́рии, в большу́ю аудито́рию. 2. в медици́нский институ́т, в медици́нском институ́те. 3. в на́шей но́вой столо́вой, в на́шу но́вую столо́вую. 4. в оди́н небольшо́й ю́жный го́род, в одно́м небольшо́м ю́жном го́роде. 5. на ле́кцию в Моско́вский университет, на ле́кции в Моско́вском университе́те. 6. в Ленингра́дский университе́т, в Ленингра́дском университе́те.

Exercise 69. 1. ходи́л в университе́т. 2. е́здили на стадио́н. 3. ходи́ли в планета́рий. 4. ходи́ла в поликли́нику. 5. е́здили в дере́вню. 6. е́здили в Сове́тский Сою́з.

Exercise 70. 1. Да, я был сего́дня на ле́кции. 2. ...был(и) на конце́рте, etc.

Exercise 71. 1. В суббо́ту мы ходи́ли... 2. Сего́дня мы ходи́ли... 3. ходи́ли. 4. е́здил(и). 5. е́здили. 6. ходи́л.

Exercise 72. 1. Где вы бы́ли вчера́? 2. Куда́ ты ходи́л у́тром? 3. Куда́ е́здили студе́нты в ма́е? 4. Где он учи́лся ра́ньше? 5. Где бы́ли ва́ши друзья́ в про́шлом году́? 6. Куда́ вы е́здили в про́шлом году́?

Exercise 74. Андре́й поста́вил часы́ на кни́жный шкаф, кни́ги на по́лку, ла́мпу на стол, телефо́н на телефо́нный сто́лик.

Exercise 75. I. 1. на стол. 2. в портфе́ль. 3. в шкаф. 4. в су́мку. 5. на по́лку. 6. в чемода́н.

7. в карма́н. II. 1. в ва́зу. 2. на стол. 3. на по́лку. 4. на шкаф. 5. на окно́. III. 1—2. на э́ту сте́ну. 3. на ве́шалку. 4—5. на э́ту сте́ну.

Exercise 76. 1. кни́гу на стол, письмо́ в конве́рт, де́ньги в карма́н, портфе́ль на стул. 2. ва́зу на окно́, кни́гу на по́лку, кре́сло в у́гол, стака́н на стол. 3. пальто́ в шкаф, табли́цу на до́ску, карти́ну на сте́ну. 4. тетра́ди в портфе́ль, кни́ги на стол, ве́щи в чемода́н. 5. ла́мпу на стол, кни́ги на по́лку, цветы́ в ва́зу. 6. костю́м в шкаф, карти́ны на сте́ны.

Exercise 77. 1. Поста́вь цветы́ в э́ту ва́зу. 2. Положи́ письмо́ на пи́сьменный стол. 3. Положи́ па́спорт в мою́ су́мку. 4. Пове́сь календа́рь на э́ту сте́ну. 5. Положи́ пласти́нку на по́лку. 6. Поста́вь часы́ на стол.

Exercise 78. 1. на кни́жной по́лке, на кни́жную по́лку. 2. в пра́вый карма́н, в пра́вом карма́не. 3. на её пи́сьменном столе́, на свой пи́сьменный стол. 4. в большо́й си́ней ва́зе, в большу́ю си́нюю ва́зу. 5. в э́тот большо́й шкаф, в э́том большо́м шкафу́.

Exercise 79. 1. Где стоя́т цветы́? 2. Куда́ вы поста́вили цветы́? 3. Куда́ Игорь положи́л газе́ты? 4. Где лежа́т газе́ты? 5. Куда́ Анна пове́сила фотогра́фию? 6. Где виси́т её фотогра́фия?

Exercise 81. 1. Я приглаша́ю тебя́ на вы́ставку. 2. вас на экску́рсию в сосе́дний го́род. 3. свои́х друзе́й в кафе́. 4. преподава́теля на студе́нческий ве́чер. 5. знако́мую де́вушку в теа́тр. 6. вас на конце́рт в наш клуб.

Exercise 82. 1. Мы бы́ли в теа́тре во вто́рник. 2. ...в суббо́ту. 3. в сре́ду. 4. в суббо́ту и в воскресе́нье. 5. в понеде́льник. 6. в четве́рг. 7. в пя́тницу.

Exercise 83. 1. в э́тот четве́рг. 2. в сле́дующую пя́тницу. 3. в про́шлую сре́ду. 4. в э́тот вто́рник. 5. в бу́дущее воскресе́нье. 6. в бу́дущий понеде́льник. 7. в про́шлый четве́рг. 8. в сле́дующий вто́рник.

Exercise 84. 1. Я дам тебе́ слова́рь че́рез мину́ту. 2. ...че́рез час. 3. че́рез неде́лю. 4. че́рез полго́да. 5. че́рез ме́сяц. 6. че́рез год.

Exercise 86. 1. Я купи́л э́ту кни́гу неде́лю наза́д. 2. ...мину́ту наза́д. 3. час наза́д. 4. полго́да наза́д. 5. год наза́д. 6. ме́сяц наза́д.

Exercise 87. I. 1. Ско́лько вре́мени вы жда́ли меня́? 2. Как до́лго (ско́лько вре́мени) он был в библиоте́ке? 3. Как до́лго (ско́лько вре́мени) он отдыха́л на ю́ге? 4. Ско́лько вре́мени (как до́лго) он боле́л? 5. Ско́лько вре́мени вы рабо́тали? II. 1. Как до́лго вы разгова́ривали? 2. Как до́лго вы меня́ жда́ли? 3. Ско́лько вре́мени они́ жи́ли в Москве́? 4. Ско́лько вре́мени студе́нты бы́ли на пра́ктике? 5. Как до́лго он занима́лся?

Exercise 88. 1. Как ча́сто вы ходи́ли на стадио́н ле́том? 2. Как ча́сто вы смо́трите фи́льмы? 3. Как ча́сто он де́лает гимна́стику? 4. Как ча́сто вы быва́ете в клу́бе? 5. Как ча́сто она́ получа́ет пи́сьма? 6. Как ча́сто вы е́здили ра́ньше в дере́вню? 7. Как ча́сто студе́нты получа́ют стипе́ндию?

Exercise 91. 1. Я написа́л упражне́ние за два часа́. 2. Я вы́учил стихотворе́ние за три́дцать мину́т, etc.

Exercise 92. 1. Я бу́ду чита́ть кни́гу неде́лю. 2. Она́ бу́дет чита́ть журна́л оди́н день. 3. Они́ бу́дут слу́шать магнитофо́н весь ве́чер. 4. Они́ бу́дут в Сове́тском Сою́зе полго́да. 5. Тури́сты бу́дут в Ленингра́де неде́лю. 6. Она́ бу́дет в санато́рии ме́сяц.

The Dative Case

Exercise 2. 1. писа́ть бра́ту, дру́гу, това́рищу, сестре́, подру́ге, де́вушке. 2. звони́ть Вади́му, Бори́су, Ви́ктору, Никола́ю, Серге́ю, Анне, Ли́де, Ни́не, Мари́и. 3. расска́зывать сосе́ду, преподава́телю, профе́ссору, писа́телю, журнали́сту, врачу́. 4. объясня́ть студе́нту, студе́нтке, ученику́, сы́ну, до́чери.

Exercise 3. I. 1. Я написа́л письмо́ бра́ту. 2. ...дру́гу. 3. това́рищу. 4. профе́ссору. 5. преподава́телю. 6. врачу́. II. 1. Преподава́тель объясни́л зада́чу студе́нтке. 2. ...сестре́. 3. ма́тери. 4. до́чери.

Exercise 4. 1. Я даю́ свой магнитофо́н дру́гу, etc.

Exercise 5. 1. Я обеща́л ча́сто писа́ть пи́сьма отцу́ и ма́тери, etc.

Exercise 8. I. 1. оте́ц. 2. отцу́. 3. отца́. 4. об отце́. II. 1. подру́ге. 2. о подру́ге. 3. подру́гу. 4. подру́га. III. 1. писа́теля Бори́са Анто́нова. 2. писа́телю Бори́су Анто́нову. 3. писа́тель Бори́с Анто́нов. 4. о писа́теле Бори́се Анто́нове.

Exercise 9. 1. сестре́, о сестре́, сестру́, сестра́. 2. друг, о дру́ге, дру́га, дру́гу.

Exercise 10. 1. Что подари́ли роди́тели сы́ну? 2. Что купи́ла мать до́чери? 3. Кому́ вы купи́ли пласти́нки? 4. Кому́ он посла́л фотогра́фии? 5. Кому́ вы сдава́ли экза́мен? 6. Кому́ вы о́тдали уче́бник? 7. Что вы о́тдали сосе́ду?

Exercise 12. 1. ...Ты говори́л ему́ об э́том? 2. ...Ты звони́л ей? 3. Ты купи́л им биле́ты? 4. Ты написа́л им об э́том? 5. Ты сообщи́л им свой но́вый а́дрес?

Exercise 13. 1. им. 2. ему́. 3. ей. 4. ей. 5. нам. 6. вам. 7. тебе́. 8. мне.

Exercise 14. 1. нам. 2. ему́. 3. мне. 4. им. 5. вам. 6. ей. 7. мне.

Exercise 17. 1. вам. 2. тебе́. 3. вам. 4. тебе́. 5. вам. 6. вам. 7. вам.

Exercise 18. I. 1. Мы рассказа́ли о Москве́ но́вому преподава́телю. 2. ...изве́стному худо́жнику. 3. знако́мому журнали́сту. 4. сове́тскому студе́нту. 5. больно́му ма́льчику. 6. мла́дшему бра́ту. 7. ста́ршему бра́ту. II. 1. но́вой студе́нтке. 2. больно́й де́вочке. 3. знако́мой де́вушке. 4. ста́ршей сестре́. 5. мла́дшей сестре́.

Exercise 20. 1. Како́му дру́гу вы написа́ли письмо́? 2. Како́й де́вочке врач сде́лал опера́цию? 3. Како́му бра́ту вы хоти́те посла́ть э́ту фотогра́фию? 4. Како́й сестре́ Серге́й посыла́ет кни́ги? 5. Како́му поэ́ту он пока́зывал свои́ стихи́?

Exercise 21. 1. свое́й мла́дшей до́чери. 2. свое́й (мое́й) ста́ршей сестре́. 3. одному́ но́вому студе́нту. 4. своему́ (моему́) дру́гу Па́влу. 5. э́тому больно́му студе́нту. 6. своему́ (моему́) това́рищу. 7. своему́ (моему́) бли́зкому дру́гу.

Exercise 22. 1. э́тому студе́нту и э́той студе́нтке. 2. на́шему преподава́телю. 3. своему́ това́рищу. 4. свое́й семье́, своему́ отцу́, своему́ бра́ту и свое́й сестре́. 5. свое́й ма́тери. 6. мне и моему́ дру́гу.

Exercise 23. 1. на́шего преподава́теля, на́шему преподава́телю. 2. своего́ ста́рого дру́га, своему́ ста́рому дру́гу. 3. знако́мого студе́нта, знако́мому студе́нту. 4. на́шего библиоте́каря, на́шему библиоте́карю. 5. одного́ незнако́мого челове́ка, одному́ незнако́мому челове́ку. 6. своего́ отца́, свою́ мать, свою́ сестру́ и своего́ бра́та; своему́ отцу́, свое́й ма́тери, свое́й сестре́ и своему́ бра́ту.

Exercise 24. 1. студе́нтам. 2. това́рищам. 3. сёстрам. 4. друзья́м. 5. бра́тьям. 6. сыновья́м. 7. роди́телям.

Exercise 25. 1. студе́нтам. 2. тури́стам. 3. друзья́м. 4. роди́телям. 5. бра́тьям. 6. подру́гам. 7. де́тям.

Exercise 26. 1. подари́л. 2. сообщи́л. 3. меша́ете. 4. чита́ет. 5. даю́т (пока́зывают). 6. даёт. 7. помога́ет. 8. посла́л.

Exercise 27. 1. подру́гам откры́тки. 2. ученика́м их оши́бки. 3. сосе́дям газе́ты. 4. това́рищу телегра́мму. 5. студе́нтам ле́кцию. 6. ма́тери насто́льную ла́мпу. 7. шко́льникам свои́ но́вые карти́ны.

Exercise 28. 1. друзья́м о на́шем университе́те. 2. студе́нтам об экза́менах. 3. това́рищам об экску́рсии. 4. врачу́ о свое́й боле́зни. 5. отцу́ о свое́й жи́зни. 6. бра́ту о свои́х друзья́х и подру́гах. 7. преподава́телю о кани́кулах.

Exercise 30. 1. Серге́еву Анато́лию Па́вловичу и Серге́евой Ли́дии Никола́евне. 2. Смирно́вой Анне Петро́вне и Соколо́ву Бори́су Васи́льевичу. 3. Си́монову Влади́миру Фёдоровичу и Ники́тиной Алле Бори́совне.

Exercise 31. 1. но́вым. 2. иностра́нным. 3. ста́ршим. 4. мла́дшим. 5. бли́зким.

Exercise 32. 1. свои́м роди́телям. 2. свои́м ма́леньким де́тям. 3. свои́м хоро́шим знако́мым. 4. на́шим преподава́телям. 5 свои́м мла́дшим бра́тьям.

Exercise 33. 1. Кому́ студе́нты показа́ли университе́т? 2. Кому́ мать показа́ла сы́на? 3. Кому́ ты переда́л приве́т? 4. Кому́ ты помога́ешь изуча́ть англи́йский язы́к?

Exercise 35. 1. Мне нра́вятся э́ти уче́бники. 2. Нам нра́вятся но́вые ста́нции метро́. 3. Им нра́вятся э́ти пе́сни. 4. Тебе́ нра́вятся э́ти пласти́нки? 5. Вам нра́вятся э́ти сове́тские фи́льмы? 6. Мне нра́вятся на́ши но́вые студе́нты.

Exercise 38. 1. Мне и мои́м друзья́м понра́вилась Москва́. 2. мои́м роди́телям. 3. всем студе́нтам. 4. моему́ дру́гу. 5. ва́шей сестре́. 6. вам.

Exercise 40. 1. лет. 2. лет. 3. го́да. 4. лет. 5. го́да. 6. год. 7. лет. 8. лет. 9. го́да. 10. лет.

Exercise 41. 1. лет, го́да, лет. 2. го́да, лет, лет. 3. лет, го́да. 4. год, лет.

Exercise 44. 1. Макси́му два́дцать два го́да. 2. Ири́не пятна́дцать лет. 3. Серге́ю Никола́евичу три́дцать семь лет. 4. Ни́не Петро́вне со́рок два го́да. 5. Ле́не де́вять лет. 6. Воло́де два́дцать оди́н год. 7. Ве́ре Алексе́евне три́дцать четы́ре го́да.

Exercise 46. 1. Моему́ дру́гу два́дцать лет. 2. э́тому студе́нту. 3. мое́й ста́ршей сестре́. 4. на́шему профе́ссору. 5. мое́й ма́тери. 6. моему́ отцу́.

Exercise 47. 1. мне. 2. ей. 3. ей. 4. ему́. 5. ему́. 6. тебе́. 7. ей.

Exercise 48. ...Ему́ се́мьдесят четы́ре го́да. ...Ему́ со́рок шесть лет. ... Ей три́дцать де́вять лет. ...Ей два́дцать оди́н год. ...Ему́ шестна́дцать лет. ...Мне девятна́дцать лет.

Exercise 49. 1. легко́. 2. легко́. 3. тру́дно. 4. тру́дно. 5. неинтере́сно. 6. неприя́тно.

Exercise 50. I. 1. вам. 2. ей. 3. им. 4. ему́. 5. всем студе́нтам. 6. спортсме́нам. 7. больно́му. 8. ей. II. 1—5. мне.

Exercise 52. 1. Мне на́до пойти́ на по́чту. 2. мне на́до. 3. им на́до. 4. больно́му на́до. 5. мне на́до. 6. моему́ бра́ту на́до. 7. мои́м друзья́м на́до. 8. всем студе́нтам на́до. 9. мне на́до.

Exercise 53. 1. Вам мо́жно идти́ отдыха́ть: вы уже́ ко́нчили рабо́ту. 2. Ей мо́жно не покупа́ть слова́рь... 3. Вам мо́жно не писа́ть э́то упражне́ние. 4. ...ей мо́жно занима́ться спо́ртом. 5. Вам мо́жно не повторя́ть э́то пра́вило. 6. им мо́жно идти́ домо́й.

Exercise 58. 1. Сего́дня мне ну́жно пойти́ к глазно́му врачу́. 2. ...к отцу́ и ма́тери. 3. к свое́й ста́рой учи́тельнице. 4. к больно́му това́рищу. 5. к своему́ ста́ршему бра́ту. 6. к свое́й лу́чшей подру́ге.

Exercise 59. 1. Я иду́ в поликли́нику к зубно́му врачу́. 2. ...в общежи́тие к свои́м друзья́м. 3. на ро́дину к свои́м роди́телям. 4. в лаборато́рию к на́шему профе́ссору. 5. в Ви́льнюс к свое́й ма́тери. 6. в дере́вню к свое́й сестре́. 7. в медици́нский институ́т к знако́мым студе́нтам.

Exercise 61. 1. к ней. 2. к нему́. 3. к ней. 4. к ним. 5. к нам. 6. к нему́. 7. к вам. 8. ко мне.

Exercise 62. 1. Куда́ вы е́здили? К кому́ вы е́здили? 2. К кому́ идёт студе́нт? Куда́ иду́т студе́нты? 3. Куда́ он пое́дет ле́том? К кому́ он пое́дет?

Exercise 63. 1. к незнако́мому челове́ку. 2. к нам. 3. к кио́ску. 4. к две́ри. 5. к доске́. 6. к телефо́ну. 7. к ма́ленькой дере́вне.

Exercise 64. 1. к врачу́, врачу́. 2. изве́стному худо́жнику, к изве́стному худо́жнику. 3. к знако́мой де́вушке, знако́мой де́вушке. 4. роди́телям, к роди́телям. 5. к на́шим друзья́м, на́шим друзья́м.

Exercise 66. 1. по Москве́. 2. по э́той у́лице. 3. по музе́ю. 4. по коридо́ру. 5. по па́рку. 6. по Моско́вскому университе́ту.

Exercise 67. 1. по Сове́тскому Сою́зу. 2. по коридо́ру. 3. по заво́ду. 4. по э́той у́лице. 5. по ко́мнате.

Exercise 69. 1. За́втра мы бу́дем сдава́ть экза́мен по исто́рии. 2. Вчера́ мы слу́шали ле́кцию по хи́мии. 3. по англи́йскому языку́. 4. по фи́зике. 5. по матема́тике. 6. по ру́сскому языку́.

The Genitive Case

Exercise 1. I. 1. У меня́ нет журна́ла. 2. У меня́ нет магнитофо́на. 3. У меня́ нет конве́рта. 4. ...нет словаря́. 5. нет уче́бника. 6. нет телеви́зора. 7. нет календаря́. 8. нет бра́та. 9. нет сы́на. II. 1. У меня́ нет кни́ги. 2. ...нет ма́рки. 3. нет тетра́ди. 4. нет ру́чки.

Exercise 2. 1. В на́шем го́роде есть стадио́н. 2. ...есть лифт. 3. есть телефо́н. 4. есть шко́ла. 5. есть апте́ка. 6. есть библиоте́ка. 7. есть гости́ница.

Exercise 3. 1. У меня нет словаря. 2. ...нет фотоаппарата. 3. нет проигрывателя. 4. нет телевизора. 5. нет учебника истории. 6. нет собрания. 7. нет экзамена.

Exercise 4. 1. У меня нет ручки. 2. ...нет папки. 3. нет тетради. 4. нет машины. 5. нет лодки. 6. нет дачи. 7. нет сестры. 8. нет дочери.

Exercise 5. — У вас есть карандаш? — У меня нет карандаша. — У вас есть ручка? — У меня нет ручки. — У вас есть бумага? — У меня нет бумаги. — У вас есть конверт? — У меня нет конверта. — У вас есть марка? — У меня нет марки. — У вас есть машина? — У меня нет машины.

Exercise 6. 1. Нет, у него нет магнитофона. 2. ...у него нет кинокамеры. 3. у неё нет телефона. 4. у неё нет фотоаппарата. 5. у него нет семьи. 6. у неё нет сына. 7. у неё нет дочери.

Exercise 7. (a) не было экзамена, не было зачёта, не было концерта, не было перерыва, не было вечера, не было собрания, не было занятия; (b) не было экскурсии, не было консультации, не было встречи, не было репетиции, не было беседы.

Exercise 8. 1. Сегодня у нас не было фонетики. 2. ...не было литературы. 3. не было экскурсии. 4. не было лекции. 5. не было концерта. 6. не было экзамена. 7. не было собрания.

Exercise 9. 1. Завтра у нас не будет урока русского языка. 2. ...не будет лекции по литературе. 3. не будет экзамена по истории. 4. не будет собрания. 5. не будет концерта. 6. не будет экскурсии на завод. 7. не будет консультации по грамматике.

Exercise 10. 1. Он не приготовил домашнее задание, потому что у него не было учебника. 2. ...потому что у меня не было денег. 3. не было билета. 4. не было времени. 5. не было журнала. 6. не было словаря. 7. нет портфеля. 8. нет урока.

Exercise 11. 1. Нет, его нет дома. 2. ...его нет в университете. 3. её нет в классе. 4. её нет в библиотеке. 5. их нет в столовой. 6. их нет в аудитории. 7. их нет на стадионе.

Exercise 12. 1. Нет, Бориса сейчас нет в общежитии. 2. ...Анны нет в университете. 3. врача нет в кабинете. 4. Веры нет в библиотеке. 5. Бориса нет на лекции. 6. моей сестры нет дома. 7. отца нет на работе. 8. матери нет дома.

Exercise 13. 1. Нет, её не было на лекции. 2. ...её не было вчера вечером дома. 3. его не было. 4. меня не было. 5. их не было.

Exercise 14. (a) 1. Вадим болен, поэтому его нет на лекции. 2. ...поэтому их нет на занятии. 3. её нет на работе. 4. их нет в Москве. (b) 1. Мы звонили тебе, но тебя не было дома. 2. ...но вас не было в университете. 3. меня не было. 4. их не было.

Exercise 15. 1. У меня нет этого журнала. 2. ...нет этого словаря. 3. нет этой газеты. 4. нет этой открытки. 5. нет этой пластинки. 6. нет этой фотографии. 7. нет этой книги. 8. нет этой марки.

Exercise 16. 1. Да, у него есть машина. Нет, у него нет машины. 2. ...у него есть эта книга; ...у него нет этой книги. 3. у него есть этот учебник; у него нет этого учебника. 4. у него есть семья; у него нет семьи. 5. у него есть друг; у него нет друга. 6. у неё есть подруга; у неё нет подруги. 7. у него есть дочь; у него нет дочери. 8. у неё есть сын; у неё нет сына. 9. у неё есть брат; у неё нет брата.

Exercise 17. 1. У этого студента и у этой студентки есть новый учебник. 2. у нашего преподавателя и у нашей преподавательницы. 3. у моего соседа. 4. у Андрея и Анны. 5. у моего друга Николая. 6. у моего младшего брата Игоря.

Exercise 20. I. 1. Нет, у меня нет русско-испанского словаря. 2. У меня нет последнего журнала «Новый мир». 3. У меня нет спортивного костюма, etc. II. 1. Нет, у меня нет чистой тетради. 2. У него нет сегодняшней газеты. 3. У меня нет этой французской марки. 4. У меня нет лишней ручки. 5. У меня нет младшей сестры. 6. У меня нет такой фотографии.

Exercise 21. 1. У меня нет синего карандаша. 2. ...англо-русского словаря. 3. большого чемодана. 4. спортивного костюма. 5. свободного времени. 6. домашнего задания. 7. цветного телевизора.

Exercise 22. 1. У меня нет нового учебника. 2. ...русско-английского словаря. 3. этой книги. 4. сегодняшней газеты. 5. свободного времени. 6. лишнего билета. 7. старшего брата. 8. младшей сестры.

Exercise 23. 1. В этом городе нет оперного театра, ботанического сада, исторического музе́я. 2. ...автóбусной останóвки, кни́жного магази́на. 3. студéнческого клýба, медици́нского факуль́те́та. 4. чита́льного за́ла. 5. большóй аудитóрии.

Exercise 24. 1. На урóке нет Ни́ны и Бори́са. 2. Сегóдня на урóке фонéтики нé было Андрéя и Анны. 3. ...больнóго студéнта. 4. нóвой студéнтки. 5. моегó дрýга. 6. однóго преподава́теля.

Exercise 26. 1. Да, у меня́ есть два журна́ла. 2. ...два учéбника матема́тики. 3. два словаря́. 4. два конвéрта и две ма́рки. 5. два вопрóса. 6. два билéта. 7. два дрýга. 8. две подрýги. 9. два бра́та. 10. две сестры́.

Exercise 27. 1. Нет, у меня́ в кóмнате два стола́. 2. ...два магнитофóна. 3. четы́ре билéта. 4. две лéкции. 5. три бра́та. 6. две сестры́. 7. три кинотеа́тра. 8. три магази́на. 9. четы́ре гости́ницы.

Exercise 28. 1. четы́ре стýла, два стола́, две ла́мпы. 2. три этажа́. 3 четы́ре мéсяца. 4. две кни́ги, два журна́ла. 5. два бра́та, две сестры́. 6. два билéта. 7. два ра́за. 8. три рубля́. 9. два расска́за. 10. три пласти́нки. 11. четы́ре дня. 12. три недéли. 13. два письма́. 14. три студéнтки, четы́ре студéнта. 15. сто страни́цы. 16. четы́ре рубля́.

Exercise 29. 1. В на́шей грýппе шесть студéнтов. 2. ...дéвять преподава́телей. 3. пять бра́тьев. 4. дéсять враче́й. 5. пять столóв. 6. вóсемь стýльев. 7. шесть учéбников. 8. дéсять конвéртов.

Exercise 30. I. автóбусов, учéбников, студéнтов, журна́лов, за́лов, домóв, городóв, листóв, университéтов, экза́менов, шкафóв, языкóв, билéтов, вопрóсов, костюмóв, килогра́ммов, профессорóв, звýков, заводóв, телеви́зоров, магнитофóнов. II. бра́тьев, трамва́ев, стýльев, музéев, мéсяцев. III. враче́й, друзéй, словарéй, преподава́телей, этажéй, рублéй, портфéлей, дней, каранда́шей, ножéй, плаще́й, календарéй, прои́грывателей, писа́телей.

Exercise 32. I. слов, блюд, тел, я́блок, сёл, озёр, зерка́л, дел, пра́вил, одея́л, лиц; крéсел, чи́сел. II. упражнéний, зада́ний, предложéний, оконча́ний, общежи́тий. III. полéй.

Exercise 33. 1. Нет, я написа́л пять пи́сем. 2. ...пять упражнéний. 3. шесть óкон. 4. шесть крéсел. 5. пять я́блок.

Exercise 34. I. книг, ламп, поликли́ник, ýлиц, гости́ниц, аптéк, столи́ц, библиотéк, газéт, карт, конфéт, страни́ц, недéль, зада́ч, фа́брик; рýчек, ча́шек, ви́лок, дéвушек, тарéлок, копéек. II. лéкций, ста́нций, консульта́ций, опера́ций. III. площадéй, дочерéй, матерéй, тетра́дей.

Exercise 37. 1. Ка́ждый день я занима́юсь шесть часóв. 2. ...вóсемь часóв. 3. двена́дцать дней. 4. вóсемь мéсяцев. 5. дéвять дней. 6. три дня. 7. пятна́дцать минýт. 8. дéсять лет.

Exercise 38. 1. Ка́ждый день я занима́юсь шесть часóв. 2. ...три часа́. 3. пять дней. 4. дéсять дней. 5. три недéли. 6. две недéли. 7. шесть мéсяцев. 8. два мéсяца. 9. два́дцать лет. 10. три гóда.

Exercise 39. 1. буты́лка воды́, сóка, вина́, пи́ва, ма́сла. 2. стака́н ча́я, кóфе, молока́, кефи́ра, лимона́да, сóка, воды́. 3. килогра́мм хлéба, ма́сла, мя́са, са́хара, сóли, ры́бы, сы́ра, конфéт, я́блок. 4. кусóк хлéба, са́хара, тóрта, мя́са, ма́сла, сы́ра, мéла, мы́ла.

Exercise 40. 1. Стака́н сóка стóит восемна́дцать копéек. 2. ... четы́ре копéйки. 3. сóрок копéек. 4. шестьдеся́т копéек. 5. три́дцать копéек. 6. пятьдеся́т копéек. 7. два́дцать вóсемь копéек. 8. оди́н рубль четы́ре копéйки. 9. четы́ре рубля́ два́дцать копéек.

Exercise 41. 1. оди́н рубль. 2. двена́дцать рублéй. 3. дéвять рублéй. 4. семь рублéй. 5. двена́дцать рублéй. 6. вóсемь рублéй. 7. три́дцать шесть копéек. 8. сóрок копéек. 9. четы́ре копéйки. 10. оди́н рубль три́дцать копéек. 11. шестна́дцать копéек. 12. сóрок копéек. 13. восемна́дцать копéек.

Exercise 42. 1. Да, зна́ю. Она́ стóит два рубля́ сóрок копéек. 2. ...двена́дцать копéек. 3. четы́ре рубля́. 4. сéмьдесят шесть рублéй. 5. девянóсто рублéй. 6. шестна́дцать рублéй. 7. девятна́дцать рублéй.

Exercise 43. 1. Скóлько студéнтов у вас в грýппе? 2. Скóлько мéсяцев вы изуча́ете рýсский язы́к? 3. Скóлько лет вы живёте в э́том гóроде? 4. Скóлько книг Анна взяла́ в библиотéке? 5. Скóлько раз вы чита́ли э́ту кни́гу? 6. Скóлько минýт вы жда́ли нас?

Exercise 44. 1. ýчится. 2. бы́ло. 3. рабóтает. 4. поéдет. 5. рабóтает. 6. сиди́т. 7. лежи́т. 8. стои́т.

Exercise 45. 1. ýлиц, площадéй, теа́тров, музéев, гости́ниц, рестора́нов. 2. маши́н, автóбусов, трамва́ев. 3. враче́й и сестёр. 4. профессорóв, преподава́телей и студéнтов. 5. пи́сем, откры́ток, посы́лок и телегра́мм. 6. учéбников, книг и журна́лов. 7. тетра́дей, блокнóтов, конвéртов и ма́рок.

Exercise 46. 1. бра́тьев, сестёр, друзе́й и това́рищей. 2. книг и пласти́нок. 3. па́рков, садо́в и бульва́ров. 4. за́лов, аудито́рий, кабине́тов, лаборато́рий. 5. дере́вьев и цвето́в. 6. заво́дов и фа́брик. 7. газе́т, журна́лов, пи́сем, откры́ток, телегра́мм.

Exercise 47. 1. мя́са, ры́бы и хле́ба. 2. молока́ и кефи́ра. 3. со́ли. 4 желе́за и у́гля. 5. зо́лота и не́фти.

Exercise 48. 1. городо́в. 2. у́гля. 3. фи́льмов. 4. карти́н. 5. киломе́тров. 6. сне́га. 7. зада́ч. 8. вре́мени. 9. мя́са, ма́сла, са́хара, хле́ба и фру́ктов.

Exercise 49. ...в шесть часо́в утра́, в час но́чи; девяно́сто секу́нд; две-три мину́ты; два́дцать гра́дусов; шестна́дцать-восемна́дцать гра́дусов; шестьдеся́т киломе́тров; девяно́сто киломе́тров; шесть с полови́ной миллио́нов; де́сять ста́нций; сто три́дцать ста́нций.

Exercise 51. 1. ру́сских книг. 2. иностра́нных языко́в. 3. молоды́х преподава́телей. 4. сре́дних школ и де́тских садо́в. 5. но́вых домо́в. 6. ру́сских пе́сен.

Exercise 52. 1. В э́том го́роде нет истори́ческих па́мятников. 2. ...нет высо́ких зда́ний. 3. нет больши́х магази́нов. 4. нет сове́тских газе́т. 5. нет свобо́дных мест. 6. нет тру́дных упражне́ний. 7. нет незнако́мых слов.

Exercise 53. 1. У меня́ есть сове́тские ма́рки, а у моего́ бра́та нет сове́тских ма́рок. 2. ...нет това́рищей в университе́те. 3. нет бли́зких друзе́й в Москве́. 4. нет ста́рших бра́тьев. 5. не бу́дет за́втра экза́менов. 6. не́ было вчера́ уро́ков. 7. нет журна́лов. 8. не́ было а́нгло-ру́сских словаре́й. 9. не бу́дет свобо́дного вре́мени.

Exercise 55. 1. Это ко́мната сестры́. 2. Это кре́сло отца́. 3. Это портре́т ма́тери. 4. Это кни́ги Анны. 5. Около до́ма стои́т маши́на Игоря. 6. В теа́тре рабо́тает брат Мари́и. 7. В университе́те у́чится сестра́ Бори́са. 8. Роди́тели Жа́на живу́т в Пари́же. 9. В Москве́ у́чится друг Ни́ны.

Exercise 56. 1. Это ко́мната моего́ ста́ршего бра́та. 2. ...велосипе́д на́шего сосе́да. 3. маши́на на́шего но́вого врача́. 4. кабине́т на́шего профе́ссора. 5. газе́та на́шей преподава́тельницы. 6. магнитофо́н одного́ моего́ това́рища. 7. фотоаппара́т мое́й мла́дшей сестры́.

Exercise 57. 1.— Чья э́то маши́на?—Это маши́на на́шего профе́ссора Никола́я Петро́вича. 2. ...Это зонт моего́ отца́. 3. Это соба́ка моего́ сы́на Ди́мы. 4. Это пти́ца на́шей сосе́дки Ни́ны Ива́новны. 5. Это часы́ на́шего де́душки. 6. Это кре́сло мое́й сестры́ Мари́ны. 7. Это портфе́ль на́шего врача́ Влади́мира Па́вловича.

Exercise 58. 1. Нет, э́то лы́жи моего́ мла́дшего бра́та. 2. ...прои́грыватель моего́ това́рища. 3. пласти́нки одно́й знако́мой де́вушки. 4. плащ моего́ дру́га Серге́я. 5. ко́мната мое́й ста́ршей сестры́ Ли́ды.

Exercise 59. 1. Нет, э́то ко́мната мои́х роди́телей. 2. ...маши́на на́ших сосе́дей. 3. магнитофо́н мои́х друзе́й. 4. кни́ги на́ших преподава́телей. 5. пласти́нки мои́х това́рищей. 6. ве́щи мои́х мла́дших бра́тьев.

Exercise 60. 1. уче́бник на́шего студе́нта Бори́са. 2. тетра́ди на́ших студе́нтов и на́шей преподава́тельницы. 3. маши́на на́шего профе́ссора. 4. велосипе́д на́ших сосе́дей. 5. кни́гу одно́й на́шей студе́нтки. 6. слова́рь одного́ на́шего студе́нта.

Exercise 61. 1. Мы слу́шали пе́сни одного́ молодо́го сове́тского компози́тора. 2. ...рома́н изве́стного ру́сского писа́теля. 3. статью́ изве́стного сове́тского фи́зика. 4. вы́ставка молоды́х грузи́нских худо́жников. 5. стихи́ совреме́нных испа́нских поэ́тов. 6. рису́нки сове́тских шко́льников.

Exercise 62. 1. Чьи ве́щи лежа́т на столе́? 2. Чьи роди́тели бы́ли у вас в гостя́х? 3. Чья маши́на стои́т внизу́? 4. Чья фотогра́фия виси́т у тебя́ в ко́мнате? 5. Чьи рабо́ты чита́ет преподава́тель?

Exercise 63. 1. дире́ктор заво́да, фа́брики, ци́рка, шко́лы, Большо́го теа́тра, кни́жного магази́на. 2. а́втор рома́на, расска́за, уче́бника, кни́ги, пе́сни, му́зыки. 3. преподава́тель фи́зики, матема́тики, литерату́ры, исто́рии, геогра́фии, ру́сского языка́, иностра́нного языка́.

Exercise 64. 1. Мы слу́шали ле́кцию на́шего профе́ссора; докла́д изве́стного кри́тика; выступле́ние на́шего хо́ра; объясне́ние на́шего преподава́теля; отве́ты на́ших студе́нтов. 2. Я чита́ю письмо́ моего́ шко́льного дру́га; запи́ску моего́ университе́тского това́рища; сочине́ние на́шего но́вого студе́нта. 3. Мне нра́вятся пе́сни э́того компози́тора; рома́ны э́того ру́сского писа́теля; стихи́ одного́ молодо́го поэ́та; карти́ны одного́ неизве́стного худо́жника; фи́льмы э́того сове́тского режиссёра.

Exercise 65. 1. Вы по́мните фами́лию э́той студе́нтки, э́того студе́нта, э́того писа́теля, э́той арти́стки, э́того челове́ка? 2. Вы по́мните назва́ние э́того журна́ла, э́той газе́ты, э́той кни́ги, э́того фи́льма, э́той у́лицы, э́той пло́щади? 3. Вы ви́дели но́вое зда́ние на́шего университе́та, э́того музе́я, на́шей библиоте́ки, на́шего общежи́тия?

Exercise 68. 1. расска́зы ру́сских и сове́тских писа́телей. 2. на вы́ставке совреме́нных францу́зских худо́жников. 3. на конце́рте ленингра́дского симфони́ческого орке́стра. 4. студе́нты ста́рших ку́рсов. 5. статью́ на́шего профе́ссора исто́рии. 6. стихи́ болга́рских поэ́тов.

Exercise 69. 1. го́рода. 2. Чёрного мо́ря. 3. Моско́вского университе́та. 4. городско́й больни́цы. 5. моско́вского ци́рка. 6. э́того компози́тора. 7. свои́х ста́рых студе́нтов.

Exercise 70. 1. Пари́ж — столи́ца Фра́нции. 2. ...По́льши. 3. Норве́гии. 4. Чехослова́кии. 5. Кана́ды. 6. Япо́нии. 7. А́встрии. 8. А́нглии. 9. Ита́лии. 10. Сове́тского Сою́за.

Exercise 71. 1. Минск — столи́ца Белору́ссии. 2. ...Молда́вии. 3. Арме́нии. 4. Гру́зии. 5. Азербайджа́на. 6. Туркме́нии. 7. Кирги́зии. 8. Таджикиста́на. 9. Узбекиста́на. 10. Казахста́на. 11. Ла́твии. 12. Эсто́нии. 13. Литвы́.

Exercise 72. 1. ма́тери. 2. отца́. 3. Бори́са. 4. на́шей семьи́. 5. ва́шего до́ма. 6. зимы́. 7. мое́й рабо́ты. 8. пе́рвого упражне́ния. 9. други́х студе́нтов. 10. всех на́ших спортсме́нов.

Exercise 73. 1. А́нна ста́рше своего́ бра́та. 2. Мой друг говори́т по-ру́сски лу́чше меня́. 3. Я чита́ю по-ру́сски ме́дленнее тебя́. 4. Э́то упражне́ние коро́че пе́рвого. 5. Биле́ты в теа́тр доро́же биле́тов в кино́. 6. На́ша у́лица краси́вее сосе́дней. 7. Сего́дняшняя ле́кция интере́снее вчера́шней.

Exercise 74. 1. 22/I 1959. 2. 15/V 1972. 3. 3/IX 1967. 4. 9/X 1948. 5. 31/VII 1988.

Exercise 75. пе́рвое января́ ты́сяча девятьсо́т три́дцать восьмо́го го́да; тридца́тое ию́ля ты́сяча девятьсо́т шестьдеся́т пе́рвого го́да; два́дцать восьмо́е февраля́ ты́сяча девятьсо́т со́рок пе́рвого го́да; двена́дцатое ма́я ты́сяча девятьсо́т два́дцать пе́рвого го́да; два́дцать четвёртое сентября́ ты́сяча девятьсо́т со́рок седьмо́го го́да; девятна́дцатое ию́ня ты́сяча девятьсо́т четы́рнадцатого го́да; девя́тое декабря́ ты́сяча девятьсо́т девя́того го́да; трина́дцатое апре́ля ты́сяча девятьсо́т се́мьдесят пе́рвого го́да; оди́ннадцатое января́ ты́сяча девятьсо́т се́мьдесят девя́того го́да; пятна́дцатое ма́рта ты́сяча девятьсо́т во́семьдесят восьмо́го го́да.

Exercise 76. 1. Пе́рвую ли́нию метро́ в Москве́ откры́ли пятна́дцатого ма́я ты́сяча девятьсо́т три́дцать пя́того го́да. 2. ...второ́го сентября́ ты́сяча девятьсо́т со́рок пя́того го́да. 3. двена́дцатого апре́ля ты́сяча девятьсо́т шестьдеся́т пе́рвого го́да. 4. седьмо́го ноября́ ты́сяча девятьсо́т семна́дцатого го́да. 5. шесто́го ию́ня ты́сяча семьсо́т девяно́сто девя́того го́да.

Exercise 80. 1. с девяти́ часо́в утра́ до трёх часо́в дня. 2. с десяти́ часо́в утра́ до семи́ часо́в ве́чера. 3. с шести́ часо́в утра́ до ча́су но́чи. 4. с девяти́ часо́в утра́ до девяти́ часо́в ве́чера. 5. с семи́ часо́в ве́чера до оди́ннадцати часо́в ве́чера.

Exercise 83. 1. из кла́сса, из теа́тра, из музе́я, из па́рка, из библиоте́ки, из лаборато́рии, из са́да, из клу́ба, из кинотеа́тра. 2. из Ита́лии, из Шве́ции, из А́встрии, из Япо́нии, из Ве́нгрии, из Сове́тского Сою́за, из Кана́ды, из Алжи́ра. 3. из Ло́ндона, из Ри́ма, из Варша́вы, из Москвы́, из Белгра́да, из Брюссе́ля, из Пра́ги.

Exercise 84. 1. с экза́мена, с консульта́ции, с собра́ния, с ми́тинга, с экску́рсии, с ве́чера, с конце́рта, с бале́та, со спекта́кля, с вы́ставки. 2. с фа́брики, с вокза́ла, со ста́нции, со стадио́на, с по́чты.

Exercise 85. 1. Брат пришёл из шко́лы. 2. Мать пришла́ из поликли́ники. 3. Шко́льники пришли́ из бассе́йна. 4. Студе́нты пришли́ из библиоте́ки. 5. Ви́ктор и А́нна пришли́ с конце́рта. 6. Де́ти пришли́ из па́рка. 7. Мы пришли́ с вы́ставки.

Exercise 86. 1. из клу́ба с конце́рта. 2. из за́ла с собра́ния. 3. из Белору́ссии с пра́ктики. 4. из шко́лы с экску́рсии. 5. с рабо́ты из больни́цы. 6. из клу́ба с ве́чера.

Exercise 87. 1. из Ри́ги и Та́ллина. 2. с конце́рта. 3. с экску́рсии. 4. с да́чи. 5. из университе́та. 6. с рабо́ты.

Exercise 88. 1. Отку́да вы идёте? 2. Отку́да вы прие́хали? 3. Отку́да прие́хала э́та делега́ция? 4. Отку́да вы получи́ли вчера́ письмо́? 5. Отку́да прие́хали ва́ши роди́тели?

Exercise 89. 1. в сосе́дний го́род, в сосе́днем го́роде, из сосе́днего го́рода. 2. в истори́ческую библиоте́ку, в истори́ческой библиоте́ке, из истори́ческой библиоте́ки. 3. в Сове́тский Сою́з, в Сове́тском Сою́зе, из Сове́тского Сою́за. 4. в медици́нский институ́т на ле́кцию, в медици́нском институ́те на ле́кции, из медици́нского институ́та с ле́кции. 5. на экску́рсию в шко́лу, на экску́рсии в шко́ле, с экску́рсии из шко́лы. 6. на большо́й хими́ческий заво́д на пра́ктику, на большо́м хими́ческом заво́де на пра́ктике, с большо́го хими́ческого заво́да с пра́ктики. 7. в Большо́й теа́тр на бале́т, в Большо́м теа́тре на бале́те, из Большо́го теа́тра с бале́та. 8. в Шотла́ндию в ма́ленькую дере́вню, в Шотла́ндии в ма́ленькой дере́вне, из Шотла́ндии из ма́ленькой дере́вни.

Exercise 90. 1. ...Возьми́ бума́гу из мое́й па́пки. 2. ...из конве́рта. 3. из тетра́ди. 4. со стола́. 5. с по́лки. 6. из лаборато́рии. 7. со стены́. 8. из холоди́льника. 9. из почто́вого я́щика.

Exercise 91. 1. положи́л в конве́рт, лежа́ло в конве́рте, вы́нул из конве́рта. 2. в чемода́н, в чемода́не, из чемода́на. 3. в портфе́ль, в портфе́ле, из портфе́ля. 4. на сте́ну, на стене́, со стены́. 5. в шкаф, в шкафу́, из шка́фа. 6. на стол, на столе́, со стола́.

Exercise 92. 1. у моего́ шко́льного това́рища. 2. у на́шего профе́ссора. 3. у свое́й подру́ги. 4. у своего́ ста́ршего бра́та. 5. у на́шего преподава́теля. 6. у знако́мого библиоте́каря.

Exercise 93. 1. в поликли́нике у глазно́го врача́. 2. в дере́вне у роди́телей. 3. в институ́те у своего́ бра́та. 4. в лаборато́рии у своего́ нау́чного руководи́теля. 5. на да́че у мое́й ста́ршей сестры́.

Exercise 94. 1. Где вы бы́ли сего́дня? У кого́ вы бы́ли сего́дня? 2. Где вы жи́ли ле́том? У кого́ вы жи́ли ле́том? 3. Где вы взя́ли э́ту кни́гу? У кого́ вы взя́ли э́ту кни́гу? 4. Где был ваш брат? У кого́ был ваш брат? 5. Где вчера́ занима́лся ваш това́рищ? У кого́ вчера́ был ваш това́рищ?

Exercise 95. 1. был в поликли́нике у глазно́го врача́. 2. ...бы́ли в общежи́тии у свои́х друзе́й. 3. бы́ли в больни́це у больно́го дру́га. 4. бы́ли на ро́дине у свои́х роди́телей. 5. бы́ли у профе́ссора на консульта́ции. 6. был в Ки́еве у ста́ршей сестры́. 7. была́ в Оде́ссе у свое́й ма́тери. 8. был в Моско́вском университе́те у свои́х това́рищей.

Exercise 96. 1. у нау́чного руководи́теля, к нау́чному руководи́телю, от нау́чного руководи́теля. 2. к на́шим друзья́м, у на́ших друзе́й, от на́ших друзе́й. 3. к своему́ шко́льному това́рищу, у своего́ шко́льного това́рища, от своего́ шко́льного това́рища.

Exercise 97. 1. Я получа́ю пи́сьма от роди́телей и от ста́ршего бра́та. 2. ...от своего́ ста́рого дру́га. 3. от на́шего сосе́да. 4. от свое́й подру́ги. 5. от свое́й ста́ршей сестры́.

Exercise 98. 1. Я получа́ю пи́сьма из Москвы́ от свои́х друзе́й. 2. ...из Фра́нции от роди́телей и из Испа́нии от ста́ршей сестры́. 3. из Ло́ндона от свое́й подру́ги. 4. из общежи́тия от знако́мого студе́нта. 5. из родно́й дере́вни от свои́х роди́телей.

Exercise 99. 1. недалеко́ от университе́та, от шко́лы, от ста́нции метро́, от авто́бусной остано́вки, от вокза́ла, от го́рода. 2. о́коло окна́, стены́, ле́са, кинотеа́тра, библиоте́ки. 3. напро́тив две́ри, окна́, зда́ния, магази́на, шко́лы.

Exercise 100. 1. вокза́ла. 2. це́нтра го́рода. 3. на́шего университе́та. 4. го́рода. 5. городско́го па́рка. 6. истори́ческого музе́я.

Exercise 102. 1. Ско́лько киломе́тров от Москвы́ до Волгогра́да? 2. Ско́лько киломе́тров от Ленингра́да до Ми́нска? 3. Ско́лько киломе́тров от Москвы́ до Ерева́на? 4. Ско́лько киломе́тров от Ки́ева до Оде́ссы?

The Instrumental Case

Exercise 2. 1. с бра́том, с това́рищем, с сестро́й, с подру́гой, с отцо́м и с ма́терью. 2. с Ви́ктором, с Серге́ем, с И́горем, с Мари́ной, с Га́лей, с Ни́ной, с Та́ней. 3. с профе́ссором, с медсестро́й, с преподава́телем, с преподава́тельницей, с ма́терью, с отцо́м.

Exercise 3. 1. с дру́гом. 2. с това́рищем. 3. с учи́телем. 4. с преподава́телем. 5. с подру́гой. 6. с ма́терью. 7. с до́черью.

Exercise 4. 1. с Мари́ей и И́горем. 2. с писа́телем. 3. с това́рищем. 4. с ма́терью. 5. с сестро́й. 6. с Бори́сом. 7. с отцо́м.

Exercise 5. ...на́до посове́товаться (a) с врачо́м, (b) с преподава́телем, (c) с ма́терью.

Exercise 6. 1. с врачо́м и с медсестро́й. 2. с сестро́й и бра́том. 3. с отцо́м и ма́терью. 4. с Ни́ной и Михаи́лом. 5. с жено́й и сы́ном. 6. с сы́ном и до́черью.

Exercise 7. 1. с бра́том. 2. со студе́нткой из Ленингра́да. 3. с Оле́гом и Ири́ной. 4. с тре́нером. 5. с профе́ссором и врачо́м. 6. с това́рищем и сестро́й. 7. с Па́влом и Ни́ной.

Exercise 9. 1. С кем вы поздоро́вались? 2. С кем вы встре́тились о́коло метро́? 3. С кем вы познако́мились в Москве́? 4. С кем вы обы́чно хо́дите в кино́? 5. С кем она́ всегда́ сове́туется? 6. С кем он разгова́ривает по телефо́ну?

Exercise 10. I.1. бра́та. 2. к бра́ту. 3. с бра́том. 4. брат. 5. о бра́те. II. 1. сестре́. 2. с сестро́й. 3. от сестры́. 4. сестру́. 5. о сестре́. III. 1. у врача́. 2. с врачо́м. 3. к врачу́. 4. врачу́. 5. врача́.

Exercise 12. 1. с ним, с ним, с ним. 2. с ней, с ней. 3. с ни́ми, с ни́ми. 4. с на́ми. 5. с ва́ми. 6. с тобо́й. 7. со мной.

Exercise 13. 1. со мной, с ней. 2. с на́ми. 3. с ним. 4. с ни́ми. 5. со мной. 6. с тобо́й. 7. с ва́ми. 8. с ней. 9. с ним.

Exercise 16. 1. с мои́м (со свои́м) бра́том. 2. с мои́м (со свои́м) това́рищем. 3. с на́шим профе́ссором. 4. с э́той студе́нткой. 5. с э́тим челове́ком. 6. с э́той де́вушкой. 7. с мое́й (со свое́й) ма́терью.

Exercise 17. 1. с но́вым. 2. с больны́м. 3. с о́пытным. 4. с молоды́м. 5. с де́тским. 6. со ста́ршим. 7. с сове́тским.

Exercise 18. 1. с но́вой. 2. с больно́й. 3. с изве́стной. 4. с францу́зской. 5. с сове́тской. 6. с мла́дшей.

Exercise 19. 1. с на́шим но́вым преподава́телем. 2. со свои́м хоро́шим дру́гом. 3. с одно́й шве́дской студе́нткой. 4. с изве́стным сове́тским писа́телем. 5. с одни́м интере́сным челове́ком. 6. с твои́м мла́дшим бра́том. 7. со свое́й ста́ршей сестро́й.

Exercise 20. I. 1. с мои́м (со свои́м) ста́рым дру́гом. 2. своему́ ста́рому дру́гу. 3. своего́ ста́рого дру́га. 4. у своего́ ста́рого дру́га. II. 1. со свои́м хоро́шим това́рищем. 2. своему́ хоро́шему това́рищу. 3. мой хоро́ший това́рищ. III. 1. на́шего но́вого преподава́теля. 2. к на́шему но́вому преподава́телю. 3. с на́шим но́вым преподава́телем. IV. 1. э́того францу́зского студе́нта. 2. с э́тим францу́зским студе́нтом. 3. э́тому францу́зскому студе́нту. 4. от э́того францу́зского студе́нта. V. 1. у свое́й ста́ршей сестры́. 2. свое́й ста́ршей сестре́. 3. моя́ ста́ршая сестра́. 4. со свое́й ста́ршей сестро́й. VI. 1. одну́ знако́мую де́вушку. 2. с одно́й знако́мой де́вушкой. 3. одно́й знако́мой де́вушке. 4. от одно́й знако́мой де́вушки. 5. одна́ знако́мая де́вушка.

Exercise 21. 1. с това́рищами. 2. с космона́втами. 3. с роди́телями. 4. с инжене́рами. 5. с преподава́телями. 6. с друзья́ми. 7. со студе́нтами. 8. с бра́тьями.

Exercise 22. 1. с на́шими студе́нтами. 2. с на́шими хоро́шими друзья́ми. 3. с сове́тскими людьми́. 4. со свои́ми ста́ршими сёстрами. 5. со свои́ми мла́дшими бра́тьями. 6. со свои́ми ма́ленькими детьми́.

Exercise 23. 1. со свои́ми ста́рыми друзья́ми. 2. с сове́тскими студе́нтками. 3. со ста́ршими бра́тьями. 4. со свои́ми мла́дшими сёстрами. 5. с изве́стными худо́жниками. 6. с о́пытными врача́ми.

Exercise 24. 1. со свое́й подру́гой. 2. со свои́м това́рищем. 3. с изве́стным журнали́стом. 4. со свои́м дру́гом. 5. со ста́ршим бра́том. 6. с на́шим преподава́телем. 7. с твое́й но́вой подру́гой.

Exercise 26. I. 1. меня́ и мои́х това́рищей. 2. ко мне и мои́м това́рищам. 3. со мной и мои́ми това́рищами. II. 1. от мои́х роди́телей. 2. мои́м (свои́м) роди́телям. 3. мои́х (свои́х) роди́телей. 4. со свои́ми роди́телями. III. 1. э́ти молоды́е арти́сты. 2. э́тих молоды́х арти́стов. 3. э́тих молоды́х арти́стов. 4. э́тим молоды́м арти́стам. 5. с э́тими молоды́ми арти́стами. IV. 1. своего́ ста́ршего бра́та. 2. своему́ ста́ршему бра́ту. 3. от своего́ ста́ршего бра́та. 4. со свои́м ста́ршим бра́том. 5. к своему́ ста́ршему бра́ту. V. 1. на́шу но́вую студе́нтку. 2. с на́шей но́вой студе́нткой. 3. на́шей но́вой студе́нтке. 4. на́шей но́вой студе́нтки. 5. на́ша но́вая студе́нтка.

Exercise 27. 1. был, бу́дет инжене́ром. 2. был, бу́дет студе́нтом. 3. была́, бу́дет дире́ктором шко́лы. 4. был, бу́дет писа́телем. 5. была́, бу́дет хоро́шим де́тским врачо́м. 6. была́, бу́дет изве́стной арти́сткой.

Exercise 28. 1. она́ учи́тельница. 2. брат врач. 3. она́ журнали́стка. 4. они́ гео́логи. 5. брат агроно́м. 6. сестра́ арти́стка. 7. я инжене́р. 8. друг перево́дчик.

Exercise 29. 1. инжене́ром. 2. аспира́нткой. 3. студе́нткой. 4. де́тским врачо́м. 5. дире́ктором шко́лы. 6. ма́стером.

Exercise 30. 1. фи́зиком. 2. инжене́ром. 3. хи́миком. 4. био́логом. 5. фило́логом. 6. исто́риком. 7. врачо́м. 8. юри́стом.

Exercise 31. 1. исто́риком. 2. врачо́м. 3. инжене́ром. 4. хи́миком. 5. юри́стом. 6. фи́зиком. 7. фило́логом.

Exercise 32. 1. инжене́ром. 2. лабора́нтом. 3. агроно́мом. 4. машини́стом. 5. врачо́м. 6. учи́тельницей. 7. перево́дчиком.

Exercise 34. 1. литерату́рой. 2. биоло́гией. 3. астроно́мией. 4. та́нцами.

Exercise 35. 1. литерату́рой. 2. медици́ной. 3. матема́тикой. 4. теа́тром. 5. ма́рками. 6. ша́хматами.

Exercise 36. 1. Чем вы интересу́етесь? 2. Чем они́ интересу́ются? 3. Чем интересу́ется э́тот студе́нт? 4. Чем они́ интересу́ются? 5. Чем он интересова́лся ра́ньше и чем интересу́ется тепе́рь? 6. Чем она́ интересу́ется?

Exercise 37. 1. ...потому́ что он интересу́ется биоло́гией. 2. ... интересу́ется футбо́лом. 3. бале́том. 4. исто́рией. 5. симфони́ческой му́зыкой. 6. фи́зикой. 7. жи́вописью.

Exercise 38. 1. Я занима́юсь те́ннисом. 2. Сестра́ занима́ется гимна́стикой. 3. ...ру́сским языко́м. 4. испа́нским языко́м. 5. лы́жным спо́ртом. 6. ру́сской исто́рией. 7. сове́тской литерату́рой.

Exercise 39. 1. Моя́ сестра́ интересу́ется медици́ной. 2. Она́ ста́ла глазны́м врачо́м. 3. Ра́ньше она́ была́ медсестро́й. 4. ...занима́лся хи́мией. 5. рабо́тает гла́вным инжене́ром. 6. занима́ется биоло́гией. 7. интересу́ется жи́знью морски́х птиц.

Exercise 40. 1. Да, мы дово́льны ве́чером дру́жбы. 2. ...дово́лен (дово́льна, дово́льны) конце́ртом. 3. друзья́ дово́льны пое́здкой. 4. брат дово́лен свое́й но́вой рабо́той. 5. друг дово́лен жи́знью в Москве́. 6. сестра́ дово́льна свое́й но́вой кварти́рой. 7. друг дово́лен свое́й специа́льностью.

Exercise 42. 1. над пи́сьменным столо́м. 2. под кни́жным шка́фом. 3. под ва́шей тетра́дью. 4. под э́тим сту́лом. 5. пе́ред на́шим до́мом. 6. пе́ред Моско́вским университе́том. 7. ря́дом с кни́жным магази́ном.

Exercise 43. 1. пе́редо мной — за мной. 2. за вокза́лом — пе́ред вокза́лом. 3. за на́ми — пе́ред на́ми. 4. за студе́нческим общежи́тием — пе́ред студе́нческим общежи́тием. 5. пе́ред до́мом — за до́мом.

Exercise 44. 1. Кем напи́сана э́та карти́на? 2. Кем переведены́ э́ти стихи́? 3. Кем со́здан э́тот фильм? 4. Кем напи́сана э́та пе́сня? 5. Кем со́здана э́та тео́рия? 6. Кем откры́т э́тот зако́н?

Exercise 45. 1. Это письмо́ напи́сано её ста́ршим бра́том. 2. ...неизве́стным худо́жником. 3. одни́м молоды́м учёным. 4. мои́м ста́рым дру́гом. 5. изве́стным францу́зским писа́телем. 6. совреме́нным сове́тским компози́тором.

Exercise 46. 1. Я пишу́ в тетра́ди ру́чкой. 2. ...ме́лом. 3. кра́сным карандашо́м. 4. ло́жкой и ви́лкой. 5. ножо́м. 6. зубно́й щёткой. 7. фотоаппара́том. 8. термо́метром. 9. баро́метром.

Exercise 47. 1. Как вы переводи́ли э́тот текст? 2. Как студе́нты слу́шали ле́кцию?

Exercise 49. 1. с ма́слом и с сы́ром. 2. с карто́фелем и́ли с ри́сом. 3. с са́харом и с лимо́ном. 4. с молоко́м и с са́харом. 5. с мя́сом и́ли с ры́бой. 6. с хле́бом.

Exercise 50. 1. пе́ред Но́вым го́дом. 2. пе́ред экза́менами. 3. пе́ред пра́здником. 4. пе́ред нача́лом фи́льма. 5. пе́ред конце́ртом. 6. пе́ред отъе́здом.

Exercise 51. 1. Мать пошла́ в магази́н за мя́сом и овоща́ми. 2. ... за кни́гами. 3. за посы́лкой. 4. за пласти́нками. 5. за биле́тами. 6. за све́жими газе́тами. 7. за лека́рством.

Exercise 52. 1. с дру́гом. 2. чёрным карандашо́м. 3. термо́метром. 4. с интере́сом. 5. над го́родом. 6. за до́мом. 7. с оши́бками. 8. над мои́м столо́м. 9. за газе́тами. 10. спо́ртом. 11. ру́сским худо́жником.

Exercise 53. 1. С кем вы поздоро́вались? 2. Кем рабо́тает его́ мать? 3. С кем вы сиде́ли на собра́нии? 4. Как хозя́ин встре́тил госте́й? 5. За чем сестра́ пошла́ в апте́ку? 6. С кем Ни́на была́ в теа́тре? 7. Чем интересу́ется ваш друг? 8. Где стои́т маши́на? 9. Где вы живёте? 10. Когда́ они́ прие́хали в Москву́?

Exercise 54. I. 1. на ро́дине. 2. с ро́дины. 3. на ро́дину. 4. ро́дину. II. 1. това́рищу. 2. това́рищ. 3. с това́рищем. 4. това́рища. III. 1. исто́рией. 2. исто́рию. 3. кни́гу по исто́рии.

Exercise 55. I. 1. в библиоте́ке. 2. в библиоте́ку. 3. из библиоте́ки. II. 1. сестра́. 2. от сестры́. 3. сестре́. 4. письмо́ сестры́. III. 1. с тре́нером. 2. тре́нера. 3. у тре́нера. IV. 1. спо́ртом. 2. спорт. 3. о спо́рте. V. 1. подру́гу. 2. подру́ге. 3. с подру́гой. VI. 1. врачо́м. 2. у врача́. 3. к врачу́.

Exercise 56. 1. её, она́, от неё, ей, к ней. 2. его́, он, с ним, его́, от него́, к нему́. 3. с ней, её, ей, её, она́. 4. их, от них, они́, им, их.

Exercise 57. 1. его́ и её. 2. их, с ни́ми, им. 3. ей. 4. тебя́, мне. 5. нам. 6. вас, к вам. 7. тебе́, со мной. 8. мне.

Exercise 58. 1. её. 2. его́. 3. с ним. 4. с ней. 5. у них. 6. ему́. 7. к ним. 8. от него́. 9. ей. 10. к нему́.

Exercise 59. I. 1. одного́ изве́стного сове́тского худо́жника. 2. с одни́м изве́стным сове́тским худо́жником. 3. оди́н изве́стный сове́тский худо́жник. 4. одному́ изве́стному сове́тскому худо́жнику. 5. одного́ изве́стного сове́тского худо́жника. 6. об одно́м изве́стном сове́тском худо́жнике. II. 1. моя́ ста́ршая сестра́. 2. свою́ ста́ршую сестру́. 3. со свое́й ста́ршей сестро́й. 4. свое́й ста́ршей сестре́. 5. мое́й ста́ршей сестры́. 6. о свое́й ста́ршей сестре́.

Exercise 60. I. 1. о своём ста́ром шко́льном това́рище. 2. со свои́м ста́рым шко́льным това́рищем. 3. от своего́ ста́рого шко́льного това́рища. 4. мой ста́рый шко́льный това́рищ. 5. своего́ ста́рого шко́льного това́рища. 6. своему́ ста́рому шко́льному това́рищу. II. 1. свое́й лу́чшей подру́ге. 2. её лу́чшую подру́гу. 3. свое́й лу́чшей подру́ги. 4. о свое́й лу́чшей подру́ге. 5. со свое́й лу́чшей подру́гой.

Exercise 61. I. 1. от друзе́й. 2. друзья́м. 3. друзе́й. 4. друзья́. 5. с друзья́ми. II. 1. музе́ев. 2. в музе́и. 3. в музе́ях. 4. о музе́ях. III. 1. тури́сты из Москвы́. 2. с тури́стами из Москвы́. 3. тури́стов из Москвы́.

Exercise 62. 1. свои́м ста́рым друзья́м. 2. со свои́ми ста́рыми друзья́ми. 3. мои́ ста́рые друзья́. 4. свои́х ста́рых друзе́й. 5. у свои́х ста́рых друзе́й.

Exercise 63. 1. свои́х роди́телей. 2. о свои́х роди́телях. 3. со свои́ми роди́телями. 4. свои́м роди́телям. 5. у свои́х роди́телей. 6. к свои́м роди́телям. 7. мои́ роди́тели.

THE VERB
Verbs of Motion

Exercise 1. 1. иду́. 2. идёт. 3. иду́т. 4. идёт. 5. идём. 6. идёт. 7. иду́т. 8. идёшь. 9. идёте. 10. иду́т.

Exercise 2. 1. в клуб. 2. в библиоте́ку. 3. в теа́тр. 4. в поликли́нику. 5. в магази́н. 6. в шко́лу 7. в лаборато́рию.

Exercise 3. 1. на по́чту. 2. на стадио́н. 3. на фа́брику. 4. на ры́нок. 5. на вокза́л. 6. на като́к. 7. на конце́рт.

Exercise 4. 1. иду́т, иду́т, иду́т. 2. идёт, идёт, идёте, иду́. 3. идёте, иду́, идёте, иду́. 4. идёте, идём.

Exercise 5. 1. ходи́л. 2. ходи́ли. 3. ходи́ли. 4. ходи́л. 5. ходи́ли. 6. ходи́л. 7. ходи́ла.

Exercise 6. I. 1. ходи́л. 2. ходи́ли. 3. ходи́л. 4. ходи́ли. 5. ходи́л. II. 1. ходи́л. 2. ходи́ли. 3. ходи́ли. 4. ходи́л.

Exercise 7. 1. Где вы бы́ли вчера́? Куда́ вы ходи́ли вчера́? 2. Куда́ ходи́ла Анна? Где была́ Анна? 3. Куда́ ходи́ли студе́нты? Где бы́ли студе́нты? 4. Где Анто́н был в суббо́ту? Куда́ Анто́н ходи́л в суббо́ту? 5. Где вы бы́ли позавчера́? Куда́ вы ходи́ли позавчера́?

Exercise 8. 1. Вчера́ мы бы́ли на ве́чере. 2. Вчера́ моя́ сестра́ была́ в консервато́рии. 3. ...был в музе́е. 4. была́ на по́чте. 5. был в библиоте́ке. 6. бы́ли в рестора́не.

273

Exercise 9. 1. Позавчера́ Оле́г был на студе́нческом ве́чере. 2. ...была́ в о́перном теа́тре. 3. был в кни́жном магази́не. 4. бы́ли на интере́сной ле́кции. 5. была́ в Моско́вском университе́те. 6. бы́ли в медици́нском институ́те.

Exercise 10. 1. Неда́вно мы ходи́ли в Истори́ческий музе́й. 2. ходи́ли на Кра́сную пло́щадь. 3. ходи́ли в Моско́вский Кремль. 4. ходи́ли в Большо́й теа́тр. 5. ходи́ла в Моско́вский университе́т. 6. ходи́л в кни́жный магази́н.

Exercise 11. 1. Вчера́ ве́чером я ходи́л на конце́рт. 2. ...ходи́л в бассе́йн. 3. ходи́л на стадио́н. 4. ходи́ла в библиоте́ку. 5. ходи́ли в рестора́н.

Exercise 12. 1. Вчера́ он ходи́л в клуб. 2. ...ходи́ла в столо́вую. 3. ходи́ли (ходи́л) в цирк. 4. ходи́ла в поликли́нику. 5. ходи́ли в консервато́рию.

Exercise 13. 1. ходи́ли, ходи́л, ходи́ли, ходи́ли. 2. ходи́л, ходи́ла. 3. ходи́л, ходи́л, ходи́л.

Exercise 14. 1. пойдёт. 2. пойдём. 3. пойду́т. 4. пойду́. 5. пойдёт. 6. пойдём. 7. пойду́т.

Exercise 15. 1. За́втра ве́чером мы пойдём в теа́тр. 2. По́сле ле́кции студе́нты пойду́т в физи́ческую лаборато́рию. 3. ...пойдёт в кни́жный магази́н. 4. пойдёт. 5. пойдём. 6. пойду́.

Exercise 16. 1. пойду́т, пойду́т, пойдёте, пойду́. 2. пойдёт, пойду́т, пойдёт, пойду́т. 3. пойдёте, пойдём. 4. пойти́, пойти́.

Exercise 17. 1. ходи́л (ходи́ла), пойду́. 2. ходи́ли, пойду́т. 3. ходи́ли, пойдём. 4. ходи́ли, пойдёте. 5. ходи́л, пойдёшь. 6. ходи́л, пойдёшь.

Exercise 18. 1. идёте, иду́, идёте, идём. 2. пойдёте, пойдём, пойду́т, пойду́т. 3. ходи́л. 4. ходи́ли, ходи́ли.

Exercise 19. 1. идёшь, иду́, пойдёшь, пойду́. 2. ходи́л, ходи́л, ходи́ли. 3. пойду́, пойдём, пойдёте, пойдём. 4. идёшь, иду́, идёте, ходи́ли, идём.

Exercise 20. 1. е́дете, е́ду, е́дет. 2. е́дешь, е́ду. 3. е́дет, е́дем. 4. е́дете, е́дем. 5. е́дут, е́дут.

Exercise 21. 1. Я е́ду (мы е́дем) на рабо́ту. 2. ...на пра́ктику. 3. на заво́д. 4. на стадио́н. 5. в дом о́тдыха. 6. в дере́вню.

Exercise 22. 1. Нет, мы е́дем в дом о́тдыха. 2. ...я е́ду в теа́тр. 3. е́дут в Оде́ссу. 4. е́ду в библиоте́ку. 5. е́ду в бассе́йн.

Exercise 23. 1. е́здил. 2. е́здил. 3. е́здила. 4. е́здили. 5. е́здила. 6. е́здили.

Exercise 24. 1. Нет, мы е́здили туда́ на маши́не. 2. ... е́здили на экску́рсию на авто́бусе. 3. е́здил в больни́цу на трамва́е. 4. е́здил в дере́вню на мотоци́кле. 5. е́здил в Ленингра́д на по́езде.

Exercise 25. 1. на стадио́н, на маши́не. 2. в музе́й, на трамва́е. 3. в дере́вню, на велосипе́де. 4. в Ленингра́д, на по́езде. 5. в теа́тр, на авто́бусе.

Exercise 26. 1. Где была́ ле́том ва́ша семья́? Куда́ е́здила ле́том ва́ша семья́? 2. Где вы бы́ли в а́вгусте? Куда́ вы е́здили в а́вгусте? 3. Куда́ вы е́здили вчера́? Где вы бы́ли вчера́? 4. Куда́ неда́вно е́здил Макси́м? Где неда́вно был Макси́м? 5. Где была́ Анна в про́шлом году́? Куда́ е́здила Анна в про́шлом году́?

Exercise 27. 1. Сего́дня у́тром я был в поликли́нике. 2. ...бы́ли в лесу́. 3. бы́ли на да́че. 4. был в Инди́и. 5. бы́ли в Ташке́нте. 6. была́ в Болга́рии.

Exercise 28. 1. Ле́том я е́здил во Фра́нцию. 2. ...е́здил в Сове́тский Сою́з. 3. е́здила в Минск. 4. е́здил в Ита́лию. 5. е́здил в Рим. 6. е́здила на ро́дину. 7. е́здили в Болга́рию. 8. е́здили в Москву́.

Exercise 29. 1. Ле́том мои́ роди́тели е́здили в санато́рий. 2. ... е́здила в Самарка́нд. 3. е́здили на пра́ктику. 4. е́здила на да́чу. 5. е́здили на экску́рсию. 6. е́здил на стадио́н.

Exercise 30. 1. е́дете, е́дем, е́здили. 2. е́дет, е́дет, е́здил. 3. е́дут, е́дут, е́здили.

Exercise 31. 1. пое́дут. 2. пое́дет. 3. пое́дет. 4. пое́дут. 5. пое́дем. 6. пое́дете. 7. пое́дешь.

Exercise 32. 1. е́дете, е́дем, е́здили. 2. е́здил, е́здил, е́здили, е́здил, пое́ду. 3. е́дешь, е́ду, пое́ду, е́дешь, е́ду. 4. пое́хать, пое́дем.

Exercise 33. 1. пойдём. 2. пое́дет. 3. пое́дут. 4. пое́дет. 5. пое́ду. 6. пойдём. 7. пойду́. 8. пое́дут.

Exercise 34. 1. ...я пое́ду к нему́ на авто́бусе (на по́езде). 2. я пое́ду туда́ на авто́бусе. 3. я пойду́ в библиоте́ку пешко́м. 4. я пойду́ (мы пойдём) в парк пешко́м. 5. я пойду́ на по́чту пешко́м. 6. я пое́ду в музе́й на метро́ (на авто́бусе).

Exercise 35. 1. е́здил, пое́ду. 2. е́здил, пое́дет. 3. идёшь, иду́, ходи́л. 4. пое́дешь, пое́ду, е́здил, пое́ду, пое́дешь, е́здил. 5. идёшь, иду́, пойду́.

Exercise 39. 1. Я ча́сто хожу́ на стадио́н. 2. ...хо́дит в консервато́рию. 3. хо́дят в бассе́йн. 4. хо́дим на като́к. 5. хожу́ в библиоте́ку.

Exercise 40. 1. идёшь, иду́. 2. идёшь, иду́, хо́дишь, хожу́. 3. идёшь, иду́, хо́дишь, хожу́. 4. идёшь, иду́, хо́дишь, хожу́, идёшь, иду́.

Exercise 41. 1. иду́т, иду́т, хо́дят, хо́дят. 2. ходи́л, ходи́л, хо́дишь, хожу́, идёшь, иду́. 3. идёте, идём, хо́дите, хо́дим. 4. идёте, иду́, хо́дите, хожу́.

Exercise 43. 1. ходи́л, шёл. 2. ходи́ли, шли. 3. ходи́ли, шли. 4. ходи́л, шёл.

Exercise 44. 1. ходи́ли. 2. шли. 3. шли. 4. ходи́л. 5. ходи́л. 6. шёл. 7. шли. 8. ходи́ли.

Exercise 47. 1. е́дешь, е́ду, е́здишь, е́зжу. 2. е́дете, е́дем, е́здили. 3. е́здил, е́здил, е́дешь, е́ду. 4. е́дешь, е́ду, е́дешь.

Exercise 49. 1. е́здила. 2. е́хала. 3. е́хали. 4. е́здили. 5. е́здила. 6. е́хала. 7. е́хал. 8. е́здил.

Exercise 50. 1. е́здили, е́хали, е́хали. 2. е́здили, е́хали, е́хали. 3. е́здили, е́хали, е́хали. 4. е́здили, е́хали, е́хали. 5. е́здили, е́хали, е́хали.

Exercise 51. 1. хожу́. 2. е́здит. 3. е́здим. 4. хо́дим. 5. е́зжу. 6. хожу́.

Exercise 52. 1. ...е́здил на ро́дину. 2. ходи́л в столо́вую. 3. е́здил в Ки́ев. 4. ходи́л в поликли́нику. 5. е́здила в санато́рий. 6. е́здила (ходи́ла) в Третьяко́вскую галере́ю. 7. е́здила в дере́вню. 8. е́здили в Ленингра́д. 9. ходи́ли в Ру́сский музе́й.

Exercise 53. 1. е́здил, е́хал. 2. е́зжу, хожу́. 3. е́здить, е́здит, е́здил, е́хал. 4. е́зжу, е́здил. 5. хо́дим, е́здим, е́здили, е́хали, е́здите. 6. хо́дит, шёл.

Exercise 56. 1. Де́вушка несёт цветы́. 2. Де́вочка несёт ку́клу. 3. Мужчи́на несёт ребёнка. 4. Маши́на везёт молоко́. 5. Авто́бус везёт пассажи́ров. 6. Мужчи́на несёт чемода́н. 7. Мать везёт ребёнка. 8. Мужчи́на везёт соба́ку.

Exercise 57. 1. несёт, но́сит. 2. несёт, но́сит. 3. везёт, во́зит. 4. везёт. 5. во́зит. 6. во́зит.

Exercise 58. 1. несёшь, несу́. 2. везёте, везу́. 3. несёт, несёт. 4. везёшь, везу́.

Exercise 59. 1. Я несу́ кни́ги в библиоте́ку. 2. Студе́нт несёт слова́рь. 3. Же́нщина везёт фру́кты. 4. Де́вушка несёт цветы́. 5. Мужчи́на несёт чемода́н. 6. Авто́бус везёт тури́стов на экску́рсию. 7. Мужчи́на везёт сы́на домо́й. 8. Же́нщина несёт ребёнка в больни́цу.

Exercise 60. 1. несла́. 2. вёз. 3. несла́. 4. вёз. 5. несла́. 6. нёс.

Exercise 61. 1. нёс, носи́л. 2. но́сит, нёс. 3. вози́л, вёз. 4. во́зит, вёз.

Exercise 63. 1. пошёл. 2. пошли́. 3. пошли́. 4. пое́хал. 5. пошла́. 6. пое́хали. 7. пошёл.

Exercise 64. 1. пошли́, пошли́, пое́хали. 2. пошёл, пошли́, пошли́, пошли́, пошли́.

Exercise 69. 1. Отку́да прие́хал ваш това́рищ? 2. Отку́да прие́хали э́ти студе́нты? 3. Отку́да прие́хала э́та де́вушка? 4. Отку́да пришли́ де́ти? 5. Отку́да пришёл оте́ц?

Exercise 70. 1. пришёл (придёт). 2. придёт. 3. прие́хал. 4. пришли́. 5. прие́хал. 6. прие́дет. 7. пришёл. 8. пришли́.

Exercise 71. 1. прихожу́, приду́. 2. прихо́дит, придёт. 3. прихо́дит, пришёл. 4. прихо́дит, пришла́. 5. приезжа́ет, прие́дет. 6. приезжа́ют, прие́дут.

Exercise 73. 1. ушёл, ушёл, ушёл. 2. ушёл. 3. ушла́, ушла́. 4. уе́хал, уе́хал. 5. ушла́.

Exercise 74. 1. уе́хал. 2. ушли́. 3. уйдём. 4. уе́хала. 5. уе́хали (уе́дут). 6. ушла́.

Exercise 75. 1. Студе́нты ушли́ из аудито́рии. 2. Моя́ подру́га ушла́ с ве́чера. 3. Че́рез час мой друг уйдёт из лаборато́рии. 4. Че́рез полчаса́ я уйду́ из библиоте́ки. 5. Ви́ктор уе́хал из Москвы́ в друго́й го́род. 6. Мой брат уе́хал из Ленингра́да в Ки́ев. 7. Че́рез ме́сяц моя́ сестра́ уе́дет из Москвы́.

Exercise 76. (a) 1. ухо́дит, уйдёт (ушла́). 2. ухо́дит, ушёл. 3. ухожу́, уйду́ (ушёл). (b) 1. уезжа́ют, уе́хали (уе́дут). 2. уезжа́ет, уе́хали. 3. уезжа́ет, уе́хал.

Exercise 77. 1. Мы ушли́ из лаборато́рии. 2. ...уе́хал в санато́рий. 3. прие́хала с ро́дины. 4. уе́хал из университе́та. 5. ушёл на рабо́ту. 6. пришёл с по́чты. 7. ушла́ в магази́н. 8. пришли́ из шко́лы.

Exercise 78. 1. Обы́чно э́та студе́нтка ухо́дит из библиоте́ки по́здно. 2. ...прихо́дит из университе́та. 3. приезжа́ет к нам в дере́вню. 4. Мой брат уе́хал из Москвы́. 5. Мои́ роди́тели уе́хали на да́чу. 6. Мой друг пришёл ко мне.

Exercise 79. 1. прихожу́, ухожу́, пришёл. 2. уе́хал, прие́дет. 3. ушли́, приду́т. 4. уе́дут (уе́хали, уезжа́ют), прие́дут (прие́хали, приезжа́ют). 5. ушёл, пришёл. 6. уезжа́ет, приезжа́ет.

Exercise 80. (a) 1. в Англию из Сове́тского Сою́за. 2. в Москву́ из Ве́ны. 3. В Ленингра́д из Да́нии. 4. в Сове́тский Сою́з из Ме́ксики. (b) 1. из Ло́ндона в Ливерпу́ль. 2. из Пари́жа в Ита́лию, на ро́дину. 3. с рабо́ты в поликли́нику. 4. из университе́та на стадио́н.

Exercise 81. 1. ко мне. 2. к вам. 3. к тебе́. 4. к вам. 5. ко мне. 6. ко мне. 7. к ним.

Exercise 82. 1. принесли́. 2. принёс. 3. принесла́. 4. привёз. 5. привезли́. 6. привезла́. 7. унёс. 8. унёс. 9. увезла́.

Exercise 83. 1. принесли́. 2. привёз. 3. приноси́л. 4. приезжа́ла, привози́ла. 5. приходи́л, приноси́л.

Exercise 84. 1. отнёс. 2. отнесла́. 3. отнёс. 4. отнесли́. 5. отнёс. 6. отнесёт. 7. отнести́.

Exercise 85. 1. Студе́нты вошли́ в аудито́рию. 2. вошла́. 3. вошли́. 4. вошёл. 5. вошли́. 6. вошёл.

Exercise 86. 1. Преподава́тель вы́шел из аудито́рии в коридо́р. 2. вы́шли из магази́на на у́лицу. 3. вы́шел из ваго́на на платфо́рму. 4. вы́шел из кабине́та в коридо́р. 5. вы́шли из теа́тра на у́лицу.

Exercise 87. 1. вы́шел из магази́на. 2. вы́шла из библиоте́ки. 3. вы́шли из кинотеа́тра. 4. вы́шли из теа́тра. 5. вы́шли из аудито́рии.

Exercise 88. 1. вошли́. 2. вы́йти. 3. вы́шла. 4. вошёл. 5. вошли́. 6. вошла́. 7. вы́шел.

Exercise 89. 1. ...вы́шли из аудито́рии. 2. вошли́ в теа́тр. 3. вы́шел из чита́льного за́ла. 4. вошли́ в клуб. 5. вы́шли из сосе́дней ко́мнаты. 6. вошёл в столо́вую. 7. вы́шли из библиоте́ки.

Exercise 93. 1. подошёл. 2. подошли́. 3. подошёл (подъе́хал). 4. подошёл. 5. подъе́хали. 6. подъе́хали.

Exercise 94. I. 1. отошла́ от окна́. 2. подошёл к ста́нции. 3. отошёл от остано́вки. 4. отъе́хало от вокза́ла. 5. подошёл к доске́. 6. подъе́хала к больни́це. II. 1. подхо́дит к платфо́рме. 2. отъезжа́ет от по́чты. 3. отхо́дит от остано́вки.

Exercise 97. 1. до теа́тра. 2. до музе́я. 3. до стадио́на. 4. до э́того го́рода. 5. до больни́цы. 6. до ста́нции. 7. до бе́рега реки́.

Exercise 101. 1. в аудито́рию. 2. из кинотеа́тра, к авто́бусной остано́вке. 3. в поликли́нику. 4. к до́му. 5. к окну́. 6. от окна́. 7. из университе́та.

Exercise 102. 1. Оте́ц вы́шел из ко́мнаты. 2. ...прие́хали с пра́ктики. 3. отошёл от окна́. 4. вошёл в библиоте́ку. 5. к своему́ дру́гу. 6. уе́хали из го́рода. 7. вы́шел из до́ма. 8. подошёл к доске́. 9. вошли́ в ваго́н.

Exercise 103. 1. Моя́ сестра́ прие́хала из Москвы́. 2. ...вошёл в аудито́рию. 3. вы́шли из за́ла. 4. прие́хала из дере́вни. 5. вошли́ в метро́. 6. отошёл от ста́нции. 7. пришёл из кино́. 8. подъе́хала к до́му. 9. ушёл с рабо́ты.

Exercise 105. пойти́, вы́шли, пошли́, шли, зайти́, вы́шли, пошли́, перешли́, вошли́, подошли́, вы́йти, дошли́.

Exercise 106. пойти́, вы́шел, шёл (пошёл), зайти́, подошёл, зашёл, вы́шла, пошёл, вы́шел, пошёл, шёл, пошёл, дошёл, вошёл, пошёл, вы́шел, пошёл.

Exercise 107. пойти́, вы́шли, дое́хать, подошли́, пое́хали, дое́хали, вы́шли, вошли́, вошли́, е́хали, вы́шли, пошли́, подошли́, пришли́, вошли́, пошли́.

Exercise 108. ходи́ли, вы́шли, подошли́, подошёл, вы́шли, вошли́, отошёл, шёл, дое́хали, вы́шли, пошли́, пошёл (побежа́л, зашёл), вошёл (пришёл), вошёл.

Exercise 109. хо́дим, выхо́дим, подхо́дим, е́дем (доезжа́ем), идёт, выхо́дим, перехо́дим, вхо́-дим, идём (вхо́дим), выхо́дим, идём, идём.

Exercise 110. е́здит, выхо́дит, идёт, выхо́дит, идёт, е́дет, выхо́дит, идёт, прихо́дит.

Exercise 111. вы́шел, пошёл, пойти́, подошёл, войти́, вошёл, пришёл, придёт, прихо́дит, придёт, пошёл, вы́шел, пошёл, подошёл, вы́шел, подошёл.

Exercise 112. е́здили, вы́шли, пое́хали, е́хали, вы́ехали, пое́хали, прое́хали, пое́хали (подъе́ха-ли), вы́шли, пошли́ (побежа́ли), ходи́ли, пое́хали, прие́хали.

Exercise 113. пое́хать, вы́шли, пое́хали, прие́хали, подошли́, отошёл, вы́шли, подошёл (пришёл), вошли́, отошёл, е́хали, вы́шли, пройти́, идти́, пошли́, шли, прошли́, пришли́.

Exercise 114. прие́хала, вы́ехали, прие́хали, е́здила, е́здили, е́хали, прие́хали, ходи́ли, прие́ха-ли, ходи́ли, пойду́т.

Verbs with the Particle -ся

Exercise 2. 1. Наш университе́т организу́ет междунаро́дные конфере́нции. 2. ...профессора́ де́лают опера́ции. 3. клуб гото́вит фотовы́ставку. 4. спу́тники посыла́ют сигна́лы. 5. ра́дио передаёт изве́стия. 6. студе́нты выполня́ют зада́ния. 7. факульте́т прово́дит встре́чи.

Exercise 3. 1. Антаркти́ду изуча́ют учёные мно́гих стран. 2. ... го́род посеща́ют тури́сты. 3. литерату́ру изуча́ют студе́нты. 4. вла́жность измеря́ют прибо́ры. 5. корабли́ создаю́т рабо́-чие и инжене́ры. 6. больны́х осма́тривают о́пытные врачи́.

Exercise 4. 1. создаю́тся. 2. создаёт. 3. изуча́ется. 4. изуча́ют. 5. принима́ет. 6. принима́ются. 7. измеря́ется. 8. измеря́ет. 9. гото́вят. 10. гото́вится. 11. проверя́ются. 12. проверя́ют.

Exercise 5. 1. Инжене́рами создаю́тся сло́жные маши́ны. 2. учёными иссле́дуются пробле́-мы. 3. гру́ппой инжене́ров гото́вится прое́кт. 4. экскурсио́нным бюро́ организу́ются экску́рсии. 5. студе́нтами изуча́ются иностра́нные языки́. 6. учёными реша́ются пробле́мы. 7. молоды́ми кинорежиссёрами создаю́тся фи́льмы. 8. врача́ми де́лаются опера́ции.

Exercise 7. 1. стро́ится но́вая гости́ница. 2. демонстри́руются но́вые фи́льмы. 3. организу́ются интере́сные вечера́. 4. продаётся де́тская литерату́ра. 5. передаю́тся после́дние изве́стия. 6. чита́ются ле́кции.

Exercise 8. 1. гото́вят вы́ставку. 2. стро́ят шко́лу. 3. откро́ют но́вую ста́нцию. 4. препода́ют иностра́нные языки́. 5. продаю́т газе́ты. 6. изуча́ют кли́мат. 7. передаю́т после́дние изве́-стия.

Exercise 9. 1. журна́лы и газе́ты продаю́т. 2. кни́ги продаю́т. 3. магази́н открыва́ют. 4. ру́с-скую литерату́ру изуча́ют. 5. зда́ние стро́ят. 6. организу́ют экску́рсии. 7. откро́ют кинотеа́тр.

Exercise 15. (a) 1. начался́, на́чали. 2. на́чали. 3. начался́, на́чал. 4. на́чали, начали́сь. 5. на-чался́, на́чали. (b) 1. продолжа́лся, продолжа́ли. 2. продолжа́ли, продолжа́лся. 3. продолжа́-лось, продолжа́ли. 4. продолжа́л, продолжа́лся. (c) 1. ко́нчили, ко́нчился, ко́нчился. 2. ко́н-чился, ко́нчили. 3. ко́нчил.

Exercise 16. 1. ко́нчили, ко́нчилась. 2. у́чится, у́чит. 3. откры́ла, откры́лась. 4. стро́ят, стро́илось. 5. разби́л, разби́лась. 6. слома́л, слома́лся. 7. останови́л, останови́лась.

Exercise 17. 1. на́чали. 2. ко́нчились, ко́нчил. 3. верну́л, верну́лись, вернёшь. 4. открыва́ю, открыва́ется. 5. закры́л, закры́лось. 6. подняли́сь, по́днял, по́днял. 7. останови́л, останови́лся, останови́л.

Exercise 18. 1. слома́л, слома́лась, слома́л, слома́лись. 2. разби́л, разби́лась, разби́л. 3. спря́тал, спря́тался, спря́тал. 4. гото́влю, гото́влюсь, гото́вятся. 5. верну́сь, верну́сь, верну́. 6. отпра́вил, отпра́вился. 7. прекрати́ли, прекрати́лись.

Exercise 19. 1. начала́сь. 2. продолжа́ются. 3. ко́нчишь. 4. подня́лся. 5. спусти́лись. 6. измени́лся. 7. собрали́сь. 8. останови́л. 9. измени́ли. 10. начну́тся, гото́вятся.

Exercise 25. 1. С кем вы ча́сто встреча́етесь? 2. С кем вы давно́ не ви́делись? etc.

Exercise 27. 1. встре́тил, встре́тились, встре́тил, встре́титься. 2. познако́мился, познако́мил, познако́мились, познако́мите. 3. ви́дел, ви́димся, ви́делись, ви́дел. 4. помири́л, помири́лся. 5. сове́тует, сове́туюсь.

Exercise 28. 1. ви́дел, ви́делись, ви́дитесь, ви́делся. 2. встре́титься, встре́тил, встре́тил, встре́тимся. 3. познако́мились, познако́мились, познако́мил, познако́миться, познако́мьте, познако́мьтесь. 4. сове́туюсь, посове́товаться, посове́туете, сове́туете.

Exercise 29. 1. мо́ю, мо́ет, мо́ется, мо́ет, мыть. 2. одева́ет, одева́ется, одева́ет. 3. умыва́емся, умыва́ет. 4. вытира́ет, вытира́ется. 5. купа́ться, купа́ет, купа́лись.

Exercise 30. 1. ...сде́лал заря́дку, умы́лся, оде́лся, причеса́лся, поза́втракал, отпра́вился. 2. ...вы́мылись, оде́лись, причеса́лись, отпра́вились.

Exercise 33. 1. познако́мились. 2. ви́делся. 3. встре́титься. 4. верну́лся. 5. продолжа́лся. 6. ко́нчился. 7. посове́товаться. 8. волну́юсь. 9. забо́тится. 10. смею́тся. 11. интересу́ется. 12. подгото́вился.

Exercise 34. 1. с кем. 2. чем. 3. с кем. 4. с кем. 5. с кем. 6. с кем. 7. с кем. 8. чем. 9. почему́ (над чем).

Exercise 36. 1. со свои́м преподава́телем. 2. со свои́ми друзья́ми. 3. о свои́х де́тях. 4. к после́днему экза́мену. 5. со мной. 6. с людьми́. 7. на ва́шу по́мощь. 8. над това́рищами. 9. свои́м сы́ном. 10. биоло́гией. 11. к своему́ бра́ту.

Exercise 37. у́чится, умыва́ется, одева́ется, причёсывается, у́чится, начина́ется, продолжа́ются, конча́ются, гото́вит, у́чит, де́лает, интересу́ется, ко́нчит, гото́вится, сове́тует.

Verb Aspects

Exercise 3. 1. писа́ть — написа́ть. 2. чита́ть — прочита́ть. 3. реша́ть — реши́ть. 4. гото́вить — пригото́вить. 5. писа́ть — написа́ть.

Exercise 4. 1. писа́ть — написа́ть. 2. реша́ть — реши́ть. 3. чита́ть — прочита́ть. 4. пить — вы́пить. 5. повторя́ть — повтори́ть. 6. петь — спеть.

Exercise 5. 1. писа́ть — написа́ть. 2. учи́ть — вы́учить. 3. реша́ть — реши́ть. 4. гото́вить — пригото́вить. 5. рисова́ть — нарисова́ть. 6. расска́зывать — рассказа́ть. 7. объясня́ть — объясни́ть.

Exercise 10. писа́л, писа́л, писа́л, писа́л, писа́л, написа́л, писа́л, писа́л, писа́л, написа́л.

Exercise 11. чита́л, чита́л, чита́л, чита́л, чита́л, прочита́л, прочита́л.

Exercise 12. 1. смотре́ли. 2. учи́л. 3. чита́л. 4. реша́ли, реши́л. 5. изуча́ет.

Exercise 13. 1. учи́л, писа́л, вы́учил, написа́ли, написа́л. 2. смотре́л, посмотре́л. 3. чита́л, прочита́ли, прочита́л. 4. реша́л, реша́л, реши́л, реши́л.

Exercise 15. 1. учи́л, вы́учил. 2. за́втракал, поза́втракал. 3. объясни́л, объясня́л. 4. писа́л, написа́л. 5. отвеча́ла, отве́тила. 6. прове́рил, проверя́л. 7. посмотре́ли, смотре́ли.

Exercise 20. 1. Студе́нты вошли́ в класс и поздоро́вались. 2. Преподава́тель принёс на уро́к магнитофо́н, etc.

Exercise 21. 1. повторя́ем, повтори́ли. 2. прочита́л, чита́ю. 3. пригото́вил, гото́влю. 4. вы́учил, у́чит. 5. опа́здывает, опозда́ла. 6. посыла́ет, посла́л. 7. получи́л, получа́ет.

Exercise 22. 1. покупа́ет, купи́л. 2. пью, вы́пил. 3. получа́ет, получи́л. 4. встреча́ю, встре́тил. 5. конча́ет, ко́нчил. 6. пи́шет, написа́л. 7. опа́здывает, опозда́л.

Exercise 23. 1. стро́или, постро́или. 2. осма́тривал, осмотре́л. 3. пью, вы́пил. 4. нарисова́л, рисова́л. 5. объясня́л, объясни́л. 6. помога́ет, помо́г.

Exercise 24. 1. чита́л, прочита́ли, прочита́л. 2. гото́вит, пригото́вил, пригото́вил. 3. посыла́ю, посла́л. 4. покупа́ем, купи́л. 5. получа́ю, получи́л, получа́ете. 6. реша́л, реши́л, помо́г, реши́л.

Exercise 26. 1. рисова́ть. 2. стро́ить. 3. переводи́ть. 4. говори́ть. 5. у́жинать. 6. игра́ть.

Exercise 27. 1. начина́ют. 2. ко́нчили. 3. на́чал. 4. начина́ю. 5. начина́ет. 6. на́чал. 7. ко́нчил.

Exercise 31. 1. Когда́ Анна пригото́вит обе́д... 2. ... прочита́ет. 3. сде́лают. 4. переведу́. 5. напеча́таю. 6. поу́жинают.

Exercise 32. 1. ... пообе́даю, отдохну́, пригото́влю. 2. реши́т, переведёт, напи́шет. 3. повто́рим, расска́жем. 4. поза́втракает, почита́ет, послу́шает. 5. вы́учу, прочита́ю, посмотрю́.

Exercise 33. 1. Что бу́дет де́лать Бори́с, когда́ вы́учит стихи́? 2. ... переведу́т. 3. пообе́даем. 4. прочита́ю. 5. поу́жинают. 6. прове́рит.

Exercise 35. 1. пи́шем, напи́шем. 2. рису́ет, нарису́ет. 3. отдыха́ю, отдохну́. 4. у́жинаем, поу́жинаем. 5. прочита́ете, бу́дем чита́ть.

Exercise 36. 1. ... ко́нчит, посту́пит. 2. узна́ет, сообщи́т. 3. напишу́, оста́влю. 4. реша́т, пока́жут. 5. возьму́, посмотрю́. 6. пойдём, возьмём. 7. пришлёт, отве́чу.

Exercise 37. 1. даст. 2. да́ли. 3. дал. 4. дашь. 5. дади́те. 6. дади́м.

Exercise 38. 1. даёт. 2. даю́. 3. дашь, дам. 4. дади́те. 5. дади́м. 6. даёт, даст. 7. даст. 8. дам. 9. дади́те. 10. дашь.

Exercise 39. 1. даст. 2. сдал. 3. про́дали. 4. дам. 5. бу́дет сдава́ть, сдаст. 6. даю́. 7. продаю́т.

Exercise 40. 1. встаёт, встаёт, встал. 2. вста́нешь, вста́ну. 3. вста́ли, встал. 4. встаёт. 5. вста́нем. 6. встава́ли. 7. встава́л, встаёт. 8. вста́ну. 9. вста́нешь.

Exercise 41. 1. ве́шаю, пове́сил. 2. поста́вили, поста́вили. 3. кладу́, положи́л. 4. поста́вила, ста́вит. 5. ве́шает, пове́сил. 6. кладу́, положи́л.

Exercise 42. 1. ложу́сь, лёг. 2. сади́тся. 3. се́ла. 4. се́ли. 5. ля́гу. 6. сел. 7. се́ли. 8. сади́тся.

Exercise 45. 1. ви́дел, уви́дел. 2. ви́дел, уви́дишь. 3. уви́дел, ви́дел. 4. слы́шали, слы́шал, услы́шал. 5. слы́шали, слы́шал. 6. услы́шали. 7. зна́ете, зна́ю. 8. зна́ете, зна́ю. 9. узна́л. 10. зна́ете, зна́ю, узна́ть, узна́ете.

Exercise 47. 1. пое́хал. 2. пое́хал. 3. пошла́. 4. пое́хал. 5. полете́л. 6. понёс. 7. повела́.

Exercise 49. 1. написа́л. 2. учи́ла, вы́учила. 3. постро́или, стро́или. 4. заплати́л. 5. купи́ли. 6. вспо́мнил. 7. беру́, взял. 8. посыла́ет, посла́л. 9. опа́здывает, опозда́ла. 10. встаю́, встал.

Exercise 50. 1. нарисова́л, рисова́л. 2. подари́л, дари́л. 3. куплю́, купи́ли, покупа́ю. 4. писа́л, написа́л. 5. берёт, взял. 6. спел, пе́ли. 7. вы́пил. 8. стро́ят, постро́или.

Exercise 51. 1. прочита́л. 2. реши́л. 3. купи́л. 4. рабо́тал. 5. собира́ет. 6. заболе́л. 7. откры́л. 8. включи́л.

Exercise 52. 1. За́втра я напишу́ письмо́ и пошлю́ его́ авиапо́чтой. 2. ... расска́жем, пока́жем. 3. напи́шет, пода́рит. 4. сдади́м, пое́дем. 5. куплю́, пове́шу. 6. пригото́влю, приглашу́. 7. сде́лаю, пошлю́. 8. позвони́т, ска́жет.

Exercise 53. 1. ... вы полу́чите. 2. я встре́чу. 3. мы при́мем уча́стие. 4. я подожду́. 5. я наде́ну. 6. они́ поги́бнут. 7. вы не поймёте. 8. вы не смо́жете. 9. я забу́ду.

Exercise 54. 1. ко́нчится, вы́йдут. 2. начнётся. 3. откро́ется. 4. ко́нчатся, верну́тся. 5. подгото́вимся, сдади́м. 6. ко́нчится, откро́ю. 7. встре́чусь, пойдём. 8. договори́мся. 9. соберу́тся, начнётся. 10. изме́нится.

Exercise 55. 1. сдади́м, полу́чим, ку́пим, пое́дем, бу́дем отдыха́ть, пла́вать, ходи́ть в го́ры. 2. пойду́т в кино́, оста́нусь до́ма, возьму́ журна́л, посмотрю́ его́, ля́гу спать. 3. прие́дет, привезёт, соберёмся, бу́дем слу́шать, расска́жет. 4. вста́ну, оде́нусь, умо́юсь, пойду́ за́втракать, поза́втракаю, пойду́ к дру́гу, возьмём, пойдём. 5. приду́, отдохну́, ся́ду занима́ться, вы́учу, бу́ду смотре́ть. 6. прие́дет, встре́тим, помо́жем, пока́жем, расска́жем.

Exercise 56. конча́ются, пообе́дал, чита́л, смотре́л, гото́вить, сде́лал, учи́л, повторя́л, чита́ть, ко́нчил, танцева́л, смотре́л, верну́лся, лёг.

COMPLEX SENTENCE

Exercise 2. 1. где. 2. куда́. 3. кака́я. 4. что. 5. ско́лько. 6. как. 7. когда́ (отку́да).

Exercise 3. 1. когда́. 2. ско́лько. 3. как. 4. кто. 5. что. 6. что. 7. кто.

Exercise 5. 1. А́нна хорошо́ говори́т по-ру́сски, потому́ что она́ мно́го занима́ется. 2. Он не успе́л поза́втракать сего́дня, потому́ что по́здно встал. 3. Я не́ был вчера́ на ве́чере, потому́ что был за́нят. 4. Вчера́ весь день мы бы́ли до́ма, потому́ что была́ плоха́я пого́да. 5. Я не пойду́ игра́ть в футбо́л, потому́ что у меня́ боли́т нога́. 6. Я не купи́л биле́ты в теа́тр, потому́ что у меня́ не́ было с собо́й де́нег.

Exercise 15. 1. е́сли. 2. е́сли. 3. когда́. 4. когда́. 5. поэ́тому. 6. поэ́тому. 7. потому́ что.

Exercise 19. 1. рабо́тал. 2. жи́ли. 3. дал. 4. пришли́. 5. позвони́л. 6. помо́г. 7. принёс. 8. купи́ли. 9. подожда́л.

Exercise 26. 1. то. 2. то, etc.

Exercise 27. I. 1. того́. 2. того́. 3. того́. II. 1. к тому́. 2. тому́. 3. тем. 4. тем. III. 1. с тем. 2. с тем. 3. тем. 4. тем. IV. 1. о том. 2. о том, etc.

Exercise 28. 1. то. 2. того́. 3. то. 4. о том. 5. то. 6. то. 7. того́.

Exercise 29. 1. Вы ви́дели но́вый фильм, кото́рый шёл у нас в клу́бе? 2. кото́рая. 3. кото́рый. 4. кото́рое. 5. кото́рые. 6. кото́рый.

Exercise 30. 1. Мы бы́ли в кинотеа́тре, кото́рый нахо́дится на сосе́дней у́лице. 2. ... на конце́рте, кото́рый. 3. на ве́чере, кото́рый. 4. письмо́, кото́рое. 5. студе́нтку, кото́рая. 6. студе́нта, кото́рый. 7. челове́ка, кото́рый.

Exercise 31. 1. кото́рый. 2. кото́рый. 3. кото́рое. 4. кото́рая. 5. кото́рый. 6. кото́рое. 7. кото́рые. 8. кото́рые.

Exercise 32. 1. Сего́дня я ви́дел де́вушку, о кото́рой я расска́зывал тебе́. 2. ...кни́гу, о кото́рой. 3. дру́га, о кото́ром. 4. газе́ту, в кото́рой. 5. в до́ме, в кото́ром. 6. в шко́ле, в кото́рой. 7. у́лица, на кото́рой.

Exercise 33. 1. Вы зна́ете кио́ск, в кото́ром мы покупа́ем газе́ты? 2. ...в за́ле, в кото́ром. 3. го́род, в кото́ром. 4. тетра́дь, в кото́рой. 5. на фа́брике, на кото́рой. 6. на пло́щади, на кото́рой.

Exercise 34. 1. (a) в кио́ске, кото́рый. (b) в кио́ске, в кото́ром. 2. (a) текст, кото́рый. (b) текст, в кото́ром. 3. (a) в теа́тре, кото́рый. (b) в теа́тре, в кото́ром. 4. (a) портфе́ль, в кото́ром. (b) портфе́ль, кото́рый. 5. (a) в зал, в кото́ром. (b) зал, кото́рый. 6. (a) чемода́н, в кото́ром. (b) чемода́н, кото́рый.

Exercise 35. 1. о кото́ром. 2. в кото́рой. 3. на кото́рой. 4. в кото́ром. 5. о кото́ром. 6. в кото́ром.

Exercise 38. 1. кни́га, кото́рую. 2. фильм, кото́рый. 3. о статье́, кото́рую. 4. расска́з, кото́рый. 5. студе́нта, кото́рого. 6. пе́сню, кото́рую. 7. пласти́нку, кото́рую. 8. това́рища, кото́рого.

Exercise 39. 1. журна́лы, кото́рые. 2. пе́сни, кото́рые. 3. друзе́й, кото́рых. 4. газе́ты, кото́рые. 5. брат и сестра́, кото́рых.

Exercise 40. 1. кото́рую, кото́рая, о кото́рой. 2. кото́рая, кото́рую, о кото́рой. 3. кото́рый, кото́рого, о кото́ром. 4. кото́рые, кото́рых, о кото́рых.

Exercise 42. 1. знако́мого, кото́рому. 2. това́рищ, к кото́рому. 3. знако́мые, к кото́рым. 4. студе́нта, кото́рому. 5. де́вушку, кото́рой. 6. друг, кото́рому.

Exercise 43. 1. това́рища, с кото́рым. 2. от дру́га, с кото́рым. 3. де́вушку, с кото́рой. 4. с инжене́ром, с кото́рым. 5. студе́нт, с кото́рым. 6. врача́, с кото́рым. 7. к преподава́телю, с кото́рым.

Exercise 44. 1. това́рища, у кото́рого. 2. врач, у кото́рого. 3. студе́нт, у кото́рого. 4. о студе́нте, кото́рого. 5. студе́нтку, у кото́рой. 6. кни́гу, кото́рой.

Exercise 45. 1. (a) кото́рая. (b) кото́рую. (c) кото́рая. (d) у кото́рой. 2. (a) кото́рого. (b) кото́рый. (c) с кото́рым. (d) кото́рому. 3. (a) кото́рый. (b) о кото́ром. (c) кото́рый. 4. (a) кото́рый. (b) кото́рому. (c) кото́рого. (d) с кото́рым.

Direct and Indirect Speech

Exercise 48. 1. Я сказа́л Па́влу, что у меня́ есть два биле́та в теа́тр. 2. Он сказа́л мне, что он уже́ ви́дел э́тот спекта́кль. 3. Анна написа́ла свои́м роди́телям, что она́ ско́ро прие́дет домо́й. 4. Роди́тели отве́тили ей, что они́ давно́ ждут её. 5. Мой брат позвони́л мне и сказа́л, что ве́чером он бу́дет у меня́. 6. Ми́ша написа́л отцу́, что он сдал все экза́мены. 7. Я сказа́л сестре́, что она́ должна́ посмотре́ть э́тот фильм. 8. Она́ отве́тила мне, что она́ уже́ смотре́ла его́.

Exercise 49. 1. Андре́й сказа́л нам, что за́втра у нас в клу́бе бу́дет конце́рт. 2. ...что они́ хотя́т пойти́ на э́тот конце́рт. 3. ...что в ка́ссе уже́ нет биле́тов. 4. ...что он до́лжен помо́чь нам купи́ть биле́ты. 5. ...что он не ви́дел э́тот фильм. 6. ...что у меня́ есть ли́шний биле́т. 7. ...что ему́ ну́жно два биле́та. 8. ...что за́втра они́ начну́т чита́ть но́вый расска́з. 9. ...что у них в кни́ге нет э́того расска́за. 10. ...что они́ мо́гут взять э́тот расска́з в библиоте́ке.

Exercise 50. 1. Анна спроси́ла меня́, где нахо́дится кни́жный магази́н. 2. Я спроси́л продавца́, ско́лько сто́ит э́та кни́га. 3. Я спроси́л де́вушку, где она́ живёт. 4. Мари́я спроси́ла нас, куда́ мы идём. 5. Михаи́л спроси́л меня́, кому́ я обеща́л дать кни́гу. 6. Мой друг спроси́л меня́, почему́ я не иду́ с ни́ми. 7. Мать спроси́ла сы́на, когда́ он вернётся домо́й. 8. Мы спроси́ли но́вого студе́нта, отку́да он прие́хал. 9. Ма́льчик спроси́л меня́, как меня́ зову́т.

Exercise 51. 1. Ни́на спроси́ла меня́, чита́л ли я сего́дняшнюю газе́ту. 2. ...был ли он. 3. бы́ли ли они́. 4. получа́ю ли я. 5. пойдёт ли его́ сестра́. 6. бу́дет ли за́втра ле́кция. 7. понима́ем ли мы, что он говори́т. 8. бу́дет ли он чита́ть.

Exercise 52. 1. Наш знако́мый спроси́л нас, давно́ ли мы прие́хали сюда́. 2. ...хорошо́ ли я чу́вствую себя́. 3. пра́вильно ли они́ реши́ли. 4. интере́сно ли бы́ло. 5. до́лго ли он ждал. 6. давно́ ли он изуча́ет.

Exercise 53. 1. Преподава́тель сказа́л нам, что́бы мы откры́ли тетра́ди и писа́ли. 2. ...что́бы он повтори́л. 3. что́бы он прочита́л. 4. что́бы она́ писа́ла. 5. что́бы они́ присла́ли ему́. 6. что́бы он рассказа́л им, как он. 7. что́бы он купи́л мне.

Exercise 54. 1. ...что́бы они́ вы́учили. 2. что́бы я прочита́л. 3. что́бы он не кури́л. 4. что́бы он принёс. 5. что́бы я верну́л ему́ газе́ту, кото́рую я взял. 6. что́бы он помо́г ей. 7. что́бы она́ отнесла́. 8. что́бы он купи́л.

Exercise 55. 1. что́бы, что. 2. что, что́бы. 3. что́бы, что, что. 4. что, что́бы. 5. что, что́бы. 6. что́бы, что.

Exercise 56. 1. ...почему́ я не́ был. 2. пойдём ли мы. 3. что́бы он позвони́л ей. 4. что́бы она́ подождала́ меня́. 5. мо́жет ли он помо́чь ей. 6. по́мню ли я. 7. куда́ я положи́л его́ портфе́ль. 8. приходи́л ли он ко мне. 9. что́бы я помо́г ему́. 10. прочита́ю ли я.

Exercise 57. 1. куда́ мы идём; что мы идём. 2. чита́л ли я; что не чита́л. 3. был ли он; что был; с кем он ходи́л; что ходи́л с това́рищем. 4. что́бы я объясни́л ему́; что́бы он попроси́л Анто́на. 5. что́бы он рассказа́л мне; что́бы я спроси́л Анну.

Exercise 58. 1. Я спроси́л Ви́ктора, был ли он вчера́ на ле́кции. Ви́ктор отве́тил мне, что он не́ был на ле́кции. Я спроси́л его́, почему́ он не́ был на ле́кции. Он отве́тил, что он не́ был на ле́кции потому́, что был бо́лен. Ви́ктор спроси́л меня́, интере́сная ли была́ ле́кция. Я отве́тил, что о́чень интере́сная.

Sentences Containing Participial and Verbal Adverb Constructions
The Participle

Exercise 2. 1. Кака́я де́вушка у́чится в ва́шей гру́ппе? 2. С каки́м инжене́ром вы познако́мились? 3. Каки́м друзья́м вы ча́сто пи́шете? 4. С каки́ми студе́нтами разгова́ривает профе́ссор? 5. Каки́е шко́льники должны́ хорошо́ знать фи́зику и матема́тику? 6. О како́м челове́ке писа́ли в газе́те? 7. С каки́ми де́вушками вы знако́мы? 8. Како́му студе́нту вы помога́ете?

Exercise 3. 1. Каки́е студе́нты уе́хали на пра́ктику? 2. Каку́ю писа́тельницу вы пригласи́ли на ве́чер? 3. Каку́ю лабора́нтку вы спроси́ли о результа́тах о́пыта? 4. С каки́ми арти́стами встре́тились зри́тели? 5. У како́го врача́ вы бы́ли сего́дня? 6. О како́м учёном чита́ли вы расска́з? 7. С како́й кома́ндой игра́ли ва́ши футболи́сты?

Exercise 4. 1. чита́ющий. 2. изуча́ющих. 3. рабо́тающим. 4. говоря́щих. 5. живу́щей. 6. строя́щих.

Exercise 5. 1. чита́вшего ле́кцию о ко́смосе, чита́вшему ле́кцию о ко́смосе, чита́вшем ле́кцию о ко́смосе, чита́вшем ле́кцию о ко́смосе. 2. получи́вшего Госуда́рственную пре́мию, получи́вший Госуда́рственную пре́мию, получи́вшем Госуда́рственную пре́мию, получи́вшем Госуда́рственную пре́мию. 3. око́нчившие биологи́ческий факульте́т университе́та, око́нчившими биологи́ческий факульте́т университе́та, око́нчивших биологи́ческий факульте́т университе́та. 4. прие́хавшие из Кана́ды, прие́хавших из Кана́ды, прие́хавшими из Кана́ды, прие́хавшие из Кана́ды.

Exercise 6. I. 1. у врача́, рабо́тающего в на́шей поликли́нике. 2. врача́, рабо́тающего. 3. с врачо́м, рабо́тающим. II. 1. на челове́ка, иду́щего нам навстре́чу. 2. с челове́ком, иду́щим. 3. челове́ка, иду́щего. III. 1. об учёном, откры́вшем но́вый хими́ческий элеме́нт. 2. учёный, откры́вший. 3. учёного, откры́вшего. IV. 1. худо́жников, организова́вших вы́ставку. 2. о худо́жниках, организова́вших. 3. худо́жникам, организова́вшим. 4. с худо́жниками, организова́вшими.

Exercise 7. 1. реша́ть, получа́ть, конча́ть, говори́ть, смотре́ть, жить, рисова́ть, организова́ть, сдава́ть, создава́ть, занима́ться, интересова́ться, учи́ться. 2. реша́ть, реши́ть, прове́рить, изуча́ть, изучи́ть, сдать, сдава́ть, получа́ть, получи́ть, объясни́ть, вы́расти, встре́титься.

Exercise 8. 1. кото́рый живёт; кото́рый живёт. 2. кото́рая идёт; кото́рая идёт. 3. кото́рые сидя́т; кото́рые сидя́т.

Exercise 9. 1. кото́рый изуча́ет. 2. кото́рый рабо́тает. 3. кото́рые жела́ют. 4. кото́рая хорошо́ говори́т. 5. кото́рые изуча́ют. 6. кото́рая живёт.

Exercise 10. 1. кото́рый написа́л. 2. кото́рые изуча́ют. 3. кото́рый рабо́тает. 4. кото́рые хорошо́ зна́ют, кото́рые говоря́т. 5. кото́рый чита́л. 6. кото́рый купи́л. 7. кото́рые исполня́ли.

Exercise 11. 1. кото́рые хорошо́ сда́ли. 2. кото́рая сиде́ла. 3. кото́рый опозда́л. 4. кото́рый вы́шел. 5. кото́рые прие́хали. 6. кото́рый позвони́л. 7. кото́рая мечта́ла.

Exercise 12. 1. кото́рые находи́лись. 2. кото́рые поднима́лись. 3. кото́рая останови́лась. 4. кото́рый появи́лся. 5. кото́рые интересу́ются. 6. кото́рые собрались. 7. кото́рые интересу́ются.

Exercise 13. 1. чита́ющий, получа́ющий, посыла́ющий, изуча́ющий, зна́ющий, жела́ющий, расска́зывающий, реша́ющий, начина́ющий, покупа́ющий, встреча́ющий, занима́ющийся, встреча́ющийся, собира́ющийся. 2. бесе́дующий, критику́ющий, организу́ющий, танцу́ющий, интересу́ющийся. 3. продаю́щий, передаю́щий, встаю́щий. 4. смотря́щий, ви́дящий, ненави́дящий, зави́сящий. 5. и́щущий, пла́чущий, пря́чущий.

Exercise 14. прочита́вший, посла́вший, переда́вший, бра́вший, взя́вший, узнава́вший; узна́вший, рассказа́вший, покупа́вший, купи́вший, измени́вший, получа́вший, получи́вший, начина́вший, сда́вший, сдава́вший, реши́вший, ко́нчивший, вы́ступивший, объясни́вший, откры́вший, открыва́вший.

Exercise 15. I. 1. рабо́тающему перево́дчиком. 2. рабо́тающем... 3. рабо́тающего... 4. рабо́тающий... 5. рабо́тающим... II. 1. рабо́тающую в на́шей библиоте́ке. 2. рабо́тающей... 3. рабо́тающей... 4. рабо́тающая. III. 1. прие́хавший из Сове́тского Сою́за. 2. прие́хавшим... 3. прие́хавшему... 4. прие́хавшего... 5. прие́хавшем...

Exercise 16. 1. чита́вшая кни́гу. 2. изуча́ющие ру́сский язы́к. 3. посети́вший Сове́тский Сою́з. 4. зна́ющие ру́сский язы́к. 5. лежа́щие на по́лке. 6. проверя́вший наш телеви́зор. 7. написа́вший э́ту кни́гу.

Exercise 17. 1. прие́хавшие в Москву́. 2. живу́щего в Ленингра́де. 3. строя́щийся в сосе́днем го́роде. 4. выступа́вшем вчера́ на конце́рте. 5. написа́вший э́ту карти́ну. 6. реши́вшие пое́хать на экску́рсию.

Exercise 18. 1. написа́вшего э́ту кни́гу. 2. рабо́тающим в институ́те фи́зики. 3. прие́хавшем на гастро́ли. 4. написа́вшем э́ту карти́ну. 5. проходи́вшего ми́мо меня́. 6. исполня́вшего гла́вную роль. 7. игра́вшие во дворе́.

Exercise 20. 1. прочита́ть, написа́ть, прода́ть, посла́ть, созда́ть, организова́ть. 2. получи́ть, прове́рить, постро́ить, реши́ть, купи́ть, подгото́вить, испра́вить, оста́вить. 3. закры́ть, забы́ть, наде́ть, спеть, поня́ть, приня́ть, уби́ть.

Exercise 21. I. 1. Мы живём в доме, построенном в прошлом году. 2. ...построенный в прошлом году. 3. построенного в прошлом году. II. 1. ...организованном студентами консерватории. 2. организованного студентами консерватории. 3. организованном. 4. организованному. III. 1. ...напечатанную в сегодняшней газете. 2. напечатанной. 3. напечатанной. 4. напечатанной.

Exercise 22. I. 1. лектора, приглашённого... 2. с лектором, приглашённым... 3. лектору, приглашённому... 4. о лекторе, приглашённом. II. 1. книгу, написанную... 2. книги, написанной... 3. о книге, написанной... III. 1. задачи, решённые... 2. задач, решённых...

Exercise 24. 1. Нам понравился вечер, который организовали студенты старших курсов. 2. операция, которую сделал молодой врач. 3. картину, которую подарили мне мои друзья. 4. предложение, которое преподаватель написал на доске. 5. картины, которые нарисовали наши художники. 6. газеты, которые мы купили вчера. 7. артисты, которых тепло встретили зрители.

Exercise 25. 1. фильм, который показали. 2. человек, которого мы встретили. 3. картины, которые создали. 4. в доме, который построили. 5. книгу, которую подарил друг. 6. на фотографию, которую прислал отец. 7. песни, которые написали. 8. студенты, которых послали на практику.

Exercise 26. 1. студенты, которых пригласили. 2. со студентами, которых приняли. 3. юноша, которого мы встретили. 4. дети, которых родители оставили. 5. геологи, которых послали на север. 6. спортсмен, которого хорошо подготовил тренер.

Exercise 27. 1. опыты, которые проводим. 2. спутники, которые люди посылают. 3. кислород, который выделяют растения. 4. известия, которые передают по радио. 5. предметов, которые изучают в университете. 6. новости, которые сообщают газеты и радио. 7. проблемы, которые решает этот институт.

Exercise 28. 1. прочитанный, написанный, показанный, рассказанный, сделанный, созданный, проданный. 2. изученный, полученный, проверенный, решённый, изменённый, объяснённый, приготовленный, поставленный, исправленный. 3. открытый, закрытый, забытый, вымытый, разбитый, убитый, надетый, спетый, понятый, принятый.

Exercise 29. 1. друг, который прислал; письмо, которое прислал. 2. студенты, которые организовали; вечер, который организовали. 3. учёный, который открыл; закон, который открыл. 4. студентка, которая забыла; папка, которую забыла. 5. студент, который пригласил нас; студент, которого мы пригласили.

Exercise 30. 1. присланное. 2. полученном. 3. сделанное. 4. сделавшим. 5. сделанная. 6. вылечившего. 7. напечатанную. 8. показанный.

Exercise 31. 1. написавший, написанные. 2. присланное, приславший. 3. создавших, созданных. 4. получившего, полученным. 5. подаренную, подаривший. 6. купленный, купившему.

Exercise 32. 1. сделавшим. 2. приславших. 3. забытая. 4. основанном. 5. полученной. 6. совершивших.

Exercise 33. 1. песни, написанные этим композитором. 2. дети, оставленные родителями. 3. книгу, подаренную мне. 4. картину, нарисованную этим художником. 5. на полке, сделанной моим братом. 6. человек, встреченный нами. 7. гости, приглашённые нами.

Exercise 34. 1. студент, получивший письмо. 2. письмо, полученное студентом. 3. с художником, нарисовавшим этот портрет. 4. портрет, нарисованный этим художником. 5. с человеком, пригласившим нас. 6. гостей, приглашённых на день рождения. 7. преподаватель, показавший опыт. 8. опыт, показанный нам преподавателем. 9. студентов, прочитавших его роман.

Exercise 35. 1. Этот портрет нарисовал известный художник. 2. фотографии сделал мой брат. 3. газ открыли молодые геологи. 4. завод построили в 1956 году. 5. это письмо я получил. 6. эту историю рассказали мне. 7. эту книгу перевели.

Exercise 36. 1. Кто нарисовал этот портрет? 2. Кто подписал документы? 3. Кто написал эту книгу? 4. Кто открыл газ в этом районе? 5. На каком заводе сделали эти часы? 6. В каком магазине купили эту картину? 7. Когда построили этот завод? 8. Когда получили это письмо?

Exercise 37. 1. написать, прочитать, показать, рассказать, послать, продать, создать, организовать. 2. получить, проверить, построить, решить, купить, приготовить, исправить, поставить. 3. закрыть, забыть, вымыть, надеть, убить, принять, поднять.

Exercise 38. 1. Эта карти́на нарисо́вана изве́стным худо́жником. 2. карти́на при́слана мне сестро́й. 3. запи́ска напи́сана мои́м това́рищем. 4. бра́том со́брана больша́я колле́кция. 5. зда́ние постро́ено. 6. уче́бник напи́сан. 7. рома́н переведён. 8. организо́вана вы́ставка.

Exercise 39. 1. студе́нтам был пока́зан фильм. 2. постро́ено мно́го ста́нций. 3. письмо́ напи́сано отцо́м. 4. письмо́ полу́чено мно́ю. 5. нарисо́вано не́сколько карикату́р. 6. бу́дет откры́т кинотеа́тр. 7. бу́дет постро́ена шко́ла. 8. бу́дут напеча́таны стихи́.

Exercise 40. (а) 1. Да, я посла́л телегра́мму. Да, телегра́мма по́слана. 2. прочита́л кни́гу; кни́га прочи́тана. 3. зако́нчил рабо́ту; рабо́та зако́нчена. 4. купи́л биле́ты; биле́ты ку́плены. 5. собра́л ве́щи; ве́щи со́браны.

Exercise 42. 1. полу́ченное, полу́чено. 2. подпи́саны ре́ктором, подпи́санные. 3. постро́ен, постро́енном. 4. организо́ванной, организо́вана. 5. осно́ван, осно́ванном. 6. напеча́танную, напеча́тана. 7. прочи́танные, прочи́таны.

Exercise 43. 1. ку́пленные. 2. постро́ено. 3. напи́санное. 4. при́сланные. 5. постро́ена. 6. встре́ченный. 7. при́сланы. 8. откры́тый.

Exercise 44. 1. полу́ченное, при́слано, напи́сано. 2. был пока́зан, пока́занный, была́ решена́, да́нная. 3. организо́вана, при́сланы, сде́ланы, сде́ланные. 4. напи́санный, был напи́сан, был переведён, опи́санные.

The Verbal Adverb

Exercise 1. 1. Брат расска́зывал нам о своём путеше́ствии и пока́зывал фотогра́фии. 2. Я чита́л письмо́ отца́ и ду́мал о свои́х роди́телях. 3. Когда́ мы слу́шаем ра́дио, мы узнаём... 4. Когда́ я начина́л э́ту рабо́ту, я не ду́мал... 5. Когда́ ма́льчик открыва́л окно́, он разби́л... 6. Когда́ преподава́тель объясня́л но́вую те́му, он пока́зывал... 7. Бори́с стоя́л в коридо́ре и разгова́ривал...

Exercise 2. 1. Они́ сиде́ли и разгова́ривали. 2. Когда́ я слу́шаю, я стара́юсь. 3. Когда́ сестра́ отдыха́ла, она́ ре́дко писа́ла. 4. Когда́ това́рищ дава́л, он попроси́л. 5. Когда́ я выхожу́ из до́ма, я встреча́ю. 6. Тури́сты гуля́ли и покупа́ли.

Exercise 3. 1. Когда́ лю́ди встреча́ются, они́ говоря́т. 2. Когда́ я здоро́вался, я по́дал. 3. Когда́ лю́ди занима́ются спо́ртом, они́ укрепля́ют. 4. Мой брат учи́лся и рабо́тал. 5. Когда́ я возвраща́лся, я встре́тил. 6. Когда́ мы встреча́емся, мы расска́зываем.

Exercise 4. 1. Мы поу́жинали и ста́ли смотре́ть. 2. Студе́нтка собрала́ и вы́шла. 3. Когда́ друг око́нчит институ́т, он бу́дет. 4. Когда́ я верну́сь на ро́дину, я бу́ду рабо́тать. 5. Мы повтори́ли и пошли́ сдава́ть. 6. Студе́нты сда́ли и пое́хали. 7. Мы позвони́ли и узна́ли. 8. Когда́ я вы́шел, я встре́тил. 9. Когда́ Михаи́л пришёл, он уви́дел.

Exercise 5. 1. Посмотре́в фильм, мы пошли́ домо́й. 2. Заплати́в де́ньги, я взял и вы́шел. 3. Око́нчив шко́лу, сестра́ поступи́ла. 4. Попроща́вшись, я пошёл. 5. Прочита́в газе́ту, оте́ц дал. 6. Немно́го отдохну́в, мы сно́ва на́чали. 7. Наде́в пальто́, я вы́шел. 8. Ко́нчив чита́ть, профе́ссор спроси́л.

Exercise 7. 1. Е́сли он успе́шно око́нчит институ́т, он смо́жет занима́ться нау́чной де́ятельностью. 2. Когда́ мы гото́вимся к экза́менам, мы повторя́ем те́ксты и упражне́ния. 3. Он не уча́ствовал в на́шем разгово́ре, потому́ что не понима́л, о чём мы говори́м. 4. Когда́ я написа́л письмо́, я пошёл на по́чту. 5. Я не смог позвони́ть вам, потому́ что потеря́л ваш телефо́н. 6. Он хорошо́ говори́т по-ру́сски, потому́ что он пять лет про́жил в Москве́. 7. Когда́ я верну́лся домо́й, я узна́л, что ко мне приходи́л мой това́рищ. 8. Когда́ он подходи́л к университе́ту, он встре́тил свои́х друзе́й.

Exercise 8. 1. Получи́в письмо́, я на́чал... 2. Повтори́в теоре́мы, мы ста́ли. 3. Купи́в биле́ты, мы вошли́. 4. Прие́хав в Москву́, мой друзья́ написа́ли. 5. Подня́вшись на́ гору, мы уви́дели. 6. Уви́дев меня́, мой друг подошёл. 7. Сдав экза́мены, студе́нты пое́дут.

Exercise 9. 1. Вы́учив язы́к, вы смо́жете... 2. Не зна́я языка́, он не по́нял. 3. Отдохну́в, вы бу́дете занима́ться. 4. Поня́в теоре́му, вы смо́жете. 5. Пло́хо зна́я ру́сский язы́к, Майкл не по́нял. 6. Заболе́в, я до́лжен был. 7. Интересу́ясь ру́сской литерату́рой, я покупа́ю.

Exercise 10. 1. Поду́мав, студе́нтка начала́... 2. Попроща́вшись с хозя́евами, мы вы́шли. 3. Узна́в, что..., я реши́л. 4. Прожи́в в Москве́ три го́да, моя́ сестра́ вы́учила. 5. Посмотре́в на часы́, я уви́дел. 6. Просмотре́в газе́ты, преподава́тель.

Exercise 12. 1. ... . Вы́йдя из до́ма, я наде́л плащ, так как пошёл дождь. 2. Уви́дев э́того челове́ка, я поду́мал. ... . 3. ... . Прочита́в кни́гу, я реши́л. 4. Око́нчив тре́тий курс, мы пое́дем. ... . 5. Око́нчив университе́т, мой това́рищ бу́дет. ... .

Exercise 13. 1. Купи́в биле́ты, мы пошли́ в кино́. 2. Верну́вшись домо́й, я уви́дел на столе́ письмо́. 3. Уезжа́я в Москву́, я обеща́л друзья́м написа́ть.

Exercise 15. 1. идя́, придя́. 2. уезжа́я, уе́хав. 3. отве́тив, отвеча́я. 4. прочита́в, чита́я. 5. обе́дая, пообе́дав. 6. объясня́я, объясни́в. 7. осмотре́в, осма́тривая. 8. отдыха́я, отдохну́в. 9. верну́вшись, возвраща́ясь.

Exercise 18. Когда́ Джон и его́ друзья́ узна́ли, что..., они́ реши́ли. Они́ пообе́дали и пое́хали... Они́ сиде́ли в авто́бусе и разгова́ривали... Когда́ они́ шли..., они́ слы́шали... Когда́ они́ подошли́ к ка́ссе, они́ не заме́тили... Джон доста́л из карма́на де́ньги и попроси́л... Касси́р посмотре́ла и отве́тила... Джон не по́нял отве́та и повтори́л... Друзья́ посове́товались и реши́ли... Друзья́ заплати́ли де́ньги, взя́ли биле́ты и пое́хали домо́й.

Серафима Алексеевна Хавронина
Александра Ивановна Широченская

РУССКИЙ ЯЗЫК В УПРАЖНЕНИЯХ

для говорящих на английском языке

Редактор *С. А. Никольская*
Редактор перевода *М. В. Табачникова*
Младший редактор *И. Б. Речкалова*
Художественный редактор *Н. И. Терехов*
Технический редактор *Г. Н. Аносова*
Корректор *Л. А. Набатова*

ИБ № 8941

Подписано в печать 09.07.92. Формат 70x90/16. Бумага офсетная № 1.
Гарнитура таймс. Печать офсетная (фотоофсет). Усл. печ. л. 21,06. Усл.
кр.-отт. 21,06. Уч.-изд. л. 18,07. Тираж 7500 экз. Заказ №2069. С 104.

Издательство „Русский язык" Министерства печати и информации
Российской Федерации. 103012 Москва, Старопанский пер., 1/5.

Отпечатано на Можайском полиграфкомбинате Министерства печати
и информации Российской Федерации. 143200 Можайск, ул. Мира, 93.

NOTES

9.75